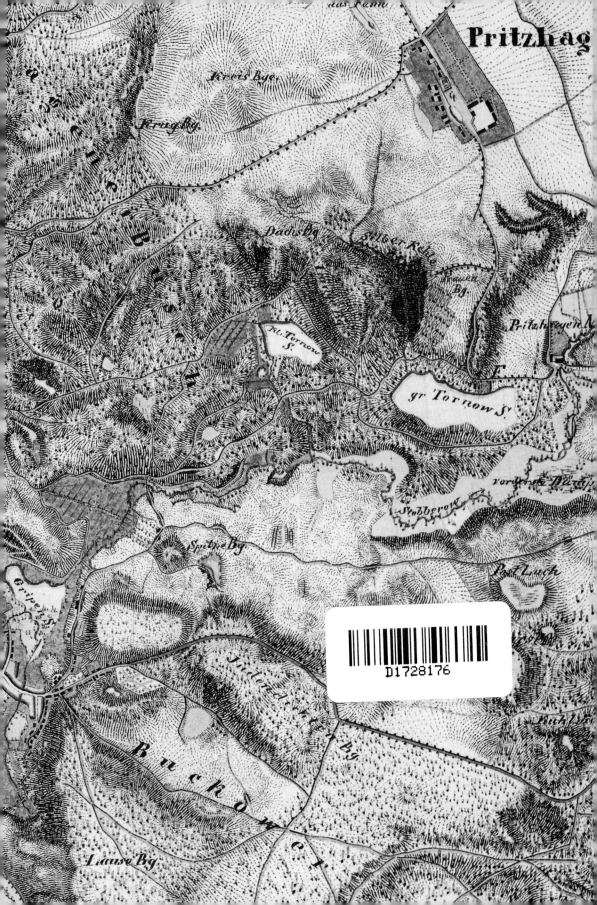

Pritzhag

Landschaftsentwicklung in Mitteleuropa

PERTHES GEOGRAPHIEKOLLEG

Landschafts-entwicklung in Mitteleuropa

Wirkungen des Menschen auf Landschaften

Hans-Rudolf Bork
Helga Bork
Claus Dalchow
Berno Faust
Hans-Peter Piorr
Thomas Schatz

*68 Abbildungen
und 36 Tabellen*

KLETT-PERTHES
Gotha und Stuttgart

Die Deutsche Bibliothek – CIP-Einheitsaufnahme

Landschaftsentwicklung in Mitteleuropa: Wirkungen
des Menschen auf Landschaften ; 36 Tabellen / Hans-Rudolf Bork ... –
1. Aufl. – Gotha ; Stuttgart : Klett-Perthes, 1998
  (Perthes GeographieKolleg)
  ISBN 3-623-00849-4

Einbandfoto: Aufschluß im unteren Teil des Schwemmfächers unterhalb der Wolfsschlucht (Märkische Schweiz, Ostbrandenburg)

Eine Folge mittelalterlich-neuzeitlicher fluvialer Sande, Humushorizonte und ein Pflughorizont in 1,5 m Tiefe bilden den Schwemmfächer.

Im linken Teil des Aufschlusses und Fotos bricht der Schwemmfächer über eine 2 m hohe Randstufe zu einer Fläche ab, die bis zur Mitte des 17. Jh. überwiegend vom Kleinen Tornowsee bedeckt war. Nach Tieferlegung des Seespiegels in den 60er Jahren des 17. Jh. wurden die nunmehr nicht mehr wasserbedeckten Flächen bis zum späten 18. Jh. als Hopfengärten genutzt. Zur Vermeidung episodischer Überflutungen und des Übersandens der Hopfengärten mit Wasser und Sediment aus der Wolfsschlucht wurde im 18. Jh. auf dem südlichen Rand des Schwemmfächers ein annähernd höhenlinienparalleler, randbegleitender Wasserableitgraben angelegt. Nach nochmaliger Verfüllung und Grabenräumung verursachte ein einziger extremer Starkregen noch im 18. Jh. die vollständige Verfüllung des Grabens mit hellen Sanden aus der Wolfsschlucht. Anschließend wurde im späten 18. Jh. der Schwemmfächer mit braunen Sanden überdeckt, die an den benachbarten Hängen flächenhaft abgetragen worden waren. Die anschließende Wiederbewaldung ermöglichte die Bildung einer Parabraunerde-Braunerde in den auf dem Foto abgebildeten Sedimenten. Deutlich sichtbar sind der kräftige, oberflächenparallele Humushorizont und die braunen Toninfiltrationsbänder in der hellen Grabenfüllung.

ISBN 3-623-00849-4
1. Auflage
© Justus Perthes Verlag Gotha GmbH, Gotha 1998
Alle Rechte vorbehalten.
Lektor: Dr. Eberhard Benser
Einband und Schutzumschlag: Klaus Martin, Arnstadt, und Uwe Voigt, Erfurt
Herstellung: Bettina Preckel, Bad Langensalza
Druck und buchbinderische Verarbeitung: Salzland Druck & Verlag, Staßfurt

Gedruckt auf Papier aus chlorfrei gebleichtem Zellstoff.

Inhaltsverzeichnis

Vorderes Vorsatz: Die Märkische Schweiz im Preußischen Urmeßtischblatt Nr. 1841
des Jahres 1843 (vergrößert auf den Maßstab 1:16 000; Original im
Besitz der Staatsbibliothek zu Berlin)
In die steilen Ränder des Buckower Kessels haben sich im Spätglazial, während des Mittelalters und der Neuzeit zahlreiche
Schluchten tief eingeschnitten. Besonders gut sind die Kerbtäler
am Westrand des Schermützelsees und nördlich des Großen
Tornowsees zu erkennen. Weniger auffällig ist die kurze Wolfsschlucht nordwestlich des Kleinen Tornowsees. Die grün ein-
gefärbten Flächen in den Senken mit den eingezeichneten engständigen Entwässerungsgräben wurden bis Mitte des 19. Jh.
vorwiegend als Hopfengärten genutzt.

Hinteres Vorsatz: Böden und Sedimente im Schwemmfächer der Wolfsschlucht
(Märkische Schweiz, Ostbrandenburg)
Wenige starke Niederschläge erodierten in der 1. Hälfte des 14. Jh.
in der Wolfsschlucht und ihrem ackerbaulich genutzten Einzugsgebiet Sande und wenige Schotter. Sie wurden im Schwemmfächer sedimentiert. Einzugsgebiet, Schlucht und Schwemmfächer fielen wüst. Unter Wald entstand im Spätmittelalter und
in der Frühneuzeit eine Bänderparabraunerde, die im rechten
Teil des Fotos bis heute erhalten geblieben ist. Rodungen und intensive Landnutzung ermöglichten ab dem späten 17. Jh. während stärkerer Niederschläge die Bildung von Abfluß auf der Bodenoberfläche. Äcker auf dem Schwemmfächer und unterhalb
liegende Hopfengärten wurden episodisch überflutet, übersandet und überschottert. Zur Schadensabwehr wurde diagonal
über den Schwemmfächer ein Wasserableitgraben angelegt. Im
U-förmigen Graben sedimentierten aus der Wolfsschlucht herbei-
geführte Sande und Schotter. Von den steilen Wänden des Grabens brachen Partien ab und rutschten in die Grabenfüllung. Die
Prozesse des Aufgrabens und der Verfüllung wiederholten sich
mehrfach. Schließlich wurde auf das Öffnen verzichtet. Die im
linken und mittleren Teil des Fotos sichtbaren Sedimente wurden abgelagert: Schotter und darüber Sande mit einzelnen abge-
rutschten braunhumosen Blöcken. Um 1800 wurden Einzugsgebiet, Wolfsschlucht und Schwemmfächer aufgeforstet. Seitdem
bildete sich unter Wald eine Bänderparabraunerde-Braunerde.
Im linken und mittleren Bereich des Fotos ist mit zahlreichen
geringmächtigen braunen Toninfiltrationsbändern, die schichtparallel und schichtkreuzend verlaufen, der untere Teil des rezenten Bodens aufgeschlossen.

Zu diesem Buch

Die Einflüsse menschlichen Handelns auf Prozesse, Strukturen und Funktionen von Landschaften über Jahrzehnte oder Jahrhunderte sind kaum bekannt. Prägte der Mensch schon in früheren Jahrhunderten Klima- und Bodenentwicklung, Wasser- und Stoffbilanzen? Oder veränderte erst die moderne Industriegesellschaft über ihre Emissionen die Klima- und Bodenentwicklung großräumig? Beeinflußte die Nutzung von Landschaften deren Funktionen und Entwicklungen bereits in den vergangenen Jahrhunderten stark?

Zwar finden sich in der Literatur qualitative Aussagen zu den langfristigen Folgen der Wechselwirkungen zwischen Mensch und Landschaft; jedoch fehlen vor allem quantitative Informationen zur Bedeutung anthropogener Einflüsse wie der Landnutzung auf Wasser- und Stoffbilanzen, Klima und Boden über Jahrzehnte und Jahrhunderte. Wie werden Strukturen und Funktionen, Dynamik, Wasser- und Stoffbilanzen der Landschaften beeinflußt von

- Rodungen und anschließender Inkulturnahme (z.B. im frühen und hohen Mittelalter),
- der Ausräumung von Strukturelementen (z.B. im 12./13. und im 19./20. Jh.),
- agrarstrukturellen Maßnahmen (z.B. Flurneuordnung),
- intensiver (z.B. im 13. und 20. Jh.) und extensiver Landnutzung (z.B. nach 1350),
- extremen Witterungsereignissen (z.B. Starkregen und Flutkatastrophe im Juli 1342),
- Hungersnöten (z.B. 1313/17), Seuchen (z.B. Pestpandemie 1348/50) und Kriegen?

Von besonderer Bedeutung sind anthropogene Eingriffe für die langfristige Entwicklung von Böden, für die Bodenfruchtbarkeit, die Bodenerosion und die Gewässerbelastung. Bilanzen von Wasser- und Stoffflüssen erlauben qualitative und quantitative Aussagen zu den Wechselwirkungen von Mensch und Landschaft. Insbesondere Bilanzen von lateral auf der Geländeoberfläche verlagerten Feststoffen können in verschiedenen Raumskalen mit ausreichender Genauigkeit direkt bestimmt und mit der jeweiligen Landnutzungssituation korreliert werden.

In der vorliegenden Monographie werden daher die lateralen Stoffflüsse und insbesondere die Feststoffbilanzen als zentrale Indikatoren für quantitative Analysen des Ausmaßes von Eingriffen des Menschen in den Landschaftsstoffhaushalt und für Rückkopplungen auf gesellschaftliche Entwicklungen genutzt. Zwanzigjährige Untersuchungen der Verfasser zur mittelalterlich-neuzeitlichen Landschaftsgeschichte Mitteleuropas an insgesamt mehr als 30 000 m langen Aufschlüssen und 2 000 durchschnittlich mehr als 3 m tiefen Bohrprofilen werden zusammenfassend vorgestellt.

Die interdisziplinäre Analyse der Landschaftsgeschichte erfolgt in Kooperation der Disziplinen Archäologie, Agrarwissenschaften, Bodenkunde, Geochronologie, Geomorphologie, Geoökologie, Geschichte, Hydrologie, Klimatologie und Palynologie.

Im Fokus der Landschaftsentwicklung steht mit der Veränderung der Böden und Sedimente durch menschliche Einflüsse das Bodensyndrom und damit vorrangig die Bodenerosion: die Ablösung, der Transport und die Ablagerung von Sediment-

und Bodenmaterial. Die Prozesse der Bodenerosion beeinflussen die Entwicklung von Oberflächenformen, Böden, Sedimenten und die Landschaftsnutzung. Sedimente und Böden sind die Geoarchive oder Geschichtsbücher der Landschaften. Sie sind daher besonders geeignet, darin die komplizierten gegenseitigen Beeinflussungen von anthropogenen und natürlichen Vorgängen und Strukturen in Raum und Zeit abzulesen und zum Verständnis beizutragen.

Im Januar 1998   HANS-RUDOLF BORK

Autorenverzeichnis

• Prof. Dr. rer. nat. habil. HANS-RUDOLF BORK,
  Universitätsprofessor und Wissenschaftlicher Direktor
  – Lehrstuhl für Landschaftsökologie und Bodenkunde, Institut für Geoökologie,
     Universität Potsdam, Postfach 601553, 14415 Potsdam, und
  – Zentrum für Agrarlandschafts- und Landnutzungsforschung,
     Eberswalder Straße 84, 15374 Müncheberg

• HELGA BORK, Sachbuchautorin,
  Eberswalder Straße 84d, 15374 Müncheberg

• Dr. rer. nat. CLAUS DALCHOW, Wissenschaftlicher Koordinator,
  Zentrum für Agrarlandschafts- und Landnutzungsforschung,
  Eberswalder Straße 84, 15374 Müncheberg

• Dr. rer. nat. BERNO FAUST, Akademischer Oberrat,
  Institut für Geographie und Geoökologie, Technische Universität Braunschweig,
  Langer Kamp 19c, 38106 Braunschweig

• Dr. agr. HANS-PETER PIORR, Stellvertretender Leiter der Abteilung
  Landschaftsentwicklung,
  Zentrum für Agrarlandschafts- und Landnutzungsforschung,
  Eberswalder Straße 84, 15374 Müncheberg

• Dr. rer. nat. THOMAS SCHATZ, Wissenschaftler,
  Lehrstuhl für Landschaftsökologie und Bodenkunde, Institut für Geoökologie,
  Universität Potsdam, Postfach 601553, 14415 Potsdam

Abbildungsverzeichnis

Tabellenverzeichnis

Verzeichnis der Exkurse

1   Prinzipien des Landschaftswandels

> „Eine Art des Sehens – der Wiederentdeckung dessen, was
> wir schon haben, was sich aber irgendwie unserer Wahrneh-
> mung und unserer Würdigung entzieht" (SCHAMA 1995, S. 23).

Der Wandel von Landschaften, d.h. der gesamten Umwelt einschließlich der Sedimente und Böden, des Reliefs und der Vegetation, wird heute wie schon seit den
ersten gravierenden Eingriffen von Menschen in die Strukturen und Funktionen
von Landschaften **zugleich von geogenen, biogenen und anthropogenen Faktoren**
gesteuert.

Quantitative, die komplizierten Wechselwirkungen von Prozessen berücksichti-
gende Erkenntnisse zur Bedeutung und Differenzierung natürlicher und anthropogener Einflüsse auf die Entwicklung von Landschaften sind kaum publiziert. Die
wenigen veröffentlichten Aussagen sind grundsätzlich dann zu bezweifeln, wenn
sie auf der isolierten Sicht einzelner Fachgebiete oder lokalen, nicht in Landschaften übertragbaren Einzeluntersuchungen beruhen. Viele Prozesse in Landschaften
sind bei kurzfristiger Betrachtung kaum relevant für deren Entwicklung. Über längere Zeiträume können die Prozesse jedoch die Entwicklung von Landschaften und
ihre Nutzbarkeit wesentlich beeinflussen. In der gegenwärtigen Forschung, die rezente Prozesse in Ökosystemen und Landschaften üblicherweise nur über wenige
Jahre untersucht, werden langfristige Prozesse meist vernachlässigt.

Zur Stimulation intensiver interdisziplinärer Diskussionen und neuer integrativer Forschung zur jungholozänen Landschaftsgeschichte und zu erwartbaren Entwicklungen werden nachstehend bekannte, von der Forschergemeinschaft weitgehend akzeptierte, (noch) umstrittene oder neue Prinzipien formuliert. Sie ergeben
ein umfassendes Regelwerk, das die Gesetzmäßigkeiten der langfristigen Landschaftsentwicklung beschreibt. Sie wird gesteuert von Landschaftsstrukturen und
-prozessen, die über Jahrzehnte oder Jahrhunderte aktiv sind.

Aus der Sicht der Autoren zweifelsfrei belegte Prinzipien der nacheiszeitlichen
Landschaftsentwicklung werden als Regeln aufgeführt. Wahrscheinliche, im Detail
noch zu prüfende Prinzipien werden dagegen als Thesen dargestellt. Regeln und
Thesen werden dann in Kapitel 2 zu einer langfristig und großräumig bedeutsamen
komplexen Wirkungskette, der Mensch-Umwelt-Spirale mit dem Bodensyndrom im
Zentrum, zusammengefaßt.

In den weiteren Kapiteln der Monographie werden Belege für das nachstehende
Regel- und Thesenwerk sowie die Mensch-Umwelt-Spirale mitgeteilt und analysiert.

Die Regeln und Thesen der mittelalterlich-neuzeitlichen Landschaftsentwicklung

Anthropogene Einflüsse haben die Strukturen und Funktionen von Landschaften
entscheidend verändert. Bei vollkommen natürlicher Entwicklung sind die Ener-
gie-, Wasser- und Stoffflüsse in und von Landschaften völlig anders als in Landschaften unter menschlichem Einfluß. Vielfältige direkte oder indirekte anthropogene Einflüsse bestimmen die Landschaftsentwicklung: Acker-, Grünland- oder
Forstnutzungen mit ihren jeweiligen spezifischen Vegetationszusammensetzun-
gen, Bewirtschaftungssystemen und landeskulturellen Maßnahmen (z.B. Schlag-

größen und -formen, Wege- und Grabensysteme, Vorfluterregulierungen, Draina-
gesysteme, Strukturelemente wie Alleen, Hecken, Knicke).

Die räumliche und zeitliche Variabilität und Differenzierung der Klima-, Sub-
strat-, Boden- und Reliefeigenschaften beeinflußt maßgeblich die Entwicklung von
Landschaften – besonders die Wasser- und Stoffbilanzen. Im Vordergrund des nachstehenden Regel- und Thesensystems stehen daher die Einflüsse von
• Klima, Substrat, Böden und Relief,
• Vegetation und Landnutzung
auf Bodenbildung und Bodendegradierung, Stabilität oder Wandel von Landschaften.

Das Aktivitäts-Stabilitätskonzept nach ROHDENBURG (1969, 1971)

Grundlegende Voraussetzung für das Verständnis der Entwicklung von Landschaften ist eine Theorie, die Wechselwirkungen von Vegetations-, Substrat-, Boden-
und Reliefmerkmalen sowie -prozessen und anthropogenen Einwirkungen – insbesondere der Landnutzung – hinreichend erklärt. In den sechziger Jahren entwickelte HEINRICH ROHDENBURG das Konzept der geoökologisch-geomorphodyna-
mischen Aktivität und Stabilität (ROHDENBURG 1969, 1971). Die zentralen Gedanken
der Theorie, ohne die die mittelalterlich-neuzeitliche Entwicklung mitteleuropäischer Landschaften nicht entschlüsselt werden könnte, werden in drei Regeln
gefaßt.

Stabilitätsregel (AS1): Natürliche Vegetation (in Mitteleuropa außerhalb der Hochgebirgslagen nahezu ausnahmslos Wälder), die die Bodenoberfläche völlig bedeckt,
schützt selbst bei Starkregen meistens vollständig vor Erosion (Ausnahmen sind
insbesondere rutschungsgefährdete Steilhänge; s. BIBUS 1986).

Intensive Bodenbildung kennzeichnet geomorphologisch stabile Zeiten. In den
Böden Mitteleuropas dominierten Versauerungsprozesse unter der natürlichen
Waldvegetation der humiden, warmzeitlichen Stabilitätsphasen. Zunächst setzten
Entkalkung und Verbrauung der Oberböden ein; Tonverlagerung, Podsolierung
oder Pseudovergleyung (s. Glossar) folgten vielerorts.

Aktivitätsregel (AS2): Allmähliche oder abrupte, thermische oder hygrische Klimaänderungen können die natürliche, die Bodenoberfläche vor Erosion (s. Glossar)
schützende Vegetation großflächig vernichten. Die natürliche Vegetationszerstörung oder -auflockerung ermöglicht natürliche Erosions-, Transport- und Akku-
mulationsprozesse, die vor allem durch Starkniederschläge ausgelöst werden (Exkurs 1.1).

Die klimabedingte Zerstörung der natürlichen, warmzeitlichen Vegetation in
den humiden und semihumiden Regionen der Erde und die nachfolgende natürliche Erosion und Akkumulation verändern Zustände, Funktionen, Strukturen und
Prozesse von Böden.

Anthropogene Teilaktivitätsregel (AS3): Der Einfluß des Menschen unterbricht
oder beendet die natürliche geomorphologische Stabilitätsphase in zuvor völlig
vegetationsbedeckten Räumen. Rodungen der natürlichen mitteleuropäischen
Waldvegetation und anschließende ackerbauliche Nutzungen verändern die Boden-

Exkurs 1.1:

Nehmen Variabilität und Diversität der Landschaftsstruktur durch Erosion zu?

Jüngste natürliche Hangformung

Viele Beckenlandschaften und Flachländer Mitteleuropas sind geprägt durch große glatte Hänge, auf denen Reliefgegebenheiten und meist Gesteins- und Bodeneigenschaften eine großräumig un-differenzierte Nutzung erlauben.

Zum großen Teil sind die glatten, gestreckten Formen das Resultat von Prozessen, die in der letzten natürlichen, flächenhaft wirksamen geomorphodynamischen Aktivitätsphase (im Periglazial-milieu der ausgehenden Weichselvereisung) der Verästelung des Talnetzes gegengesteuert haben. Je nach Hangneigung, Einzugsgebietsgröße und Substrateigenschaften haben ab einem spezifischen Schwellenwert des dendritischen Wachstums des Talnetzes reliefausgleichende, das weitere Wachstum von Tälchen verhindernde oder gar tälchenauslöschende Prozesse dominiert. Die temporär durch rückschreitende Erosion gebildeten feinsten Verästelungen wurden stets erneut zugeweht oder durch Fließerden aufgefüllt. Die permanente Ausbildung linienhafter Bodenerosionsformen wurde unterbunden. Die tälchenkompensierenden Prozesse schufen dabei keine ideal glatten Hänge. Die periglazialspezifische Oberflächenrauhigkeit blieb unter der Maßstabsebene der Dichotomie: Glatthang – zertalter Hang.

Die Jungmoränenlandschaften des nördlichen Mitteleuropa zeigen aufgrund relativ kurzer Periglazialbedingungen den Reliefausgleich nur in eingeschränktem Maße. Zwar sind kleinste Tälchen hier unterdrückt worden, andererseits sind die primären, auf glazigene oder glazifluviale Sedimentation zurückgehenden Formen noch nicht so ausgeglichen wie in Altmoränenlandschaften oder Abtragungslandschaften mit oberflächennahen meso- und paläozoischen Gesteinen.

Bis zu den ersten Rodungen sind die kryogen gebildeten Hänge in ihrer Form, von Sonderstandorten (Steilhänge, Flußufer etc.) abgesehen, unter dem natürlichen Wald erhalten geblieben. Änderungen des Mikroreliefs durch Bodenwühler, Tiertritt und Windwurf haben die Hänge in dieser Betrachtungsskala nicht weitergeformt.

Anthropogen initiierte Formung

Wie gestaltet in den anthropogen initiierten Teilaktivitätsphasen die mit der Landnutzung einhergehende Bodenerosion die natürlichen Ausgangsgegebenheiten weiter oder um? Schreiten die Glättung der Oberfläche und die Homogenisierung des oberflächennahen Substrates fort? Werden – im Gegenteil – bestehende Reliefdiskontinuitäten verstärkt oder gar neue Formen geschaffen, die nicht nur die Variabilität, sondern auch die Diversität der Kulturlandschaft erhöhen?

Soll nach Erosionsereignissen weiterhin agrarisch bewirtschaftet werden, müssen binnen Jahresfrist kompensatorische kulturtechnische Maßnahmen erfolgen. Initiale Entwicklungsstadien von Erosionskerben in kleinreliefarmen Ackerschlägen werden so weit geschlossen, daß die Bewirtschaftung flächenkontinuierlich fortgeführt werden kann. Bei den feinsten initialen Rillen stellt allein die Pflugtätigkeit die glatte Oberfläche wieder her – wenn auch nicht in identischer Reliefhöhe. Kerben wurden und werden – trotz der jüngsten technischen und wirtschaftlichen Möglichkeiten – nicht verfüllt, um agrarische Landnutzung fortzuführen oder wiederaufzunehmen. Lediglich die Verfüllung mit kommunalen Abfällen – Hausmüll und Bauschutt – und anschließende Grünlandnutzung oder Aufforstung war im 20. Jh. zu beobachten.

Unterschiedliche Formung differenziert die Agrarlandschaftsentwicklung in Räume und Zeiten, in denen das langfristige Bestehen von Initialkerben unterbunden wurde, und andere, wo dies nicht gelang.

Flächenhafte Hangformung

Zum ersten Fall gehören die Erosion von Rillen und deren sofortiges bearbeitungsbedingtes Verwischen. Der Mischprozeß wird hier als flächenhafte Hangformung bezeichnet. Im ausschließlichen Abtragungsgebiet glättet sie – gemeinsam mit der Ausgleichswirkung der Bodenbearbeitung auf nicht erodierten Bereichen – die Oberfläche. Der oberflächennahe Untergrund wird jedoch nicht homogenisiert. Die flächenhafte Erosion kappt das kleinräumig unruhigere Ausgangsrelief und die daran angepaßten, meist oberflächenparallelen Schichten, Boden- und Verwitterungshorizonte. Dadurch treten die genetisch bedingten Inhomogenitäten der Ausgangsgesteine und Böden zunächst im Pflughorizont und bei weiterer Abtragung an der Geländeoberfläche in Erscheinung.

In der Folge vieler Erosionsereignisse mit schwachem Abfluß und geringer Transportleistung dehnen sich Kolluvien weit hangaufwärts aus (allgemeine Kolluvialregel KO1, s.u.). Im Akkumulationsgebiet der Kolluvien werden die Substrateigenschaften oft über die Tiefe des aktuellen Pflughorizontes hinaus homogenisiert. Dabei ist im nahezu permanenten Akkumulationsgebiet, dem eigentlichen Hangfuß, in noch weitgehenderem Maße von Relief- und Substrathomogenisierung auszugehen.

Die Lagen eines Akkumulationsbereiches können sich hinsichtlich Bodenart, -struktur und -dichte signifikant unterscheiden und an der Oberfläche in verschiedenen Hangpositionen ansetzen und ausklingen. Trotzdem ist der Substrataufbau eines Schwemmfächers oft homogener als derselbe Hangabschnitt, bevor die erosiv-akkumulative Überprägung einsetzte. Im natürlichen Ausgangszustand resultiert die Substratheterogenität des unteren Hangabschnitts aus den jeweils ortsspezifischen Sedimentationsprozessen mit periglazialer, oft kryoturbat „verwürgender" und z.T. entmischender Überprägung.

Im Vergleich zum natürlichen kryogenen Ausgangszustand erfolgt unter dem geschilderten Prozeßgefüge der flächenhaften Hangformung eine weitgehende Glättung. Sie führt die kryogenen Homogenisierungstendenzen fort. Dagegen nimmt die Substratvariabilität in Oberflächennähe auf kolluvienfreien Ober- und Mittelhängen weiter zu und auf kolluvienbedeckten Unter- und Mittelhängen erstmals ab. Dies bedeutet für das Relief die Fortsetzung der periglazialen Formungstendenz (Erhaltung oder Vermehrung ausgedehnter Glatthänge).

Der skizzierte Reliefausgleich verflacht allerdings nicht alle Reliefausschnitte. Wird etwa ein scharf akzentuierter Oberhangknick am Übergang zu einem Plateau geglättet, wird der oberste Hangabschnitt flacher und der zuvor ebene Plateaurand steiler.

In entgegengesetzter Wirkung wird der konkave Unterhang immer dort, wo sich Schwemmfächer(-säume) bilden können, wenn auch geringfügig, steiler. Damit wird das für weite Teile Mitteleuropas charakteristische S-förmig geschwungene Hanglängsprofil, ein Resultat der Talbodendynamik und der Tieferlegungshemmung der Tiefenbereiche gegenüber der Hangentwicklung, auf lange Sicht umgestaltet. Der primär flache Hangfuß nimmt, wie in dieser Monographie an vielen Beispielen erläutert wird, bisher das allermeiste, oberhalb erodierte Bodenmaterial als Kolluvium auf. Die Funktion als „Unterhangzwischenspeicher" wird über längere Zeiträume sukzessive verlorengehen. Mit wachsender Neigung und abnehmender Konkavität der Ablagerungsfläche werden zunehmend Sedimente schwach wirksamer Erosionsereignisse über den dann gestreckteren Hangfuß hinaus auf den Talboden oder in den lokalen Vorfluter gelangen. Die Folgen sind vielfältig und unmittelbar absehbar: z.B. Gewässerbelastung, erhöhte Sedimentation in den Unterläufen der großen Flüsse, Einengung der kleinen Auen, Veränderungen der Abflußdynamik.

Allerdings wirkt die Kultur- oder Agrarlandschaft durch Vegetationsrauhigkeit und auskämmende Wirkung ihrer Strukturelemente dem Transport des erodierten Materials bis in die Tiefenbereiche zumeist entgegen. Dieser Effekt, der sich im Aufwachsen akzentuierter Ackerterrassen offenbart, verliert allerdings an Bedeutung, je größer die einheitlich genutzten Schläge sind. Darüber hinaus ist die Sedimentspeicherung an Strukturelementen nur temporär und kann den Austrag nicht langfristig kompensieren.

Die Formungstendenz der periglazialen Hangglättung setzte sich nach Unterbrechung durch die frühholozäne Stabilitätsphase bei Waldbedeckung mit den ersten wirksamen Eingriffen des Menschen fort.

Linienhafte Erosion und das Permanentwerden der Kerben

Der zweite Fall ist dem stetigen Reliefausgleich des Falles eins gegenläufig. Größere Erosionskerben überdauern die jahresperiodischen Bewirtschaftungszyklen oder werden weitergebildet.

Im Falle spontanen tiefen Kerbenreißens am Hang oder ausbleibender kompensierender Bearbeitungsmaßnahmen folgt die Kerbe (oder der Kerbenbaum, also das verästelte Kerbensystem) rückschreitend den primär flachgeneigten Tiefenlinien (natürliche Talwege in Dellen, Trockentälern oder anthropogenen Furchen, z.B. zwischen Wölbäckern) hinauf. Meist vom lokalen Vorfluter ausgehend, wachsen die Kerben hangaufwärts. Dabei haben die Kerbensohlen geringere und die Kerbenhänge steilere Gefälle als der präexistente Hang. Die Kerbe gewinnt hangaufwärts gegenüber dem unzerschnittenen Hang an Tiefe, bis ihr steiles oberes Ende (der Kerbensprung) bei Annäherung an die Wasserscheide oder an die obere Begrenzung des Abfluß auf der Bodenoberfläche generierenden Bereiches unvermittelt an Tiefe verliert.

Der räumliche Umfang der auf das Einreißen der Kerbe meist unmittelbar zurückzuführenden Aufgabe der Ackernutzung bestimmt die Folgeentwicklung. Wird der gesamte Schlag oder gar der gesamte Hang als Folge des Kerbenreißens aufgegeben, bleiben die Kerben nach vorübergehender Kompensation gravitativer Instabilitäten unter der nichtagrarischen Folgenutzung oder einer ungesteuerten Sukzession erhalten. Je nach hydrogeologischer Situation kann der Grundwasserspiegel angeschnitten sein. Quellabfluß formt den Kerbenboden dann geringfügig weiter, weitere Rutschungen können auftreten.

Wird dagegen nur der unmittelbare Kerbenbereich (der enge, oft feuchte Kerbenboden zusammen mit den steilen Kerbenhängen) aus der Nutzung genommen, können die Abflüsse, die in den unverändert oberhalb des Kerbensystems liegenden Ackerflächen entstehen, aufgrund der kerbenbedingt tiefen, lokalen Vorflut weitere Kerbenverästelungen hervorbringen. Wird die Kerbe als Grünland genutzt, sedimentiert dort das von den verbleibenden Ackerflächen abgetragene Bodenmaterial. Die flächengreifend fortlaufende Zerschluchtung kann durch Vegetationsstabilisierung in der Umgebung der Kerbe (dauerhaft mit Vegetation bedeckte „Randstreifen") verringert oder verlangsamt werden. Unterbunden wird die Zerkerbung erst, wenn im gesamten Einzugsgebiet Abfluß auf der Bodenoberfläche vermieden wird.

Ein weiterer systemeigener Kompensations- oder Abschwächungseffekt ergibt sich aus dem geringeren Transportvermögen der häufigen schwach wirksamen Erosionsereignisse. Im tiefsten, unteren Teil der Kerbe, wo – wie oben beschrieben geometrisch zwingend – die Neigung der Kerbensohle bedeutend geringer ist als die der Abtragungsmaterial liefernden angrenzenden Hänge, wird – verstärkt durch die hier häufig anzutreffende Grünlandnutzung – bevorzugt Sedimentation auftreten. Die Kerbe verliert an Volumen und Tiefe bis zur partiellen Auffüllung, womit zugleich die Startpunkte für Sekundärkerben qualitativ und quantitativ eingeschränkt werden.

Wie bei der flächenhaften Hangformung erläutert, wächst auch hier als Resultat der häufigen, schwächeren Ereignisse der Akkumulationsbereich hangaufwärts, und die Formungstendenz ist reliefausgleichend. Zunächst werden die unteren Kerbenabschnitte angefüllt, schließlich können Schwemmfächer die Vorformen gänzlich verdecken.

Bei der permanenten Kerbenbildung wird die ausgeglichenere Hangvorform zerstört. Die Hänge der Periglazialformen sind nach vorübergehender Stabilität mit der anthropogen initiierten Teilaktivität in eine qualitativ andere Formweiterbildung eingetreten. Die Standortvariabilität wird infolge der linienhaften Erosion erhöht. Mit den spontan entstandenen tiefen Kerben kommt ein – in dieser Größenordnung – qualitativ neues Formelement in die Landschaft, wodurch die Diversität des Reliefs zunimmt.

Die Kerbenbildung kann polyphasig entsprechend der raumzeitlichen Verteilung von extremen Starkregen und (nutzungsbedingt) außergewöhnlichen Instabilitätszuständen der Bodenoberfläche auftreten. Weitgehendes zwischenzeitliches Verfüllen und Neubildung in leicht veränderten Reliefpositionen sind dabei die Regel. Der Wechsel der Kerbenfüllungen verschiedener Mächtigkeiten und Alter mit stehengebliebenen Sockeln des Altreliefs verstärkt insgesamt die Inhomogenität des oberflächennahen Untergrundes, wenn auch kleine Bereiche der Kerbenfüllungen und Schwemmfächer homogener werden.

Die gegensätzlichen Typen langfristiger Formungsstile der Bodenerosion in Mitteleuropa machen eine allgemeingültige Antwort auf die Eingangsfrage des Exkurses unmöglich. Die Erosionsvorgänge auf den heutigen Agrarflächen werden bei weitem von den Prozessen der flächenhaften Hangformung mit Reliefglättung und Substrathomogenisierung dominiert. Die Untersuchung der mittelalterlichen und neuzeitlichen Bodenerosion zeigt einen erheblichen Anteil – in ihrem Auftreten auf nur wenige Extremniederschläge zurückgehender – kerbenbildender Erosionsereignisse in heute wieder forstlich genutzten Flächen und, oft wieder kolluvial überdeckt, in den tieferen Lagen erosiv komplex geformter Hänge. Demnach ist der Flächenanteil, dessen Variabilität und Diversität, bezogen auf Relief und Substrat, erhöht wurde, bedeutend.

Die prozeßbezogene Betrachtung läßt andere, mit der Veränderung von Homogenität und Diversität im Kulturland untrennbar verbundene Faktoren außer acht. Würden Schlaggrößen, Bewirtschaftungssysteme, Acker- und Waldrandstufen, intentionale Reliefänderungen (Terrassen, Gräben etc.) sowie der Komplex der Bodenbildung und Bodenfruchtbarkeitsänderung mit allen Rückkopplungen einbezogen, ergäbe sich ein langer Text zur Geschichte der Kulturlandschaft – den aber bietet das vorliegende Buch.

bildung und ermöglichen auf den genutzten Flächen in Zeiten mit geringer Vegetationsbedeckung Bodenerosionsprozesse (Rohdenburg 1971).

Einflüsse von Vegetation und Landnutzung auf das Klima

Regel zum vegetationsbeeinflußten Lokalklima (VK1): Drastische Reduzierungen der Biomasse verändern wesentliche Klimaparameter signifikant (Verringerung der Transpirations- und Interzeptionsraten und in gleichem Umfang Erhöhung der Evaporationsraten, der Oberflächenabfluß- und Vorfluterabflußraten sowie der Infiltrationsraten; s. Glossar). Je größer Masse, räumliche Dichte und Höhe der Vegetation sind, desto stärker dämpfen sie die täglichen und jährlichen Temperaturschwankungen. Im Mittel der Jahre 1875 bis 1885 lag die höchste Julitemperatur in Buchenbeständen im Mittel um 4,6 °C und in Fichtenbeständen um 2,6 °C unter denen des Offenlandes (Weber 1927, S. 86). Am heißesten Julitag des Jahres 1886 war die Temperatur der Waldluft in 1,5 m Höhe in Friedrichroda um 11,3 °C niedriger als im Offenland (Weber 1927, S. 84).

These zum vegetationsbeeinflußten Regionalklima (VK2): Beträchtliche Reduzierungen der Biomasse im regionalen oder subkontinentalen Maßstab verstärken Intensität und Dauer von Klimaextremen. Die Dauer von Trocken- und Feuchtperioden sowie die Intensität von Niederschlägen nehmen mit der Rodung von Wäldern im regionalen Maßstab deutlich zu. Intensität und Summe der Niederschläge von Tiefdruckgebieten, die aus südlicher bis südöstlicher Richtung warme und feuchte Luftmassen nach Mitteleuropa führen (Vb-Wetterlagen), werden besonders stark von der regionalen Landnutzung beeinflußt.

Einflüsse von Vegetation und Landnutzung auf die Bodenbildung
Regel zur vegetationsbeeinflußten Bodenentwicklung (VB1): Natürliche Wälder, anthropogene Forste und intensive Waldnutzung fördern in den immerfeuchten gemäßigten Breiten die Bodenversauerung. Kalkung verhindert mäßige oder starke Bodenversauerung (ROHDENBURG & MEYER 1968).

Einflüsse von Vegetation und Landnutzung auf den Abfluß
Regel zur landnutzungsbeeinflußten Abflußbildung (VA1): Das Auftreten von Abfluß auf der Bodenoberfläche (s. Glossar) wird vom Grad der Vegetationsbedeckung, dem Vegetationstyp und damit von der Intensität anthropogener Eingriffe, vor allem dem Landnutzungstyp, entscheidend beeinflußt (Abb. 1.1). Je geringer die Vegetationsbedeckung ist, desto stärker kann die Oberfläche von Regentropfen verdichtet werden und um so mehr Abfluß kann sich auf der Bodenoberfläche bilden (MCINTYRE 1958, EDWARDS et al. 1980, SAVAT & POESEN 1981, POESEN 1985). Die Menge des Abflusses, die dann auf den vegetationsarmen oder -freien Oberflächen entsteht, wird von klimatischen oder geogenen Faktoren bestimmt (Regel KA1).

Regel zum meliorationsbeeinflußten Landschaftsabfluß (VA2): Meliorationsmaßnahmen, wie die Anlage von Drainagesystemen, erhöhen Menge und Geschwindigkeit des aus einer Landschaft oberflächlich und oberflächennah abfließenden Niederschlagswassers beträchtlich.

Wassermühlenthese (VA3): Aufgrund der verringerten Biomasse und Transpirationsleistungen verursacht die großflächige Inkulturnahme und landwirtschaftliche Nutzung von Landschaften
• erheblich ansteigende Grundwasserspiegel,
• höhere Schüttungen bestehender Quellen,
• die Entstehung neuer Quellen talaufwärts in zuvor meist trockenen, d. h. nur während und nach extremen Starkniederschlägen wasserführenden Talabschnitten und daher
• signifikant höhere Landschaftsabflüsse.

Somit erhöhten sich Quellenschüttung und Vorfluterabfluß. Die veränderte Wasserführung ermöglichte im Mittelalter neben Bedarf und technischem Fortschritt vielerorts erst die Anlage von Mühlen.

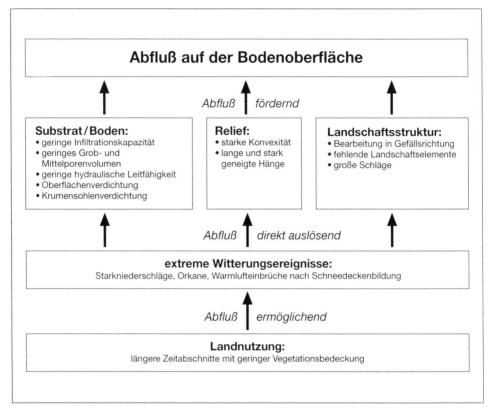

Abb. 1.1: Abfluß auf der Bodenoberfläche ermöglichende, auslösende und fördernde Faktoren

Einflüsse von Klima, Substrat, Boden und Relief auf den Abfluß

Regel zur klima- und geogen beeinflußten Abflußbildung (KA1): Ermöglicht wird die Bildung von Abfluß auf der Bodenoberfläche erst durch die Landschaftsnutzung und die resultierende verringerte Vegetationsbedeckung (Regel VA1).

Unmittelbar ausgelöst wird die Bildung von Abfluß auf der Bodenoberfläche durch extreme Witterungsereignisse (Häufigkeit und Intensität von Starkniederschlägen; Geschwindigkeit des Abtauens wasserreicher Schneedecken).

Gefördert oder gemindert wird die Bildung von Abfluß auf der Bodenoberfläche durch Substrat- und Bodeneigenschaften (besonders durch die Wasserleitfähigkeit in Oberflächennähe; s. EDWARDS et al. 1980) sowie Reliefmerkmale (z.B. Hangform, Größe des Hangeinzugsgebietes, Hangneigung; s. POESEN 1984).

Menge und Rate des Abflusses auf der Bodenoberfläche ergeben sich demnach aus der Kombination direkter und indirekter Wirkungen von Vegetation und Landnutzung, Klima und Witterung, Substrat, Boden und Relief.

Einflüsse von Klima, Substrat, Boden und Relief auf die Bodenerosion

Regel zur klimabeeinflußten Bodenerosion (KB1): Klima- und Witterungsmerkmale, die stark wirksame Bodenerosionsprozesse auslösen, sind:

- lang andauernde und häufige Starkniederschläge mit zumindest kurzfristig hohen Niederschlagsintensitäten und der resultierende Abfluß auf der Bodenoberfläche (Wassererosion),
- lang anhaltende und häufige Stürme mit hohen Windgeschwindigkeiten (Winderosion),
- wasserreiche Schneedecken, die durch Warmlufteinbrüche rasch schmelzen, und der resultierende sättigungsbedingte Abfluß auf der Bodenoberfläche (Schneeschmelzerosion),
- die zeitliche Verteilung von Intensitätsspitzen.

Regel zur substrat- und bodenbeeinflußten Bodenerosion (KB2): Substrat- und Bodeneigenschaften, die stark wirksame Bodenerosionsprozesse fördern, sind:
- geringe Porenvolumina für präferentiellen Fluß und geringe hydraulische Leitfähigkeiten besonders in Oberflächennähe,
- ungünstige Oberflächenbeschaffenheit (starke Neigung zu Oberflächenverdichtung) und hohe Aggregatinstabilitäten,
- als Folge davon geringe Infiltrationskapazitäten.

Regel zur reliefbeeinflußten Bodenerosion (KB3): Reliefeigenschaften, die stark wirksame Bodenerosionsprozesse fördern, sind:
- ausgedehnte Einzugsgebiete auf Hängen, an denen in großem Umfang Abfluß auf der Bodenoberfläche entstehen und sich sammeln kann,
- konvergierende Hangformen, die zu konzentriertem Abfluß auf der Bodenoberfläche führen,
- lange Hänge, entlang derer sich hangabwärts in großem Umfang Abfluß auf der Bodenoberfläche sammeln kann,
- konvexe Hänge, entlang derer sich hangabwärts die Geschwindigkeit des Abflusses auf der Bodenoberfläche sukzessive erhöht,
- starke Hangneigung oder
- geringe Mikroreliefenergie (landnutzungsbedingt geringe Oberflächenrauhigkeit), die beide die Geschwindigkeit des Abflusses auf der Bodenoberfläche erhöhen.

„Wenn eine gelinde Neigung den meisten, zumal den wenig Nässe durchlassenden Feldern höchst vortheilhaft ist, so ist eine starke Neigung allen ohne Ausnahme nachtheilig. Auf derlei Feldern sind dann alle Hackfrüchte zu vermeiden, theils weil es schwer fällt sie zu bearbeiten, theils und mehr noch, weil man durch das Auflockern des Bodens diesen der Gefahr aussetzt, bei starken Regenschauern abgeschwemmt, also seiner besten Theile beraubt zu werden. Ist der Hang gar schroff, so ist die Gefahr des Wegschwemmens der Dammerde noch größer, und nicht einmal die reine Brache darauf rathsam" (v. SCHWERZ 1837b[2], S. 27).

Einflüsse der Landschaftsstruktur auf die Bodenerosion
Regel zur landschaftsstrukturbeeinflußten Bodenerosion (LB1): Landschaftsstrukturen, die stark wirksame Bodenerosionsprozesse mindern, sind:
- schmale, konturparallel bearbeitete oder mit verschiedenen Kulturfrüchten bewachsene Schläge oder mit versickerungsfördernder und abtragshemmender Vegetation annähernd konturparallel bewachsene Streifen,

- das Volumen und die Geschwindigkeit des Abflusses auf der Oberfläche verringernde oder dessen Richtung ändernde Strukturelemente, z.B. annähernd konturparallele begrünte Gräben, Ackerterrassen.

„Wo aber dieser Boden Anhöhen und kleine Berge hat, ist allgemein der Fehler begangen, die Richtung der Felder an die Anhöhe hinauf gehen zu lassen. Da läuft dann die dem Boden so nöthige Feuchtigkeit gleich in den Furchen bergab, spühlt einen großen Theil des Düngers und der fruchtbaren Erde mit herunter. [...]

Man hat diesen Fehler in Yorkshire zuerst eingesehen, und an einigen Orten gleich nach der Verkoppelung die Beete umgelegt, so daß sie jetzt auf loserem Boden parallel mit der Spitze des Hügels laufen. [...] Man macht einige Querfurchen, um den zu starken Regengüssen Abfluß zu geben" (THAER 1798, S. 243 f.).

Die nachstehenden Regeln und Thesen betreffen Rückwirkungen vor allem der durch die beschriebenen menschlichen Handlungen, natürlichen Prozesse und Strukturen ermöglichten, geförderten und ausgelösten Erosion auf verschiedene Geofaktoren.

Einflüsse von Bodenerosion auf Böden und Relief

Regel zur erosionsbedingten Bodenveränderung (BB1): Bodenerosion erhöht die räumliche Variabilität von Böden oder Sedimenten und deren Eigenschaften. Bodenerosion schafft scharfe horizontale Grenzen zwischen verschieden stark erodierten Böden und akkumulierten Kolluvien. In Phasen natürlicher Landschaftsentwicklung waren Substrate selten so markant horizontal differenziert.

Regel zur erosionsbedingten Reliefveränderung (BB2): Die Prozesse der flächenhaften Bodenerosion und -akkumulation glätten kleinere Reliefunebenheiten und verringern über Jahrhunderte geringfügig die mittleren Neigungen von Hängen und die Höhenunterschiede in einer Landschaft (Exkurs 1.1).

Einflüsse von Bodenerosion auf Vegetation und Landnutzung

Regel zur Landnutzungsänderung durch schleichende Bodenerosion (BL1): Da die flächenhaften Bodenerosionsraten während einzelner Starkniederschläge oftmals nur sehr gering sind, ist die Tieferlegung der Geländeoberfläche oft nicht oder kaum sichtbar („schleichende Bodenerosion"). Flächenhafte Bodenerosion kann über längere Zeiträume zur vollständigen Abtragung der fruchtbaren Oberbodenhorizonte, des gesamten Bodens oder der gesamten Lockersedimentdecke führen und so die Bodenfruchtbarkeit stark reduzieren und die vollständige Aufgabe agrarischer Landnutzung erzwingen. Da die Bodenfruchtbarkeit, insbesondere wegen der zahlreichen wenig wirksamen Bodenerosionsereignisse, nur sehr gering und flächenhaft abnimmt, wird der langfristig überaus bedeutsame Prozeß von den Landnutzern nicht wahrgenommen.

These zur nutzungsbeeinflußten Bodenbildung im Mittelgebirge (BL2): Geringmächtige, steinreiche Böden sind in den Festgesteinsräumen Mitteleuropas häufig. In bodenkundlichen Publikationen wird vorwiegend die Auffassung vertreten, daß die Ah-C- oder Ah-Bv-C-Böden allmählich über die gesamte Nacheiszeit entstanden. Sie sind jedoch nach eigenen Untersuchungen häufig das Resultat einer zumeist in fünf Phasen gliederbaren nacheiszeitlichen Genese:

• Phase 1: Alt- und Teile des Mittelholozäns werden durch intensive Bodenbildung unter Wald geprägt.

• Phase 2: Während des Neolithikums, der Bronze- oder Eisenzeit wird an zahlreichen Standorten die natürliche Waldvegetation häufig gerodet und jeweils kurzzeitig Ackerbau betrieben. Die Bodengenese wird an diesen Standorten einschneidend verändert.

• Phase 3: Zum Ende der Eisenzeit wird nahezu an allen Mittelgebirgsstandorten die Ackernutzung aufgegeben; Bodenbildung unter Wald prägt die bis zum frühen Mittelalter während Phase. In Phase 1 und 3 entstanden Böden mit einer für die mittelalterliche ackerbauliche Nutzung ausreichenden Mächtigkeit der Bodendecke.

• Phase 4: Die agrarische Landnutzung im Hoch- und beginnenden Spätmittelalter wird durch starke flächenhafte Bodenerosion vor allem in der 1. Hälfte des 14. Jh. und die resultierende, oft vollständige Abtragung der geringmächtigen Böden beendet. Die Nutzungsaufgabe auf den Hängen und die Beendigung der Akkumulation von Kolluvien und (im Falle der Nutzungsaufgabe im gesamten Einzugsgebiet) von Auensedimenten sind die unmittelbare Folge.

• Phase 5: Die bis heute andauernde Phase ist durch erneute Bodenbildung unter genutztem Wald oder Forst gekennzeichnet (aufgrund der mittelalterlichen Erosion vollzieht sich die Bodenbildung manchmal in C-Horizontmaterial oder Kolluvien).

These zur Fehlsiedlung im Mittelgebirge (BL3): Die schleichende Bodenerosion blieb den Bauern, wie erwähnt (Regel BL1), meist verborgen. Jedoch vermochten Bauern in den vergangenen Jahrhunderten meist gut einzuschätzen, ob der von ihnen betriebene Ackerbau die Ressource Boden durch die Entnahme von Biomasse und damit Nährstoffen spürbar beeinträchtigte oder gar „erschöpfte" (RUSSELL 1983, S. 41). Die Fehlsiedlungstheorie (ABEL 1976, S. 84 ff.) nimmt an, daß die Mittelgebirgsböden schon direkt nach der Rodung nicht ausreichend fruchtbar für nachhaltige landwirtschaftliche Nutzung waren, und ist daher abzulehnen. Vor allem in hängigen Mittelgebirgslagen führte – z. B. in der 1. Hälfte des 14. Jh. – kurzzeitig intensive flächen- und linienhafte Bodenerosion zur vollständigen Abtragung der geringmächtigen und zuvor fruchtbaren Böden und damit zur Aufgabe landwirtschaftlicher Nutzung.

Regel zur erosionsbedingten Nutzungsaufgabe (BL4): Linienhafte Prozesse der Bodenerosion beeinträchtigen die Landnutzung stark. Ohne technische Hilfsmittel ist es nur dann möglich, die agrarische Nutzung fortzusetzen, wenn linienhafte Bodenerosionsformen Tiefen von einigen Dezimetern nicht überschreiten. Sonst ist der Aufwand zu hoch, und die Nutzung wird aufgegeben.

Einflüsse von Bodenerosion auf Oberflächengewässer
Regel zur erosionsbedingten Belastung von Oberflächengewässern (BO1): Die Eutrophierung von Oberflächengewässern wird durch agrarische Landnutzung und den mit ihr einhergehenden Stofftransport im Abfluß auf der Bodenoberfläche gefördert.

Kolluvialregel und -thesen
Grundlage der nachstehenden Kolluvialregel und -thesen ist ein unerwarteter Befund, der aus einer integrativen Analyse von mehreren hundert in verschiedenen Landschaftsausschnitten in Mitteleuropa, im Nahen Osten, in Süd- und Nordamerika im Detail untersuchten Catenen resultiert: Zumeist liegt am Hang eine Folge von geringmächtigen Kolluvien. Sie wurden von vielen gering wirksamen Erosionsereignissen vorwiegend konkordant, d.h. ohne zwischenzeitliche Erosion, aufeinander abgelagert. Die gesamte Folge liegt auf einer Abtragungsdiskordanz, unter der vollständige, stark und schwach erodierte holozäne Böden nebeneinander vergesellschaftet sind. Die Abtragungsdiskordanz wurde vorwiegend während der seit der ersten Inkulturnahme intensivsten Phase der flächenhaften Bodenerosion durch ein oder mehrere stark wirksame Erosionsereignisse gebildet.

Allgemeine Kolluvialregel (KO1): Eine Folge von konkordanten jungen Kolluvien bedeckt weite Teile der Erosionsfläche der letzten Hauptabtragsphase; ältere Kolluvien sind auf Hängen nur selten erhalten. Die kolluvialen Akkumulationsbereiche nehmen heute erhebliche Teile der Agrarlandschaften ein – vorwiegend die unteren Mittelhänge und die Unterhänge.
- Die sehr seltenen stark wirksamen Abflußereignisse erodieren konvexe gerade oder konvex-konkave Hänge bis zu den konkaven Unterhängen flächendeckend. Ihre umfangreichen Kolluvien (s. Glossar) werden nur auf kleinen tiefenliniennahen Flächen in hohen Mächtigkeiten abgelagert.
- Die häufigen gering wirksamen Erosionsereignisse erodieren nur auf den konvexen Ober- und geraden Mittelhängen. Gering wirksame Ereignisse akkumulieren Kolluvien auch auf Teilen der Erosionsoberfläche des letzten vorangegangenen stark wirksamen Ereignisses.
- In Agrarlandschaften ist zu jedem beliebigen Betrachtungszeitpunkt die Wahrscheinlichkeit sehr hoch, daß auf den Mittel- und Unterhängen vielphasige geringmächtige Sequenzen von Kolluvien auf durchgehenden Erosionsdiskordanzen liegen und daß tiefenliniennah mächtige Kolluvien auftreten. Lediglich unmittelbar nach stark wirksamen Ereignissen, die abrupt enden, sind die Hänge – abgesehen von den tiefenliniennächsten Bereichen – kolluvienfrei (Exkurs 1.1).
- Die Anlage der Erosionsdiskordanz im anstehenden Locker- oder Festgestein, d.h. das Fehlen von Kolluvien geringwirksamer Erosionsereignisse aus der Zeit vor dem letzten stark wirksamen Ereignis, erklärt sich daraus.

Mitteleuropäische Kolluvialthese (KO2): Die spätmittelalterlich-neuzeitlichen Kolluvien bedecken die Erosionsdiskordanz, die in der 1. Hälfte des 14. Jh. durch wenige, kurz aufeinander folgende stark wirksame Ereignisse entstand.

Kolluvialthese der jungneuzeitlichen Rodungsräume (KO3): Rodungen der primären Wälder leiteten z. B. in Nord- oder Südamerika die Erosions-Akkumulationsdynamik ein. Die erste Phase mit intensiver Nutzung in einer ausgeräumten Agrarlandschaft ermöglichte intensive Bodenerosionsprozesse durch stark wirksame Ereignisse. Dabei bildete sich eine ausgedehnte Erosionsoberfläche. Extensivere Folgenutzungen förderten während zahlreicher geringwirksamer Ereignisse die Akkumulation von Kolluvien auf der Erosionsdiskordanz.

Wechselwirkungen gesellschaftlicher und natürlicher Prozesse mit der Landschaftsentwicklung, besonders mit den Wasser- und Feststoffbilanzen
These zur nutzungsbedingten Veränderung der regionalen Stoffbilanzen (WW1): Die frühmittelalterliche Besiedlung des westlichen Mitteleuropas und die hochmittelalterliche Ostsiedlung im Zentrum Mitteleuropas führten zum größten Anteil von landwirtschaftlichen Flächen dieser Gebiete in den letzten 10 000 Jahren. Dies veränderte die Stoffbilanzen und das Klima auf Jahrhunderte.

These zu den Einflüssen der Katastrophen des 14. Jh. auf Landschafts- und Gesellschaftsentwicklung (WW2):
- Stark wirksame Niederschläge lösten u.a. in den Jahren von 1313 bis 1319 und im Jahr 1342 in weiten Teilen Europas außergewöhnlich hohen Abfluß auf der Bodenoberfläche, gravierende Bodenerosion und eine (lokal oft drastische) Verringerung der Bodenfruchtbarkeit aus. Mißernten, Unterernährung, Hungersnöte und Massensterben waren zunächst die unmittelbare Folge. Die langfristige Aufgabe agrarischer Nutzung auf den nunmehr wenig fruchtbaren Böden schloß sich an.
- Der Starkregen im Juli 1342 verursachte die verheerendsten Überschwemmungen und Landschaftsveränderungen der vergangenen 15 Jahrhunderte in Mitteleuropa.
- Der Schwarze Tod. Etwa ein Drittel der – durch die vorausgegangenen Ereignisse geschwächten – europäischen Bevölkerung fiel in den Jahren 1348 bis 1350 der großen Pestepidemie zum Opfer. Veränderte Ernährungsgewohnheiten und extensivere Formen der Landnutzung waren die Folge.

These zu den Einflüssen des Dreißigjährigen Krieges auf die Landschaftsentwicklung (WW3): Der Dreißigjährige Krieg führte in Mitteleuropa vorübergehend zu einer extensiveren Landschaftsnutzung. Für einige Jahre nahmen die Grünland- und Ödflächen zu Lasten der Ackerflächen zu, und damit verringerten sich regionaler Abfluß und Stoffaustrag.

These zum Einfluß von Witterungsextremen auf die Französische Revolution (WW4): Die Französische Revolution folgte Jahren mit Überschwemmungen, Mißernten und Hungersnöten in Frankreich. Der Zeitpunkt des gesellschaftlichen Umbruchs wurde von der extremen Witterung beeinflußt, die für die Bewirtschaftung ungünstige Landschaftsveränderungen hervorrief.

These zu den Einflüssen der industriellen Revolution auf die Landschaftsentwicklung (WW5): Die industrielle Revolution bewirkte über technische Entwicklungen und die Einführung des Mineraldüngers eine andere Landschaftsnutzung und damit eine starke Erhöhung der Stoffausträge.

These zu den Einflüssen moderner agrarstruktureller Maßnahmen auf die Landschaftsentwicklung (WW6): Agrarstrukturelle Maßnahmen (Flurbereinigung, Kollektivierung) zerstörten in den sechziger bis achtziger Jahren des 20. Jh. in West- und Ostdeutschland bodenschützende Landschaftsstrukturen, die manchmal über Jahrhunderte gewachsen waren und deren Bedeutung verkannt wurde. Die regionalen Stoffbilanzen wurden dadurch nachhaltig verändert.

2   Die Mensch-Umwelt-Spirale – das Bodensyndrom

> „Doch auch wenn die Umweltgeschichte einige der originell-
> sten und provokativsten historischen Arbeiten liefert, die zur
> Zeit geschrieben werden, erzählt sie doch unweigerlich die-
> selbe trostlose Geschichte: von der Besetzung, der Ausbeu-
> tung und Erschöpfung des Landes" (SCHAMA 1995, S. 22).

Sorgfältige natur- und gesellschaftswissenschaftliche Analysen der Landschaftsveränderungen in Mitteleuropa sowie ihrer Ursachen und Wirkungen in den vergangenen 15 Jahrhunderten offenbaren auf der Grundlage der mitgeteilten Regeln
und Thesen eine bemerkenswerte Wirkungskette. Sie wird von Tätigkeiten des
Menschen stimuliert und zunächst angetrieben. Dann jedoch erlangt sie durch Bodenzerstörung und die wahrscheinlich resultierende Klimaänderung eine Eigen-
dynamik, die wiederum die Lebensbedingungen des Menschen stark beeinträchtigt. Der Ablauf der Wirkungskette wiederholte sich in den letzten 15 Jahrhunderten
mehrfach (Abb. 2.1). Sie wird zur Verdeutlichung der zentralen Bedeutung direkter
und indirekter anthropogener Bodenveränderungen als „Mensch-Umwelt-Spirale –
das Bodensyndrom" bezeichnet.

Der zeitliche Wandel

Die Einflüsse des Menschen auf die Funktionen, die Strukturen und die Stoffdynamik von Landschaften sowie die Rückkopplung der nutzungsbedingten Destabilisierung von Landschaftsfunktionen auf Mensch und Gesellschaft können vereinfacht zu einer fünfphasigen Wirkungskette zusammengeführt werden (Tab. 2.1).

Beginnend mit einer geringen Bevölkerungsdichte und einer kleinen landwirtschaftlichen Nutzfläche, führt zunächst allmähliches und dann beschleunigtes
Bevölkerungswachstum zur Ausdehnung der landwirtschaftlichen Nutzfläche, zur
Zunahme der Nutzungsintensitäten und damit zur räumlichen Erweiterung (Delo-
kalisierung) und Destabilisierung der Stoffbilanzen. Folgen sind die Zunahme
klimatischer Extreme, die drastische Verschlechterung der Bodenfruchtbarkeit, Er-
tragsausfälle, Hungersnöte und gravierende Rückgänge der Bevölkerungszahlen.
Zahlreiche Standorte verlieren aufgrund stark wirksamer Niederschläge und resul-
tierender katastrophaler flächenhafter Bodenerosionsprozesse, z.B. in der Jung-
moränenlandschaft, oftmals vollständig die vergleichsweise fruchtbaren, in Sanden
entwickelten Böden oder im Mittelgebirgsraum nahezu die gesamte, über dem Festgestein anstehende Lockersedimentdecke.

Andere Gebiete werden durch linienhafte Erosion zerschluchtet; sie sind anschließend nur noch in Teilen ackerbaulich nutzbar. Weite degradierte Flächen
fallen daraufhin wüst–manche Standorte für etliche Jahrzehnte, weitere für Jahrhunderte, viele definitiv (Abb. 2.2). Andere Schläge, die keine oder nur eine
schwache Abnahme der Bodenfruchtbarkeit erfahren haben, werden weiter ackerbaulich oder extensiver, als Grünland, von den verbleibenden Menschen genutzt.
Unter diesen Bedingungen kann nach einer Zeit der Stagnation die Bevölkerungszahl wieder allmählich anwachsen. Die veränderten Böden regenerieren sich
in diesen Zeiten nicht oder nur in unbedeutendem Umfang (Tab. 2.1, 2.2). Die

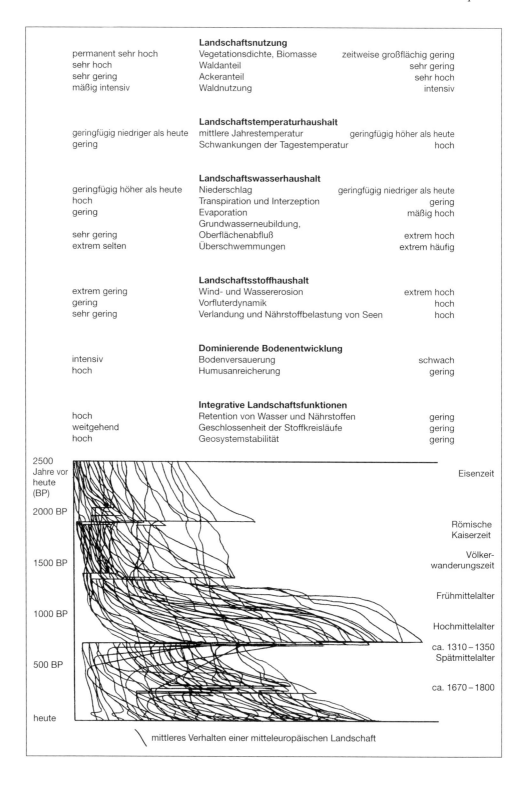

	Landschaftsnutzung	
permanent sehr hoch	Vegetationsdichte, Biomasse	zeitweise großflächig gering
sehr hoch	Waldanteil	sehr gering
sehr gering	Ackeranteil	sehr hoch
mäßig intensiv	Waldnutzung	intensiv
	Landschaftstemperaturhaushalt	
geringfügig niedriger als heute	mittlere Jahrestemperatur	geringfügig höher als heute
gering	Schwankungen der Tagestemperatur	hoch
	Landschaftswasserhaushalt	
geringfügig höher als heute	Niederschlag	geringfügig niedriger als heute
hoch	Transpiration und Interzeption	gering
gering	Evaporation	mäßig hoch
sehr gering	Grundwasserneubildung, Oberflächenabfluß	extrem hoch
extrem selten	Überschwemmungen	extrem häufig
	Landschaftsstoffhaushalt	
extrem gering	Wind- und Wassererosion	extrem hoch
gering	Vorfluterdynamik	hoch
sehr gering	Verlandung und Nährstoffbelastung von Seen	hoch
	Dominierende Bodenentwicklung	
intensiv	Bodenversauerung	schwach
hoch	Humusanreicherung	gering
	Integrative Landschaftsfunktionen	
hoch	Retention von Wasser und Nährstoffen	gering
weitgehend	Geschlossenheit der Stoffkreisläufe	gering
hoch	Geosystemstabilität	gering

2500 Jahre vor heute (BP) — Eisenzeit

2000 BP — Römische Kaiserzeit

— Völkerwanderungszeit

1500 BP — Frühmittelalter

1000 BP — Hochmittelalter

ca. 1310–1350 Spätmittelalter

500 BP — ca. 1670–1800

heute

mittleres Verhalten einer mitteleuropäischen Landschaft

Phase 1: Die Geosysteme im Gleichgewichtszustand
allmähliches Bevölkerungswachstum
↓
langsam zunehmender Nahrungsmittelbedarf
↓
geringes Anwachsen der genutzten Fläche durch Rodung
↓
Phase 2: Die Intensivierung der Landschaftsnutzung
beschleunigtes Bevölkerungswachstum
↓
rasch zunehmender Nahrungsmittelbedarf
↓
erhebliche Ausdehnung der Agrarfläche durch Rodung
↓
Veränderungsdruck führt zu Innovationen und zur Intensivierung der Landschaftsnutzung
↓
gravierende Abnahme des Wald-, Gehölz- und Grünlandanteils
↓
Phase 3: Die Destabilisierung der Geosysteme
Veränderung der Landschaftswasser- und -stoffbilanzen
↓ (?)
Zunahme von Witterungsextremen
↓
starke Bodenabtragung, Verringerung der Bodenfruchtbarkeit
↓
Phase 4: Rasche Abnahme der Bevölkerungsdichte
Häufung von Mißernten
↓
zahlreiche Hungersnöte
↓
beschleunigte und intensivierte Ausbreitung von Seuchen
↓
gravierende Abnahme der Bevölkerungsdichte
↓
Phase 5: Die Restabilisierung der Geosysteme
Rückgang der Nutzungsintensität und der Ausdehnung agrarisch genutzter Flächen
↓
verminderter Nutzungsdruck erlaubt veränderte Ernährungsgewohnheiten
↓
Stabilisierung der Landschaftsnutzung auf niedrigem Niveau
↓
Stabilisierung der Geosystemfunktionen
↓
erneutes Bevölkerungswachstum und Übergang zu Phase 1

↓ nachgewiesener Kausalzusammenhang   ↓ (?) wahrscheinlicher Kausalzusammenhang

Tab. 2.1: Die Dynamik der Mensch-Umwelt-Spirale – das Bodensyndrom

Abb. 2.1: Stabilität und Instabilität mitteleuropäischer Landschaften – modellhaft dargestellt am mittleren langjährigen Verhalten von Landschaftsindikatoren

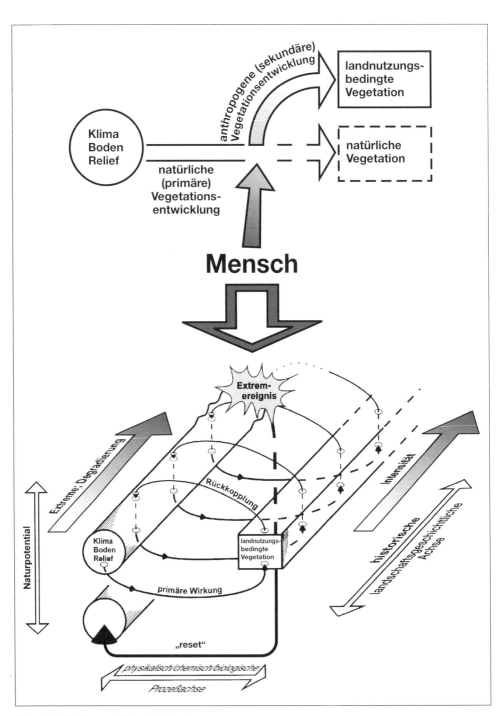

Abb. 2.2: Die Mensch-Umwelt-Spirale

Phasenübergänge erfolgen allmählich (Übergang Phase 1 zu 2) oder abrupt (Übergang Phase 4 zu 5).

Ausgehend vom neuen Landschaftszustand, werden die fünf Phasen erneut durchlaufen. Als Ergebnis der zweiten Spiralschleife wird wiederum ein neuer, zuvor nicht existenter Systemzustand erreicht. Mit dem Durchlaufen jeder neuen Schleife nimmt in der langfristigen und großräumigen Bilanz während der Intensivnutzungsphasen die Bodenfruchtbarkeit ab. Kumuliert über Jahrhunderte, gehen immer mehr ursprünglich für die landwirtschaftliche Produktion geeignete Böden verloren. Gravierende und definitive Verluste an landwirtschaftlicher Fläche treten vor allem im Mittelgebirgsraum mit geringmächtigen Böden über Festgestein auf. Die einzelnen Abschnitte der fünfphasigen Wirkungskette weisen folgende Merkmale auf:

Phase 1 ist durch langfristig weitgehend im Gleichgewicht stehende Landschaftsstoffbilanzen und durch nahezu geschlossene lokale und regionale Stoffkreisläufe gekennzeichnet. Ein Merkmal der Ausgangsphase ist damit die Stabilität der wesentlichen Landschaftsfunktionen und ihrer Wechselwirkungen. In den naturnahen Landschaften wächst die Bevölkerung allmählich. Der langsam zunehmende Bedarf an Nahrungsmitteln bewirkt vereinzelte Rodungen mit nachfolgender agrarischer Nutzung. Laterale Stoffverlagerungen auf der Geländeoberfläche sind die Ausnahme und wenig wirksam.

Phase 2 wird durch die Intensivierung der Landschaftsnutzung geprägt. Das beschleunigte Bevölkerungswachstum erhöht den Nahrungsmittelbedarf stark und vergrößert die Agrarflächen drastisch. In Jahren mit ungünstigen Witterungssituationen tritt ein Mangel an Grundnahrungsmitteln auf, der über den resultierenden starken gesellschaftlichen Veränderungsdruck zu Innovationen und nachfolgend zur Intensivierung der Landschaftsnutzung führt:
- neue Sorten werden gezüchtet, neue Kulturfrüchte eingeführt;
- der technische Fortschritt wird beschleunigt;
- die für die Ernährung des Menschen energetisch weitaus aufwendigere Tierproduktion nimmt zu Lasten des Getreideanbaus rapide ab;
- die Haltung von Stallvieh ersetzt in Regionen mit überdurchschnittlicher Bodenfruchtbarkeit vielerorts die Weidewirtschaft;
- der Wald-, Gehölz- und Grünlandanteil wird deutlich vermindert, die Ausräumung der Landschaft schreitet fort;
- die mittlere vieljährige Biomasse einer Landschaft erreicht ein Minimum.

In **Phase 3** werden (teilweise bereits beginnend in Phase 2) die Landschaften destabilisiert. Auslöser ist die unmittelbar auf die großflächige Rodung und Intensivierung der Nutzung zurückzuführende Änderung der Landschaftsstoffbilanzen (Tab. 2.2):
- die Transpirationsleistung erreicht aufgrund der stark verringerten oberirdischen Biomasse sehr niedrige Werte;
- im Gegenzug nehmen die Raten der Grundwasserneubildung in erheblichem Maße zu, in den Talauen steigt der Grundwasserspiegel;

Phasen 3 und 4 mit Destabilisierungs-prozessen (Ausgangssituation: ausgedehnte Ackerflächen)	Phase 5 mit Stabilisierungsprozessen (Veränderungen durch die nachfolgende Aufforstung der Ackerflächen)
hohe Grundwasserneubildung starke Bildung von Abfluß auf der Bodenoberfläche mechanische Verdichtung starke Bodenerosion hohe Stoffausträge (vertikale Auswaschung und laterale Stofftransporte) geringe Anreicherung von organischer Bodensubstanz Kalkung verhindert Versauerung kaum Verbraunung kaum Tonverlagerung keine Podsolierung lokal starke Pseudovergleyung aufgrund höherer Bodenfeuchte in den Tiefenbereichen Vergleyung bei hohem Grundwasserstand hohe Bioturbation	geringe Grundwasserneubildung keine/kaum Bildung von Abfluß auf der Bodenoberfläche wird über lange Zeiträume reduziert keine/kaum Bodenerosion; frühere Bodenverluste im Ackerland werden nicht kompensiert geringe Stoffausträge starke Anreicherung von organischer Bodensubstanz Entkalkung; Versauerung ermöglicht zunächst starke Verbraunung dann Tonverlagerung schließlich schwache Podsolierung in nährstoffarmen Sanden zunächst schwächere Pseudovergleyung (geringerer Wasserdurchsatz), bei Porenverstopfung durch Tonanreicherung intensivere sekundäre Pseudovergleyung in den Tiefenbereichen bei niedrigem Grundwasserstand Versauerung (Entkalkung, Verbraunung, ggf. Tonverlagerung) mit zunehmender Versauerung abnehmende Bioturbation

Tab. 2.2: Die Mensch-Umwelt-Spirale: Differenzierung von Bodenprozessen durch systemdestabilisierende und systemstabilisierende Nutzungsveränderungen

- in den ausgeräumten Landschaften treten bedeutende Abflüsse auf der Geländeoberfläche und intensive Bodenerosionsereignisse auf;
- der Landschaftsabfluß wächst erheblich an, so daß viele Tiefenlinien nunmehr beständig Wasser führen; der höhere Grundwasserspiegel schafft und speist Quellen, vernäßt Talauen und fördert das Wachstum von Niedermooren in Norddeutschland;
- die Stoffein- und -austräge über die Pfade Grundwasser, Abfluß auf der Geländeoberfläche und Atmosphäre wachsen; die Kohlenstofffixierung und -anreicherung in den Böden sind reduziert.

Noch nicht zweifelsfrei in diesem Kontext bewiesen, jedoch sehr wahrscheinlich ist die Zunahme von Witterungsextremen in den ausgeräumten, im Sommer aufgrund der geringen, puffernd wirkenden oberirdischen Biomasse stark aufgeheizten Agrarlandschaften. Gewitterregen entwickeln sich häufiger; die Niederschlagsintensitäten sind oft sehr hoch. Höhere Temperaturamplituden, vermehrte Starkniederschläge, häufigere und anhaltendere Dürreperioden sind die logische Konsequenz.

Starke flächen- und linienhafte Bodenerosion führt großflächig zur Abnahme der Bodenfruchtbarkeit durch den Verlust nährstoffreicher Bodenhorizonte mit hohem Wasserspeichervermögen. Geringmächtige Böden und Lockersedimente werden oft vollständig abgetragen.

In **Phase 4** beeinträchtigen der veränderte Wasserhaushalt (u.a. die stärkere Abflußbildung, die Vernässung zuvor ackerbaulich nutzbarer Standorte), der stark erhöhte Stofftransport (z.B. erosionsbedingt verminderte Bodenfruchtbarkeit, starke Stoffauswaschung, geringe Humusgehalte) und die akzentuierten Klimaverhältnisse die Nahrungsmittelproduktion und damit die Bevölkerungsentwicklung: Mißernten häufen sich und führen zu einem verbreiteten Nahrungsmittelmangel. Die nachfolgenden Hungersnöte rufen die Mangel- und Unterernährung weiter Teile der Bevölkerung hervor; Seuchen, die sich unter diesen Bedingungen beschleunigt ausbreiten, erreichen ein verheerendes Ausmaß. Dadurch treten im Mittelalter wiederholt Massensterben oder Auswanderungsschübe nach der Entdeckung der Neuen Welt auf, die eine mäßig starke bis drastische Abnahme der Bevölkerungsdichte in vielen Landschaften Mitteleuropas bewirken. Die Intensität der Nutzung und die Ausdehnung genutzter Flächen sind stark rückläufig: Ortschaften werden teilweise oder vollständig verlassen, Ortswüstungen entstehen. Die Aufgabe agrarischer Nutzflächen hat ausgedehnte Flurwüstungen zur Folge.

Während **Phase 5** werden die Geosysteme restabilisiert (Tab. 2.2, Abb. 2.2): Die verbliebene landwirtschaftliche Nutzfläche wird vorwiegend extensiver genutzt. Der verminderte Nutzungsdruck erlaubt veränderte Ernährungsgewohnheiten: Der Pro-Kopf-Verbrauch von Getreideprodukten geht zurück; Tierproduktion und Fleischverbrauch nehmen zu. Die Landschaftsnutzung stabilisiert sich auf niedrigem Niveau. Wiederbewaldung durch natürliche Sukzession oder Aufforstung beschleunigt die Bodenbildung; die Grünlandnutzung nimmt an Umfang zu. Infolgedessen wächst die Kohlenstofffixierung; die Wasserbilanz nähert sich einem naturnahen Zustand an; die stets irreversible Bodenerosion nimmt stark ab; Häufigkeit und Intensität von Witterungsextremen nehmen ab. Aufgrund ausbleibender Kalkung setzt die intensive Versauerung der Waldböden ein; die Bioturbation im Oberboden wird mit der Versauerung der Waldböden nahezu beendet. Verbraunung und Tonverlagerung sind bedeutende bodenbildende Prozesse.

Ein erneutes allmähliches Bevölkerungswachstum beendet schließlich die fünfte Phase und führt – auf verändertem Niveau – zur ersten Phase.

Der räumliche Wandel – Globalisierungsthese

Die frühen Spiralschleifen hatten regionale, selten kontinentale Bedeutungen. Die veränderten Rahmenbedingungen riefen Destabilisierungen hervor. Ein Beispiel gibt Irland im 18. Jh. Auf starkes Bevölkerungswachstum folgten die Ausbreitung des Kartoffelanbaus, Kartoffelkrankheit, Hungersnöte und eine Auswanderungswelle, die viele Iren nach Nordamerika führte.

Heute hat aufgrund ihrer Ausdehnung und Intensität die fünfphasige Wirkungskette zweifellos eine globale Bedeutung. Die anthropogene Deregulation der Stoffflüsse kennzeichnet dichtbesiedelte und intensiv genutzte Regionen – und damit global bedeutende Räume. Unklar ist die quantitative Bedeutung von vielen Wechselwirkungen und Selbstregulationsmechanismen im globalen Kontext.

Ein wesentliches Ziel der vorliegenden Arbeit ist die Verknüpfung von Erkenntnissen zur Entwicklung der Landschaft während der vergangenen 15 Jahrhunderte mit Informationen zum aktuellen Geschehen. Dadurch können wir unseren Kenntnisstand über historische Abläufe erweitern und wahrscheinliche zukünftige Entwicklungen aus der Kenntnis historischer und rezenter Prozesse ableiten.

3 Belege für anthropogen beeinflußte Landschaftsentwicklung

3.1 Methodik

„Der Untergrund oder diejenige Erdlage, welche unter der beackerten Krume liegt, ist bei der Beurtheilung eines Bodens von großer Wichtigkeit" (THAER 1798, S. 121).

„Die Öden, deren Grund sandig oder kiesig wäre, müßten hin und wieder durch Löchergraben untersuchet werden, wie hoch der Sand oder Kies übereinander gehäufet lieget und auf was für einer Art von Erde er rastet"
(WIEGAND 1771/1997, S. 143).

Das methodische Vorgehen wird zusammenfassend vorgestellt. Es erlaubt die differenzierte Analyse der in den vorausgegangenen Abschnitten diskutierten Regeln und Thesen sowie der Mensch-Umwelt-Spirale mit dem Bodensyndrom im Zentrum.

Naturwissenschaftliche, geomorphologisch-stratigraphisch-pedologische Landschaftsanalysen, die im folgenden kurz als landschaftsgenetische Analysen bezeichnet werden, können wesentlich zur Rekonstruktion alter Oberflächen, früherer Bodenzustände, -prozesse sowie -strukturen, Landnutzungen und Landschaftsstrukturen beitragen und somit die Kenntnisse über Mensch-Umwelt-Beziehungen vervollständigen (BROWN 1997). Zeitgenössische Schrift- und Bildquellen können zusätzliche Hinweise geben. Vorzügliche und zugleich umfassende Darstellungen der Methodik und der Quellen haben publiziert:
• LANGE (1971) und JÄGER (1987) zur Rekonstruktion und Analyse der Kulturlandschaftsentwicklung sowie
• STARKEL (1976), LAMB (1989), ANDRES et al. (1993) und SCHÖNWIESE (1994, 1995) zur Analyse der Klimageschichte sowie extremer Witterungsereignisse und ihrer Wirkungen.

Daher genügt in der vorliegenden Monographie eine Übersicht, die bodenkundlich-stratigraphische Arbeitsmethoden in den Vordergrund rückt.

Landschaftsgenetische Analysen liefern detaillierte Informationen zur Entwicklung eines Landschaftsausschnittes. Im Vordergrund sollte eine ausgedehnte Grabung stehen, bevorzugt ein Schnitt, der an einem Hang in Gefällsrichtung von der Wasserscheide zur Tiefenlinie verläuft und eine Catena offenlegt. Mit Hilfe landschaftsgenetischer Arbeitsweisen kann so z.B. die mittelalterliche und neuzeitliche Bodenentwicklung (s. Glossar) und Bodenzerstörung rekonstruiert werden. Die Aufnahme und Analyse einer großen Zahl von ausgedehnten Aufschlüssen erlaubt die Beurteilung des Ausmaßes von Bodenprofilveränderungen. Insbesondere die einfache Analyse von Profilverkürzungen ist eine seit längerem praktizierte Methode vor allem zur Charakterisierung der Erosionsanfälligkeit (vgl. GROSSE 1952, JUNG 1953, KURON & JUNG 1961, BARGON 1962, MAIER & SCHWERTMANN 1981, GRINGMUTH-DALLMER & ALTERMANN 1985).

Häufig werden lediglich Sedimentfallen (Talauen oder abflußlose, manchmal wasserfüllte Senken) untersucht. Die Sedimente spiegeln summarisch räumlich und zeitlich sehr verschiedene Nutzungen in den Einzugsgebieten wider. Befunde zu den Sedimenten dürfen daher nicht oder nur sehr eingeschränkt auf ihre Einzugsgebiete bezogen werden; quantitative Interpretationen zur Nutzung der Umgebung bleiben fragwürdig.

Zur Rekonstruktion des Verlaufes, der Ursachen und der Folgen von Bodenprofil- und damit Landschaftsveränderungen während Mittelalter und Neuzeit ist es erforderlich, wenige, besonders aussagekräftige, ausgedehnte Aufschlüsse so detailliert wie möglich aufzunehmen. Weitere Informationen liefern in der Literatur erwähnte und analysierte Schriftquellen zur Boden-, Landnutzungs- und Witterungsgeschichte (z. B. PÖTZSCH 1784, THAER 1798, HEUSINGER 1815, LE ROY LADURIE 1985, ALEXANDRE 1987, GLASER & HAGEDORN 1990, GLASER 1991, 1995).

Im ersten Arbeitsabschnitt der landschaftsgenetischen Analyse werden vergleichsweise arbeits- und kostensparende Feldmethoden zur Aufnahme und Analyse von Relief und Profil eingesetzt, die möglichst viele der Fragen zu Verlauf, Ursachen und Folgen von holozänen Landschaftsveränderungen beantworten sollen (WATERS 1996, BROWN 1997). Die Aufgaben dieser geomorphologischen, stratigraphischen und pedologischen Felduntersuchungen sind:
- die Aufnahme des heutigen Landschafts- und Bodenzustandes,
- die detaillierte Rekonstruktion des Landschaftszustandes am Übergang vom Spätglazial zum Altholozän, vor der ersten urgeschichtlichen Rodung und ackerbaulichen Nutzung sowie vor der ersten mittelalterlichen Rodung und ackerbaulichen Nutzung,
- das Auffinden von heute noch nahezu vollständig erhaltenen Bodenprofilen,
- die Rekonstruktion früherer Prozesse und Strukturen.

Diese mittlerweile mehrfach erprobte und bewährte Vorgehensweise beginnt mit dem Aufsuchen sämtlicher bereits existierender Aufschlüsse im Untersuchungsgebiet. Anschließend werden sämtliche relevanten Aufschlüsse in Übersichtsaufnahmen dokumentiert. Zur Klärung der holozänen Pedogenese und der Unterscheidung autochthoner und allochthoner Profilabschnitte ist es häufig erforderlich, weitere Aufschlüsse anzulegen und detailliert aufzunehmen.

Bei den Übersichts- und Detailaufnahmen von Aufschlüssen liegt das Hauptaugenmerk auf der Unterscheidung autochthoner (Bodenreste) und allochthoner Profilabschnitte (Kolluvien und Hochflutsedimente). Diese Abschnitte unterscheiden sich vor allem hinsichtlich der Körnung, der Lagerungsverhältnisse und der Farbe. An Lößstandorten mit den Bodentypen (nicht bis stark hydromorph überprägte) Parabraunerde (s. Glossar) oder stark degradierte Schwarzerde erlaubt häufig bereits die Farbe (d. h. der Humusgehalt) eine eindeutige Zuordnung (s. BORK 1983c, Tab. 1 und 5). Dagegen ist in Gebieten mit nicht oder nur gering degradierten Schwarzerden eine Trennung in autochthone Humushorizonte und umgelagerte Bereiche schwieriger. Insbesondere bei kurzen Verlagerungsstrecken mit fehlender oder sehr geringer Beimengung von Fremdmaterial sind die Kolluvien sehr dunkel und damit dem Ausgangsmaterial sehr ähnlich. Hier ermöglichen zwar auch die Farben die Unterscheidung, doch sind die Differenzierungen selbst für ein bodenkundlich geschultes Auge oft kaum erkennbar.

In den meisten dieser Fälle führt die genaue Aufnahme der Lagerungsverhältnisse zu einer korrekten Zuordnung in autochthone bzw. allochthone Profilabschnitte. Ist die Schichtung makroskopisch nicht zu erkennen, kann die Aufnahme von Dichteunterschieden erfolgreich sein. Falls diese Feldmethoden zur Gliederung nicht ausreichen, können Laboranalysen weiterhelfen. Die Beziehungen der Wassergehalte und -leitfähigkeiten sind in autochthonen und allochthonen Profilabschnitten fast immer signifikant verschieden (BORK 1983c, S. 85–88).

Neben den genannten Parametern erleichtern datierbare Funde eine Unterscheidung. So enthielt nahezu jedes zehnte im Untereichsfeld untersuchte Profil im Kolluvium eindeutige Hinweise auf anthropogene Einflüsse (vor allem Keramik und Hüttenlehm, Metallfragmente und Holzkohle; vgl. BORK 1983c, S. 4).

Die jüngsten der archäologisch oder durch das physikalische Verfahren der Thermolumineszenzmessung (für die in der vorliegenden Abhandlung vorgestellten TL-Werte durch CH. GOEDICKE, Rathgen-Forschungslabor, Berlin) datierten Keramikfragmente geben das Maximalalter der Kolluviensedimentation an. Weitere Funde jüngerer Keramik können das Maximalalter verringern. Je größer die Fundzahl, desto weniger wahrscheinlich ist, daß das Maximalalter des Kolluviums verringert wird. Desto geringer ist auch der Betrag, um den sich das Alter des Kolluviums verringert; das datierte Alter nähert sich einem festen Wert. Werden in einem Profil in verschiedenen Tiefen zahlreiche gut datierbare Gefäßrand- und -bodenstücke gefunden und wird das Alter der Keramikstücke größer, je tiefer ihre Fundorte liegen, so kann der Zeitpunkt der Kolluviensedimentation nur unwesentlich jünger als die jüngste eingeschlossene Keramik sein. Entscheidend ist das oftmals durch postsedimentäre Bodenbildungsprozesse erschwerte Erkennen von Keramikfragmenten oder Holzkohlen, die z.B. von Bodenwühlern bewegt wurden und ein anderes Alter als dasjenige der ungestörten Schicht vermitteln (BROWN 1997). Exakte Aufschlußuntersuchungen sind Voraussetzung für die korrekte Interpretation von Altersbestimmungen. Erbohrte Funde sind daher nur in Ausnahmefällen auswertbar. Wird Holz ^{14}C-datiert, so sind postsedimentäre autochthone Wurzeln von verlagerten Holzresten zu unterscheiden (BROWN 1997, S. 50f.). Holzkohlen sind oft mit Feinwurzeln durchsetzt. ^{14}C-Datierungen ohne Feinwurzelbeseitigung führen zu verjüngten Kohlealtersangaben. Die postsedimentäre pedogene Infiltration von Humus in ältere Humushorizonte, Hölzer oder Holzkohlen bedingt ebenfalls zu geringe ^{14}C-Alter dieser Materialien.

Größere Holzkohlestücke sind oft autochthon – eine Verlagerung mit dem Abfluß auf der Oberfläche hätte aufgrund der geringen Stabilität ganz überwiegend zur Zerstörung geführt. Daher geben Holzkohlen, die nicht z.B. durch rezente Feinwurzeln oder postsedimentäre Humusinfiltration kontaminiert sind, oft das annähernde Alter der Ablagerung an.

Als neues Verfahren wurde in den letzten Jahren die Messung der Infrarotstimulierten Lumineszenz (IRSL; s. Glossar) entwickelt. Mit dieser Methode kann erstmals auch das Alter von jungen, holzkohle- und keramikfreien Sedimenten festgestellt werden (LANG 1995, 1996; s. Glossar). Im Rahmen der in diesem Kapitel vorgestellten Aufschlußanalysen wurden von unserem Kooperationspartner A. LANG, Foschungsstelle Archäometrie der Heidelberger Akademie der Wissenschaften am Max-Planck-Institut für Kernphysik in Heidelberg, weltweit erstmals Quarze aus Kolluvien mit dem IRSL-Verfahren erfolgreich datiert.

Die autochthonen Relikte der in Jungwürmlöß oder anderen hoch- und spätglazialen Sedimenten entwickelten Holozänböden sind – im Gegensatz zu den Kolluvien – ausnahmslos fundleer. Sie enthalten – im Gegensatz zu den Kolluvien und
Hochflutsedimenten sowie den altwürmzeitlichen Sedimenten und Böden – nie-
mals Holzkohlestückchen.

Nach Klärung der Lagerungsverhältnisse der in den Profilen aufgeschlossenen
Horizonte und Schichten werden in der unmittelbaren Umgebung der Aufschlüsse
Bohrungen abgeteuft. Anschließend wird das Erbohrte mit dem aufgeschlossenen
Profil verglichen. Nur dadurch kann die korrekte Interpretation des Bohr-
stockinhaltes sichergestellt und eingeübt und erst danach können in der
weiteren Umgebung der Aufschlüsse Bohrungen niedergebracht und aufgenommen werden. Falls hierbei unbekannte Sedimente oder Bodenhorizonte erbohrt
werden, sind an diesen Standorten Grabungen erforderlich, um erneut die Bohrstockaufnahmen durch einen Vergleich mit dem Profil des Bodeneinschlages ab-
zusichern.

Ist das Verbreitungsmuster der Sedimente und Böden im Untersuchungsgebiet
ausreichend bekannt, kann zur Rekonstruktion des Bodenzustandes vor den frühmittelalterlichen Rodungen nach den noch am weitesten vollständigen der vom
Altholozän bis zum Frühmittelalter unter Wald gebildeten Böden gefahndet werden. Die weitgehend ungestörten, während des Mittelalters und der Neuzeit am
geringsten erodierten Böden auf heute landwirtschaftlich genutzten Standorten
finden sich nach unseren Grabungs- und Bohrerfahrungen unter Ortswüstungen
(hier besonders unter Resten fester Bauwerke, vor allem Kirchenabbruchschichten
mit Kalkmörtel), in der Nähe von Wasserscheiden und in konkaven, aber gut
drainierten Hangbereichen.

Waldstandorte sind zur Rekonstruktion nur in Ausnahmefällen geeignet. Auf den
seltenen kontinuierlich bewaldeten Standorten wurde die Bodenbildung bis heute
nicht unterbrochen. Dadurch wurden die Böden gegenüber dem frühmittelalterlichen Zustand signifikant weiterentwickelt. Ganz überwiegend wurden die Waldböden an Hängen jedoch während einer zwischenzeitlichen Nutzungsphase gekappt und nach der Wiederbewaldung durch erneute Bodenbildung überprägt.

Rekonstruktionen erweisen sich als schwierig in Bereichen mit sehr stark erodierten Profilen und an Standorten mit wenig gegliederten Profilen. Gut realisierbar sind die Rekonstruktionen vor allem an Lößstandorten mit mächtigen, gut
gegliederten, d. h. in zahlreiche Subhorizonte unterteilbaren Böden. Als Beispiel für
gut gliederbare Böden können die südniedersächsischen Parabraunerden herangezogen werden. Hier bildeten sich auf nicht staunassen, bis zum Frühmittelalter
kontinuierlich bewaldeten Hangstandorten in Jungwürmlöß mächtige Parabraunerden. Sie erreichten im vergleichsweise niederschlagsarmen Untereichsfelder
Becken Mächtigkeiten bis zu 2 m und am niederschlagsreicheren südwestlichen
Harzrand Mächtigkeiten bis zu 4 m. In anderen mitteleuropäischen Landschaften
lagen die ursprünglichen Mächtigkeiten der holozänen Böden überwiegend um
1,0 – 1,8 m.

Ist der Bodenzustand vor den ersten Eingriffen des Menschen für alle typischen
Sedimente, Böden und Reliefeinheiten rekonstruiert, so kann ein Vergleich
zwischen den ursprünglichen, heutigen und zwischenzeitlichen Landschafts-

zuständen und somit eine Bilanzierung des Ausmaßes der Landschaftsveränderungen zwischen den rekonstruierbaren Zeitpunkten erfolgen. Werden diese Untersuchungen an einer repräsentativen Stichprobe durchgeführt, können die mittleren und die maximalen Veränderungen für den gesamten untersuchten Raum berechnet werden.

Viele der aufgenommenen Profile enthalten erste Hinweise über den zeitlichen Verlauf der Ablösungs-, Transport- und Ablagerungsvorgänge. Für die vergangenen Jahrzehnte kann aus der Verlagerung von regelmäßig oder einmalig zugeführten und stark an den Boden gebundenen Stoffen auf den Umfang von Bodenumlagerungen geschlossen werden. SCHWERTMANN und seine Mitarbeiter benutzten das in den Hopfenanbaugebieten Niederbayerns als Fungizid applizierte Element Kupfer als Indikator für das Ausmaß der Bodenerosion während der letzten Jahrzehnte (vgl. SCHWERTMANN & HUITH 1975, F. SCHMIDT 1979, SCHWERTMANN & SCHMIDT 1980, SCHWERTMANN et al. 1983). „Tritt nun Bodenverlust durch Bodenerosion ein, so wird die Krume durch kupferarmen Unterboden verdünnt, so daß sie weniger Cu enthält als ihr durch Spritzung zugeführt wurde. Aus dieser Verdünnung des Cu-Gehaltes läßt sich der Umfang des Abtrags ableiten" (SCHWERTMANN et al. 1983, S. 91).

Neben diesem auf vergleichsweise kleine, mit Sonderkulturen bestandenen Flächen beschränkten Verfahren werden aus den aktuellen Konzentrationen kurzlebiger Radionuklide in den jüngsten Sedimenten auf der Grundlage der bekannten Falloutermine Abtragswerte abgeleitet. Seit 1954 traten höhere Falloutwerte in den Jahren 1957 bis 1959, 1962 bis 1964, 1971 und 1986 auf (RITCHIE et al. 1973; Informationen zu den Bestimmungsmethoden in GEYH 1980, 1983). Den Stand der Forschung auf diesem Arbeitsgebiet hat WISE (1980) am Beispiel der Isotope ^{137}Cs und ^{210}Pb beschrieben. Es muß allerdings darauf hingewiesen werden, daß die Konzentrationen unmittelbar nach dem Fallout auf der Bodenoberfläche in Abhängigkeit von den standörtlichen Bedingungen (besonders der Lage im Relief, den Niederschlags- und Windverhältnissen während des Fallouts) stark geschwankt haben dürften, so daß dieses Verfahren eher qualitative Hinweise zur jüngsten Bodenerosion zu geben vermag (vgl. dazu die Fallstudie von LOUGHRAN et al. 1987).

In Kolluvien eingebettete Fundmaterialien ermöglichen oft die archäologische oder physikalische Datierung älterer Sedimente – hier sind vor allem die Bruchstücke von Keramik und Holzkohlen zu nennen (BROWN 1997, S. 48ff.). Untersuchenswert sind allerdings nur die Profilabschnitte unterhalb des Pflughorizontes, der infolge der Bearbeitung meist sehr junges Material enthält. An Standorten mit Keramikfragmenten im Liegenden des Pflughorizontes können umfangreichere Aufnahmen sinnvoll sein. Zunächst finden Probegrabungen und Bohrkampagnen in Zusammenarbeit mit den betroffenen Nachbardisziplinen statt – vor allem mit der Archäologie und der Palynologie. Sind die Funde gut datierbar und die Aufschlußverhältnisse vielversprechend, so lohnen sich umfangreiche, arbeitsaufwendige Grabungen und detaillierte Aufnahmen der Boden-Sediment-Folgen – wiederum in enger Zusammenarbeit mit Wissenschaftlern anderer Fachgebiete. Als besonders geeignet für derartige Grabungen haben sich Ortswüstungen und ihre nähere Umgebung erwiesen. Fast immer werden hier größere Mengen sehr genau datierbaren Materials in den jungholozänen Sedimenten gefunden (STEPHAN 1985, 1987; BORK 1985b, 1988). Begleitend werden die zeitgenössischen, schriftlichen und bildlichen Quellen aufgearbeitet.

Untersuchungsgebiet / Landschaft	Rechtswert	Hochwert
Adelshofen / Kraichgau	3 392 160	5 447 350
Antreff / Oberhessen	3 489 050	6 511 960
Attackewäldchen / Kraichgau	3 478 475	5 449 325
Bottenbach / Westrich	3 391 500	5 450 825
Coppengrave / Ith	3 550 320	5 761 400
Corvey / Ostwestfalen	3 528 350	5 738 100
Dahmsdorf / Ostbrandenburg	5 439 160	5 822 030
Desingerode / Untereichsfeld	3 581 530	5 710 790
Drudevenshusen / Untereichsfeld	3 578 440	5 711 520
Glasow / Vorpommern	5 915 500	5 450 300
Hinterreit / Högl	4 566 330	5 298 025
Lützellinden-Cleebach / Oberhessen	3 473 850	5 600 040
Lützellinden-Zechbach / Oberhessen	3 473 160	5 600 900
Mörsbach / Westrich	2 600 450	5 463 560
Mordmühle / südestliches Harzvorland	3 578 050	5 723 825
Neuenhagen / Oderbruch	5 436 960	5 858 150
Neuenkirchen / nördliches Harzvorland	3 600 620	5 767 290
Nienover / Südsolling	3 535 800	5 727 350
Nienwohlde / Uelzener Becken	4 403 350	5 858 020
Rüdershausen / Untereichsfeld	3 586 650	5 718 450
Sälgebach / Oberhessen	3 477 930	5 614 460
Thiershausen / Untereichsfeld	3 575 950	5 720 670
Tiefes Tal / Untereichsfeld	3 586 690	5 714 575
Weckesheim / Wetterau	3 489 650	5 582 250
Welschbach / Oberhessen	3 467 630	5 600 940
Wolfsschlucht / Märkische Schweiz	5 438 500	5 827 900
Wollbach / Grabfeld	3 585 650	5 582 100

Tab. 3.1: Lage der untersuchten und im Text erwähnten Landschaftsausschnitte mit datierten mittelalterlichen und neuzeitlichen Kolluvien und Auensedimenten
Angaben: Gauß-Krüger-Koordinaten [m]

Exkurs 3.1:
Warum das Ausmaß, die Ursachen und Folgen der mittelalterlich-neuzeitlichen Landschaftsveränderungen verkannt wurden

Mittelalterlich-neuzeitliche Böden und Sedimente sind kaum landschaftsgenetisch bearbeitet. Ihre Verbreitung und Mächtigkeit werden stark unterschätzt. Geologen und Palynologen untersuchten vorrangig die Zentren der Akkumulation (Seesedimente, Moore) und damit Ausschnitte der Landschaft, die vom weit überwiegenden Teil der jungen Bodensedimente nicht mehr erreicht wurden. Im Übergangsbereich von Unterhängen zu Talauen abgelagerte jungholozäne Sedimente wurden aufgrund ihrer Lage und der dort oft schlechten Aufschlußverhältnisse meist ignoriert. Die Entwicklungsphasen der nacheiszeitlichen Böden und Sedimente sind daher nur an wenigen dieser Standorte ausreichend exakt untersucht.

Das DFG-Schwerpunktprogramm „Wandel der Geo-Biosphäre in den letzten 15 000 Jahren" erbringt derzeit für Spätglazial, Alt- und Mittelholozän wesentliche Verbesserungen unserer Kenntnisse zur Landschaftsentwicklung. Weitgehend unbekannt waren und sind jedoch zum erheblichen Teil noch heute

- die räumliche und zeitliche Dynamik der Bildung und Veränderung von mittelalterlich-neuzeitlichen Sedimenten und Böden und
- ihre besondere Bedeutung für heute ablaufende und in der nahen sowie fernen Zukunft in Ökosystemen und Landschaften zu erwartende Prozesse und Entwicklungen.

Neue Bodenkarten berücksichtigen in zunehmendem Maße das Vorkommen von Kolluvien und Auensedimenten; eine konsequente Nomenklatur existiert jedoch nach wie vor nicht für jungholozäne Bildungen. Diese bedeutende Schwäche kennzeichnet ebenso andere nationale und auch international gebräuchliche Bodenklassifikationssysteme.

Welche Ursachen haben diese gravierenden Kenntnisdefizite? Ein Grund liegt zweifellos in den traditionellen Methoden und Techniken der Bodenkunde und der Geowissenschaften, ein weiterer wohl auch in der Erwartungshaltung der Kartierenden, ein dritter in den selbst für das geschulte und geübte Auge oft nur geringen Differenzierungen in den jungholozänen Sedimenten und Böden.

Zu den Methoden und Techniken. Existierten in der Landschaft keine Aufschlüsse, so wurden meist kleine flache Profilgruben angelegt und eine Wand exemplarisch bodenkundlich aufgenommen. In jüngerer Zeit werden zunehmend kleine Gruben an verschiedenen Reliefpositionen geöffnet und untersucht. Vorhandene Aufschlüsse wurden zwar beschrieben, sie lagen jedoch ganz überwiegend nicht auf den Bahnen der ablaufenden lateralen Flüsse. Der Schlüssel liegt in der Anlage ausreichend langer und tiefer, räumlich richtig gelegter Aufschlüsse. Die exakte Größe und Ausrichtung ist in explorativen Voruntersuchungen festzulegen und fragestellungsabhängig. Wir sind nicht erst in den letzten Jahren dazu übergegangen, durchgängige tiefe Profilschnitte von der Wasserscheide bis zur Tiefenlinie zu legen. Nur so offenbart der Boden weit mehr Geheimnisse als bei üblicher Technik. Die Bedeutung lateraler Flüsse in verschiedenen Raum- und Zeitdimensionen kann nunmehr erkannt und oft auch quantifiziert werden.

Zur Erwartungshaltung. Von Feldbodenkundlern oder Geologen werden nur geringe Veränderungen der Böden und Sedimente Mitteleuropas während des jüngeren Holozäns erwartet. Die deutsche Ökosystemforschung des vergangenen Jahrzehnts orientierte sich – auch methodisch bedingt – stark an vertikalen Stoffflüssen in Ökosystemen. Was nicht erwartet wird, wird nicht gesucht und auch nicht zufällig gefunden.

Zu den Differenzierungen. Selbst der bodenkundlich und geologisch geschulte und erfahrene Wissenschaftler vermag die geringen makroskopischen Unterschiede zwischen Sedimentschichten und Bodenhorizonten häufig nicht zu erkennen. Der Exkurs 3.2 erläutert die Ursachen.

Wesentliche Hinweise zum Verlauf von Bodenveränderungen während des Mittelalters und der Neuzeit können die Formen und vor allem die Füllungen von Kerben (s. Glossar) und Schwemmfächern geben. Wie man in Aufschlüssen zu lesen vermag und welche weitreichenden Schlußfolgerungen aus diesen Untersuchungen gezogen werden können, wird in diesem Kapitel an zahlreichen Beispielen beschrieben (zur Lage der Profile s. Tab. 3.1).

Hinweise zur Landschaftsgeschichte in Schrift- und Bildquellen. Mittelalterliche Quellen geben vereinzelte, kritisch zu prüfende Hinweise zur Umwelt-, Boden-,

Klima- und vor allem zur Agrargeschichte (vgl. JÄGER 1987). Die Dichte und Qualität neuzeitlicher Quellen ist weitaus höher (SCHENK 1996). Die archivalischen Angaben ergänzen die Bodenbefunde und sind insbesondere für die Beantwortung der Frage nach den wesentlichen Ursachen des historischen Landschaftswandels (anthropogen oder klimatisch initiiert) von Bedeutung.

Schriftliche Nachrichten über Bodenveränderungen vor allem aus der zweiten Hälfte des 17. Jh., aus dem 18. und 19. Jh. wurden von verschiedenen Autoren aufgearbeitet. So wertete VOGT (1953, 1957a, 1958a u. b, 1960, 1966/74, 1970, 1972, 1975, 1977, 1982) zahlreiche französische (insbesondere elsässische sowie lothringische) und deutsche (lippische, sächsische und thüringische) Archive aus. Schriftliche Mitteilungen zeitgenössischer südniedersächsischer und thüringischer Augenzeugen über die Abtragungsvorgänge während der letzten drei Jahrhunderte hat HEMPEL (1954, 1957) analysiert. Des weiteren sind die Archivstudien von HARD (1976) in Südwestdeutschland zu nennen.

Zusammenfassende Darstellungen über den Zustand und die Entwicklung von Landschaften während Mittelalter und Neuzeit haben z. B. JÄGER (1951, 1954, 1963 a u. b, 1964 a u. b, 1987), KRENZLIN (1952), SCHARLAU (1957), MORTENSEN (1958), KÜHLHORN (1964, 1969, 1970, 1994–96), ABEL (1966, 1976, 1978, 1986), DENECKE (1969), LANGE (1971), BORN (1974, 1980), STEPHAN (1978/79, 1984, 1985, 1987), ENNEN & JANSSEN (1979), SCHULZE (1979), GRINGMUTH-DALLMER (1983), BRAUDEL (1985), RÖSENER (1985), HERRMANN (1986), ENDERS (1987), BLAIKIE & BROOKFIELD (1987) und SCHENK (1996) veröffentlicht. In diesen Arbeiten werden u. a. die wichtigsten Typen der Landnutzung (Waldnutzung, Hauptanbaufrüchte und Fruchtfolgen), die Agrartechniken, die Flurstrukturen (Flurzersplitterung, Parzellenformen, Gewannverfassung), die Siedlungsgeschichte, die Agrarkonjunkturen, die Flur- und Ortswüstungen sowie vereinzelt und fragmentarisch die Degradierung der Böden und ihre sozioökonomischen Ursachen angesprochen – Informationen, die für eine Rekonstruktion der Ursachen und Folgen der Landschaftsgeschichte und insbesondere der Mensch-Umwelt-Beziehungen in historischer Zeit soweit wie möglich bekannt sein sollten.

Neben der Landnutzungsgeschichte ist die Kenntnis der hygrischen Klimaverhältnisse während des Mittelalters und der Neuzeit eine weitere wichtige Voraussetzung für die Analyse der Ursachen und Folgen der Bodenerosion. Bereits in den späten vierziger Jahren hat FLOHN (1949/50, S. 355) auf Schwankungen und ungewöhnliche Extrema unseres Klimas aufmerksam gemacht. Klimatische Schwankungen können demnach den Verlauf der mittelalterlichen und neuzeitlichen Bodenerosionsgeschichte maßgeblich beeinflußt haben. Die Analyse der Schriftquellen zur Witterungsgeschichte kann zur Klärung dieser Hypothese beitragen. Informationen zur hygrischen Klimageschichte liefern nach FLOHN (1949/50, 1958, 1967) instrumentelle Aufzeichnungen, systematische nichtinstrumentelle Beobachtungsreihen, sonstige chronikalische Aufzeichnungen und andere indirekte Klimazeugen.

Umfassende Bewertungen und Auswertungen witterungsgeschichtlicher Informationen haben PFISTER (1985a, b), ALEXANDRE (1987), LAMB (1989) und GLASER (1991, 1995) vorgenommen.

Instrumentelle Niederschlagsdaten reichen in Europa bis in das ausklingende 17. Jh. zurück (SCHÖNWIESE 1995, S. 27ff.). Die ersten genaueren Niederschlagsmessungen in Mitteleuropa hat SCHEUCHZER 1708 in Zürich durchgeführt (PFISTER 1985a, S. 52f.). Die häufig unterbrochenen Niederschlagsmeßreihen des 18. Jh. können nur bedingt zur Überprüfung der aus Profilanalysen gewonnenen Daten zur hygrischen und Bodenerosionsgeschichte Mitteleuropas verwendet werden. Auf die Genauigkeit und die Fehlerquellen früher Niederschlagsmessungen haben PFISTER (1985a, S. 52f.) und SCHÖNWIESE (1995, S. 27ff.) hingewiesen. Etwa seit der Mitte des 19. Jh. liegen in Mitteleuropa kohärente Reihen vor.

Frühe systematische nichtinstrumentelle Witterungsaufzeichnungen, wie sie FLOHN (1967, S. 81), PFISTER (1985a, S. 26ff.), LAMB (1989, S. 93ff.), SCHÖNWIESE (1995, S. 27ff.) und GLASER & GUDD (1996) erwähnen, wurden an einem Ort meist nur während einiger Jahre oder weniger Jahrzehnte vorgenommen. Sie liegen in Mitteleuropa nur vereinzelt seit dem 16. Jh. vor und enthalten vorwiegend Angaben über die Temperatur- und Windverhältnisse sowie über die Himmelsbedeckung.

Sonstige chronikalische Aufzeichnungen (Proxidaten nach GLASER 1991, 1995 u.a.) umfassen vor allem Angaben über die Qualität des Weines, den Entwicklungsstand der Reben, den Zeitpunkt der Weinlese und andere phänologische Daten, strenge Winter und kühle, feuchte Sommer, Früh- und Spätfröste, das Gefrieren von Flüssen und Seen, gute oder schlechte Ernten, Hungersnöte, Bevölkerungsentwicklung und Wüstungsphasen, feuchte oder trockene Jahre, Starkniederschläge (besonders Gewitter und Hagelschläge), Flußüberschwemmungen, Oberflächenabfluß auf den Hängen und Bodenerosion. Eindeutige Hinweise auf stark wirksame Witterungsereignisse und die resultierenden Stoffverlagerungen vermögen nur die vier letztgenannten Punkte zu geben.

Allerdings müssen chronikalische Informationen außerordentlich kritisch analysiert werden: „Häufige Beispiele von Verwechslungen und Widersprüchen machen dies notwendig, was jede Sammlung von Zeitungsnotizen aus jüngster Zeit bestätigt" (FLOHN 1958, S. 204). Die Interpretation von Einzeldaten ist problematisch; beispielsweise können Gewitter und nachfolgende Überschwemmungen von nur lokaler Bedeutung sein. Doch nach kritischer Überprüfung der Chroniken können wichtige Rückschlüsse auf den Witterungsverlauf gezogen werden.

Über die genannten instrumentellen und chronikalischen Beobachtungen hinaus geben u.a. dendrochronologische und gletschergeschichtliche Daten, eustatische Meeresspiegelschwankungen, Pollenanalysen und Wasserstandsmarken an Flüssen Hinweise auf das Witterungsgeschehen. Mit Ausnahme der – allerdings häufig unvollständigen und nur äußerst selten bis in das Mittelalter zurückreichenden – Hochwasserstandsmarkierungen sind diese Daten für eine quantitative Rekonstruktion der Wirkungen stark wirksamer Witterungsereignisse höchstens von untergeordneter Bedeutung.

Faßt man die Bewertungen der Daten aus der Zeit bis zum 18. Jh. zusammen, dann läßt die Auswertung der schriftlichen Erwähnungen von Überschwemmungen am ehesten die Überprüfung der Ergebnisse von Bodenprofilanalysen zu. Diese Arbeiten erleichtern ALEXANDRES (1976, 1987) Zusammenstellungen zahlreicher Chroniken der Witterungsgeschichte.

Da PFISTER (1985c, S. 188) gezeigt hat, „daß ein hoher Prozentsatz der in diesen Kompilationen enthaltenen Aufzeichnungen falsch datiert, inhaltlich entstellt, stillschweigend aus weit entfernten Klimaprovinzen übernommen oder schlicht und einfach erfunden worden ist" (vgl. ALEXANDRE 1976, 1987), sind die Publikationen von HENNIG (1904), VANDERLINDEN (1924), EASTON (1928), BRITTON (1937) und WEIKINN (1958, 1960, 1961, 1963) nur mit starken Einschränkungen nutzbar. Das übliche Vorgehen bei der Auswertung derartiger Studien – die Bildung von übergreifenden (z. B. 30- oder 50jährigen) Mitteln – schlägt hier fehl, da die Extremereignisse völlig ihre Aussagekraft verlieren. Da somit nur auf Einzeldaten zurückgegriffen werden kann, ist bei der Interpretation von Schriftquellen – im Gegensatz zu den naturwissenschaftlichen Befunden – aufgrund der obengenannten Unsicherheiten besondere Vorsicht angebracht. Die in der vorliegenden Monographie mitgeteilten Befunde aus Schriftquellen sind unter Berücksichtigung dieser Hinweise kritisch zu bewerten.

Exkurs 3.2:

Lesen im Aufschluß

Exemplarische Anmerkungen zum Identifizieren von Bodenerosion und Akkumulation (Kolluvien und Auensedimenten), Bodenbildung (Bodenhorizonten) sowie anthropogenen Eingriffen (Bodenbearbeitung, Gruben, Gräben etc.).

Können Bodenerosion und -akkumulation identifiziert werden? Eine zweifelsfreie Unterscheidung ist nicht immer möglich. Daher sind besonders geeignete Standorte auszuwählen. Bodenerosion kappt die liegenden Böden. Waren die einzelnen Bodenhorizonte geringmächtig, ist die unterschiedlich starke Abtragung der Horizonte (die Kappung) über Distanzen von Zehnern von Metern oftmals vorzüglich zu erkennen. Eine Trennung der Bodenhorizonte von Sedimenten wird möglich durch Detailaufnahmen des Gefüges und der Lagerungsverhältnisse sowie der dreidimensionalen Verbreitung von Sedimenten und Böden in der Landschaft.

Kann Bodenbildung identifiziert werden? Vorrangig vertikal wirkende Bodenbildungsprozesse sind zu analysieren und von den bevorzugt lateralen Sedimentationsprozessen zu unterscheiden. Besonders schwierig ist die Differenzierung, wenn laterale Bodenwasserbewegung auf die Bodenbildungsprozesse gewirkt hat. Dann sind oft nur noch im Dünnschliff Sedimentationsstrukturen z.B. von den pedogenen Tonhäutchen in Toninfiltrationsbändern zu unterscheiden.

Können anthropogene Eingriffe identifiziert werden? Dreidimensionale Untersuchungen der Grenzen zwischen und in einzelnen Sedimentkörpern sowie zwischen diesen und Bodenhorizonten geben entscheidende Hinweise auf die Art menschlicher Handlungen. Bei der Anlage des Aufschlusses ist Kompartiment für Kompartiment abzutragen, um das dreidimensionale Bild des untersuchten Landschaftsausschnittes aufnehmen und verstehen zu können.

Diese Vorgehensweise erlaubt z.B., verschiedenartige Pflugtypen und -tiefen zu erkennen (Beispiel: Spuren von Hakenpflug und mehrscharigem Dampfpflug im Untersuchungsgebiet Glasow; s. Kap. 3.6.2). Eine regelhafte räumliche Verbreitung (nur dreidimensional eindeutig erkennbar) und eine scharfe Untergrenze des Bodenbearbeitungshorizontes sind wesentliche Merkmale.

Von Menschen angelegte Gräben können so von erosionsbedingten Gräben unterschieden werden. Dimension und Form der Einstiche oder Hebelbewegungen von Spaten und anderen Grabgeräten hinterlassen Spuren, die eindeutig von denjenigen fließenden und damit erodierenden und akkumulierenden Wassers differieren.

3.2 Sturmbedingte Bodenverlagerungen und Nutzungsaufgabe im Oderbruch

Die Wirkung intensiver urgeschichtlicher Winderosion stand im Vordergrund eines Forschungsvorhabens im äußersten Osten Brandenburgs. Unter der Leitung von E. GRINGMUTH-DALLMER und E. SCHULTZE führte das Deutsche Archäologische Institut in den Jahren 1996 und 1997 im Rahmen des Oderprojektes Ausgrabungen im östlichen Brandenburg am Übergangsbereich von der Neuenhagener Insel zu den nördlichen Ausläufern des Niederoderbruches durch (GRINGMUTH-DALLMER 1996). Begleitend wurden von Th. SCHATZ, H.-R. BORK, C. DALCHOW, R. SCHMIDT, U. FISCHER-ZUIKOV (letzte beide Fachhochschule Eberswalde), B. NITZ, R. CARLS (beide Humboldt-Universität zu Berlin), F. BROSE (Landesamt für Geowissenschaften und Rohstoffe des Landes Brandenburg, Frankfurt/Oder) sowie CH. GOEDICKE (Rathgen-Forschungslabor, Berlin) landschaftsgenetische Untersuchungen ausgeführt. Die Umweltverhältnisse und die Landnutzungsgeschichte in der räumlichen und zeitlichen Umgebung einer ausgedehnten und fundreichen früheisenzeitlichen Siedlung wurden rekonstruiert (zur Lage s. Tab. 3.1).

Im Vordergrund der archäologischen Arbeiten stand die früheisenzeitliche Siedlung der Göritzer Gruppe. Ofenanlagen, Hausreste, Feuerstellen und Gruben wurden ergraben (E. GRINGMUTH-DALLMER und E. SCHULTZE, frdl. mündl. Mitt. 26.1.1998). Die Funde datieren nach archäologischen und physikalischen Methoden der Altersbestimmung in das 7. und 6. vorchristliche Jahrhundert (E. GRINGMUTH-DALLMER, CH. GOEDICKE, frdl. mündl. Mitt. 26.1.1998). Unter dem umfangreichen früheisenzeitlichen Fundmaterial fanden sich viele vollständige Gefäße und Relikte von Tieren. Nach ersten Befunden stammen etwa die Hälfte der Säugetier- und Hausgeflügelknochen von Rindern, ein Viertel von Schweinen sowie 15% von Schafen und Ziegen (N. BENECKE, frdl. mündl. Mitt. 26.1.1998). Rinderweide im Offenland ist damit ebenso wahrscheinlich wie Schweinehut im Wald.

Arbeitsthese der Grabung
Intensive Landnutzung – möglicherweise eine Kombination von Garten- und Ackerbau sowie starker Beweidung in Verbindung mit der Ausräumung der die Oberfläche schützenden Landschaftselemente – führte zeitweise zur ausgedehnten Entblößung der Bodenoberfläche. Sie ermöglichte weiträumig auf den ostbrandenburgischen Grundmoränenplatten starke äolische Bodenerosion und damit die Überdeckung von Garten-, Acker- und Grünlandböden im Oderbruch mit armen Sanden. Dadurch wurde die Bodenfruchtbarkeit drastisch verringert – ausgedehnte Flächen konnten nicht mehr gartenbaulich bzw. landwirtschaftlich genutzt werden und fielen wüst. Der Vorgang wiederholte sich am selben Ort mehrfach.

Landschaftsgenetische Resultate
Die archäologisch-bodenkundlich-geoökologische Prospektion ergab eine Ausdehnung der früheisenzeitlichen Siedlung von etwa 300 x 500 m (SCHATZ 1998). Der Siedlungsbereich ist heute überwiegend bewaldet. Lediglich der Grabungsbereich wird derzeit als Dauergrünland genutzt. Der gesamte, in nur 3 bis 5 m über HN liegende Siedlungsraum fällt mit geringer Neigung in nördliche Richtung ab. Der heute vor-

Exkurs 3.3:
Überweidungsbedingte Bodenverlagerung in der Lüneburger Heide – eine Analogie zur
urgeschichtlichen Winderosion in Ostbrandenburg

„Neben ihrer immer wieder begangenen Trift verbeißen die Schafe selbst die Wacholder wie zu
einer geschorenen Hecke und zerstören auf ihrem Wege auch die Heide, die keinen stärkeren Tritt
und kein Befahren verträgt, sondern danach rostig braun wird und abstirbt. Wenn aber die Heid-
schnucken mit ihren scharfen Hufen die Heide-Narbe auf einem Hügel tief verletzen, kann der Wind
eingreifen, den Sand ausblasen, bis die Steine darin sich in dem entstehenden Hohlweg so weit an-
reichern, daß sie ein lockeres Pflaster bilden, das nun den Untergrund mehr und mehr vor weiterer
Ausblasung schützt.

   Der verwehte Sand aber bildet Dünen, die im Mittelalter in manchen Gegenden in um so weiterer Ausdehnung entstanden, je steinärmer der Sand war. In solchen offenen Flugsand-Feldern
herrscht ein ständiger Kampf: Der wandernde Sand begrub einzelne Bäume, andere, die auf den
etwas älteren Dünen schon Fuß gefaßt hatten, wurden freigeweht, so daß sie auf ihren Wurzeln wie
auf Stelzen standen" (Tüxen 1967, S. 33).

wiegend mit Kiefern bestandene zentrale und südliche Siedlungsbereich ist durch
ein unruhiges Relief mit zahlreichen, mehrere Dezimeter bis über einen Meter
hohen, schmalen SW–NE bis W–E laufenden Längsdünen gekennzeichnet. Im
derzeitigen Grünlandbereich der urgeschichtlichen Siedlung existieren keine ungestörten Dünen mehr. Sie wurden durch Pflugtätigkeit in den vergangenen Jahrzehnten nahezu vollständig zerstört.

   Über fluvialen Sanden wurden mächtige, vertikal gut gliederbare, zu Dünen auf-
gewehte äolische Sande gefunden (Carls & Nitz 1997). Zunächst wurde die Frage
untersucht, ob die Dünensysteme die früheisenzeitlichen Siedlungsrelikte über-
oder unterlagern. Zahlreiche Einstiche und kleinere Grablöcher ergaben zweifelsfrei, daß einerseits die früheisenzeitliche Siedlung bereits vorhandene flache Längsdünen überzieht. Nach F. Brose (frdl. mündl. Mitt. 26.1.1998) entstanden diese
Dünen am Übergang vom Spätglazial zum Holozän. Auch die früheisenzeitlichen
Siedlungsflächen wurden kräftig übersandet. Wahrscheinlich hat intensive Landnutzung die Landschaft ausgeräumt und damit die wiederholte starke äolische
Dynamik ermöglicht (s. Arbeitsthese).

   Eine prinzipielle Wirkungskette mit folgenden Elementen konnte für den Bereich der archäologischen Grabung rekonstruiert werden:

• Auf Rodungen folgte intensive Siedlungstätigkeit, die von ausgedehnter Landnutzung begleitet wurde.

• Starke Anwehung von Sanden aus vegetationsarmen, ausgeräumten Landschaftsausschnitten prägte die Folgezeit. Wahrscheinlich war das Herkunftsgebiet, wie
  aus der bei Sturmwetterlagen dominierenden und der Akkumulationssituation
  entnehmbaren Windrichtung gefolgert werden kann, der westliche Teil der Neuenhagener Insel.

• Die nährstoffarmen, leicht austrocknenden Sande wurden in einer Mächtigkeit
  von einigen Dezimetern flächendeckend sowie in längsgestreckten Dünenzügen

im Lee der Barnim-Grundmoränenplatte und der Neuenhagener Insel auf Sied-
lungsflächen, Gärten, Äckern und Weiden abgelagert.
- Dadurch nahm die Bodenfruchtbarkeit der übersandeten Standorte drastisch ab.
- Nutzungs- und Siedlungsaufgabe sowie Wiederbewaldung bildeten die unver-
meidbare Konsequenz.
- Schwache Bodenbildung unter Vegetation schloß die Entwicklung ab.

Diese Wirkungskette vollzog sich im Siedlungsbereich wiederholt konkret in folgender Weise: Nach der letztmaligen Ablagerung mächtiger sandiger Oderhochflut-
sedimente entstand in einer Tiefe von ca. 2,5 m unter der heutigen Geländeoberfläche eine erste Kulturschicht. Ein in dieser Schicht enthaltenes Keramikfragment
wurde von Ch. GOEDICKE, Rathgen-Forschungslabor, Berlin, auf BC 1921±340 TL-da-
tiert (RF TL97 Neuenhagen M51/C3). Zur selben Zeit treten in den Sedimenten des
etwa 2 km ostsüdöstlich der Grabung gelegenen Krebssees Siedlungszeiger auf (frdl.
mündl. Mitt. S. JAHNS, 26.1.1998).

Die demnach wahrscheinlich endneolithische oder frühbronzezeitliche Kulturschicht wurde von mehrere Dezimeter mächtigen Sanden überdeckt, die aufgrund
der Lagerungsverhältnisse, der Korngrößenverteilung, der Sortierung und der Beschaffenheit der Oberflächen der einzelnen Sandkörner zweifelsfrei als äolisches
Sediment anzusprechen sind. Die gut sortierten Sande wurden bis zum Ende ihrer
Ablagerung nicht pedogen überprägt; es gibt keine Hinweise auf eine Unterbrechung der Sedimentation. Daher gehen wir von mehreren Stürmen aus, die das
Material in wenigen Jahren aus westlicher bis südwestlicher Richtung heranführten
und im Lee der Neuenhagener Insel auf der Siedlung und ihrer Umgebung abla-
gerten. Die ungestörte äolische Schichtung schließt ackerbauliche Nutzung
während der Sedimentation aus. Damit muß die Zahl der Transportereignisse gering und ihre Leistung hoch gewesen sein. Sonst hätte sich die Vegetation im Grünland immer wieder erholt; zumindest geringe bis mittelhohe Gehalte an organischer Substanz wären in den Sanden nachzuweisen gewesen. Die Aufgabe der
Nutzung war also die zwangsläufige Folge der mächtigen, weitflächigen und vor
allem raschen Übersandungen.

Die ungenutzten Flächen wurden allmählich von Vegetation zurückerobert, die
Oberfläche so stabilisiert. Ein Humushorizont bildete sich. Die dadurch verbesserte Nährstoffversorgung des Standortes ermöglichte erneut Landnutzung. Die Vegetation wurde beseitigt, der Standort besiedelt. Der Humushorizont wurde zu einer
Kulturschicht verwandelt bzw. in der Umgebung der Siedlung durch Garten-, Acker-
und Weidenutzung verändert.

Die beschriebene Wirkungskette wiederholte sich erneut: Auf die Sedimentation
mächtiger Sande folgten die Aufgabe der Siedlung und der sie umgebenden landwirtschaftlich genutzten Flächen, Wiederbewaldung und Bodenbildung, Rodung und
die erneute Anlage einer Siedlung in der frühen Eisenzeit. Diese jüngste an diesem
Standort nachweisbare Siedlung erreichte wahrscheinlich die größte Ausdehnung
aller Orte, die hier bestanden. Die resultierende Siedlungsschicht ist mehrere Dezimeter mächtig und ungewöhnlich fundreich (Abb 3.1). Sie hat einen hohen Humusgehalt und ist in den tieferen Lagen zwischen den Dünenzügen aufgrund lokaler und
starker anthropogener Verdichtungen heute pseudovergleyt. Die flachen, vermutlich

Abb. 3.1: Grabung Neuenhagen: äolische Sande und früheisenzeitliche Kulturschicht

Abb. 3.2: Grabung Neuenhagen: heute stark hydromorphierte, früheisenzeitliche anthropogene Füllung zwischen Längsdünen über früheisenzeitlicher Kulturschicht

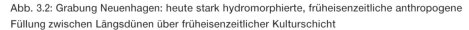

schon damals vernäßten Senken zwischen den schmalen Längsdünen wurden offenbar von den Bewohnern der früheisenzeitlichen Siedlung mit humosen Sanden verfüllt (Abb. 3.2) – damit ist eine dem Plaggen ähnliche Wirtschaftsform sehr wahrscheinlich. Darauf weisen die Lagerungsverhältnisse und die Verteilung der organischen Substanz in diesem Bereich hin. Ein Zweck der Verfüllung könnte die zumindest teilweise Beseitigung der unerwünschten Naßstelle (z. B. im Gartenland) sein.

Die früheisenzeitliche Siedlung, die nach den ärchäologischen Untersuchungen wohl nur etwa ein Jahrhundert bestand, ereilte bald ein ähnliches Schicksal wie die davor angelegten Orte: Sie wurde mit dem umgebenden Land unter Sand begraben, aufgegeben und von Vegetation eingenommen. In der jüngeren Eisenzeit, in der Völkerwanderungszeit und wahrscheinlich im frühen Mittelalter entwickelten sich auf den Längsdünen Braunerden und in den Senken Pseudogleye.

Schlußfolgerungen

Für den Grabungsstandort Neuenhagen sind drei Siedlungsphasen mit jeweils folgenden kurzen Phasen mit winderosionsbedingten Sandablagerungskatastrophen belegt. Die massiven Verwehungen wurden durch die vorausgegangenen anthropogenen Eingriffe – die flächenhafte Vegetationszerstörung – ermöglicht. Sie riefen jeweils unmittelbar das Ende von Landnutzung und Siedlungtätigkeit hervor: In der Bronze- und frühen Eisenzeit führten wiederholt kurzzeitige ausgedehnte landwirtschaftliche Nutzungs- und Ausräumungsphasen in der Region zur weitreichenden Entblößung der Bodenoberfläche. Heftige Stürme vermochten in großem Umfang auf den westlich des Oderbruches gelegenen Höhen und auf der Neuenhagener Insel den entblößten Boden abzutragen und fruchtbare Garten-, Acker- und Grünlandflächen in den Leelagen der ostbrandenburgischen Platte, d. h. am Westrand des Oderbruches und an den nordöstlichen Flanken der Neuenhagener Insel, zu übersanden. Dieser Prozeß setzt sich großräumig in Phasen starker Ausräumung von Landschaften bis heute fort (zur rezenten Winderosion s. FUNK 1996).

3.3 Geköpfte und auf den Kopf gestellte Böden im Tiefen Tal

> „Doch wie benennen wir den, der mit ruhigem Gemüthe zusieht, wie das Gewässer die fruchtbare Erde von der Höhe seiner Felder nach der Tiefe, die ihm oft nicht angehört, herabschwemmt; wie es das Höhergelegene seiner fruchtbaren Krume beraubt, und den unfruchtbaren Thon oder die noch unfruchtbareren Steine und Felsen daselbst zu Tage fördert" (v. SCHWERZ 1837a, S. 253f.)?

Bis zum hohen Mittelalter lag ein für die Randlagen des Untereichsfelder Beckens typischer konvex-gerade-konkaver Hang an der Nordflanke des Tiefen Tales bei Obernfeld (zur Lage s. Tab. 3.1). Über dem anstehenden Sandstein und einer tonreichen kryogenen Schuttdecke folgte, wie die von H. BORK, H.-R. BORK und H. HENSEL aufgenommenen Profile zeigen, ein durchschnittlich etwa 0,8 m mächtiger Löß. Er wurde im Holozän vollständig entkalkt, verbraunt und lessiviert. So befand sich

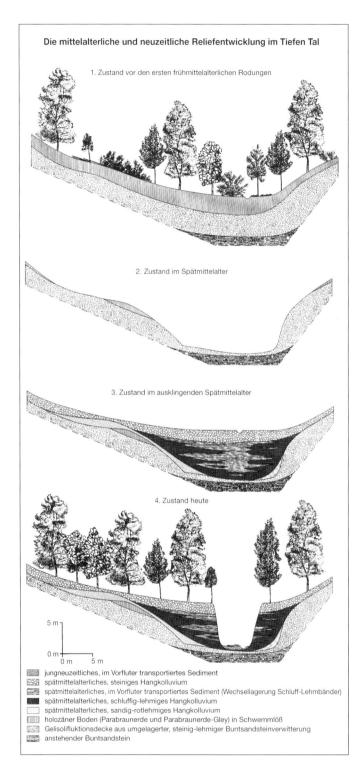

Die mittelalterliche und neuzeitliche Reliefentwicklung im Tiefen Tal

1. Zustand vor den ersten frühmittelalterlichen Rodungen

2. Zustand im Spätmittelalter

3. Zustand im ausklingenden Spätmittelalter

4. Zustand heute

5 m

0 m

0 m   5 m

- jungneuzeitliches, im Vorfluter transportiertes Sediment
- spätmittelalterliches, steiniges Hangkolluvium
- spätmittelalterliches, im Vorfluter transportiertes Sediment (Wechsellagerung Schluff-Lehmbänder)
- spätmittelalterliches, schluffig-lehmiges Hangkolluvium
- spätmittelalterliches, sandig-rotlehmiges Hangkolluvium
- holozäner Boden (Parabraunerde und Parabraunerde-Gley) in Schwemmlöß
- Gelisolifluktionsdecke aus umgelagerter, steinig-lehmiger Buntsandsteinverwitterung
- anstehender Buntsandstein

Abb. 3.3:
Die Entwicklung des
Tiefen Tales
Quelle: BORK (1988),
verändert

zu Beginn der mittelalterlichen Rodungen eine Parabraunerde an der Oberfläche des Hanges (Abb. 3.3, Zustand 1). Bis zum Ende des 13. Jh. erfuhr der Hang nur geringfügige Veränderungen: Die obersten Zentimeter wurden durch zahlreiche, gering wirksame Erosionsereignisse abgetragen. Die Bodenbearbeitung hatte die Humus- und Tonverarmungshorizonte des chemaligen Waldbodens homogenisiert. Durch die anhaltende ackerbauliche Nutzung war der Boden zwar nährstoffverarmt, jedoch nach wie vor mit einer hohen nutzbaren Feldkapazität ausgestattet, insgesamt damit mäßig fruchtbar.

In der 1. Hälfte des 14. Jh. suchten katastrophale Starkregen die Region heim. An der Tiefenlinie – dem heutigen „Tiefen Tal" – führten sie zur Einschneidung einer mehr als 1 000 m langen und etwa 5 bis 6 m tiefen Kerbe mit einer ausgesprochen breiten Sohle (Abb. 3.3, Zustand 2). Tiefenerosionshemmend waren die hohe Dichte und Scherfestigkeit der an der Sohle anstehenden tonigen Schuttdecke, seitenerosionsfördernd war die geringe Erosionsresistenz der an den Kerbenflanken liegenden Lößderivate.

Von den nördlich anschließenden Hängen wurde der tonverarmte Bodenbearbeitungshorizont flächenhaft vollständig abgetragen und an der steilen Nordflanke des Sohlenkerbtales in einer Mächtigkeit von mehreren Dezimetern abgelagert. Körnung, Struktur und Farbe in diesem ältesten Kolluvium belegen das Nebeneinander von zahlreichen, einige Millimeter großen Gefügeelementen – ein unzweifelhafter Beleg dafür, daß die Bodenpartikel nicht dispergiert, sondern vielmehr als Bodenaggregate transportiert wurden. Auch dieser Befund weist auf eine hohe Transportkapazität, also auf ein stark wirksames Niederschlags-, Abfluß- und Bodenerosionsereignis hin.

Nunmehr nahm der tonangereicherte, ebenfalls in Löß ausgebildete Unterboden die Hangoberfläche ein. Er wurde flächenhaft abgetragen und im Sohlenkerbtal als rötlichbraunes, lehmiges Kolluvium abgelagert. Es verzahnt sich dort mit einem aus zahlreichen dünnen, hellen schluffigen und rötlichbraunen lehmig-schluffigen Bändern bestehenden Sediment. Die Lagerungsverhältnisse und die schlauchartige Verbreitung dieses Sedimentkörpers entlang der Tiefenlinie weisen auf die Transportbedingungen und die Materialquelle hin: Im oberen, östlichen Einzugsgebiet des Tiefen Tales wurde das feingeschichtete, mit dem tonreichen Hangkolluvium wechsellagernde Sedimentpaket abgetragen, in der Tiefenlinie dispergiert transportiert und gering wirksames Ereignis für gering wirksames Ereignis, Schicht für Schicht akkumuliert. Im Querprofil durch die heutige Füllung wirkt die Verzahnung von Hang- und Talsediment wie ein unregelmäßiges Sägezahnmuster (Abb. 3.3, Zustand 3). Zuweilen waren Wassermenge, Transportkraft und Akkumulation entlang der Tiefenlinie größer und damit das entstehende Talsediment breiter und mächtiger. In anderen Fällen überwog die quantitative Bedeutung der Prozesse auf dem Nordhang und zog die Schleppe des Hangkolluviums bis zum Tiefsten des Tiefen Tales. Hierin kommt die kleinräumige Differenzierung der gering wirksamen, vermutlich auf viele lokale Gewitter zurückzuführenden Abtrags- und Akkumulationsereignisse zum Ausdruck: Höhere Niederschläge und Abflußmengen auf dem Nordhang führten zur Dominanz der Materialtransporte von diesem Hang in die Tiefenlinie; Starkregen mit einem Maximum im Osten des Einzugsgebietes förderten einen bevorzugten Transport von Feinsediment entlang der

Abb. 3.4: Spätmittelalterliche Kolluvien im Tiefen Tal: Schuttdecken überziehen Lößkolluvien

Tiefenlinie. In dieser mehr als 4 m mächtigen verzahnten Folge aus Hang- und Talsedimenten fanden sich zahlreiche kleine Keramikfragmente, die von H.-G. STEPHAN (frdl. mündl. Mitt.), Seminar für Ur- und Frühgeschichte der Universität Göttingen, ausnahmslos in das 14./15. Jh. datiert wurden.

Die Ablagerung weiterer Hangsedimente beendete die dramatische spätmittelalterliche Entwicklung. Da inzwischen der in Löß gebildete Tonanreicherungshorizont am Nordhang vollständig abgetragen war und die tonige Schuttdecke an der Oberfläche lag, waren nun stark wirksame Niederschläge zum Transport des Grobmaterials erforderlich (s. POESEN 1987). Als sie eintraten, bewegten sie auch größere Steine hangabwärts und führten so zur Überdeckung der Kolluvien und Talsedimente aus fruchtbaren, umgelagerten Lößböden mit mehreren, über 1 m mächtigen schuttreichen Kolluvien (Abb. 3.3, Zustand 3; Abb. 3.4).

Am Ende dieses Prozesses war der gesamte Hang mit steinigem Material bedeckt, an der Tiefenlinie der ursprüngliche Hangboden kopfüber abgelagert und mit nicht ackerbaulich bearbeitbaren Steinen überschüttet.

Ein Rücktransport der nunmehr tief unter Schutt begrabenen fruchtbaren Lößkolluvien auf den vormals ertragreichen Hang war den Landwirten aufgrund der großen Masse des dann zunächst zu beseitigenden Schuttes nicht möglich. Ackerbau war somit dauerhaft nicht mehr zu betreiben; der Nordhang des Tiefen Tals fiel wüst und bewaldete sich wieder. Unter dem bis heute den Nordhang einnehmenden Wald bildete sich in der Neuzeit ein Ranker.

Im südlichen Teil des Einzugsgebietes lagen im Vergleich zum Nordhang mächtigere Lösse, die nicht völlig abgetragen wurden. Aufgrund der Lößreste konnte der

Süden weiter ackerbaulich genutzt werden, folglich setzte sich das Abtragsgeschehen dort fort. Das im Spätmittelalter eingerissene und danach in bis zu 6 m mächtigen Hang- und Talsedimenten erstickte Tiefe Tal wurde im 18. Jh. ein zweites Mal zerschnitten (Abb. 3.3, Zustand 4). Diese bis zu 5 m tiefe Kerbe blieb unter Wald weitgehend erhalten.

3.4   Rasche und vollständige Bodenabtragung bei Drudevenshusen

Ein ehrlicher Finder brachte den Schlüssel zum Seminar für Ur- und Frühgeschichte der Universität Göttingen und löste damit eine der spannendsten und ertragreichsten Wüstungsgrabungen der vergangenen Jahrzehnte aus. Der Schlüsselstandort war H.-G. STEPHAN bereits im Jahr 1979 bei Routinekartierungen durch die reiche Streu von Keramikfragmenten auf der Oberfläche aufgefallen. Die archäologischen Grabungen ergaben: Am Fundort des Schlüssels lag unter dem Pflughorizont ein großer, eckig behauener Sandstein. Er wies auf seiner Oberfläche in einem spitzwinkligen Dreieck eine gleichmäßige, scharf begrenzte Eintiefung und in dieser deutliche Schleifspuren auf. Diese Spuren waren vom oftmaligen Bewegen

Abb. 3.5: Archäologische und landschaftsgenetische Grabung Drudevenshusen. Die Grabungsflächen liegen zwischen Suhletal und Trudelshäuser Mühle im Vordergrund und Seulinger Wald im Hintergrund

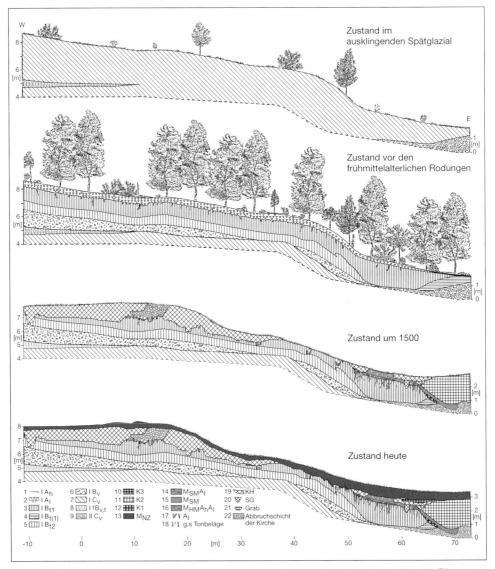

Abb. 3.6: Die holozäne Entwicklung der Umgebung der Wüstung Drudevenshusen in vier Phasen

Sedimente, Bodenhorizonte und Kulturschichten im Bereich der Wüstung Drudevenshusen
(lfd. Nr. und Abkürzungen entsprechen den Legenden der Abb. 3.6, 3.7; verändert nach BORK 1988)

Nr.	Horizont- und Schichtabkürzung	Charakterisierung
1-6		Horizonte der bis zum Frühmittelalter unter Wald in Löß entwickelten Parabraunerde
1	I Ah	Humushorizont
2	I Al	Tonverarmungshorizont
3	I Bt1	kompakter Tonanreicherungshorizont
4	I Bt(1)	verbraunter Horizont mit schwacher diffuser Tonanreicherung
5	I Bt2	verbraunter Horizont mit Tonanreicherung in oberflächenparallelen Bändern

6	I Bv	verbraunter Horizont
7	I Cv	kalkhaltiger, z. T. primärer, z. T. umgelagerter Löß
8	I fBv,t	fossiler, entkalkter, intensiv verbraunter Boden eines weichselzeitlichen Interstadials, im Spätglazial gelisolifluidal umgelagert
9	II Cv	Gelisolifluktionsdecke aus schluffigem, sandigem und steinigem, umgelagertem Sandsteinmaterial, verzahnt mit Sandsteinschottern
10	K3	rotbraunes, lehmiges Kolluvium
11	K2	spätmittelalterliche, schluffig-lehmige Kerbenfüllung, im unteren Teil: graubraun, stark fleckig und hydromorph; im oberen Teil: grauhumos mit hellen Schluffbändern, mit schwacher spätmittelalterlicher und jüngerer Toninfiltration, Fe-Mn-Fleckung, schwach hydromorph
12	K1	graubraunfleckiges, schluffiges, spätmittelalterliches Sediment mit Holzkohle
13	MN2	schwach humoses, schluffig-lehmiges, homogenes neuzeitliches Kolluvium
14	MSMA1	spätmittelalterliches, grauhumoses, schluffig-lehmiges Kolluvium mit deutlich ausgebildetem spätmittelalterlichem Tonverarmungshorizont und starker Pseudovergleyung
15	MSM	spätmittelalterliches, grauhumoses, schluffig-lehmiges, stark hydromorphes Kolluvium, von 66 bis 71 m Profillänge mit Rotsand- und Sandsteinbändern, an der Basis mit einem Holzkohleband (akkumuliert im frühen 14. Jh.)
16a	MHM	grauhumoses, schluffig-lehmiges Kolluvium, akkumuliert im 13. Jh.
16b	MHMAh	Zustand nach Bildung eines Humushorizontes in MHM (16a)
16c	MHMAhA1	Zustand im Spätmittelalter: Tonverarmung
(16 in	Abb. 3.7)	im hochmittelalterlichen Kolluvium MHM (s. 16a) nach Akkumulation von MSMA1 und MS (s. 14 und 15)
17	A1 in Keilen	tonverarmte Keile und Zapfen von 8 bis 16 m Profillänge; prämittelalterlich, Untergrenze des A1-Horizontes vom Altholozän bis zu den vom Altholozän bis zu den frühmittelalterlichen Rodungen unter Wald entstandenen Parabraunerde von 50 bis 65 m Profillänge; spätmittelalterlich, Zapfen, die im MSMA1 beginnen, den MHMAhA1 durchteufen und bis 0,8 m tief in den liegenden I Bt1 hinabreichen
18	g, s Tonbeläge	graue und schwarze Humus-Ton-Beläge graue Tonbeläge: aus Kolluvien bzw. Humushorizonten in Kolluvien im Spätmittelalter und in der Neuzeit verlagerter humoser Ton (50 bis 65 m Profillänge) schwarze Tonbeläge: aus dem stark humosen Horizont der altholozänen Schwarzerde bis zum Frühmittelalter verlagerter Humuston (heute noch zwischen 8 und 16 m Profillänge erhalten)
19	KS	Kulturschicht mit Keramik, Holzkohle, von –11 bis +37 m Profillänge mit Gräbern, Alter: 9. Jh. (Basis) bis 15. Jh. (Obergrenze); von 58 bis 65 m Länge grauhumos, spätmittelalterlich
20	SG	Siedlungsgruben, bei 61 m Profillänge im oberen Teil grauhumos, unten mit I Bt-Horizontblöcken, Holzkohle, Keramik, bei 63 m Profillänge mit vielen Sandsteinen bis 7 cm Durchmesser
21	Grab	isolierte Gräber auf dem Gelände des Friedhofes
22	Abbruchschicht	mächtige Abbruchschicht der Kirche mit zahlreichen Steinen, umgelagertem Kalkmörtel, Ausbruchgruben der Apsis-Fundamente, Alter: Ende 15. Jh. (Stephan 1984, 1985, 1987)

einer schweren Holztür über den Schwellenstein eines Sandsteinportals hervorgerufen worden; der Schlüssel gehörte wohl zur Kirchentür. Die südniedersächsische mittelalterliche Ortswüstung Drudevenshusen war gefunden! Der Schwellenstein war Überrest eines stattlichen, 17 m langen und 7,5 m breiten massiven Kirchengebäudes, das wohl in der 1. Hälfte des 13. Jh. errichtet worden und

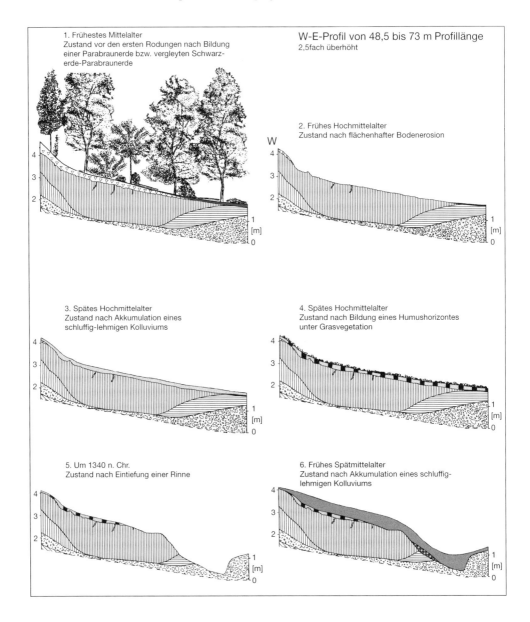

1. Frühestes Mittelalter
Zustand vor den ersten Rodungen nach Bildung einer Parabraunerde bzw. vergleyten Schwarzerde-Parabraunerde

W-E-Profil von 48,5 bis 73 m Profillänge
2,5fach überhöht

2. Frühes Hochmittelalter
Zustand nach flächenhafter Bodenerosion

3. Spätes Hochmittelalter
Zustand nach Akkumulation eines schluffig-lehmigen Kolluviums

4. Spätes Hochmittelalter
Zustand nach Bildung eines Humushorizontes unter Grasvegetation

5. Um 1340 n. Chr.
Zustand nach Eintiefung einer Rinne

6. Frühes Spätmittelalter
Zustand nach Akkumulation eines schluffig-lehmigen Kolluviums

im Verlauf des späteren 14. oder 15. Jh. einem Feuer zum Opfer gefallen war (STEPHAN 1985, S. 44ff.). Die Kirche war umgeben von einem Begräbnisplatz, in dem in der Regel drei Lagen von Bestattungen sowie zahlreiche Reste verworfener Skelette angetroffen wurden (zur Lage s. Tab. 3.1). Anthropologische Untersuchungen der Skelette erbrachten wertvolle Informationen zu den Lebensverhältnissen der mittelalterlichen Dorfbevölkerung (SCHULTZ 1984). Die Befunde zu den Menschen, dem Werden und Vergehen des Ortes werden am Ende des dritten Kapitels vorgestellt.

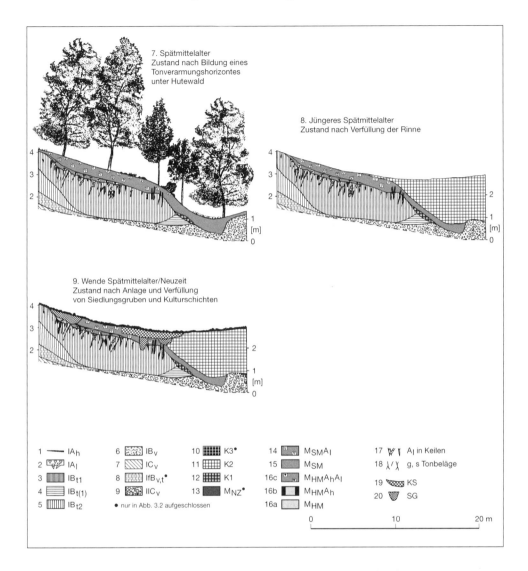

Abbildung 3.7: Die mittelalterliche Entwicklung des Trockentales östlich der Wüstung
Drudevenshusen in neun Phasen (Legende s. Abb. 3.6)

Eine außergewöhnlich detaillierte räumliche und zeitliche Analyse der Einflüsse
extremer Witterungsereignisse auf die Landnutzung konnte in der Gemarkung
Drudevenshusen vorgenommen werden.

Die mittelalterliche Ortswüstung Drudevenshusen liegt 13 km östlich von Göttingen, ca. 2 km südöstlich von Landolfshausen und etwa 100 m südwestlich der Trudelshäuser Mühle auf einem flachen, nord- bis ostexponierten lößbedeckten Rücken. Nach
Norden stößt der Rücken an die Suhleaue, in östlicher Richtung folgt nach wenigen
Zehnern von Metern ein kurzes, dellenförmiges, trockenes Nebental (Abb. 3.5, Tab. 3.1).

Auf dem Gelände der Wüstung und in ihrer näheren Umgebung wurden von 1982 bis 1985 unter der Leitung von H.-G. STEPHAN, M. SCHULTZ und H.-R. BORK ausgedehnte Grabungen mit archäologisch-anthropologischen und paläogeoökologischen Schwerpunkten durchgeführt (zu den archäologischen und anthropologischen Befunden s. Kap. 3.7.1, STEPHAN 1984, 1985, 1988 sowie SCHULTZ 1984).

Die interessantesten paläogeoökologischen Grabungsergebnisse sind in zwei Phasenzeichnungen dargestellt. Abbildung 3.6 zeigt Zustände des über 80 m langen Ost-West-Profils an der Wende vom Spätglazial zum Holozän, vor den ersten mittelalterlichen Rodungen, in der frühesten Neuzeit und heute. Die neunphasige mittelalterliche Entwicklung des östlichen, tiefenliniennahen Abschnittes dieses Profils veranschaulicht Abbildung 3.7. Grundlage der dargestellten Rekonstruktionen sind insgesamt drei 50–80 m lange Aufschlüsse, die senkrecht zur Tiefenlinie aufgegraben wurden, und zahlreiche Bohrungen.

Am mittelalterlich besiedelten Oberhang hatte sich im Alt- und Mittelholozän unter einer geschlossenen Walddecke in Jungwürmlöß eine Parabraunerde gebildet, die vor den ersten mittelalterlichen Rodungen etwa 3 m mächtig war. Im östlich der späteren Wüstung gelegenen Trockental verlief die Bodengenese vergleichsweise langsam: Eine heute vergleyte Schwarzerde-Parabraunerde entwickelte sich bis zum Frühmittelalter in einer Mächtigkeit von 1,5 m (s. BORK 1985b, S. 68ff.). Im oberen Einzugsgebiet des Nebentales, dem heutigen Seulinger Wald, entstand in einem wenige Dezimeter mächtigen Lößschleier über tonig-lehmigen, steinreichen Fließerden eine flachgründige, teilweise stark pseudovergleyte Parabraunerde. Die kontinuierliche holozäne geomorphodynamische Stabilitätszeit mit intensiver Bodenbildung wurde nur während der Bronze- und Eisenzeit kurz unterbrochen. Die Bodenerosionsraten waren während der Unterbrechungen wahrscheinlich vernachlässigbar gering.

Archäologische Funde belegen, daß der aufgegrabene Siedlungsbereich und das sich östlich anschließende trockene Nebental der Suhle spätestens um 800 n. Chr. gerodet, ackerbaulich genutzt oder bebaut wurden (STEPHAN 1985, S. 48). Damit wurde die holozäne Stabilitätszeit beendet. Zwischen der Waldrodung im Frühmittelalter und der Akkumulation eines schluffig-lehmigen Kolluviums in der ersten Hälfte des 13. Jh. wurden am Mittel- und Unterhang östlich der Siedlung im Mittel die obersten 35 cm des Holozänbodens erodiert (Abb. 3.6, 3.7 und BORK 1985b, S. 69ff.). Aus diesem Wert resultiert für den spätestens um 800 n. Chr. beginnenden und um 1200 endenden ersten mittelalterlichen Zeitraum ackerbaulicher Nutzung ein mittlerer vieljähriger Abtrag von 14 t ha^{-1} a^{-1}. Auf den hängigen Ackerflächen des gesamten Einzugsgebietes des Nebentals lag der mittlere Abtragswert in jener Zeit unter 10 t ha^{-1} a^{-1}. Im Vergleich zum übrigen Untereichsfeld ist dies ein relativ geringer und in Anbetracht des wahrscheinlich insgesamt etwas längeren Abtragszeitraumes eher noch niedriger anzusetzender Wert, der auf ein erosionsarmes Früh- und Hochmittelalter hinweist.

Das heute trockene Nebental der Suhle verändert talaufwärts am Duderstädter Knick abrupt seine Form: Südlich des Knicks ist das Einzugsgebiet bewaldet; die Tiefenlinie wird hier im Seulinger Wald von einer markanten, bis über 4 m mächtigen Kerbe eingenommen; nördlich des Knicks geht die Kerbe auf wenigen Metern Distanz in die flache Delle des Ackerlandes über. Möglicherweise war die Kerbe im

Ackerland und im unmittelbar an die Wüstung grenzenden Abschnitt des Trockentales verschüttet und dadurch konserviert. Daher wurde der erste Profilschnitt von der Wüstungskirche dem Gefälle folgend bis über das Dellentiefste des Suhle-Nebentales geführt. Unter der einheitlichen konkaven Oberfläche des Querprofils fand sich eine komplexe Sequenz von Sedimenten, Reliefformen und Böden. Hunderte in den Sedimenten enthaltene Keramikbruchstücke gestatteten auf der Basis der detaillierten südniedersächsischen mittelalterlichen Keramikchronologie von STEPHAN (1984, 1985, 1987) erstmals eine genaue Datierung der Einschneidung der verschütteten, hier nur etwa 2 m tiefen Kerbe und der gleichzeitigen, extrem starken flächenhaften Bodenerosion und Sedimentation.

Die folgende hoch- und spätmittelalterliche Geschichte des Dellenstandortes wurde rekonstruiert:

- Zunächst wurde das bereits erwähnte schluffig-lehmige Kolluvium in der damals weitaus stärker reliefierten Delle sedimentiert (Phase 2 in Abb. 3.7). Die Datierung zahlreicher, mit diesem Bodensediment von der Wüstung in das Kolluvium verlagerter Keramikfragmente ergab eine Einordnung in die erste Hälfte des 13. Jh. In diesem Sediment bildete sich in der zweiten Hälfte des 13. Jh. ein kräftiger Humushorizont (Phasen 3 und 4 in Abb. 3.7). Aus der Intensität und Mächtigkeit der Humusanreicherung kann auf eine Bodenbildungszeit von wenigstens einem halben Jahrhundert geschlossen werden.

- Im Anschluß an diese Entwicklung schnitten fluviale Erosionsprozesse entlang der Tiefenlinie eine 12 m breite, im Bereich des Ost-West-Profils 2 m tiefe und bis in den heutigen Seulinger Wald hinaufreichende Kerbe ein (Zustand 5 in Abb. 3.7). Etwa 50 m talaufwärts hatte diese Schlucht bereits eine Tiefe von über 3 m, weitere 400 m talaufwärts, im Seulinger Wald, lag dieser Wert bei mehr als 4 m. Auf der Basis von mehr als 300 m^2 im Detail aufgenommener Aufschlußwände, zahlreichen Bohrungen und Vermessungen des unter Wald nahezu unverfüllt erhalten gebliebenen Schluchtensystems konnte das Ausmaß der linienhaften Bodenerosion quantifiziert werden. In der Zeit von etwa 1310 bis 1340 verursachte möglicherweise einer oder nur wenige Starkregen Kerbenerosionsprozesse, die ein Volumen von 31 000 m^3 Substrat ausräumten (s. Kap. 5.3).

- Mit dem Kerbenreißen unmittelbar verbunden, d.h. durch dieselben katastrophalen Starkregen zeitgleich ausgelöst, trat extrem starke flächenhafte Bodenerosion im gesamten, zu jener Zeit vollständig ackerbaulich genutzten, 65 ha umfassenden Wassereinzugsgebiet des Nebentales auf. Im oberen, südlichen Teil des Einzugsgebietes wurde die flachgründige Lößdecke auf den Hängen vollständig abgetragen und nebentalabwärts sowie im Suhletal abgelagert. Der ertragreiche Boden war vollständig erodiert – die ackerbauliche Nutzung kam aufgrund der kaum bearbeitbaren, tonig-lehmigen und steinreichen Fließerde, die nunmehr die Oberfläche einnahm, rasch zum Erliegen. Seitdem nimmt Wald die jungen Grenzertragsböden ein. Im unteren, nördlichen, weniger stark geneigten Teil des Einzugsgebietes blieb der überwiegende Teil der dort mächtigeren Lösse am Hang erhalten, die ackerbauliche Nutzung konnte hier fortgesetzt werden.

- Im oberen Einzugsgebiet wurde vor dem Wüstfallen in der bis über 4 m tiefen Schlucht zum Ende des Kerbenreißens und der flächenhaften Bodenerosion ein wenige Dezimeter mächtiges, bereits steinreiches Kolluvium sedimentiert. Bis heute wurden keine weiteren Sedimente im oberen Teil der Kerbe abgelagert. Neben den vollständig erodierten flachen Lößböden auf den Hängen des oberen, seit Mitte des 14. Jh. wahrscheinlich kontinuierlich und vollständig bewaldeten Einzugsgebietes ist das Ausbleiben der Verfüllung der Kerbe ein weiterer Beleg für die Erhaltung des spätmittelalterlichen Reliefs. Es ist die bislang einzige bekannte, nicht verfüllte spätmittelalterliche Kerbe.

• Unmittelbar nach dem Kerbenreißen führte flächenhafte Bodenerosion am Hang westlich der Delle, dem Bereich zwischen Kirchhof und zerschluchtetem Nebental, zur Akkumulation eines durchschnittlich 65 cm und maximal 90 cm mächtigen, schluffig-lehmigen Kolluviums in der Kerbe und an ihrem westlichen Rand (Zustand 6 in Abb. 3.7). Dieses Kolluvium stammt nach der Datierung vieler Keramikfragmente aus der Zeit zwischen etwa 1310 und 1340. Da sich an der Kerbenoberfläche keinerlei Hinweise auf eine (auch noch so schwache) Bodenbildung finden, ist davon auszugehen, daß dieses Kolluvium unmittelbar nach der Einschneidung in der Rinne abgelagert wurde.

• In diesem die Kerbe nur teilweise auskleidenden Kolluvium entwickelte sich ein kräftiger Tonverarmungshorizont mit unregelmäßiger Untergrenze (Zustand 7 in Abb. 3.7). Tonverarmte Keile und Zapfen ziehen von dem jüngsten, in der 1. Hälfte des 14. Jh. abgelagerten Kolluvium durch das liegende, humifizierte Kolluvium des 13. Jh. bis zu 80 cm tief in den darunter befindlichen reliktischen Tonanreicherungshorizont (IB_{t1} in Abb. 3.7) der im Alt- und Mittelholozän gebildeten Parabraunerde. Aus dem jüngsten Kolluvium wurde damit in der 2. Hälfte des 14. Jh. und ggf. auch noch im frühen 15. Jh. grauhumoser Ton ausgewaschen und in langen Schlieren auf den Oberflächen der Aggregate des Tonanreicherungshorizontes akkumuliert. Die Kontinuität der Schlieren belegt eindeutig das junge Alter dieser Tonverlagerung. Die stark gebleichten Keile und Zapfen orientierten sich nach einer Detailanalyse vorwiegend an Wurzeln, die Bodenwasserbewegung und Bodenbildung maßgeblich bestimmten. Auch in der Verbreitung der Keile spiegelt sich das frühere Wurzelsystem wider; Muster und Ausdehnung weisen auf einen Eichenhain hin. Die Nutzung unterhalb des Kirchhofes hat sich also nach der Mitte des 14. Jh. verändert – Waldnutzung löste den Ackerbau ab.

• Die Ablagerung einer Kulturschicht auf dem tonverarmten Kolluvium belegt einen weiteren Nutzungswandel im 15. Jh.

• Schließlich wurde die Kerbe mit einem geschichteten, schluffig-lehmigen Sediment vollständig verfüllt (Zustand 8 in Abb. 3.7). Die Schichtung weist auf eine größere Anzahl schwach wirksamer Niederschlags- und Bodenerosionsereignisse hin.

• Nach der Anlage und Verfüllung von Gruben sowie der Akkumulation einer Kulturschicht noch im 15. Jh. (Zustand „450 Jahre vor heute" in Abb. 3.6 sowie Zustand 9 in Abb. 3.7) wurde im Verlauf der Neuzeit ein humoses, rötlichbraunes, überwiegend aus umgelagertem Buntsandsteinmaterial bestehendes Kolluvium im Trockental sedimentiert (Zustand „heute" in Abb. 3.6).

Bis zum Kerbenreißen gab es zahlreiche Analogien in der Entwicklung des oberen und unteren Einzugsgebietes des Nebentales. Mit der Abtragung der geringmächtigen, fruchtbaren Böden auf den Hängen des oberen Einzugsgebietes parallel zur

Kerbenerosion begann die getrennte Genese. Eine Jahrhunderte während Waldnutzung prägte den spätestens Mitte des 14. Jh. wüstgefallenen und heute zur Gemarkung Seulingen gehörenden Bereich südlich des Duderstädter Knicks.

Der untere Teil des Trockentales gehört heute zur Gemarkung Landolfshausen. Er ist nach wie vor landwirtschaftlich genutzt. Aus zwei Gründen wurde dort die Kerbe im ersten Jahrhundert nach dem Kerbenreißen erheblich langsamer als in anderen, noch vorzustellenden Profilen verfüllt. Zum einen war die Reliefenergie bei Drudevenshusen gering, die Kerbenwände waren substratbedingt nur schwach geneigt. Rutschungen blieben daher aus. Zum anderen stand nach dem Kerbenreißen der obere, wüstgefallene und bewaldete Teil des Einzugsgebietes nicht mehr als Sedimentquelle zur Verfügung.

Das seit der beginnenden Neuzeit im Trockental akkumulierte rötlichbraune Kolluvium zeigt, daß seit dem ausklingenden Spätmittelalter auch in Teilen der heute ackerbaulich genutzten Schläge östlich des Trockentales umgelagertes Buntsandsteinmaterial an der Oberfläche ansteht. Die spätmittelalterliche Bodenerosion hat auch hier lokal zur vollständigen Abtragung der Lösse und damit zu einer stark verschlechterten Ertragssituation geführt – wenn auch nicht in dem für das heute bewaldete Gebiet beschriebenen Ausmaß und nicht allein durch die Ereignisse der 1. Hälfte des 14. Jh. Die anschließende schwache flächenhafte Bodenerosion auf den Hängen hat hierzu ebenfalls beigetragen.

Linienhafte Bodenerosion unterblieb während der Neuzeit im Einzugsgebiet des Drudevenshusener Nebentals, da der seit dem Spätmittelalter bewaldete Teil des Einzugsgebietes keinen Abfluß auf der Bodenoberfläche mehr liefern konnte und das verbliebene ackerbaulich genutzte Gebiet relativ klein und schwach geneigt ist.

Die spätmittelalterliche Zerschneidungsphase konnte weiterhin für ein Profil bei Coppengrave in Südniedersachsen genau datiert werden (zur Lage s. Tab. 3.1). Auch hier ist die Basis der Kerbenfüllung in die 1. Hälfte des 14. Jh. einzuordnen (BORK 1985a).

3.5   Die Zerschluchtung von Landschaften

Markante Namen wie Herzengelsgraben (Untereichsfeld), Priesterschlucht (Reitweiner Sporn am südlichen Oderbruch), Hölle, Wolfsschlucht, Junker-Hansen-Kehle, Schwarze Kehle und Silberkehle (alle Märkische Schweiz) bezeichnen vielgliedrige, tief in die Umgebung eingesenkte Kerbtalsysteme. Sie sind oft mit bewegenden, die Namensgebung versuchsweise erklärenden Sagen verbunden und wecken schon allein dadurch ein besonderes Interesse in der Bevölkerung. In der breiten Öffentlichkeit überwiegt Unkenntnis über die Ursachen der Entstehung von Schluchten, die in einer großen regionalspezifischen sprachlichen Vielfalt insbesondere auch als Gräben, Hohlen, Kehlen, Kerben, Klingen, Rummeln, Sieken und Tilken bezeichnet werden. So beschreibt ein kürzlich erschienener, hier nicht näher zu bezeichnender Landschaftsreiseführer, unkritisch alten Legenden folgend, die tief eingeschnittenen Täler seien durch unterirdische Auswaschungen und späteres Einstürzen der Oberfläche entstanden. Dagegen gibt die seit den 30er Jahren erschienene Fachliteratur klare Hinweise zur Bildung von Schluchten durch konzentrierten Abfluß und linienhafte Erosion (z. B. Käubler 1938, Vogt 1958 a u. b, 1960, 1972, 1975; Hempel 1957, Semmel 1961, 1989; Sperling 1962, Linke 1963, Richter 1965, Schultze 1965, Richter & Sperling 1967, Hard 1976, Giessübel 1977, Thiemeyer 1988).

Strittig ist oft das Alter der Schluchten. Die Grundsatzfrage lautet jeweils: Ist ein bestimmtes Kerbtal kaltzeitlich und damit vollständig durch natürliche Vorgänge oder seit den ersten Rodungen durch Einflüsse des Menschen und zugleich natürliche Prozesse entstanden? Antworten geben Schluchten, die wir in verschiedenen Landschaften Deutschlands untersucht haben.

3.5.1 An der Wolfsschlucht: erosionsbedingt gescheiterte Landschaftsnutzung

> „Nicht viele Landstriche haben tiefergreifende Wandlungen erfahren als die norddeutsche und niederländische Tiefebene. Sie gehört in Wahrheit zu den eigenartigsten Landschaften der Erde, auch wenn sie ihren Bewohnern ganz alltäglich erscheinen mag" (Tüxen 1967, S. 4, verändert).

Wie detailliert und wie exakt kann die jüngere, vom Menschen wesentlich geprägte Geschichte von Landschaften mit naturwissenschaftlichen Methoden rekonstruiert werden? In einem ehemaligen, in der Märkischen Schweiz gelegenen Binnenentwässerungsgebiet wird die komplizierte Entwicklung einer Schlucht und des zugehörigen Schwemmfächers außergewöhnlich differenziert aufgeklärt (zur Lage s. Tab. 3.1). 50 (!) Oberflächen, Sedimente und Böden, die verschiedenartige anthropogene Einflüsse anzeigen, werden allein für Mittelalter und Neuzeit identifiziert. Vollständige und zeitlich hoch aufgelöste Massenbilanzen gelingen für zahlreiche mittelalterliche und neuzeitliche Phasen flächen- und linienhafter Bodenumlagerungen.

Die Grab- und Bohrprofile wurden von M. Dotterweich, G. Schmidtchen, beide Institut für Geographie und Geoökologie der Universität Potsdam, und H.-R. Bork unter Mitwirkung von F. Brose, Landesamt für Geowissenschaften und Rohstoffe des Landes Brandenburg, Frankfurt (Oder), W. Hierold, ZALF, Forschungsstation Eberswalde, H. Joosten, Universität Greifswald, und Mitarbeiter sowie von Studenten der Geoökologie der Universität Potsdam im Detail aufgenommen, analysiert und, wie nachstehend dargelegt, interpretiert. Die Anlage der Aufschlüsse nahmen Mitarbeiter der Forschungsstation Müncheberg und der Verwaltung des ZALF in Müncheberg vor. Die untersuchten Bodenproben wurden hauptsächlich vom Zentrallabor dieser Einrichtung analysiert und gemeinsam mit Wissenschaftlern des ZALF interpretiert. Die umfangreichen Grabungsarbeiten wurden von der Naturparkverwaltung Märkische Schweiz (G. und U. Grützmacher) und dem Amt für Forstwirtschaft Müncheberg (A. Jander, Leiter der Oberförsterei Müncheberg) gestattet und unterstützt.

Das Relief

Die heute bewaldete und nur sehr selten durchflossene Wolfsschlucht ist 250 m lang und im Mittel etwa 12 m tief (Abb. 3.8); ihr Volumen beträgt 36 000 m³. Sie stürzt

Abb. 3.8: Die Wolfsschlucht in der Märkischen Schweiz (Postkarte von 1913)

von dem hier mehr als 100 m über HN liegenden Höhenzug der Frankfurter Eisrandlage hinunter in eine wassererfüllte Übertiefung des vielgliedrigen Beckens der Märkischen Schweiz, den Kleinen Tornowsee. Die Wolfsschlucht sammelt Oberflächenwasser aus einem 6 ha großen Einzugsgebiet. Die Sohle der Wolfsschlucht überwindet auf der Länge von 250 m einen Höhenunterschied von über 40 m. Der Wasserspiegel des Kleinen Tornowsees schwankt heute um Höhen von 36,7 bis 37,2 m über HN (Abb. 3.9).

Zwischen dem unteren, trompetenförmigen Ende der Wolfsschlucht und dem Kleinen Tornowsee erstreckt sich ein Schwemmfächer, der heute im Süden, wenige Zehner von Metern vor dem Kleinen Tornowsee an einer etwa 2 m hohen, ungewöhnlich markanten Stufe unvermittelt abbricht. Die Oberfläche des Schwemmfächers erstreckt sich vom oberen Rand der Stufe in 41,0 m über HN bis zur Wurzel am unteren Ende der Wolfsschlucht in einer Höhe von 49,0 m über HN (Abb. 3.9). Der Schwemmfächer hat in Nord-Süd-Richtung eine Länge von etwa 110 m und in West-Ost-Richtung eine Breite von etwa 75 m.

Das Substrat

Im Einzugsgebiet des Schwemmfächers stehen nach dem Blatt 1841 Müncheberg der Geologischen Spezialkarte von Preußen im Maßstab 1:25 000 aus dem Jahr 1895 hauptsächlich jungpleistozäne Sande an. Für den Schwemmfächer der Wolfsschlucht sind jungpleistozäne Talsande „mit durchlässigem Sanduntergund und nicht tiefem Grundwasser" ausgewiesen (Geologische Spezialkarte von Preußen, Blatt 1841, und Wahnschaffe 1894). Geologische und geomorphologische Spezialliteratur geht häufig (manchmal beleglos) von einer kaltzeitlichen Entstehung von

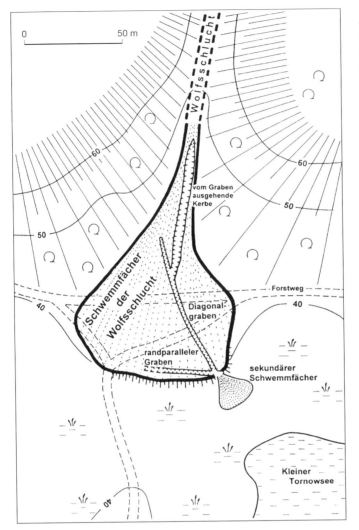

Abb. 3.9:
Der Schwemmfächer der Wolfsschlucht und seine Umgebung

Schwemmfächern aus. Schriftquellen lassen jedoch starke, anthropogen induzierte Veränderungen der Wolfsschlucht und ihres Schwemmfächers in der Neuzeit erwarten.

Die Entstehung des Schwemmfächers der Wolfsschlucht

Am südlichen, seewärtigen Ende, im Zentrum und an der im Norden gelegenen, trompetenförmigen Wurzel des Schwemmfächers wurden insgesamt fünf komplexe Sediment-Bodenfolgen auf einer Länge von bis zu 16 m und einer Tiefe von bis zu 3 m aufgegraben; bis in mehr als 6 m Tiefe liegen Substratkenntnisse aus Bohrungen vor. Aus den Aufnahmen der Aufschlüsse und zahlreicher Bohrungen wurde für den Schwemmfächer der Wolfsschlucht die folgende nacheiszeitliche Genese rekonstruiert (Tab. 3.2):

Tab. 3.2: Die nacheiszeitliche Genese des Schwemmfächers der Wolfsschlucht – vergebliche Versuche, Landnutzung trotz verstärkter Naturgewalten fortzuführen (Phasenerläuterung und Begründung der Alterseinstufung im Text)

Bildung einer Parabraunerde-Braunerde unter forstlich genutztem Mischwald

Schwache linienhafte Erosion auf verdichteten Wanderwegen (u.a. in der Tiefenlinie der bewaldeten Wolfsschlucht) während Starkregen und schwache linienhafte Übersandung des östlichen Randes des Schwemmfächers

(Phase 12, ca. 1800 bis heute)

↑

definitive Aufgabe intensiver agrarischer Nutzung in weiten Teilen des Einzugsgebietes, auf dem Schwemmfächer und den unterliegenden Hopfengärten Aufforstung, veranlaßt durch FRAU VON FRIEDLAND, verursacht durch die anthropogen verstärkte Stoffdynamik (um 1800 n. Chr.)

↑

endgültige Verfüllung des zweiten, parallelen Wasserableitgrabens und Übersandung des Schwemmfächers infolge extremer Starkregen und Abflüsse (Phasen 10, 11)

↑

Teilverfüllung, Reinigung des zweiten, parallelen Wasserableitgrabens, erneute Verfüllung und weitere Reinigung, Aufschüttung eines Walls aus Grabenaushub und durch Versteilung des Schwemmfächerrandes (Phasen 9c–j)

↑

Anlage eines zweiten kastenförmigen Wasserableitgrabens parallel zum südlichen Schwemmfächerrand (Phase 9a, b)

↑

Bildung und Verfüllung einer breiten Rinne auf dem Schwemmfächer (Phase 8)

↑

intensivierte Landnutzung im Einzugsgebiet, starke flächenhafte Bodenerosion und flächenhafte Akkumulation von mächtigen braunen und hellen Sanden (Phase 7; 18. Jh.)

↑

zweite Reinigung und letztmalige mehrphasige Verfüllung des diagonalen Wasserableitgrabens (Phasen 6k–p)

↑

zweite Verfüllung des diagonalen Wasserableitgrabens und der verfüllten und reaktivierten Kerbe (Phase 6j)

↑

erneute Einschneidung einer bis 1,5 m tiefen Kerbe, ausgehend vom gereinigten diagonalen Wasserableitgraben in der verfüllten Kerbe (Phase 6i)

↑

durch Grabspuren belegte Reinigung des diagonalen Wasserableitgrabens und Teilverfüllungen (Phasen 6f–h)

↑

Verfüllung des diagonalen Wasserableitgrabens und der zugehörigen Kerbe infolge starker Erosion in der Wolfsschlucht und ihrem Einzugsgebiet (Phasen 6d,e)

↑

rückschreitende Einschneidung einer bis 3 m tiefen Kerbe während extremer Starkniederschläge, ermöglicht durch die Anlage des Wasserableitgrabens und, ausgehend von diesem, bis zum unteren Ende der Wolfsschlucht (Phase 6c)

↑

↑

Sicherung des Grabens vor Tiefenerosion durch Sohlschwellen (Phase 6b)

↑

Anlage eines diagonal über den Schwemmfächer laufenden Grabens zur Vermeidung einer
Überflutung und Übersandung der Hopfengärten durch gezielte Ableitung
von episodischem Abfluß und Sedimenttransport aus der Wolfsschlucht (Phase 6a)

↑

Vergabe der Rechte für Hopfenanbau auf den nunmehr wasserfreien Flächen (1670)

↑

Tieferlegung des Kleinen Tornowsees durch Anlage des Töpfergrabens zur Ermöglichung
von Hopfenanbau (Phase 5; ca. 1660–1670)

↑

erneute Rodung und Ackerbau in Teilen des Einzugsgebietes (Mitte 17. Jh.)

↑

Wiederbewaldung und intensive Bodenbildung unter stark genutztem Wald führen zur
Entstehung einer Braunerde-Parabraunerde mit Oberflächenverdichtung durch Waldweide
(Phase 4; ca. Mitte 14. bis Mitte 17. Jh.)

↑

verringerte Bodenfruchtbarkeit (nährstoffarme Sande mit geringer Feldkapazität liegen nunmehr
vielerorts an der Oberfläche) führt zur Aufgabe des Ackerlandes (ca. Mitte 14. Jh.)

↑

katastrophale flächen- und linienhafte Erosion verursacht weitgehende Abtragung der
nacheiszeitlichen Böden im Einzugsgebiet und mächtige Sandakkumulationen
auf dem Schwemmfächer (Phase 3; 1. Hälfte 14. Jh.)

↑

Bildung von 2 mächtigen Torfen, die seefern in terrestrische Humushorizonte übergehen
(oberer Humushorizont z.T. gepflügt), Ablagerung von Sanden (Phase 2; etwa 8. Jh. bis 13. Jh.)

↑

Rodung und Ackerbau

↑

Ablagerung einer 2–3 m mächtigen Sequenz limnischer Sande, Schluffe, von
3 Kalkmudden und 5 jeweils geringmächtigen braunen Torfen im Kleinen Tornowsee (Phase 1)
(ca. 2 000 BC bis ca. 8. Jh. n. Chr.)

Mittelholozän

Phase 1 führte am südlichen Schwemmfächerrand im Mittelholozän zur Bildung
einer über 3 m mächtigen Serie von mehr als 100 verschiedenen Torfen, limnischen
Tonen und Kalken sowie Sanden (DOTTERWEICH & SCHMIDTCHEN 1997). Diese Serie
liegt heute bis etwa 7 m unter der Geländeoberfläche.

In Phase 1a entstehen auf hellen Mittelsanden am Seerand 4 jeweils 3–5 cm mächtige Torfhorizonte und in diese eingeschaltet im See mehrere, ähnlich mächtige Ton-
und Sandschichten. Die gesamte Folge weist eine Schichtdicke von etwa 40 cm auf.

Ein mehr als 1,5 m mächtiges, im unteren Teil feinsandiges und stark kalkhaltiges, darüber extrem kalkreiches, mit vielen Molluskenschalen durchsetztes und
in den obersten Zentimetern grobsandiges und schwach kalkhaltiges Paket bildet
sich in Phase 1b. Eingeschaltet ist ein 2 cm mächtiges, aus Pflanzenresten bestehendes Band.

Zusammen etwa 70, von H. Joosten, Greifswald, und Mitarbeitern differenzierte, bis zu 7 cm mächtige Böden und Sedimente (Torfe, Kalke, Ton- und Sandbänder) kennzeichnen Phase 1c. Einige Lagen sind nahezu frei von organischer Substanz, andere bestehen vorwiegend aus Molluskenschalen, aus Characeaen-Resten oder enthalten Holzkohlen. Damit haben sich das Sedimentationsmilieu und die Ausdehnung des Kleinen Tornowsees häufig deutlich geändert. Im oberen Teil von Phase 1c anzutreffende Holzkohlen weisen auf anthropogene Einflüsse hin. Damit endet die kaum oder nicht vom Menschen beeinflußte Formung.

Frühmittelalter bis 14. Jh.

Phase 2: Nach Schriftquellen und physikalischen Datierungen dauerte die erste vom Menschen stark geprägte Phase etwa vom 8. bis zum 13. Jh. Die Schwemmfächerentwicklung wechselte mehrfach von der Bildung von Torfen im seewärtigen Teil des Schwemmfächers bzw. von geringmächtigen terrestrischen Humushorizonten im zentralen und wolfsschluchtnahen Teil des Schwemmfächers zur Ablagerung von Sanden. Lage und Typus der Torfe belegen, daß der Kleine Tornowsee zeitweise eine weitaus größere Ausdehnung hatte als heute und auch als zur Zeit der Bildung des jüngeren, neuzeitlichen Abschnittes des Schwemmfächers. Sowohl die Torfbildung am Seerand als auch die terrestrische Bildung von Humushorizonten wolfsschluchtwärts belegen das vorübergehend vollständige Ausbleiben von Bodenablösung, -transport und -ablagerung. Diese Formungsruhe ist nur bei einem Vegetationsbedeckungsgrad von 100% im gesamten Einzugsgebiet des Schwemmfächers möglich. Die Ausdehnung der Torfe beweist zugleich eine allmähliche Erhöhung des Seespiegels des Kleinen Tornowsees.

Zwischen den Torfen bzw. Humushorizonten liegen mehrere Dezimeter mächtige fluviale Sandakkumulationen. In die Torfe sind geringmächtige Sandlagen eingeschaltet. Zeitweise muß im Einzugsgebiet der Wolfsschlucht die nutzungsbedingt geringe Vegetationsbedeckung mehrfach wechselnde, verschieden starke Transporte von Bodenpartikeln und damit die sukzessive geringe bzw. erhebliche Erhöhung des Schwemmfächers ermöglicht haben. Im Wurzelbereich des Schwemmfächers lag auf dem zweituntersten, teilweise gepflügten Humushorizont der Phase 2d in einer Tiefe von 2,9 m unter der rezenten Geländeoberfläche auf zwei großen Geschieben eine außergewöhnlich holzkohlereiche, nach ^{14}C-Datierung sehr wahrscheinlich im 13. Jh. entstandene Feuerstelle (Phase 2e). Die erste mittelalterliche Phase der Schwemmfächerentwicklung ist wie folgt gegliedert:

Phase 2a: In Seenähe bildet sich sandfreier Seggentorf in einer Mächtigkeit von 10–25 cm. Wolfsschluchtwärts beginnen bald Sandeinlagerungen, die mehrere schwache Abtragsereignisse anzeigen. Der Torf geht auf dem Schwemmfächer, 20–22 m vom heutigen seewärtigen, südlichen Schwemmfächerrand entfernt, in einen terrestrischen Humushorizont über. Mit den ersten slawischen Rodungen, wahrscheinlich im 8. Jh., begann der mittelalterliche Ackerbau im Grundwassereinzugsgebiet des Kleinen Tornowsees. Diese intensive Form der Landnutzung erfuhr in den nächsten Jahrhunderten allmählich eine räumliche Ausdehnung. Dadurch wird sich der Wasserhaushalt des Einzugsgebietes zugunsten von Grundwasserneubildung und Landschaftsabfluß verändert haben. Der mittlere Wasserstand des Kleinen Tornow-sees wurde so um einige Dezimeter erhöht und damit die Torfbildung stimuliert (vgl. Kap. 4).

Phase 2b: Ein schluffig-lehmiges Seesediment, das eine Phase großer Seeaus-dehnung belegt, wird wenige Meter unterhalb des heutigen Schwemm-fächers im Kleinen Tornowsee in einer Mächtigkeit von wenigen Zenti-metern abgelagert.

Phase 2c: Eine bis zu 115 cm mächtige Grobsandakkumulation mit Schottern belegt ein starkes Abtragsereignis. Im südlichen Teils des Profils ge-fundene, aufrecht stehende Schilfstengel mit Durchmessern von bis zu etwa 2 cm wurden von diesem Sand im See störungsfrei umgeben. Mit der deutschen Landnahme einhergehende Rodungen im Einzugsgebiet könnten einen höheren Seespiegel sowie starke Erosion und Sedi-mentation ermöglicht haben. Die verschieden mächtige Sedimentation führte zur Bildung einer Geländestufe. Der Mächtigkeitswechsel von 30 auf 100 cm vollzieht sich in einer Entfernung von 17–19 m vom heu-tigen südlichen Schwemmfächerrand in einer 70 cm hohen und 4 m breiten Stufe.

Phase 2d: Schilftorf entwickelt sich in einer Mächtigkeit von 20–50 cm im See – Beleg für eine erneute Ausdehnung der Landnutzung im Grundwasser-einzugsgebiet des Kleinen Tornowsees, für eine dadurch nochmals ge-steigerte Grundwasserneubildung und einen um mehrere Dezimeter höheren Wasserstand des Kleinen Tornowsees. Der Torf ist seewärts sandfrei; wolfsschluchtwärts nehmen Sandeinlagerungen zu, die schwa-che Abtragsereignisse anzeigen. Handgroße, in den Torf eingebettete Steine weisen auf anthropogene Einflüsse hin. Nach M. Succow (frdl. mündl. Auskunft 3.9.1997), Botanisches Institut der Universität Greifs-wald, bei einer Vorortdiskussion, können sich Schilftorfe in oligo- oder mesotrophen Seen bei Wassertiefen von bis zu 2 m bilden; nach Relief-rekonstruktionen sind die anstehenden Schilftorfe der Phase 2d in Was-sertiefen von bis zu 30 cm entstanden.

An der durch Sandakkumulation in Phase 2c gebildeten, markanten, aufgrund der späteren Überlagerung mit Sedimenten heute im Ober-flächenbild jedoch nicht mehr erkennbaren Geländestufe gehen die Schilftorfe wolfsschluchtwärts in einen terrestrischen Humushorizont über. Dieser ist auf dem Schwemmfächer von ca. 25–70 m Länge vom südlichen Schwemmfächerrand in nördlicher Richtung entfernt als Pflughorizont ausgebildet. Struktur, organische Substanz, Mächtigkeit und der Verlauf von oberer sowie insbesondere unterer Begrenzung be-legen den mittelalterlichen Ackerbau. Die dreidimensional untersuchte Basis des Bodenbearbeitungshorizontes weist auf den Einsatz eines Wendepfluges und damit auf ein Gerät hin, daß erst mit der deutschen Einwanderung verwendet wurde. Damit ist eine bis dahin einmalig hohe, auf die deutsche Ostkolonisation zurückzuführende Nutzungsin-tensität auf dem Schwemmfächer belegt. Zahlreiche Holzkohlestücke im Pflughorizont weisen auf einen Brand hin.

Die für die Nacheiszeit ungewöhnlich starke Torfbildung (am heutigen unteren Schwemmfächer) und damit ein aufgrund der Ausräumung der Landschaft veränderter Wasserhaushalt mit hohen Grundwasserständen stehen im Einklang mit diesen bemerkenswerten Befunden.

Phase 2e: Oberhalb des Ackers wird im Wurzelbereich des Schwemmfächers auf dem Humushorizont und auf zwei großen Geschieben eine Feuerstelle angelegt. Sie ist heute unter 2,9 m mächtigen Sedimenten begraben. Zahlreiche, auf einer Fläche mit einem Durchmesser über 30 cm in einer Höhe von bis zu 3 cm aufgeschichtete und in situ erhalten gebliebene Holzkohlestücke mit Durchmessern von maximal 5 cm belegen einen gezielt angelegten Brand. Eine ^{14}C-Datierung der Holzkohlen belegt, daß die Feuerstelle wahrscheinlich im 13. Jh. entstand [kalibriertes Alter von (1σ) cal AD 1212–1261; (2σ) cal AD 1164–1166, 1191–1203, 1205–1279; KIA3336, Leibnitz-Labor, Kiel].

Phase 2f: Ein schluffig-lehmiges Seesediment wird zum zweiten Mal in Phase 2 im wiederum sehr ausgedehnten Kleinen Tornowsee in einer Mächtigkeit von wenigen Zentimetern abgelagert.

Außergewöhnlich starke Dynamik prägt als *Phase 3* die folgenden Jahrzehnte, die erste Hälfte des 14. Jh.

Phase 3a: Die Akkumulation von hellen, aus der Wolfsschlucht stammenden, annähernd parallel geschichteten Sanden auf dem Seesediment der Phase 2f sowie dem Torf und Humushorizont der Phase 2d in einer Mächtigkeit von bis zu 60 cm führt zur Verhüllung der deutlichen Geländestufe am Seerand, die danach nicht mehr im Oberflächenbild sichtbar ist. Die große Mächtigkeit weist auf ein extrem starkes Abtragsereignis hin, das von einem der Katastrophenregen in der ersten Hälfte des 14. Jh. ausgelöst worden sein könnte. Das Sediment enthält zahlreiche, sehr kleine Holzkohlefragmente. Denkbar ist eine Parallelisierung der Phase 3a mit den extremen Witterungsereignissen der zweiten Dekade des 14. Jh. (s. Kap. 5.3).

Phase 3b: Ein auf dem nördlichen und zentralen Schwemmfächer nur wenige Zentimeter mächtiger Humushorizont entsteht. Er wird von der rezenten Schwemmfächerstufe seewärts zunehmend anmoorig und dort bis zu 15 cm mächtig. Der Reichtum an kleinen Holzkohlestücken im Humushorizont und auf dessen Oberfläche über dem gesamten Schwemmfächer zeigt einen ausgedehnten Brand von Gehölzen an. Eine ^{14}C-Datierung von Holzkohlen dieser Schicht bestätigt grundsätzlich die vorgenommene Einstufung des Humushorizontes in die 1. Hälfte des 14. Jh. [kalibriertes Alter von (2σ) cal AD 1328–1348, 1391–1444; KIA3334, Leibniz-Labor, Kiel].

Phase 3c: Geringmächtige Sande belegen ein schwaches Abtragsereignis.

Phase 3d: Eine wenige Jahre während Unterbrechung des ungewöhnlich intensiven Abtragsgeschehens wird von einem 1–3 cm mächtigen Humushorizont angezeigt.

Phase 3e: Sande wurden durch ein schwaches Abtragsereignis in geringer Mächtigkeit akkumuliert.

Abb. 3.10: Grabung auf dem Schwemmfächer der Wolfsschlucht: verfüllter diagonaler
Wasserableitgraben des 17./18. Jh. mit U-förmigem Querprofil rechts und parallel geschichtete
Folge mit Humushorizonten und fluvialen Sanden des 13./14. Jh. links

Phase 3f: Vorübergehende, nur wenige Jahre andauernde Formungsruhe ermög-
           licht die Bildung eines 2–3 cm mächtigen Humushorizontes.
Phase 3g: Am Südrand des Schwemmfächers mehrere Dezimeter mächtige helle
           Sande gestatten die Rekonstruktion eines kräftigen Abtragsereignisses
           (Abb. 3.10, linker Bereich).
Phase 3h: Unter Vegetation bildet sich ein Humushorizont. Er ist im südlichen und
           nördlichen Teil des Schwemmfächers durch Ackerbau, der aufgrund des
           Humusgehaltes und der Homogenisierung vermutlich 10–20 Jahre an-
           gedauert haben dürfte, als ein unten scharf begrenzter, 15 cm mächtiger
           Pflughorizont ausgeprägt.
Phase 3i: Zwischen 60 und 80 cm mächtige, helle Sande weisen das letzte, wahr-
           scheinlich ebenfalls noch in die ausklingende erste Hälfte des 14. Jh. zu
           stellende extreme Abtragsereignis in der Wolfsschlucht nach (Abb. 3.10,
           linker Bereich). Nicht auszuschließen ist, daß die mächtigen, in Phase 3i
           durch ein Extremereignis akkumulierten Sande durch den katastropha-
           len Niederschlag im Juli 1342 bewegt wurden (s. Kap. 5.3).

Die katastrophale Erosion der Phasen 3a, 3g und insbesondere der Phase 3i führte
zur weitgehenden flächenhaften Abtragung der etwas tonreicheren und damit
fruchtbareren Böden im Einzugsgebiet. Eine Aufgabe der intensiven agrarischen
Nutzung war die zwangsläufige Folge. Die Sediment-Bodenfolge der Phasen 2 und 3
ist insgesamt 2–2,6 m mächtig.

Spätmittelalter bis 17. Jh.

Phase 4 der Schwemmfächerbildung, die von der Mitte des 14. bis zum 17. Jh. andauert, wird durch die Entwicklung eines kräftigen Bodens, einer mehr als einen Meter mächtigen Braunerde-Parabraunerde unter Waldvegetation (d.h. nach Aufgabe der Ackernutzung) geprägt: Unter einem 5–10 cm mächtigen (heute etwa 70 bis 90 cm unter der Geländeoberfläche begrabenen) Humushorizont folgen ein bis zu 12 cm mächtiger Tonverarmungshorizont, ein 15–25 cm mächtiger Verbraunungshorizont mit schwacher Tonanreicherung und darunter ein etwa 70 cm mächtiger Horizont mit Toninfiltrationsbändern. Nachweisbar ist eine kontinuierliche, mehrphasige Bodenbildung: So entstand zunächst eine Braunerde mit einem ausgeprägten, etwa 25–35 cm mächtigen Verbraunungshorizont. Die fortgesetzte Bodenversauerung ermöglichte die Verlagerung von Tonpartikeln mit dem Sickerwasser. So zeigt der Verbraunungshorizont im oberen Teil starke Auflösungserscheinungen, im unteren Teil eine schwache Tonanreicherung und in dem darunter folgenden Meter mehrere, wenige Millimeter schmale, bis zu etwa 2 cm breite Toninfiltrationsbänder. Der geringe Gehalt des Humushorizontes an organischer Substanz kann auf die starke Waldnutzung zurückgeführt werden. Der mehrere Jahrhunderte die Oberfläche einnehmende Humushorizont wurde wahrscheinlich durch Waldweide stark verdichtet.

Ein Grund für die Aufgabe der landwirtschaftlichen Nutzung im Einzugsgebiet des Schwemmfächers der Wolfsschlucht, die durch die genannte ausgeprägte Bodenbildung bei gleichzeitig ausgebliebener Bodenerosion zweifelsfrei nachgewiesen ist, könnte die katastrophale Erosion der Phase 3 im 14. Jh. und die resultierende Verschlechterung der Bodenfruchtbarkeit gewesen sein. Fehlende Einflüsse des Sees, wie Verlandungsmerkmale oder lehmig-tonige Seesedimente, und die bodenkundlich belegte transpirationsintensive Waldvegetation weisen auf eine geringe Grundwasserneubildungsrate und damit auf eine niedrige Seespiegelhöhe hin.

17. und 18. Jh.

Erneute Rodungen der genutzten Wälder oder Huteweiden (Exkurs 3.4) wahrscheinlich im 17. Jh. und die nachfolgende intensivierte Nutzung nicht nur der trockengelegten Partien unterhalb des Schwemmfächers als Hopfengärten, sondern auch des höheren Einzugsgebietes als Ackerland vernichteten den Vegetationsschutz der Böden. Starkregen vermochten so nach mehrhundertjähriger Unterbrechung wieder in erheblichem Umfang Bodenpartikel zu lösen und nunmehr in den Hopfengärten abzulagern. Übersandungen und Überschotterungen beeinträchtigten die Nutzung der Hopfengärten.

Holzkohlen im Humushorizont des in Phase 4 gebildeten Bodens weisen auf eine Brandrodung hin. Eine ^{14}C-Datierung dieser Holzkohlen bestätigt grundsätzlich, daß eine Rodung des Standortes in der 1. Hälfte des 17. Jh. erfolgt sein könnte [kalibriertes Alter von (1σ) cal AD 1480–1528, 1557–1631; (2σ) cal AD 1444–1642; KIA3335, Leibniz-Labor, Kiel]. Weitere Hinweise zum Nutzungswandel im 17. Jh. geben zeitgenössische Schriftquellen.

Phase 5: In den 60er Jahren des 17. Jh. legten Frondienstleistende, wahrscheinlich aus der Buckower Töpfergasse, am Südrand des Kleinen Tornowsees einen bis zu

Exkurs 3.4: Die Urbarmachung der Huteweiden

„Diese öden Gemeingründe oder Huteweiden bestehen meistens aus eingegangenen ehmaligen Wäldern oder aus trocknen dörren Heiden oder aus Sümpfen und Morästen; die allerwenigsten aber aus einer guten tragbaren Lage.

Die erste Gattung dieser vier Öden, das ist diejenige, wo vorhin, bei unserer Väter Zeiten, Waldungen gestanden, bedarf oft eines mühsamen Ausrottens der übrig gebliebenen alten Baumstöcke, Dorngebüsche und Sträuche, Abebnung der Maulwürfe und Ameishaufen; Vertilgung der harten holzartigen Gräser und Unkrautwurzeln, die sich oft sehr tief in die Erde eindringen.

Die trockenen Sand- oder Schoderwüsten [Schotterwüsten] scheinen die unbändigsten zu sein. Allein, wer die vorhergegangene Anweisung, wie man die Felder meistens mit sich selbst verbessern kann, mit Aufmerksamkeit gelesen und überdacht hat, der wird sich von diesem Scheine nicht abschrecken lassen.

Die Sümpfe und Moräste müssen allerdings vorher abgezapft, vom Wasser entlediget und ausgetrocknet werden, ehe man solche beurbaren und befruchtbaren kann [...].

Die in der guten Lage befindlichen Öden und Huteweiden bedürfen unter allen der wenigsten Arbeit. Genug, daß solche zu rechter Zeit und in behöriger Tiefe umgerissen werden, damit die Wurzeln des Grases und Unkrauts verfaulen und nicht wieder von neuem nachtreiben und das Feld berasen können. [...]

Diejenigen Huteweiden, welche aus eingegangenen Wäldern entstanden sind, hat der eingerissene Holzmangel bereits größtenteils seiner Baumstümpfe und Gebüsche entlediget. Die wenigen, so davon noch übrig wären, würden der Mühe des Ausgrabens auch schon dadurch hinlänglich lohnen, weil sie zur Feuerung dienten und zum Teil das Geld für das teure Holz und das weite Herbeiführen desselben ersparten. Die Maulwürfe und Ameishaufen abzustechen und die hölzigen Graswurzeln aus der Erde zu räumen bedarf nur den Fleiß der Hausväter mit ihren Familien, zu einer Zeit, wo es die nötigen Wirtschaftsgeschäfte verstatten. Alles übrige wird durch den Pflug und die Egge gerichtet, wo anderst sich die Fläche zu Feldern schicket. Wären es aber schiefe Anhöhen, so könnte die Seite gegen Mittag zu einträglichen Weinbergen, die andern Seitengegenden aber zum Anbauen verschiedener Holzgattungen angewendet werden" (WIEGAND 1771/1997, S. 142f.).

3 m tiefen Graben an, der seitdem den Namen „Töpfergraben" trägt (KRÜGEL 1957, S. 36). Der Graben entwässert das zuvor geschlossene Binnenentwässerungsgebiet des Kleinen Tornowsees über den Stöbber in die Oder. Mit der Anlage des Töpfergrabens wurde der mittlere Seespiegel um 2–3 m abgesenkt, wurden Seehochstände vermieden und so die zuvor unter dem Seespiegel gelegenen, flachen Teile des Sees landwirtschaftlich nutzbar. Auf diesen Flächen wurde nach der Seespiegelabsenkung bis zum frühen 19. Jh. (das Preußische Urmeßtischblatt des Jahres 1843 weist noch Gartenflächen aus) wohl vorrangig Hopfen angebaut. Am 19. Januar 1691 wurden für die nunmehr nicht länger wasserbedeckte, unmittelbare Umgebung des Kleinen Tornowsees Erbpachtrechte unter der Voraussetzung gewährt, daß die Flächen urbar gemacht, als Gärten genutzt und eingezäunt werden. Unter gleichen Bedingungen wurde im März des Jahres 1704 die ebenfalls entwässerte Senke westlich des Kleinen Tornowsees, das Kleine Rote Luch, an 5 Personen verpachtet (frdl. mündl. Mitt. G. SCHMIDTCHEN, 22.1.1998). Im 18. Jh. und – wie erwähnt

bereits zuvor im hohen Mittelalter – herrschte im oberen Einzugsgebiet der Wolfs-schlucht landwirtschaftliche Nutzung vor.

Heute umrahmt eine etwa 2 m hohe Stufe den Kleinen Tornowsee in Entfernun-gen von wenigen Metern bis einigen Zehnern von Metern im Süden, Westen und, im Bereich des Schwemmfächers, im Nordwesten. Hätte die Stufe zum Zeitpunkt der Tieferlegung des Seespiegels bereits existiert, wäre bei einer spezifischen Häufung – wie im 14. und 18. Jh. – extremer Starkregen rückschreitende Erosion an den Abschnitten der Stufe nicht zu vermeiden gewesen, wo konzentriert sedimentreiches Wasser episodisch floß. Da die Stufe nicht zerlappt ist, eine Zer-schneidung damit nicht stattgefunden hat, kann die Stufe zum Zeitpunkt der Tie-ferlegung des Seespiegels noch nicht bestanden haben. Unmittelbar auf die Ab-senkung des Seespiegels zurückzuführende linienhafte Bodenerosion ist damit nicht nachweisbar.

An den kurzen Hängen westlich des Kleinen Tornowsees reichen 10 – 12 m lange und breite Abgrabungen schalenförmig in den Hang hinein. Sie haben steile Rückwände. Ihre Böden liegen annähernd auf dem Niveau des Weges, der streckenweise seespiegelparallel das Ufer auf der 2-m-Stufe säumt. Hier wurden, wie bodenkundliche Grabungen und Bohrungen beweisen, zur Verbesserung der Wachstumsbedingungen für Hopfen karbonathaltige Sande sowie sandiger Ge-schiebemergel entnommen und auf die nunmehr wasserfreien und daher als Hop-fengärten nutzbaren Torfe auf- und später eingebracht.

Phase 6 wurde von Meliorationsmaßnahmen und den Naturgewalten, die diese zu-nichte machten, geprägt. Zur Vermeidung der Überflutung, Übersandung sowie Überschotterung des südlichen Teils des Schwemmfächers und vor allem der zwi-schen See und Schwemmfächer gelegenen Hopfengärten wurde diagonal über den Schwemmfächer ein Graben angelegt. Die Wasserableitung wurde von den Nutzern der Hopfengärten offenbar gezielt flächensparend angelegt: Der Graben nutzte die kürzeste Verbindung zum Kleinen Tornowsee. Eine den Hopfenanbau geringst-möglich beeinträchtigende Ableitung des Abflusses, der Sande und Schotter aus der Wolfsschlucht war so gewährleistet.

Phase 6a: Wasser- und Sedimentmassen waren noch im 17. Jh. oder – wahrscheinli-cher – im 18. Jh. Anlaß für die Anlage des mehr als 50 m langen Grabens auf dem Schwemmfächer zur gezielten Wasser- und Sedimentabführung aus der Wolfsschlucht. Der diagonal von Nordnordwesten nach Südsüd-osten über den Schwemmfächer verlaufende, in drei Bodenprofilen auf-geschlossene Graben mit senkrechten Wänden und einem U-förmigen Profil wurde etwa 2 m breit geöffnet (Abb. 3.11, Abb. 3.10, rechter Be-reich). Der Aushub wurde beiderseits des Grabens abgelegt, ein min-destens 50 cm hoher und 170 cm breiter Wall entstand auf der Westseite. In den unteren 12 cm des Walles findet sich ausgehobenes Humushori-zontmaterial, darüber liegt abgegrabener B-Horizont. Die im oberen Teil nahezu senkrechten, aus Sand bestehenden Wände des Grabens waren instabil. Ohne Befestigung wären sie rasch zusammengestürzt; eine Sta-bilisierung z. B. mit Ästen ist wahrscheinlich, wenn auch heute im Profil nicht mehr nachweisbar.

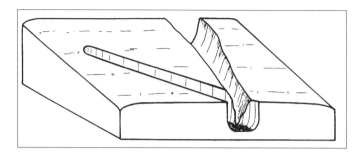

Abb. 3.11:
Der Schwemmfächer der
Wolfsschlucht –
Quergraben und, von
diesem ausgehend,
rückschreitend einge-
rissene Kerbe

Phase 6b: Große Steine wurden von Menschenhand als Sohlschwellen zur Vermeidung von hohen Fließgeschwindigkeiten und damit von Tiefenerosion
auf die Grabensohle gelegt.

Phase 6c: Der in Phase 6a geöffnete Graben legte die Erosionsbasis um etwa 1,3 m
unter das vorherige Niveau der seinerzeitigen Oberfläche des Schwemmfächers. Heftige Niederschläge verursachten wiederholt starken Abfluß in
der Wolfsschlucht. Die Wassermassen flossen aus der Wolfsschlucht konzentriert vermutlich in wenigen verzweigten Fließbahnen über den
Schwemmfächer, erreichten den künstlich angelegten Quergraben und
stürzten an dessen nahezu senkrechter Seitenwand hinab auf die Grabensohle. Sofort setzte hier rückschreitende linienhafte Erosion ein: Eine
Kerbe riß bis zum unteren Ende der Wolfsschlucht in den Schwemmfächer (Phase 6c; Abb. 3.11, 3.14). Das stärkere Gefälle im oberen Teil
des Schwemmfächers ermöglichte hangaufwärts fortschreitende Zer-
schneidungsprozesse, die am Rand des künstlich angelegten Grabens mit
1,3 m dessen Tiefe und nahe der Schlucht 3 m erreichten. Die mächtige Se-
dimentfolge der Phasen 2 und 3 wurde dadurch tief zerschnitten. Ein zweifellos unerwünschtes Resultat der Grabenanlage war damit eine Kerbe, die
vom künstlichen Graben bis in die Wolfsschlucht hineinreichte.

Im künstlich angelegten Graben und in der von diesem aufwärts verlaufenden
Kerbe lagerten sich hauptsächlich aus der Wolfsschlucht stammende helle Sande
und zum geringen Teil braune Sande von den schwemmfächernahen Hängen ab
(Abb. 3.10, 3.12, 3.13, 3.14, 3.15); beide Formen wurden fast vollständig verfüllt. Die
Detailanalyse der Grabenfüllung ergab vielfältige, Einflüsse des Menschen und der
Witterung widerspiegelnde Veränderungen.

Phase 6d: Ein heftiger Niederschlag rief starken Abfluß hervor. Er bewirkte schwache bis mäßig starke linienhafte Erosion an der Grabensohle. Zum Ende
des Ereignisses wurde ein Schotterpaket asymmetrisch im U-förmigen
Graben abgelagert. Die eingeregelten kantigen bis gut gerundeten Schotter sind in der westlichen Grabensohle wenige Zentimeter und am
Ostrand bis zu 30 cm mächtig. Sie gehen im Westteil des Grabens in hell-
braune grobsandreiche Mittelsande über.

Phase 6e: Am östlichen Grabenrand schnitt sich während eines weiteren Abflußereignisses im Graben eine schmale Rinne 20 cm tief in die Schotter

Abb. 3.12: Grabung auf dem Schwemmfächer der Wolfsschlucht – senkrechte Grabkante am Rand des diagonalen Wassergrabens

Abb. 3.13: Grabung auf dem Schwemmfächer der Wolfsschlucht – in der Füllung des von Menschenhand geschaffenen diagonalen Wasserableitgrabens liegende, von den Grabenwänden abgerutschte Blöcke aus humosem Material

Abb. 3.14: Grabung auf dem Schwemmfächer der Wolfsschlucht – verfüllte Kerbe des 17./18. Jh., die Starkregen durch rückschreitende, vom Wasserableitgraben ausgehende Bodenerosion in den Schwemmfächer schnitten

der Phase 6d ein. Sie wurde im Graben im unteren Teil mit schotterreichem hellem Sand (die Steine stammen aus dem Schotterpaket 6a) und darüber mit homogenen hellen Sanden aus der Wolfsschlucht verfüllt. In der oberhalb gelegenen, auf die Erosionsbasis des Grabens eingestellten Kerbe sedimentierten ebenfalls mächtige helle Sande. Die Mächtigkeit der Akkumulation übertraf im Graben 35 cm.

Phase 6f: Genaue Mächtigkeitsangaben sind hier nicht möglich, da in Phase 6f eine erste Grabenreinigung vorgenommen und dadurch der obere Teil der Füllung 6e abgegraben wurde. Die Oberfläche des Grabens lag nach dieser ersten nachweisbaren Reinigung 35–50 cm über der Sohle des ersten Grabens. Drei gut im Profil erkennbare Grabkanten belegen 15–19 cm tiefe Spatenstiche. Eine mögliche Erklärung für den beiderseits des Grabens nicht auffindbaren Aushub gibt THOMANN (1812, S. 388) im „Hand-

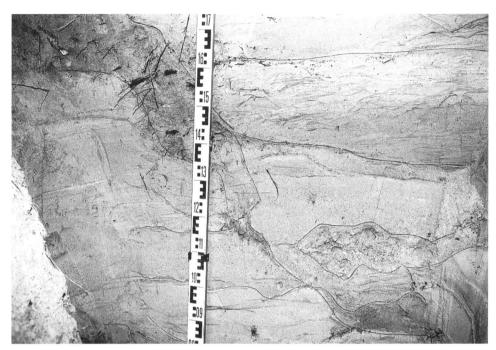

Abb. 3.15: Grabung auf dem Schwemmfächer der Wolfsschlucht – in der Füllung der Kerbe des 17./18. Jh. liegende helle, aus der Wolfsschlucht stammende fluviale Sande

wörterbuch der gesammten Landwirthschaft": „Der in den Wassergräben sich ansammelnde Schlamm wird jährlich ausgeworfen und als ein gutes Düngemittel auf die Aecker gebracht." Die Düngewirkung der ausgehobenen sandreichen Substrate wird jedoch gering gewesen sein.

Phase 6g: Die senkrechten, in den instabilen Sanden mit Spaten angelegten Grabkanten verfüllten sich mit Material, das am oberen steilen Grabenrand abrutschte oder an der Grabekante abgetreten wurde. Ein im Profil zweifelsfrei nachweisbarer Schaufelaushub fiel versehentlich in den Graben. Daneben finden sich mehrere Blöcke von Humushorizontmaterial, die an der oberen Grabenkante abbrachen (Abb. 3.13). Braune Sande wurden vom Aushub westlich des Grabens in den Graben gespült. Eine unregelmäßige Grabenoberfläche war das Resultat dieser verschiedenartigen Teilverfüllungen. Vereinzelt blieben Übertiefungen zurück. In diesen dann mit stehendem Wasser verfüllten Übertiefungen sedimentierte während Phase 6h nach einem oder mehreren, kurz aufeinander folgenden schwachen Abflußereignissen grauer toniger Schluff in einer Mächtigkeit von bis zu 4 cm.

Phase 6i: Das erste starke Abflußereignis nach der Grabenreinigung trat auf. In der während Phase 6e weitgehend verfüllten Kerbe konnte durch das Räumen des unterhalb gelegenen Grabens und damit aufgrund der Tieferlegung der Erosionsbasis erneut eine Kerbe einreißen. Da der Graben nicht vollständig geräumt und die Erosionsbasis so nicht bis auf das ursprüngliche, tiefe Grabenniveau gelegt wurde, schnitt sich die Kerbe der zweiten Generation deutlich weniger tief ein. Graben und Kerbe wurden schon während des starken Abflußereignisses der Phase 6i teilweise wieder verfüllt.

Phase 6j: Im Grabenbereich wurde mehrere Dezimeter mächtiger, heller, in der Wolfsschlucht abgetragener Sand abgelagert. Von den steilen Grabenwänden lösten sich aufgrund starker Durchfeuchtung des Bodens braune Sande; sie wurden in den Graben gespült. Am westlichen oberen Grabenrand brachen bis zu 6 cm große Blöcke des dort anstehenden Humushorizontes ab und rutschten ebenfalls noch während des einen Abflußereignisses in die hellen Sande des Grabens. Die an den Graben angeschlossene Kerbe wurde durch das Abflußereignis ebenfalls weitgehend verfüllt.

Phase 6k: Die erneute weitgehende Plombierung des Grabens erforderte zur Wiederherstellung seiner Funktion als Wasserableitungssystem in Phase 6k eine zweite Grabenreinigung. Dabei entstand im östlichen Grabenbereich eine markante Grabekante (Abb. 3.12) und im westlichen Teil eine flache Delle.

Phase 6l: Erneut gelangte von den Grabenwänden und vom Aushub neben dem Graben infolge starker Durchfeuchtung abgerutschtes, braunes sandiges Material im Graben zur Ablagerung. Am östlichen Grabenrand wurde der kurz zuvor erneut ausgehobene Graben so weit verfüllt, daß keine senkrechte Grabenwand mehr vorhanden war. In diesem über nur wenige Dezimeter gerutschten und geflossenen Material ist keine Humifizierung feststellbar. So dürfte der Graben nur sehr kurze Zeit offen gewesen sein.

Phase 6m: Mit dem bald eintretenden, nächsten stärkeren Abflußereignis vollzogen sich schwache Erosion in der Grabenmitte und die Einschneidung einer nur wenige Dezimeter tiefen Kerbe im oberen, wolfsschluchtnahen Teil des Schwemmfächers. Noch durch dasselbe Abflußereignis wurden der Graben und die oberhalb eingerissene kleine Kerbe mit hellen, an der Basis schotterreichen Sanden aus der Wolfsschlucht fast vollständig verfüllt.

Phase 6n: Eine 70 cm breite und 40 cm tiefe Grube wurde am westlichen Grabenrand angelegt.

Phase 6o: Die Grube wurde von Menschenhand mit Blöcken aus braunen und hellen Sanden und lehmigen B-Horizontbröckchen verfüllt, so daß ein flacher Hügel entstand.

Phase 6p: Mit der Verfüllung des Grabens wurde unterhalb der heutigen Stufe des Südrandes des Schwemmfächers – eines Bereichs, der vor 1670 meist vom Kleinen Tornowsee bedeckt war – ein kleiner, sekundärer Schwemmfächer vorwiegend aus den hellen Sanden der Wolfsschlucht aufgebaut. Hier befindet sich die schmalste Stelle zwischen Schwemmfächer und Seeufer.

Phase 7 wurde geprägt durch flächenhafte Sedimentation auf dem Schwemm-fächer. Die Mächtigkeit der gesamten, drei Elemente umfassenden Akkumulation der Phase 7 schwankt auf dem Schwemmfächer zwischen 40 und 60 cm.

Phase 7a: Ein Sandpaket wurde im 18. Jh. durch ein starkes Abtragsereignis in einer Mächtigkeit von etwa 20 cm flächig auf dem Schwemmfächer ab-gelagert. Graben und Wall waren danach im Oberflächenrelief nicht mehr erkennbar, hatten ihre Funktion endgültig verloren.

Phase 7b: Eine 2 – 8 cm mächtige, aus kleinen sandigen braunen B-Horizont-bröckchen bestehende Schicht akkumulierte flächenhaft auf dem Schwemmfächer. Auf der Oberfläche dieser Schicht wurde ein hand-tellergroßes rotes Ziegelfragment gefunden (60 cm unter der heutigen Geländeoberfläche) und von CH. GOEDICKE mit dem Thermolumines-zenzverfahren auf AD 1712 ± 28 Jahre (RF TL97 Wolfsschlucht K1) da-tiert. Demnach wurde der Ziegel mit hoher Wahrscheinlichkeit zwischen 1684 und 1750 n. Chr. hergestellt. Das somit festliegende Maximalalter der Schicht 7b bestätigt vorzüglich die übrigen Altersdaten.

Phase 7c: Ein weiteres, außergewöhnliches Starkregenereignis übersandete den Schwemmfächer. 20 – 30 cm mächtige braune und sandige, auf den Hän-gen des Einzugsgebietes abgetragene Substrate sedimentierten flächen-haft (Abb. 3.10).

Phase 8: Die Bildung einer 2,5 m breiten und etwa 0,4 m eingetieften flachen Rinne folgt unmittelbar auf Phase 7. Sie schnitt sich außerhalb des künstlichen, vollständig verfüllten Grabens bis auf den stark verdichteten Humushorizont der Phase 4 ein und wurde im westlichen Teil zunächst mit schräggeschichteten Sanden und dann mit ei-nem bis zu 40 cm mächtigen, ebenfalls schräg geschichteten Schotterkörper verschüt-tet. Der östliche Teil der flachen Rinne wurde gänzlich mit Sand aufgefüllt.

Phase 9: Die starken flächenhaften Überflutungen und Übersandungen, die Eintie-fung und Verfüllung der Rinne mit Schottern auf dem Schwemmfächer und z.T. auch auf den Hopfengärten während der Phasen 7 und 8 gaben Anlaß für die Anla-ge eines neuen Wasserableitgrabens an einer anderen Reliefposition.

Phase 9a: Dieser zweite Wasserableitgraben wurde am seewärtigen, unteren Ende des insgesamt gestreckt konkaven Schwemmfächers und damit in einem Abschnitt mit abnehmenden Fließgeschwindigkeiten des Abflusses auf der Bodenoberfläche angelegt (Phase 9a; Abb. 3.9, 3.16). Das in östliche Richtung episodisch während stärkerer Niederschläge aus der Wolfs-schlucht strömende Oberflächenwasser wurde durch den Graben ohne Schaden für die unterliegenden Hopfengärten in östliche Richtung ab-geleitet. Der Schwemmfächer selbst konnte jedoch dadurch zumindest teilweise nicht mehr ackerbaulich genutzt werden.

Eine weitere Funktion des Grabens ist nach zeitgenössischen Quellen nicht auszuschließen – die gezielte Anlage von Sedimentfängen: „‚Auf ab-hängigen Feldern‘, schreibt Schmalz, ‚fließen mit dem Regen und Schneewasser die davon aufgelös‚ten Theile der Ackerkrume zugleich nach der Tiefe, den Bächen und Flüssen zu. Um diesen Verlust nicht zu

Abb. 3.16: Grabung auf dem Schwemmfächer der Wolfsschlucht – mit hellen Sanden aus der Wolfsschlucht letztmals verfüllter schwemmfächerrandparalleler Wasserableitgraben

erleiden, haben die Altenburger an den tiefsten Enden der Feldstücke
ziemlich tiefe Löcher ausgegraben, deren Umfang sich nach der Größe
der Fläche, von welcher das Wasser hineingeführt werden kann, richtet.
In diese Löcher, welche Schlammfänge, Erdfänge, Schlammlöcher genannt werden, fließt nun in den dahin führenden Wasserfurchen alles
Regen- und Schneewasser, welches nicht von der Ackerkrume angezogen
wird, von dem höher liegenden Felde. Hier setzt es die aufgelös'te Erde
ab. Ist der Erdfang voll Wasser, so läuft es oben in angebrachten kleinen
Abzugsgräben ab. Natürlich läuft so immer das hellere ab, und das trü-
bere bleibt im Loche. Nach und nach häuft sich solch ein Erdfang ganz
mit Erde an, die reich an Humus ist, wovon ich mich einigemal durch
chemische Ausmittlungen überzeugt habe. Diejenigen Löcher, welche
mit Erde angefüllt sind, werden in den Jahren, wo das darüber liegende
Feld der Brachschlag trifft, ausgefahren'" (v. SCHWERZ 1837a, S. 257f.).

   Etwa 4 – 6 m vom südlichen, wolfsschluchtfernsten und seenächsten
Rand des Schwemmfächers entfernt, wurde der zweite, kastenförmige
und leicht asymmetrische Graben ungefähr parallel zu Höhenlinie und
Schwemmfächerrand auf dem Schwemmfächer 0,65 m tief und 1,8 m
breit geöffnet. Die 1,3 m weite Sohle fiel mit schwachem Gefälle in östlicher Richtung ein. Die Form kann, folgt man v. SCHWERZ, als Sediment-

fang interpretiert werden: „[...] das Schlammloch [ist] nur an dem tiefer-
liegenden Rande steil, aber an der Feldseite ganz flach ausgegraben, so
daß vom Felde her bequem mit dem Karren ein- und ausgefahren werden kann. [...] Das Ausfahren selbst geschieht meistentheils mit Sturz-
karren, woran nur ein Pferd gespannt ist, mit welchen leicht im Loch ge-
wendet werden kann. [...] Mit dem Grabscheit werden zuerst bedeutend
große Stücke Erde abgegraben und zugleich damit auf den Karren ge-
worfen. Mit der Schaufel wird die lose von dem Grabscheit abfallende
Erde aufgeladen" (v. Schwerz 1837a[2], S. 258f.). Da die flachere Nordflanke des Grabens immerhin eine Neigung von mehr als 15° aufwies, wäre
ein Ausfahren des Aushubs über diese Schräge allerdings sehr beschwer-
lich gewesen.

    Die Profilaufnahmen belegen zweifelsfrei, daß der Aushub nicht an
den Flanken des Grabens aufgehäuft wurde. Wahrscheinlich wurden die
verbrannten Sande in die organischen Böden der nur wenige Meter entfernten, unterhalb des Schwemmfächers liegenden Hopfengärten als
Sandmischkultur oder in die oberhalb liegenden Äcker eingebracht.

Phase 9b: Zur Vermeidung von Sohlenerosion wurden in das Tiefste des Grabens
Geschiebe mit Durchmessern von mehreren Dezimetern gelegt (Phase 9b).

Phasen
 9c u. d: Als arbeitsaufwendig erwiesen sich für die mit der Instandhaltung der
Aufgrabung betrauten Personen zwei Merkmale des kastenförmigen
Grabens:

- Das Sohlgefälle des schwemmfächerrandparallelen Grabens war gering. Stärkere Niederschläge und die resultierenden Abflüsse führten
zu einer ungewollten (Wasserableitgraben) oder beabsichtigten (Sedi-
mentfang) Ablagerung von hellbraunen Sanden im Grabentiefsten
(Phase 9c).
- Die starke Neigung der Grabenwände löste in Feuchtphasen gravitative Prozesse aus. So finden sich im Graben braunhumose, sandige
Rutschmassen aus den Substraten, die an den Grabenwänden anstehen (Phase 9d).

Phase 9e: Eine erste Grabenreinigung hat jedoch diese Sedimente mit Ausnahme
eines 25 cm mächtigen Restes an der südlichen, unteren Ecke des Grabens vollständig beseitigt. Mit dieser Säuberung wurde der Querschnitt
verändert. Der nunmehr V-förmige, gereinigte Graben hatte eine Tiefe
von 0,8 m und eine Breite von 1,9 m. Die Reinigung ist neben dem veränderten Querschnitt durch den Aushub auf der Nordseite in einer (bis
heute verbliebenen) Mächtigkeit von 0,15 m und einer Breite von 3 m belegt. Viele kleine Brocken des abgegrabenen hellen und braunen Sandes
sowie einige Aggregate des durch die Vertiefung im Grabentiefsten entfernten Pflughorizontes bilden die Aufschüttung. Die Ablage des Aushubs auf der Nordseite des Grabens gibt Hinweise auf seine damalige
Funktion. Hätte der Graben dem Auffang von Wasser gedient, das in vielen verzweigten Fließbahnen, die oft in nicht vorhersehbarer Weise ihre
Lage veränderten, flächenhaft dem Graben zufloß, so wäre der gesamte
Aushub zum Schutz der unterliegenden Hopfengärten als Wall auf der

Südseite aufgeschüttet worden. Die Lage des Aushubs auf der Nordseite zeigt jedoch an, daß im Bereich des untersuchten Grabenabschnittes nicht mit direktem, unkonzentriertem Zufluß von Norden gerechnet wurde. Offenbar wurde versucht, eine annähernd stationäre, einige Meter weiter im Westen verlaufende Rinne umzuleiten – wahrscheinlich die in Phase 8 entstandene flache Erosionsrinne.

Phase 9f: Während feuchter Phasen floß dann zuerst braunes Material von den Flanken in den gereinigten, nunmehr V-förmigen Graben.

Phase 9g: Den Graben entlang transportierte braune Sande füllten den Graben zumindest im Bereich des Profilschnittes Schicht um Schicht auf.

Phase 9h: Gut sortierte Feinschotter wurden danach (auffälligerweise ausschließlich über dem verfüllten Graben und südlich davon) geschichtet abgelagert. Daher ist davon auszugehen, daß die Oberflächenwässer und die mitgeführten Schotter weiter westlich in den Auffanggraben gelangten, in diesem linienhaft transportiert wurden und an den niedrigsten Positionen den Südrand überfluteten bzw. überdeckten. Die Materialzufuhr erfolgte so vorübergehend sehr wahrscheinlich aus westlicher Richtung über den Graben und nicht direkt, flächenhaft über den unmittelbar nördlich anschließenden Bereich des Schwemmfächers. Die Hopfengärten wurden wiederum mit Sanden und auch mit Schottern bedeckt; die landwirtschaftliche Nutzbarkeit wurde dadurch erheblich beeinträchtigt.

Phase 9i: So wurde eine zweite, durch Grabspuren belegte Grabenreinigung erforderlich, um die Funktion des Fanggrabens wieder herzustellen. Ein 2 m breiter und 0,55 m flacher V-förmiger Graben entstand. Einstiche von Grabgerät waren an der Nordflanke aufgeschlossen. Der Aushub wurde südlich des Grabens abgelegt. Allerdings war das Volumen der Aufschüttung in einem 0,8 m hohen und mehr als 3 m breiten Wall weit größer als dasjenige der Grabenräumung. Eine Erklärung für diesen unerwarteten Befund gibt der unmittelbar südlich benachbarte Schwemmfächerrand.

Phase 9j: Das in Phase 9g akkumulierte Schotterband bricht unvermittelt in der Stufenmitte ab; natürliche Prozesse können diese Lagerungsverhältnisse nicht verursacht haben. Somit entnahmen Menschen, wie die Profilaufnahme eindeutig belegt, am unteren Bereich der 2 m hohen Schwemmfächerstufe Substrat und brachten es auf den Wall auf. Erst dadurch erhielt der Schwemmfächerrand seine bis heute weitgehend erhaltene Steilheit. Gründe für die Versteilung könnten in einer leichten Ausdehnung der Hopfengärten oder (eher) in einem besseren Schutz ebendieser Gärten vor Überflutung und Überschotterung durch einen besonders hohen Wall liegen. Die Höhendifferenz von 1,35 m vom Grabentiefsten zum Wallhöchsten reichte aus, um eine nochmalige Überflutung des Aushubes im Bereich des untersuchten Profils und damit der Hopfengärten zu verhindern.

Phase 10: Ein katastrophales Abtragsereignis vereitelte jedoch noch im 18. Jh. endgültig die Bemühungen um das Offenhalten des Parallelgrabens: helle Wolfsschluchtsande plombierten den Graben der zweiten Generation vollständig und überdeckten den gesamten Süden des Schwemmfächers mit einer 0,2 – 0,4 m mächtigen hellen, wolfsschluchtbürtigen Sandschicht (Abb. 3.16). Fehlende Bodenbildung und Abtragungsdiskordanzen belegen eine kontinuierliche Verfüllung des Grabens. Daher ist davon auszugehen, daß die Grabenverfüllung und flächenhafte Überdeckung des südlichen Schwemmfächers auf einen Starkregen mit entsprechendem Abfluß zurückzuführen ist.

Phase 11, der jüngste Abschnitt der Schwemmfächeraufhöhung durch Sedimentation, war gekennzeichnet von der abschließenden Akkumulation wenige Dezimeter mächtiger, kaum geschichteter brauner Sande und Feinschotter. Quelle des Materials waren vorwiegend die Hänge in unmittelbarer Nachbarschaft der Wurzel des Schwemmfächers.

Um 1800 bis heute
Phase 12: Die Bildung eines Humus- und eines kräftigen verbraunten Horizontes an der rezenten Geländeoberfläche mit unter dem Bv-Horizont liegenden Toninfiltrationsbändern führte zum heutigen Zustand des überwiegenden Teils des Schwemmfächers. Nur die rezente, als Wanderweg genutzte und aus der Wolfsschlucht über den östlichen Rand des Schwemmfächers führende Tiefenlinie blieb von dieser intensiven Bodenbildung weitgehend ausgenommen. HELENE CHARLOTTE VON LESTWITZ (1754 – 1803; verh. VON BORCKE, unter Zustimmung des Königs geschiedene Frau VON FRIEDLAND) veranlaßte um 1800 Aufforstungsmaßnahmen. Das Alter der größeren, im geschlossenen Bestand gewachsenen Bäume auf dem Schwemmfächer belegt die Dauer der bis heute annähernd zwei Jahrhunderte währenden Bodenbildungsphase unter Wald und eine nahezu vollständige Unterlassung von Ackerbau im Einzugsgebiet des Schwemmfächers der Wolfsschlucht während dieser Zeit. Forstliche Schriftquellen weisen diese kontinuierliche Phase der Waldwirtschaft nach (frdl. mündl. Mitt. A. JANDER 1997, Leiter der Oberförsterei Müncheberg). Belegt sind die Aufforstungen um die Wende vom 18. zum 19. Jh. auch durch bedeutende Zeitgenossen der Frau VON FRIEDLAND: Der Gutsnachbar General VON DER MARWITZ schreibt in seinen in den „Wanderungen durch die Mark Brandenburg" von FONTANE (1991, S. 711f.) zitierten Memoiren: „Das meiste in der Landwirtschaft [...] habe ich von einer sehr merkwürdigen Frau in unserer Nachbarschaft gelernt, von einer Frau VON FRIEDLAND. [...] Es waren sechs große Wirtschaften, die sie selbst leitete; [...] Nicht nur war der Ackerbau im blühendsten Zustande, sondern sie hatte ihre Wälder aus sumpfigen Niederungen auf bisher öde Berge versetzt, diese Niederungen aber in Wiesen verwandelt, und so in allen Stücken." FONTANE (1991, S. 714) schreibt weiter: „Ihre Baumschulen, ihre Pflanzungen erregten Erstaunen, so wie denn z.B. im Frühjahr 1803 ein Vorrat von 25 Wispeln Kienäpfel zur Aussaat sich vorfand. Auch auf Verschönerungen war sie feinen Sinnes bedacht, und die reizenden Partien zwischen Buckow und Pritzhagen, die ‚Springe' und die ‚Silberkehle' und andere Glanzpunkte der Märkischen Schweiz, sind, ihrer ersten Anlage nach, ihr Werk."

Bad Buckow, Märk. Schweiz. Wolfsschlucht.

Abb. 3.17:
Zustand der Wolfs-
schlucht nach einer
Postkarte des frühen
20. Jh.

Lediglich entlang der Tiefenlinie der Wolfsschlucht auf einem schmalen Streifen mit Substraten, die Wanderer verdichteten, und an der östlichen Flanke des Schwemmfächers floß während der vergangenen zwei Jahrhunderte und fließt noch heute im Einzugsgebiet gelegentlich während heftiger Starkregen Oberflächenwasser, das aus einer nicht bewaldeten, kleinen Fläche in Wasserscheidennähe sowie von verdichteten Wanderwegen im Wald stammt und wenig Sand und Feinschotter mitführt. Postkarten des frühen 20. Jh. zeigen die gestörten, entblößten und daher von Erosion und Akkumulation geprägten Oberflächen der in der Wolfsschlucht und einem steilen Seitenarm entlangführenden Wanderwege (Abb. 3.17). Die Bodenbildung wurde entlang dieses verdichteten Fließweges immer wieder unterbrochen und verändert. Die Entwicklung eines Verbraunungshorizontes wurde dadurch dort bis heute verhindert.

Mittelalterlich-neuzeitliche Massenbilanz

Die mittlere Mächtigkeit der mittelalterlich-neuzeitlichen Kolluvien des Schwemmfächers beträgt etwa 3 m und seine Oberfläche ca. 7 500 m^2; das ergibt ein Volumen des kolluvialen Schwemmfächers von mindestens 22 500 m^3 (Tab. 3.3, Abb. 3.18). Dieses Volumen stammt zweifelsfrei vollständig aus dem Einzugsgebiet des Wolfsschluchtfächers. Hinzu kommen die Kolluvien, die unterhalb des Schwemmfächers in den See geschüttet wurden. Ihr Volumen wird auf 7 500 m^3 geschätzt. Insgesamt wurden damit 30 000 m^3 Kolluvien, die aus dem Einzugsgebiet des Schwemmfächers der Wolfsschlucht stammen, im und vor dem Schwemmfächer abgelagert.

Kolluvien im Schwemmfächer (inkl. Vorland) der Wolfsschlucht	
Alter der Kolluvien: mittelalterlich-frühneuzeitlich (ca. 1210 bis ca. 1800 n. Chr.)	
Oberfläche des Schwemmfächers	7 500 m^2
mittlere Mächtigkeit der Kolluvien des Schwemmfächers	3 m
Volumina der Kolluvien des Schwemmfächers	22 500 m^3
Volumina der Kolluvien zwischen Schwemmfächer und See	7 500 m^3
Volumina sämtlicher Kolluvien	30 000 m^3
Herkunftsgebiete der Kolluvien	
unmittelbar in der Wolfsschlucht (auf 1 ha) erodierte Kolluvien (nahezu humusfreie, nicht pedogen überprägte, linienhaft bewegte Sande)	7 500 m^3
aus dem restlichen Einzugsgebiet (6 ha) stammende Kolluvien (schwach humose, ursprünglich verbraunte, flächenhaft bewegte Bodensedimente)	22 500 m^3
Reliefveränderung durch Erosion von ca. 1210 bis ca. 1800 n. Chr.	
Aufwärtswachsen der Wolfsschlucht um	100 m
Verlängerung der jungpleistozänen Vorform in diesem Zeitraum um	>60 %
über die Fläche gemittelte Tieferlegung des restlichen Einzugsgebietes der Wolfsschlucht (6 ha) um	0,38 m
Mittelalterlich-frühneuzeitliche Erosionsraten	
effektiver Erosionszeitraum (Ackernutzung, ohne Wald-/Forstphasen; von ca. 1210 bis ca. 1350 und von ca. 1670 bis ca. 1800)	ca. 270 a
mittleres jährliches Aufwärtswachsen der Schlucht um	37 cm a^{-1}
tatsächliches Aufwärtswachsen der Schlucht durch	ca. 5 Starkniederschläge
mittlere jährliche über die Fläche gemittelte Rate der flächenhaften Bodenerosion im Einzugsgebiet	1,4 mm a^{-1} oder 24 t ha^{-1} a^{-1}

Tab. 3.3: Die Wolfsschlucht in der Märkischen Schweiz – Erosions-Akkumulationsbilanzen

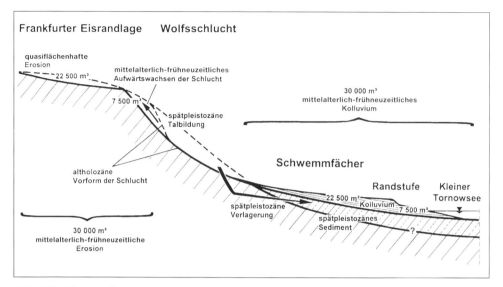

Abb. 3.18: Längsprofil durch die Wolfsschlucht und ihren Schwemmfächer mit Bilanzwerten

Differenzierung der Bodenerosionsformen und Bilanzierung flächenhafter Bodenerosion

Die Interpretation der Schwemmfächersedimente und der Grabloch- sowie Bohrstockaufnahmen in der Schlucht und ihrem Einzugsgebiet gestattet eine Differenzierung und Bilanzierung der transportierten Substrate. Die Schluchtenerosion lagerte vorwiegend unverwitterte, helle, glazifluviale Sande um, während die flächenhafte Bodenerosion im Einzugsgebiet des Schwemmfächers der Wolfsschlucht vorwiegend braune Sande aus umgelagerten Ah-, Bv-, Bv,t- und Bt-Horizonten verfrachtete. Demnach wurden die hellen Sande und die Schotter und damit etwa ein Viertel des Schwemmfächervolumens in der Wolfsschlucht durch linienhafte Erosion abgetragen. Das übrige, zumeist braune Bodensediment mit einem Volumen von 22 500 m³ wurde flächenhaft auf den Hängen des Einzugsgebietes des Schwemmfächers erodiert.

Das Einzugsgebiet der Wolfsschlucht nimmt am unteren Schluchtende eine Fläche von 7 ha ein. Schwemmfächer und Wolfsschlucht bedecken je etwa 1 ha. Der linienhafte Abtrag stammt damit von einem annähernd 1 ha umfassenden Gebiet, der flächenhafte von ungefähr 6 ha Hangfläche. Unter der Annahme eines annähernd gleichmäßig flächenhaften Abtrages der 22 500 m³ aus dem Einzugsgebiet stammenden, im sowie vor dem Schwemmfächer abgelagerten Kolluvien ergibt sich ein Abtrag von 3 800 m³ ha⁻¹ und damit eine Tieferlegung der Hänge von im Mittel 38 cm (Tab. 3.3).

Folgen des flächenhaften Bodenabtrages

Der humose Pflughorizont wurde im ackerbaulich genutzten Teil des Einzugsgebietes der Wolfsschlucht meist vollständig und der etwas tonreichere und so im Vergleich zum darunterliegenden unverwitterten C-Horizont deutlich fruchtbarere B-Horizont weitgehend abgetragen. An wenigen Standorten wurden nur die oberen

Zentimeter des nacheiszeitlichen Bodens abgetragen, durch die Wolfsschlucht transportiert und im Schwemmfächer abgelagert. An vielen Standorten führte häufiger Abfluß auf der Bodenoberfläche zur vollständigen Abtragung des nacheiszeitlichen Bodens. Das Resultat dieses räumlich differenzierten Erosionsgeschehens war einerseits eine gravierende Erhöhung der kleinräumigen Bodenvariabilität, andererseits eine deutliche Verringerung der mittleren Bodenfruchtbarkeit der Schläge. Die Aufgabe der ackerbaulichen Nutzung nach den Katastrophenregen in der ersten Hälfte des 14. Jh. und nach einem erneuten, sehr wahrscheinlich wiederum erosionsbedingt fehlgeschlagenen Versuch intensiver landwirtschaftlicher Nutzung vom späten 17. Jh. bis etwa 1800 war die zwangsläufige Folge der Verluste an Bodenfruchtbarkeit und Bodenhomogenität.

Quantifizierung der Entwicklung der Wolfsschlucht

Zusammen 7 500 m³ der im Akkumulationsbereich (Schwemmfächer und seenaher Bereich) gefundenen spätmittelalterlichen und neuzeitlichen Sedimente – die hellen Sande – stammen aus der Wolfsschlucht. Gemittelt über die heutige Gesamtlänge der Wolfsschlucht, wurden damit in dem genannten Zeitraum pro Meter Schluchtlänge durchschnittlich 30 m³ Material abgetragen und im sowie vor dem Schwemmfächer akkumuliert. Im oberen Teil der Schlucht liegen Tiefe und Volumen pro Meter Schluchtlänge deutlich unter dem Durchschnitt von 12 m bzw. 145 m³. Da der dominierende Prozeß der Schluchtenerosion, die rückschreitende Abtragung, fast ausschließlich am jeweiligen Kerbenanfang wirkt, wurden hier die 7 500 m³ Sande abgetragen und damit die Schlucht während Spätmittlelalter und Neuzeit um etwa 100 m hangaufwärts erweitert. Nach den Detailuntersuchungen der Schwemfächersedimente vollzog sich das junge Kerbenreißen fast ausschließlich im 14. und 18. Jh. Etwa 20% der Ausräumung der Wolfsschlucht fanden in diesen beiden Jahrhunderten statt, der übrige Austrag datiert in das Spätpleistozän (Tab. 3.3, Abb. 3.18).

Das südliche, untere Ende der Wolfsschlucht wurde während Mittelalter und Neuzeit nicht erosiv vertieft. Vielmehr wuchs hier während Spätmittelalter und Neuzeit der Schwemmfächer in die Schlucht hinein, der, wie dargestellt, mehrfach zerschnitten und wieder verfüllt wurde.

Schlußfolgerungen: die Einflüsse des Menschen und des Klimas

Menschliches Handeln hat die Waldökosysteme im Einzugsgebiet der Wolfsschlucht dauerhaft verändert. Rodungen und intensive ackerbauliche Nutzung ermöglichten vor allem von etwa 1210 bis 1350 und von 1670 bis etwa 1800 die flächenhafte Abtragung der geringmächtigen und vorwiegend nur mäßig fruchtbaren Böden auf den Hängen des Einzugsgebietes des Schwemmfächers. Die so allmählich an die Bodenoberfläche gelangten, zuvor unter den nacheiszeitlichen Böden gelegenen nährstoffarmen sandigen Substrate mit geringer nutzbarer Feldkapazität waren nicht mehr ackerbaulich nutzbar, die intensive Nutzung kam zum Erliegen. Von starkem, flächenhaftem Abtrag betroffene Flächen fielen im Spätmittelalter wüst; sie bewaldeten sich wieder.

In der spätmittelalterlich-neuzeitlichen Phase flächenhafter Bodenerosion erfuhr die im Spätpleistozän angelegte Wolfsschlucht eine erhebliche Veränderung:

Rückschreitende Erosion führte talaufwärts zu einer Verlängerung des Schluchtanfangs um etwa 100 m.

Insgesamt wurde ein Bodenvolumen von 30 000 m³ linien- und flächenhaft in einem gut abgrenzbaren Zeitraum aus der Wolfsschlucht und ihrem Einzugsgebiet ausgetragen: Der Beginn des flächenhaften Bodenabtrages ist mit den Anfängen der slawischen agrarischen Landnutzung gleichzusetzen. Die deutsche Ostkolonisation in der ersten Hälfte des 13. Jh. führte zur weitgehenden Beseitigung der Wälder im Einzugsgebiet der Wolfsschlucht und damit zu einer gravierenden Intensivierung der flächenhaften Bodenabtragung.

Mit der Anlage des Töpfergrabens wurden die Wasser- und Stoffbilanzen des damit ehemaligen Binnenentwässerungsgebietes des Kleinen Tornowsees stark verändert. Die stufenartige Form der seewärtigen Begrenzung des Schwemmfächers der Wolfsschlucht entstand durch eine allmählich aufwachsende Nutzungsgrenze, einen Feldrain, am ehemaligen Ufer des Kleinen Tornowsees. Der tiefere Seespiegel ermöglichte den Anbau von Hopfen.

Überspülungen, Übersandungen und Überschotterungen der Hopfengärten gaben Anlaß zur Anlage eines diagonal den Schwemmfächer querenden Ableitgrabens für Wasser und Sediment.

Die Notwendigkeit der Anlage von Furchen und Gräben zur gezielten Ableitung überschüssigen Wassers von Äckern war in der zweiten Hälfte des 18. Jh. Gegenstand einer Fachdiskussion. So empfiehlt der Superintendent und Archidiaconus Ress aus Wolfenbüttel in seiner preisgekrönten Antwort auf die Preisfrage der Königlichen Societät der Wissenschaften zu Göttingen nach dem „Verhalten des Landmanns bey den verschiedenen Wetterschäden" im Jahr 1778 im „Hannoverischen Magazin": „Die zwölfte Regel. Jeder Ort muß darauf bedacht seyn, dem Wasser Abfluß zu verschaffen, jeder Wirth die Abzugsfurchen auf seinem Lande nach dem wohl beobachteten Zuge des Wassers anlegen und brauchbar machen, und ihm, bey einer untiefen Oberfläche auf einem festen Boden, am niedrigsten Theile einen Ausfluß öffnen, wenn der auch einige Ruthen Land kosten sollte" (Ress 1778, S. 1172f.). Landeskulturelle Maßnahmen, wie die im Schwemmfächer der Wolfsschlucht rekonstruierten, waren in jener Zeit offenbar keine Ausnahme.

Die aufgrund der Grabenanlage nunmehr den Schwemmfächer durchziehende, um etwa 1,3 m tiefer gelegte Erosionsbasis ließ eine Kerbe von diesem Graben schwemmfächeraufwärts über die Wurzel des Fächers bis in das untere Ende der Wolfsschlucht wachsen. Trotz einiger Bemühungen zur Offenhaltung wurde das Graben- und Kerbensystem mit Sedimenten aus der Wolfsschlucht verfüllt, zerschnitten und erneut mit Sedimenten plombiert. Eine zweite, den südlichen Schwemmfächerrand begleitende Grabenanlage wurde nach wiederholten Reinigungsarbeiten durch ein katastrophales Abtragsereignis ebenfalls mit Sanden vollständig verfüllt. Eine Stabilitätsphase, die durch Aufforstungsmaßnahmen um 1800 eingeleitet wird, mit Bodenbildung unter Wald und weitgehender Formungsruhe schließt die Entwicklung ab.

Während der Grabungskampagne im Sommer 1997 fielen starke Niederschläge. Sie verursachten auf den verdichteten Wanderwegen im Wald und in Wasserscheidennähe auf den Fahrspuren einer Stillegungsfläche schwachen Abfluß, der sich in der Wolfsschlucht konzentrierte und in den aufgegrabenen Aufschlüssen des

Schwemmfächers sammelte. Dennoch wurden durch den störungsbedingt auftretenden linienhaften Abfluß nur wenige Kilogramm Sand abgetragen, transportiert und abgelagert.

Im Zeitraum von etwa 1210 (ausgedehnte deutsche Landnahme) bis 1800 (jüngste Aufforstung von Acker- und Grünland) konnte sich Bodenerosion vollziehen. Die Erosion und Akkumulation der 22 500 m^3 braunen Bodensedimente können sich damit maximal auf etwa 600 Jahre verteilen. Unter der Annahme einer kontinuierlichen, jedoch aufgrund der sedimentologischen und bodenkundlichen Befunde auszuschließenden gleichmäßigen Tieferlegung berechnet sich eine flächenhafte Bodenabtragung von etwa 0,6 mm a^{-1} bzw. 10 t ha^{-1} a^{-1} im Einzugsgebiet des Schwemmfächers für diesen sechs Jahrhunderte umfassenden Zeitraum. Berücksichtigt man die zahlreichen, durch Humus- und Verbraunungshorizonte nachgewiesenen Stabilitätsphasen und die häufig nicht flächendeckende intensive Landnutzung des Einzugsgebietes, so resultiert eine Dauer der intensiven, ackerbaulichen Nutzung maximal von 1210 bis 1350 und von 1670 bis 1800 und damit ein Gesamtnutzungszeitraum von höchstens 270 Jahren. Unter diesen Restriktionen ergibt sich ein flächenhafter Bodenabtrag in den erosionseffektiven Phasen intensiver Landnutzung von im Mittel 1,4 mm a^{-1} bzw. 24 t ha^{-1} a^{-1}.

Die Veränderungen in der Wolfsschlucht vollzogen sich hingegen abrupt: Die kaum gegliederten hellen Grobsandkörper im Schwemmfächer unterhalb der Wolfsschlucht weisen auf wenige starke Erosions- und Akkumulationsphasen hin. Insgesamt wuchs die Wolfsschlucht durch rückschreitende Erosion um etwa 100 m oder etwa zwei Drittel ihrer vorherigen Länge hangaufwärts. Eine Parallelität zu den Witterungskatastrophen und zum Schluchtenreißen z.B. im Untereichsfeld im 14. und 18. Jh. (s.u.) ist nachweisbar. Das Ausmaß der linienhaften Bodenverlagerungen wurde verstärkt durch direkte anthropogene Eingriffe wie die Anlage der Grabensysteme auf dem Schwemmfächer und damit die anthropogene Tieferlegung der Erosionsbasis.

Ohne menschliche Eingriffe hätte sich die intensive Bodenbildung unter der unveränderten altholozänen Oberfläche fortgesetzt, und die Böden wären bis heute am ursprünglichen Ort weitgehend erhalten geblieben.

3.5.2 Wölbäcker bei Rüdershausen: Flurstrukturen lenken Bodenerosion

Luftbilder eines Flurausschnittes südöstlich der Landstraße, die im nordöstlichen Untereichsfeld die Orte Rüdershausen und Gieboldehausen verbindet, zeigen zahlreiche, hangabwärts auf die Aue der Rhume zulaufende helle und dunkelgraue Strukturen. Diese Streifen sind über 100 m lang, etwa 10–20 m breit, annähernd parallel und zum Teil nicht an der heutigen Flurstruktur orientiert (Abb. 3.19).

Eine ehemalige Lehmgrube, die oberhalb eines Prallhanges der Rhume den tiefsten Teil der Streifen senkrecht schnitt, wurde erstmals in den 50er Jahren von B. MEYER, Institut für Bodenwissenschaften der Universität Göttingen, und einige Jahre später von H. ROHDENBURG untersucht (Abb. 3.20; zur Lage s. Tab. 3.1). In der damals nur wenige Meter mächtigen Aufschlußwand waren unter typischen homogenen, grauhumosen Kolluvien chaotische, genetisch nicht eindeutig identifizierbare Strukturen

Abb. 3.19: Luftbild mit Aufschluß (1) und Bohrprofil (2) Rüdershausen. Östlich der Straße Giebolde-hausen–Rüdershausen das Tal der Rhume. Südwestlich des Bohrprofils erkennbare Schatten zeichnen die Furchen und verfüllten Kerben des 18. Jh. zwischen den hell erscheinenden Wölbäckern nach (Bildflug Osterode–Harz 1711 Str. 11/107, freigegeben durch NLVwA–Landesvermessung–Hannover unter Nr. 31/80/1711, Vervielfältigung genehmigt B6-23254N)

zu erkennen (B. MEYER und H. ROHDENBURG, frdl. mündl. Mitt. 1979). Zur Klärung der Genese dieses Landschaftsausschnittes wurden ab 1979 intensive Untersuchungen durchgeführt. In der völlig verfallenen Lehmgrube wurde senkrecht zum Gefälle des Hanges ein 12 m tiefer und über 20 m breiter Aufschluß angelegt und gemeinsam mit einer parallel hinter dieser Wand abgeteuften, mehr als 40 m breiten Bohrsequenz von H.-R. BORK und H. HENSEL aufgenommen (Abb. 3.23, Abb. 3.19, 3.21, 3.22).

Beide Profile – Aufschluß und Bohrsequenz – zeigen eine regelhafte, weitgehend parallel geschichtete jungpleistozäne Folge von mehr als 10 m mächtigen, teilweise pedogenetisch überprägten Lössen über fluvialen Sanden und Schottern der Rhume. In diese Folge sind keilförmig abwechslungsreiche Sedimente eingelagert:
• chaotisch gelagerte Fragmente der Lösse (Blöcke aus Cv-Horizontmaterial) und der in den Lössen entwickelten weichselzeitlichen und holozänen Böden (Blöcke mit Material aus Ap-, Al-, Bt- und Bv-Horizonten der holozänen Parabraunerde sowie aus einem fossilen verbraunten Boden, dem sog. „Lohner Boden", der nach

Abb. 3.20: Die Lehmgrube Rüdershausen in den 60er Jahren. Die erosionsbedingte Vertiefung der Wölbhöcker wird deutlich (Foto: H. ROHDENBURG)

H. ROHDENBURG, frdl. mündl. Mitt. 1979, vor mehr als 20 000 Jahren in einer kurzen wärmeren Phase der letzten Kaltzeit entstand; s. Abb. 3.21, 3.22),
- gradiert geschichtete Hohlraum- und Rinnenfüllungen mit kleinen Steinen, Hüttenlehm und wenigen Keramikfragmenten in den gröberen Lagen,
- ein autochthoner Humushorizont sowie
- (vor allem im oberen Bereich) homogene, grauhumose Kolluvien mit Keramikbruch (Abb. 3.23).

Keramikbruchstücke, die in den unteren 5 – 7 m der keilförmigen Füllungen aufgefunden wurden, datierte H.-G. STEPHAN ausnahmslos in den Zeitraum vom 13. bis zur 1. Hälfte des 14. Jh., höher liegende Keramikfragmente in die frühe Neuzeit.

Detailaufnahmen der chaotischen Keilfüllungen erbrachten den Beweis, daß linienhafte Bodenerosion zur Einschneidung tiefer Kerben in die jungpleistozäne Lößfolge geführt hatte. Für eine Schlucht, die in der Mitte des Aufschlusses lag (Abb. 3.23, 3.24), wurde mit 1 900 m³ ein beträchtliches Ausraumvolumen berechnet. Die

Abb. 3.21 (folgende Seite, oben): Der über 10 m hohe Aufschluß Rüdershausen im Jahr 1979. Dunklere Partien in der Aufschlußmitte zeigen den Lohner-Boden-Versturz im linken Vordergrund
Abb. 3.22 (folgende Seite, unten): Aufschluß Rüdershausen – Lohner Boden rechts in mittlerer Höhe. In der Bildmitte Block des Lohner Bodens, der in die spätmittelalterliche Kerbenfüllung rutschte

Abb. 3.23: Aufschluß von Rüdershausen (Querprofil) Quelle: BORK (1988), verändert

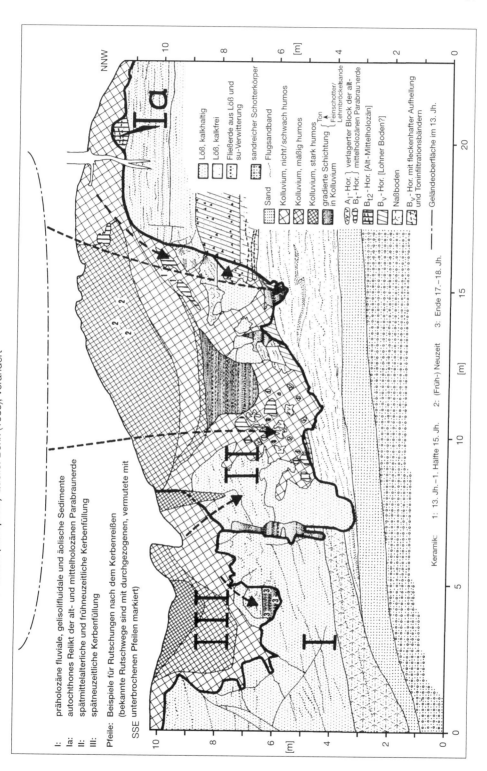

I: präholozäne fluviale, gelisolifluidale und äolische Sedimente

Ia: autochthones Relikt der alt- und mittelholozänen Parabraunerde

II: spätmittelalterliche und frühneuzeitliche Kerbenfüllung

III: spätneuzeitliche Kerbenfüllung

Pfeile: Beispiele für Rutschungen nach dem Kerbenreißen (bekannte Rutschwege sind mit durchgezogenen, vermutete mit SSE unterbrochenen Pfeilen markiert)

Keramik: 1: 13. Jh.–1. Hälfte 15. Jh. 2: (Früh-) Neuzeit 3: Ende 17.–18. Jh.

Löß, kalkhaltig

Löß, kalkfrei

Fließerde aus Löß und su-Verwitterung

sandreicher Schotterkörper

Flugsandband

Sand

Kolluvium, nicht-/schwach humos

Kolluvium, mäßig humos

Kolluvium, stark humos

gradierte Schichtung in Kolluvium {Ton ← Feinschotter/ Lehmbröckelsande}

A_l-Hor. } verlagerter Block der alt-
B_t-Hor. } mittelholozänen Parabraunerde

B_{t2}-Hor. [Alt-Mittelholozän]

B_v-Hor. [Lohner Boden?]

Naßboden

B_v-Hor. mit fleckenhafter Aufhellung und Toninfiltrationsbändern

Geländeoberfläche im 13. Jh.

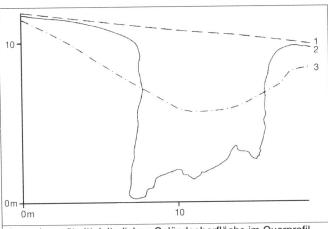

Abb. 3.24:
Veränderung der Geländeoberfläche durch katastrophale Bodenerosion und nachfolgende Akkumulation im Spätmittelalter – der Fall Rüdershausen
Quelle: BORK (1988)

Lage der spätmittelalterlichen Geländeoberfläche im Querprofil
1: unmittelbar vor dem Kerbenreißen
2: unmittelbar nach dem Kerbenreißen (mit überhängender südlicher Kerbenwand) und
3: nach der weitgehenden Verfüllung der Kerbe im Spätmittelalter

Kerben folgten dem Gefälle des Hanges. Sie lagen mit ihren Füllungen in einem weitgehend regelmäßigen Abstand von 10 bis 25 m nebeneinander – in einem vertikalen Muster, das den Streifen im Luftbild ähnelt (Abb. 3.23, Abb. 3.19, 3.20).

Die Kerbenfüllungen enthalten weit mehr als die Hälfte des Materials, das den Raum vor der Einschneidung einnahm. Die Feingliederung der pleistozänen Sedimente und die Differenzierung des holozänen Bodens in Subhorizonte erlaubten häufig eine zentimetergenaue Zuordnung insbesondere größerer Blöcke zu den Abbruchstellen an den Kerbenwänden (vgl. Pfeile in Abb. 3.23). Da viele größere, in die Kerbe abgerutschte Blöcke des Holozänbodens in der Kerbenfüllung erhalten blieben, war auch eine genaue Rekonstruktion der Mächtigkeiten der oberen, heute an der Geländeoberfläche weitgehend erodierten Horizonte dieses Bodens und damit des Zustandes unmittelbar vor oder während des Kerbenreißens möglich.

Wodurch und wann wurde die Einschneidung des fast parallelen Kerbensystems veranlaßt? Auch hierzu geben die Füllungen gemeinsam mit der räumlichen Verbreitung der Strukturen eindeutige Antworten. Die spätmittelalterliche Füllung des unteren und mittleren Teils der Kerbensedimente ist durch die in ihnen enthaltene Keramik belegt. Die vollständige Plombierung war etwa um 1650 abgeschlossen. Eine datierte Füllung belegt jedoch nicht zwingend den Zeitpunkt des Kerbenreißens. Zwischen beiden Prozessen können Jahrzehnte, Jahrhunderte oder gar Jahrtausende liegen. Je länger der Zeitabstand zwischen Eintiefung und Verfüllung ist, um so mehr verändern sich die ursprünglichen Formen der linienhaften Bodenerosion. Die Wände werden flacher, Vegetation faßt Fuß, Böden entwickeln sich. Von alldem ist in der Rüdershauser Kerbtalflur nichts nachzuweisen: Zuunterst liegen in der Kerbenfüllung auch Blöcke der obersten Horizonte der holozänen Parabraunerde. So finden sich Fragmente des Pflughorizontes, der vor dem Kerbenreißen die Oberfläche einnahm, heute in Tiefen von mehr als 7 m. Sie sind von der steilen Oberkante der Kerbe abgebrochen und in die Schlucht gefallen. Hätten die Wände eine allmähliche Verflachung erfahren, wären zunächst die höchsten Partien abgerundet worden; Pflughorizontmaterial hätte nicht mehr in größeren Blöcken in die Kerben fallen können.

Die Kerben wurden also zu einem Zeitpunkt verfüllt, als ihre Wände auch in der Nähe der ursprünglichen Geländeoberfläche noch senkrecht oder überhängend waren. Vereinzelt war die ursprüngliche Steilheit der Kerbenwände im Aufschluß zu erkennen. An derartigen, häufig stark durchfeuchteten Unterhangstandorten war und ist mit einem raschen Kollabieren der steilsten Wandpartien zu rechnen (BORK 1988, SCHOTT-MÜLLER 1961, S. 55f.). Wenige Tage nach dem Aufgraben und Aufnehmen des Aufschlusses bei Rüdershausen brachen große Blöcke von der steilen Wand ab und rutschten zur Basis des Profils (Abb. 3.43). Eine erneute Öffnung des Profils einige Jahre später zeigte ähnliche Strukturen in den Rutschmassen des Aufschlusses aus dem Jahr 1979 wie in der spätmittelalterlichen Füllung. Außerdem liegen keine Hinweise auf eine kerbenwandparallele Bodenbildung vor. Daher gehen wir von einer Verfüllung der Kerbe *unmittelbar* nach dem Einreißen aus.

„Unmittelbar" kann bedeuten, daß die Kerbenwände bereits wenige Stunden bis Tage nach dem extremen Starkniederschlag zusammenbrachen, der die Kerben verursacht hat. Sollte dem kerbenreißenden Starkregen eine längere Dürreperiode gefolgt sein, ist ein Zeitraum von mehreren Wochen bis Monaten nicht auszuschließen. Spätestens im auf den Starkregen folgenden feuchten Frühjahr muß das Kerbensystem teilweise verfüllt worden sein. Damit ist zugleich der Schluß statthaft, die Kerben seien durch einen einzigen, katastrophalen Niederschlag entstanden. Möglicherweise transportierten weitere, in den ersten Tagen nach dem Katastrophenregen eintretende, stark wirksame Niederschläge Substrat. Auch dadurch könnte das Abrutschen der steilsten Wandpartien erklärt werden. Die eindeutigen Befunde geben Auskunft über die kausalen Zusammenhänge des Kerbenreißens. Auslösend für die Zerkerbung kann nur ein außergewöhnlich starker Niederschlag gewesen sein.

Fruchtfolgen, Agrartechniken oder Feldeinteilungen können die beschriebenen Prozesse beeinflussen. Hier müssen wir auf die in Gefällsrichtung orientierten Streifen zurückkommen, die im Luftbild der 70er Jahre des 20. Jh. sichtbar waren. Voraussetzung für das Einreißen paralleler Kerbensysteme ist die rasche Sammlung großer Wasservolumina in mehreren, parallel nebeneinander auf der Bodenoberfläche liegenden Abflußbahnen. Das natürliche Hangrelief Mitteleuropas hat, von sehr wenigen Ausnahmen abgesehen, keine derartigen Oberflächen. Erst durch besondere Feldeinteilungen und Techniken der Bodenbearbeitung können ausreichend große Dellen und Furchen entstehen, z. B. durch die Anlage von Wölbäckern oder Hochäckern (zur Genese s. JÄGER 1958, KITTLER 1963, ABEL 1978, BORK & ROHDENBURG 1979). Sie erstrecken sich oft über viele hundert Meter in Gefällsrichtung, sind vorwiegend 8–20 m breit; die Höhendifferenz zwischen dem Kulminationspunkt eines Wölbackers und den beiden benachbarten Furchen lag häufig bei 20–40 cm. Spätere Bodenerosion hat diesen Höhenunterschied vielerorts vergrößert, so daß an Hängen nicht von der rezenten Situation auf die mittelalterliche geschlossen werden darf.

Derartige Wölbäcker wurden auch in der Flur zwischen Rüdershausen und Gieboldehausen angelegt (Abb. 3.19). Sie ermöglichten nach Fließstrecken von wenigen Dezimetern bis Metern die Konzentration des Abflusses auf der Bodenoberfläche während schwach und stark wirksamer Niederschlagsereignisse. Auch wenn die Wölbäcker nicht die unmittelbare Ursache der Abflußbildung waren – hierzu sind vegetationsarme bis -freie Oberflächen und Niederschlagsintensitäten oberhalb der Infiltrationskapazitäten der Böden erforderlich –, so führte die rasche Abflußkonzentration in den Furchen doch zu sehr hohen Erosivitäten und damit zur Einschneidung von Rillen und Kerben. Die Luftbilder zeigen demnach die verfüllten Kerbensysteme und damit nur indirekt die ursprüngliche Wölbackerflur.

Die Kerbenfüllungen geben weitere Hinweise zur Landschaftsentwicklung vor und nach dem Kerbenreißen. Abbildung 3.24 veranschaulicht die Veränderung der Geländeoberfläche des in Abbildung 3.23 dargestellten Querprofils im Verlauf des Spätmittelalters. Unmittelbar vor der Zerschneidung nahm demnach eine flache Furche die Oberfläche zwischen zwei Wölbäckern ein (Abb. 3.24, Linie 1). Starke linienhafte Bodenerosion führte in der Furche zur Ausbildung einer etwa 10 m tiefen und ebenso breiten Kerbe mit überhängenden Wänden (Abb. 3.24, Linie 2).

Im Zeitraum zwischen den frühmittelalterlichen Rodungen und dem Beginn des Kerbenreißens im Spätmittelalter trat nur sehr schwacher flächenhafter Bodenabtrag im Bereich des Profils Rüdershausen auf: An der Basis der Kerbenfüllung waren zahlreiche verlagerte Blöcke aus dem Tonverarmungshorizont des Holozänbodens aufgeschlossen, die unmittelbar nach der tiefen spätmittelalterlichen Einschneidung im obersten Bereich der Kerbenwände abgebrochen waren (Abb. 3.23). Diese Blöcke wiesen Durchmesser bis zu 30 cm auf. Ein geringer und über eine Mächtigkeit von mindestens 10 cm gleichmäßiger Humusgehalt deutet auf die landwirtschaftliche Nutzung vor dem Kerbenreißen hin (Pflughorizont). Das Material der Blöcke ähnelt rezenten Pflughorizonten in vergleichbaren Bodenhorizonten. Die beschriebenen Fakten belegen, daß unmittelbar vor dem Kerbenreißen der noch mindestens 30 cm mächtige Tonverarmungshorizont der holozänen Parabraunerde an der Geländeoberfläche lag. Geht man von einer mittleren Mächtigkeit des Tonverarmungshorizontes von etwa 50 cm (BORK 1983c) und einer urkundlich und archäologisch wahrscheinlichen, mindestens 400jährigen landwirtschaftlichen Nutzung vor dem Kerbenreißen aus, so ergibt sich ein mittlerer vieljähriger flächenhafter Bodenabtrag von maximal 8 t ha^{-1} a^{-1} im Bereich des Aufschlusses Rüdershausen. Dieser für einen relativ stark geneigten, konvexen Unterhang geringe Betrag ist typisch für eine erosionsarme Zeit. Ob dieser Befund auf das Fehlen von Starkregen oder auf eine die Bodenerosion minimierende Landnutzung zurückzuführen ist, wird in Kapitel 5.2 erörtert.

In der spätmittelalterlichen Kerbenfüllung des Aufschlusses waren neben Rutschmassen (Abb. 3.22) u. a. homogene, schwach humose, graubraune, schluffige Kolluvien sowie gradiert geschichtete Sedimente sichtbar (Abb. 3.23). Detailaufnahmen der gradierten Schichten ergaben, daß nach der Einschneidung und den Rutschungen noch im Spätmittelalter mehrere Dutzend, an den benachbarten Hängen schwach erosiv wirkende Niederschläge zur Plombierung der Kerbe beitrugen. Nach der Akkumulation von Rutschmassen, gradiert geschichteten Sedimenten und homogenen, schwach humosen Kolluvien wurde eine zweite Kerbe mehr als

2 m tief in diese bis über 5 m mächtigen Sedimente eingeschnitten. Möglicherweise hat eines der nach WEIKINN (1958) und ALEXANDRE (1987) in der zweiten Hälfte des 14. Jh. und im 15. Jh. in Mitteleuropa aufgetretenen, stark wirksamen Niederschlagsereignisse diese Einschneidung verursacht. So beschreiben viele Schriftquellen starke Überschwemmungen in den Jahren 1374, 1432 und 1480. Die kleine Kerbe wurde mit 1,8 m mächtigen, gradiert geschichteten Sedimenten und einem 0,2 m mächtigen, homogenen Kolluvium verfüllt (Abb. 3.23).

Mit der vollständigen Plombierung dieser und der benachbarten Kerben bis zum 17. Jh. (Abb. 3.24) war die neuzeitliche Entwicklung jedoch noch nicht abgeschlossen. Im südöstlichen Bereich des Aufschlusses Rüdershausen wurde eine dritte Kerbe etwas mehr als 4,5 m tief in die spätmittelalterliche Füllung und in den Jungwürmlöß eingeschnitten. Auf der Kerbensohle wurden unmittelbar nach dem Kerbenreißen gradiert geschichtete Sedimente und zahlreiche, von H.-G. STEPHAN in das späte 17. und das 18. Jh. datierte Scherben abgelagert (Abb. 3.23). Holzkohle, die H. ROHDENBURG (frdl. mündl. Mitt. 1979) in den 60er Jahren in diesen Sedimenten fand, ist nach von ihm veranlaßten ¹⁴C-Analysen in die Zeit um 1700 datiert. Im Hangenden der gradierten Schichtung waren zunächst Rutschmassen und darüber im 19. und 20. Jh. allmählich akkumulierte humose und homogene Bodensedimente aufgeschlossen. Obgleich die Wände dieser Kerben weniger stark geneigt waren als die spätmittelalterlichen, deuten die Rutschmassen auch hier auf ein rasches Verstürzen der tieferen Kerbenabschnitte und daher auf schnelle Einschneidung hin. Das durch linienhafte Bodenerosion im 18. Jh. ausgeräumte Bodenvolumen umfaßt 300 m³ und somit nur etwa 15 % des Volumens der benachbarten spätmittelalterlichen Kerben.

Abb. 3.25: Die Lage des Aufschlusses entlang der Catena Dahmsdorf

Abb. 3.26: Die geöffnete Catena Dahmsdorf – im Vordergrund abtauchende Kolluvien

Damit wurden für die Wölbackerflur bei Rüdershausen zwei Phasen intensiver Zerschluchtung nachgewiesen. Als Ergebnis eines kaum vorstellbar intensiven Niederschlages wurde im Spätmittelalter ein Volumen von 1 900 m³ in einer einzigen der näher untersuchten Kerben abgetragen. Da das oberirdische Wassereinzugsgebiet dieser Kerbe nur etwa 1 000 m² umfaßte, ist das Ausmaß der linienhaften Bodenerosion extrem hoch. Dagegen erscheinen die wahrscheinlich in der 2. Hälfte des 18. Jh. linienhaft umgelagerten 300 m³ gering – obgleich sie heutige Raten um ein vielfaches übertrafen.

3.6   Die erosionsbedingte Stoffdynamik im Verlauf der Nutzungsgeschichte

3.6.1   Dahmsdorf: Vervielfachung der Bodenerosion im 20. Jh.

Die Befunde
Für einen etwa 50 m langen, konvex-konkaven Hang in der ostbrandenburgischen Märkischen Schweiz (Abb. 3.25, 3.26; zur Lage s. Tab. 3.1) wurden drei Hauptphasen der Landnutzung identifiziert und ihre Wirkungen quantifiziert (Abb. 3.27). Umfassende Detailaufnahmen und quantitative Auswertungen ermöglichten die Rekonstruktion der Volumina der korrelaten Sedimente der Bodenerosion, nämlich der am Unterhang und im davor liegenden Trockental abgelagerten und datierten

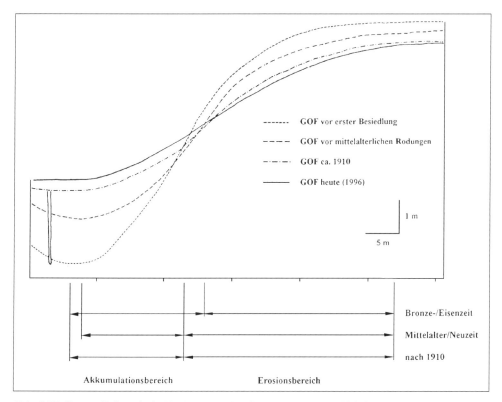

Abb. 3.27: Catena Dahmsdorf – Veränderung der Geländeoberfläche (GOF) in den vergangenen 4 500 Jahren

Bodenerosions-phase	Bodenerosion [t ha⁻¹ a⁻¹]	Kohlenstoff-verlagerung durch Erosion [kg ha⁻¹ a⁻¹]	Phosphor-verlagerung durch Erosion [kg ha⁻¹ a⁻¹]
$M_{Post1910}$ *	33,0	270	14
$M_{MA/NZ}$ **	8,4	34	3
$M_{BZ/EZ}$ ***	6,1	14	2
* Stoffverlagerung nach 1910			
** Stoffverlagerung während Mittelalter und Neuzeit (ca. 1210 bis 1910 n. Chr.)			
*** Stoffverlagerung während Bronze- und Eisenzeit			

Tab. 3.4: Feststoff-, Kohlenstoff- und Phosphorverlagerung in den vergangenen 4 500 Jahren an der Catena Dahmsdorf

Kolluvien (BORK et al. 1997b). So konnten Feststoffbilanzen für die Zeiträume Bronze- und Eisenzeit, Mittelalter und Neuzeit sowie für das 20. Jh. berechnet werden (Tab. 3.4).

Die rekonstruierten Raten der Intensitäten der Bodenerosion für die drei differenzierten Zeiträume Bronze-Eisenzeit, Mittelalter-Neuzeit (bis 1910) sowie 20. Jh. (nach 1910) verhalten sich

absolut wie	6,1	:	8,4	:	33 t ha^{-1} a^{-1} Bodenabtrag
relativ wie	100	:	140	:	540%
oder wie	70	:	100	:	390%.

Vom Mittelalter bis heute wurden die von Erosion betroffenen Abschnitte des untersuchten Hanges – des Ober- und des Mittelhanges – durch Abspülung um insgesamt wenig mehr als 50 cm tiefer gelegt. Eine nur unwesentlich höhere Tieferlegung von 54 cm hatte sich bereits zuvor während der Bronze- und Eisenzeit vollzogen (Abb. 3.27).

Am Bäckerweg nördlich des Bahnhofes Müncheberg-Dahmsdorf (Abb. 3.25, 3.26) wurde ein 61 m langes und bis 3 m tiefes sowie etwa 5 m breites Profil von Mitarbeitern der Forschungsstation Müncheberg des ZALF aufgegraben und von TH. SCHATZ, C. DALCHOW und H.-R. BORK in Zusammenarbeit mit M. FRIELINGHAUS, A. HÖHN (beide ZALF, Müncheberg), R. SCHMIDT und F. BROSE sowie unter Mitwirkung von Studenten der Universität Potsdam und der Universität Salzburg aufgenommen.

Das Profil erstreckt sich von einem ausgeprägten Rücken im Süden über einen steilen und geraden Mittelhang über ein Trockental bis wenige Meter in den Gegenhang im Norden. Der nordexponierte Hang, den das Profil aufschließt und über den es beiderseits etwas hinausreicht, weist heute eine Länge von 48 m auf. Von Bodenerosion betroffen waren in der Bronze- und Eisenzeit (von unten nach oben gemessen) der Hangabschnitt von 26 bis 54 m Profillänge, während Mittelalter und Neuzeit sowie im 20. Jh. der Bereich von 23 bis 54 m Profillänge. Akkumuliert wurde das oberhalb abgetragene Bodenmaterial im Verlauf der Bronze- und Eisenzeit ($M_{BZ/EZ}$) von 6 bis 26 m Profillänge, in Mittelalter und Neuzeit bis 1910 ($M_{MA/NZ}$) sowie nach dem Jahr 1910 ($M_{Post1910}$) von 6 bis 23 m Profillänge am Unterhang und im Trockental (SCHATZ 1998).

Grundlagen der Berechnungen der Feststoffbilanzen sind die folgenden Daten: mittlere Mächtigkeiten der Kolluvien:

$M_{Post1910}$	30 cm (ohne mittlere Pflugtiefe um 1910 von 20 cm)
$M_{MA/NZ}$	63 cm
$M_{BZ/EZ}$	76 cm

mittlere Länge des Akkumulationsbereiches der Kolluvien:

$M_{Post1910}$	17 m
$M_{MA/NZ}$	17 m
$M_{BZ/EZ}$	20 m

Volumen der Kolluvien pro Meter Profiltiefe:

$M_{Post1910}$	5,1 m^3
$M_{MA/NZ}$	10,7 m^3
$M_{BZ/EZ}$	15,1 m^3

mittlerer Abtrag pro Quadratmeter Erosionsfläche:

$M_{Post1910}$	$0{,}17 \text{ m}^3 \text{ m}^{-2}$
$M_{MA/NZ}$	$0{,}35 \text{ m}^3 \text{ m}^{-2}$
$M_{BZ/EZ}$	$0{,}54 \text{ m}^3 \text{ m}^{-2}$

mittlerer Abtrag in Zentimetern und maximale Dauer des Abtrages:

$M_{Post1910}$	17 cm seit 1910
$M_{MA/NZ}$	35 cm in 700 Jahren
$M_{BZ/EZ}$	54 cm in 1 500 Jahren

mittlerer Abtrag in Millimetern pro Jahr:

$M_{Post1910}$	$1{,}9 \text{ mm a}^{-1}$
$M_{MA/NZ}$	$0{,}49 \text{ mm a}^{-1}$
$M_{BZ/EZ}$	$0{,}36 \text{ mm a}^{-1}$

mittlerer Abtrag in Tonnen pro Hektar und Jahr:

$M_{Post1910}$	$33 \text{ t ha}^{-1} \text{ a}^{-1}$
$M_{MA/NZ}$	$8{,}4 \text{ t ha}^{-1} \text{ a}^{-1}$
$M_{BZ/EZ}$	$6{,}1 \text{ t ha}^{-1} \text{ a}^{-1}$.

Die Tiefenlinie hat im Bereich der Grabung geringes Gefälle; Hinweise auf einen Vorfluter von Beginn der Nacheiszeit bis heute fehlen. Aufgrund der Reliefsituation liegen heute über 99% des abgetragenen Bodenmaterials als Kolluvium am Unterhang und in der Tiefenlinie.

Die Stratigraphie

Die Catena Dahmsdorf kann in zahlreiche Phasen der Relief-, Substrat- und Bodenentwicklung sowie Landnutzungsgeschichte gegliedert werden.

Die weichselkaltzeitliche Umlagerungszeit

Phase 1: Glazifluviale Akkumulation von Sanden, aufgeschlossen im heutigen Tiefenlinienbereich.

Phase 2: Akkumulation von Geschiebemergel im Weichselhochglazial auf den Sanden (aufgrund der Lage vor dem Eisrand des Frankfurter Stadiums wahrscheinlich im Verlauf des Brandenburger Stadiums).

Phase 3: Akkumulation von Geschieben an der heutigen Wasserscheide und einer Sandlinse mit Geschieben am heutigen unteren Mittelhang, unweit des Eisrandes des Frankfurter Stadiums.

Phase 4: Periglazialprozesse bewirken im Spätglazial Kryoturbations- und Solifluktionserscheinungen, gut erhalten und aufgeschlossen vor allem am Mittelhang.

Die altholozäne Bodenbildungszeit

Phase 5: Bodenbildung unter Waldvegetation im Altholozän. Vermutlich entwickelt sich zunächst ein heute nicht mehr erhaltener Humushorizont. In den Jahrhunderten vor den ersten gravierenden Eingriffen des Menschen in den Landschaftshaushalt beginnt die Entkalkung der obersten Dezimeter des Bodens; eindeutig datierbare Relikte dieser ersten holozänen Bodenbildungsphase sind jedoch heute nicht mehr vorhanden.

Die bronze-eisenzeitliche Nutzungszeit

Phase 6: Nach [14]C- und TL-Datierungen der tiefsten Holzkohlen und Keramikfragmente vollzog sich die erste Rodung des Waldes und ackerbauliche Nutzung auf der Catena bei Dahmsdorf spätestens zu Beginn des letzten vorchristlichen Jahrtausends [^{14}C-Datum: (1s) cal BC 996–814 KIA2810; TL-Alter: BC 920 ± 200 RF TL97 Dahmsdorf.C1]. TL-Datierungen der ältesten Keramikfragmente erbrachten sogar Alter von BC 2430 ± 345 Jahren (RF TL97 Dahmsdorf.A7) und BC 1805 ± 250 Jahren (RF TL97 rf.B10). Da beide Fragmente im spätbronze-eisenzeitlichen Sediment lagen, ist von einer späteren hangabwärtigen erosiven Verlagerung beider Stücke auszugehen. Demnach gehen die ersten Nutzungseinflüsse auf der Catena und in ihrer Umgebung in das Endneolithikum oder die frühe Bronzezeit zurück.

Phase 7: Die bronze- und eisenzeitliche ackerbauliche Nutzung ermöglichte die schwache Abtragung von Bodenmaterial am Ober- und Mittelhang und die Akkumulation der ältesten Kolluvien im Trockental am Fuß der Catena (Abb. 3.27). In den ersten nachchristlichen Jahrhunderten endete die erste, vielfach durch Grünlandwirtschaft und Waldweide unterbrochene Phase intensiver agrarischer Nutzung. Die jüngste untersuchte eisenzeitliche Holzkohle entstand in den letzten beiden vorchristlichen Jahrhunderten [^{14}C-Datum: (1s) cal BC 167–0 Jahre KIA 809]; der jüngste Keramikbruch im eisenzeitlichen Kolluvium datiert in das 3. nachchristliche Jahrhundert (AD 280 ± 120 Jahre RF TL97 rf.AA1).

Im angenommenen urgeschichtlichen Nutzungszeitraum von 1 500 Jahren wurden im Jahresmittel etwa 6 t ha^{-1} a^{-1} Boden mit ca. 14 kg ha^{-1} a^{-1} C$_{org}$ (ohne postsedimentäre pedogene C-Anreicherung) und annähernd 2 kg ha^{-1} a^{-1} Phosphor (fest) erodiert.

Eine Folge der Bodenumlagerungsprozesse ist eine deutliche Verringerung der Reliefenergie durch die teilweise Verfüllung des Trockentals. Damit erfuhr das wahrscheinlich im Vergleich zu heute unruhigere Relief des Ober- und Unterhanges eine erste Glättung und Tieferlegung um etwa 54 cm (Abb. 3.27).

Die Bodenbildungszeit vom Ende der Eisenzeit bis zum Beginn des Frühmittelalters

Phase 8: Von den ersten nachchristlichen Jahrhunderten bis zum 13. Jh. dominierte Bodenbildung unter Waldvegetation: Zunächst entwickelt sich ein Humushorizont, dann schreiten Entkalkung und Verbraunung fort, Tonverlagerung setzt ein. In den fluvioglazialen Sanden am Unterhang und im Trockental wird Ton vor allem mit den lateralen Bodenwasserflüssen verlagert und in zahlreichen, die bevorzugt laterale Wasserbewegung im Boden nachzeichnenden Bändern akkumuliert (Abb. 3.28, 3.29). Hingegen vollzog sich die Tonanreicherung am Ober- und Mittelhang in der entkalkten Grundmoräne vorwiegend diffus. Die Struktur des Humushorizontes einschließlich der vielen Krotowinen weist auf ein aktives Bodenleben und damit auf eine günstige Wasser- und Nährstoffversorgung zu Beginn der wahrscheinlich etwa ein Jahrtausend währenden Bodenbildungsphase hin. Der Schluß liegt nahe, daß die im Verlauf der Bronze- und Eisenzeit am Unterhang und an der Tiefenlinie akkumulierten Kolluvien karbonathaltig waren.

Abb. 3.28: Catena Dahmsdorf – urgeschichtliche Kolluvien mit Humushorizont und Toninfiltrationsbändern des 1. Jahrtausends im Tiefenbereich

Abb. 3.29: Catena Dahmsdorf – Toninfiltrationsbänder im urgeschichtlichen Kolluvium

Abb. 3.30:
Catena Dahmsdorf – im
Tiefenbereich angelegter
Rohrleitungsgraben des
frühen 20. Jh., der in
die mittelalterlich-neu-
zeitlichen und die ur-
geschichtlichen Kolluvien
gegraben worden war

Die Nutzungszeit vom Frühmittelalter bis zum Jahr 1910
Phase 9: Nach Keramik- und ^{14}C-Datierungen [(1s) cal BC 1422–1446 KIA2811; TL-Alter: AD 1270±47 RF TL97 rf.DD3, AD 1350±70 RF TL97 rf.TS] beginnt im 13. Jh. auf der Catena Dahmsdorf mit der Rodung und dem nachfolgenden Ackerbau die zweite, bis heute währende nacheiszeitliche Nutzungsperiode. Die wahrscheinliche Rodungszeit ist mit dem Anfang der deutschen Ostsiedlung gleichzusetzen (ca. 1210). Zunächst wird der Oberboden durchschnittlich etwa 15 cm tief umgebrochen. Als Beleg kann die Einarbeitung von Keramikfragmenten in den obersten, jungeisenzeitlichen Abschnitt des urgeschichtlichen Kolluviums gelten (Alter s.o.).

Phase 10: Datierungen von Funden in einzelnen Kompartimenten der mittelalterlich-neuzeitlichen Kolluvien ($M_{MA/NZ}$) können für grobe zeitlich differenzierte Abschätzungen des Ausmaßes der Bodenerosion herangezogen werden:

Beginn mittelalterlichen Ackerbaus	um 1210 n. Chr. (historische Quellen)
Keramik aus gepflügtem Humushoriont	1270 ± 47 AD (RF TL97 Dahmsdorf.DD3)
	1350 ± 70 AD (RF TL97 Dahmsdorf.TS)
Holzkohle 15 cm über der Basis $M_{MA/NZ}$	1422 - 1446 AD (KIA2811)
Keramik 27 cm über der Basis $M_{MA/NZ}$	1570 ± 35 AD (RF TL97 Dahmsdorf.B5)
Keramik 30 cm über der Basis $M_{MA/NZ}$	1725 ± 15 AD (RF TL97 Dahmsdorf.AA2)
63 cm über der Basis $M_{MA/NZ}$	ca. 1910 (datierte Drainageanlage).

Sehr schwache Bodenerosion prägte demnach die ersten Jahrzehnte des mittelalterlichen Ackerbaus. Die Alter der einzelnen Kolluvien zeigen von unten nach oben aufeinanderfolgend starke, mäßige, sehr schwache und extrem starke Erosion. Unter Verwendung der genannten mittleren Alter wurden von etwa 1350 bis 1420 und damit ungefähr in 70 Jahren 15 cm Kolluvium, in den nächsten etwa 140 Jahren 12 cm und in den dann folgenden eineinhalb Jahrhunderten nur 3 cm Kolluvium sedimentiert. In annähernd 200 Jahren – von etwa 1725 bis 1910 – wurden insgesamt 33 cm Kolluvium abgelagert. Wahrscheinlich sind die beiden Abschnitte starker Erosion mit den Phasen katastrophaler Starkniederschläge des 14. und 18. Jh. zu parallelisieren.

Im vieljährigen Mittel wurde von den ersten mittelalterlichen Rodungen bis zum Jahr 1910 jährlich mehr Boden als 8 t ha^{-1} a^{-1} mit 34 kg C_{org} (ohne postsedimentäre pedogene C-Anreicherung) und 3 kg Phosphor (fest) erodiert – der überwiegende Teil wahrscheinlich im 14./15. und im 18./19. Jh. (Abb. 3.30).

Die Entwicklung nach 1910

Phase 11: Zu Beginn des 20. Jh. (wahrscheinlich um 1910) wurde ein über 2 m tiefer, schmaler Drainagegraben an der Tiefenlinie angelegt und nach Einbringung eines Tonrohrs mit Material der unmittelbaren Umgebung verfüllt (Abb. 3.30).

Phase 12: Verstärkte Bodenerosion im Ackerland und die Akkumulation des jüngsten Kolluviums im Tal und damit auch auf der Oberfläche des dort angelegten Rohrleitungsgrabens sind die Hauptmerkmale des 20. Jh. Die mittlere vieljährige Bodenerosionsrate erhöhte sich auf 33 t ha^{-1} a^{-1} oder auf das Vierfache des Durchschnittes der vorausgegangenen sieben Jahrhunderte (Abb. 3.27). Die Verlagerung an C_{org} nahm auf das Achtfache und der Phosphoraustrag auf das gut Vierfache zu. In den 60er Jahren wurde der Schlag für landbauliche Versuche verwendet und Torf in den Pflughorizont eingemischt.

Phase 13: Seither wird der Bereich des Aufschlusses als Grünland genutzt.

Die Interpretation

Da im (späten) Mittelalter und in der frühen Neuzeit die Dreifelderwirtschaft mit beweideter Brache als Fruchtfolge dominierte, dürfte die Bodenerosionsrate zumindest jedes dritte Jahr vernachlässigbar gering und das vieljährige Mittel auch daher vergleichsweise niedrig gewesen sein. Eindeutige Hinweise auf eine Zweifelderwirtschaft mit längerer Grünlandnutzung fehlen im untersuchten Profil. In unserem Jahrhundert hat sich die Bodenerosion im Vergleich zu den Jahrhunderten zuvor mehr als vervierfacht. Nach unseren Untersuchungen ist das extreme Anwachsen in den heute intensiv landwirtschaftlich genutzten Räumen Mitteleuropas nicht ungewöhnlich. Wesentliche Ursache dafür dürften Änderungen der Land-

schaftsstruktur und der Nutzung sein. Vor allem veränderte Schlaggrößen, Schlagformen, lineare Landschaftselemente und Fruchtfolgen sowie die meist schwere
Technik verstärkten die Bodenerosionsprozesse.

3.6.2   Glasow: Stoffbilanzen für Einzelereignisse

Begleitend zu einer vom Deutschen Archäologischen Institut, Berlin, unter der Leitung von E. GRINGMUTH-DALLMER im Rahmen des Oderprojektes realisierten archäologischen Grabung (GRINGMUTH-DALLMER 1996, 1997; SOMMERFELD 1997), wurden bei
Glasow im südlichen Vorpommern umfassende landschaftsgenetische Untersuchungen vorgenommen (BORK et al. 1997a, SCHATZ et al. 1997, SCHATZ 1998; zur Lage
s. Tab. 3.1). Die Aufschlüsse wurden von TH. SCHATZ, C. DALCHOW und H.-R. BORK im
Sommer und Herbst 1995 aufgenommen. R. ELLERBROCK erforschte Spuren, die die
Vegetation in der organischen Substanz hinterlassen hat. A. LANG, Forschungsstelle
Archäometrie der Heidelberger Akademie der Wissenschaften am Max-Planck-Institut für Kernphysik in Heidelberg, datierte erstmals und mit großem Erfolg Quarze aus Kolluvien nach der Methode der infrarotstimulierten Lumineszenz (IRSL).

   Der Grabungsbereich liegt am westlichen Rand einer Grundmoränenplatte, unmittelbar vor dem Abbruch zur Randowniederung. Die archäologische Grabung
gliedert sich in drei räumlich getrennte Bereiche (Abb. 3.31):
• eine im Nordosten, unmittelbar am westlichen Grundmoränenplattenrand gelegene urgeschichtliche Siedlung,

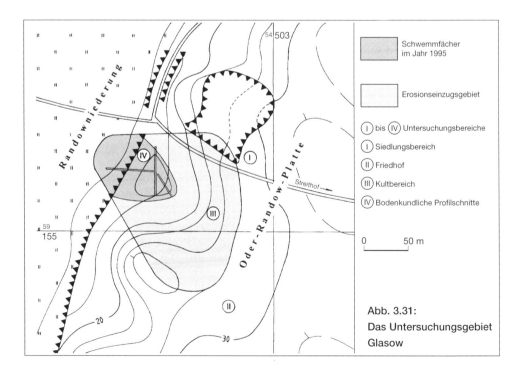

Abb. 3.31:

Das Untersuchungsgebiet Glasow

- die Umgebung eines Solls am mittleren Abschnitt eines schwächer geneigten Hanges zwischen Grundmoränenplatte und einer Bucht der Randowniederung und
- einen im Süden an einer flachen Kuppe der Grundmoränenplatte aufgegrabenen, ebenfalls urgeschichtlichen Friedhof.

An diesen Standorten sowie zusätzlich am Übergang von der Plattenabdachung zur Randowbucht wurden die bodenkundliche, quartärmorphologische und paläogeoökologische Situation aufgenommen und analysiert. Während an den drei archäologischen Grabungsflächen die dortigen Aufschlußverhältnisse genutzt werden konnten, bestand am Übergang vom Unterhang zur Randowbucht aufgrund mächtiger holozäner Sedimente die Notwendigkeit, ausgedehnte Aufschlüsse zu öffnen. Am Übergang von den heute begrabenen terrestrischen Böden des Unterhanges zu einer mächtigen Torfsequenz des Niedermoores der Randowbucht wurden ein 55 m langer Nord-Süd-Aufschluß und ein zweiter, 75 m langer, in Gefällsrichtung annähernd in westöstlicher Richtung verlaufender, den Nord-Süd-Aufschluß kreuzender Profilschnitt angelegt (Abb. 3.31).

Die günstigen Aufschlußverhältnisse wurden genutzt, um die Landschafts- und Landnutzungsgeschichte der vergangenen Jahrtausende außergewöhnlich detailliert zu rekonstruieren. Ziel war, das Abtrags- und Akkumulationsgeschehen für mehrere Zeitintervalle und einzelne extreme Niederschlagsereignisse zu bilanzieren und so quantitative Aussagen über die Wirkungen von Ackerbau und Witterungsgeschehen zu erhalten.

Die wichtigsten bodenkundlichen und paläogeoökologischen Befunde werden zusammenfassend erläutert. Am Übergangsbereich vom Unterhang zur Randowniederung nahm ein Schwemmfächer die oberhalb abgetragenen Sedimente auf. Aufgrund seiner vielfältigen holozänen Ablagerungen ist der Übergangsbereich bodenarchivalisch und paläogeoökologisch besonders aussagekräftig und wird zuerst vorgestellt.

Der Schwemmfächer der Randowbucht
Der Kreuzungsbereich der Nord-Süd- und Ost-West-Aufschlüsse liegt im Zentrum des Schwemmfächers (Abb. 3.31). Dort steht in mehr als 2 m Tiefe eine in glazifluvialen Sanden entwickelte Braunerde mit initialer Tonverlagerung an. Diese schwach lessivierte Braunerde geht an der nördlichen, südlichen und östlichen Peripherie des Schwemmfächers, d. h. an den hangwärtigen Enden der Profile, entsprechend dem Wechsel des Ausgangssubstrates der Bodenbildung von Sanden zu Geschiebemergeln in eine gut entwickelte Parabraunerde über. Aufgrund der bodenphysikalischen und bodenchemischen Verschiedenartigkeit der Substrate (ton- und nährstoffarme Sande bzw. karbonatreicher Geschiebemergel) ist die Pedogenese im Bereich der beiden Profile unterschiedlich intensiv verlaufen.

Die Bildung der Braun- und Parabraunerden fand unter Wald ohne Stau- und Grundwassereinfluß statt. Heute überprägen hohe Grundwasserstände diese Böden und führen zu Nässeerscheinungen. Während der Verbraunungs- und Lessivierungsprozesse muß ein anderer Landschaftswasserhaushalt mit deutlich tieferem Grundwasserstand aufgrund verschiedenartiger Landnutzung geherrscht haben (Tab. 3.6). Mehrere Faktoren können die Unterschiede der geoökologischen Situation – damals zu heute – erklären: Die Transpirationsleistung des Buchen-

Hoch- und Spätglazial

1. Ablagerung einer Grundmoräne im Weichselhochglazial
2. Geschiebedecksandablagerung (ggf. erst nach 4. akkumuliert)
3. Einschneidung einer Rinne
4. Verfüllung der Rinne mit bis zu 2,8 m mächtigen glazifluvialen Sanden
5. Bildung von fluvialen Terrassen durch Schmelzwässer, die die Randowniederung durchflossen

Alt- und Mittelholozän

6. Bildung eines Humushorizontes
7. Rodung
8. Siedlungstätigkeit, Ackerbau (Bronze-Eisenzeit)
9. Bodenerosion und Akkumulation von Kolluvien in der Randowbucht, nach IRSL-Datierungen um BC 200 bis 200 AD
10. Anlage einer flachen, eckigen Grube mit einem Holzkohleband und Steinabdeckung (möglicherweise eine technische Anlage für eisenzeitliche Metallurgie), nach ^{14}C-Datierungen um BC 408–106: (2 σ) cal BC 380–120 (Bln 4779), (2 σ) cal BC 363–106 (Bln 4845), (2 σ) cal BC 408–249 (Heidelberg)
11. Wiederbewaldung
12. Bodenbildung unter Wald: Humifizierung, Verbraunung, Tonverlagerung; nach FT-IR-Spektroskopie der organischen Bodensubstanz des Humushorizontes dieses Bodens existierte wahrscheinlich ein lichter, gras- und krautreicher Buchenmischwald, möglicherweise ein früh- bis hochmittelalterlicher Hutewald (ELLERBROCK 1997)

Zeitraum von ca. 1100 bis ca. 1350 AD

13. Rodung durch slawische Bevölkerung nach IRSL- und ^{14}C-Datierungen um 1100 AD, dabei etwa 30 cm tiefe erste Bodenbearbeitung (Spaten, Hacke oder Haken), durch die IRSL-Datierung ist die Teilbelichtung des eisenzeitlichen Kolluviums im Mittelalter nachgewiesen und damit die tiefgründige Bewegung des Materials im Rahmen der ersten mittelalterlichen Rodung der Randowbucht
14. Sehr wahrscheinlich Grünlandnutzung ohne Ackerbau in der Randowbucht, da kein allmählicher Übergang zu dem hangenden Kolluvium existiert (scharfe Grenze Humushorizont zu Kolluvium) und keine Sedimentationsstrukturen im ersten Kolluvium auf dem Humushorizont feststellbar sind (dies wäre ansonsten Beleg für eine mächtigere Akkumulation von Kolluvium auf dem Humushorizont, mächtiger bedeutet größere Dicke als Bodenbearbeitungstiefe)
15. Auf den Hängen zwischen Grundmoränenplatte und Randowbucht wird Ackerbau betrieben
16. Schwache flächenhafte Bodenerosion in diesem Ackerland und allmähliches Aufwachsen eines hochmittelalterlichen, ungeschichteten Kolluviums im Grünland der Randowbucht (Beleg: s. Nr. 14 und höherer Humusgehalt als in typischen Ackerkolluvien)
    Das erste hochmittelalterliche Kolluvium überdeckt wahrscheinlich bald (noch im 12. Jh.) den Humushorizont in der Randowbucht (Beleg: FT-IR-Spektroskopie zeigt Waldsignal, das nach ca. zwei Jahrzehnten Grünlandnutzung durch ein Grünlandsignal überdeckt worden wäre; demnach muß die kolluviale Überdeckung bald begonnen haben (ELLERBROCK 1997)
17. Ackerbauliche Nutzung auch der Randowbucht (wahrscheinlich intensive Landnutzungsphase nach der deutschen Ostsiedlung in der ersten Hälfte des 13. Jh.), damit Bodenbearbeitung (wahrscheinlich mit Haken) im Kolluvium des 12. und frühen 13. Jh., das im Grünland aufgewachsen war
18. Mehrfach starke Bodenerosion und Akkumulation mehrer mächtiger, stark sandiger und schwach humoser Kolluvien auf diesem Hakenpflughorizont, nach IRSL-Datierungen wahrscheinlich um 1300, nach Schriftquellen wahrscheinlich in der 1. Hälfte des 14. Jh. (kein Widerspruch)

nachweisbar sind mindestens zwei Extremereignisse, das zweite Extremereignis bewegte Schotter mit Durchmessern bis zu 1 cm
19. Aufgabe der intensiven Ackernutzung nach weitgehender Abtragung der Böden im Einzugsgebiet der Randowbucht; ein letzter Versuch des Ackerbaus scheitert offenbar. Das Sediment des zweiten Extremereignisses wird einmal (nur einmal!) mit dem Hakenpflug bearbeitet, danach endet der Ackerbau

Zeitraum von ca. 1350 bis etwa 1780 AD
20. Wüstungsphase: schwache Bodenbildung unter zeitweise wahrscheinlich intensiv genutztem Wald, schwache Bodenumlagerung und allmähliches Aufwachsen eines Kolluviums unter Wald. Die schwedische Matrikelkarte aus dem Jahr 1693 zeigt Waldbedeckung des Einzugsgebietes der Randowbucht (das Gebiet wird mit „Führken-Tanger" bezeichnet). Die SCHMETTAUsche Karte aus der Zeit um 1780 zeigt ebenfalls noch Waldbedeckung; wahrscheinliche Nutzungssituation: vom 14. bis zum 18. Jh. während Waldphase; für diese Phase ist aufgrund starker Waldnutzung (u. a. Weide) keine intensive Bodenbildung nachweisbar, die Gehalte an organischer Substanz sind etwas höher als im Ackerland vor und nach dieser Phase (0,2 % höher als in den liegenden und hangenden Kolluvien der Extremereignisse)

Zeitraum von etwa 1780 bis 1995 AD
21. Rodung im späten 18. Jh.
22. Bodenerosion und Akkumulation von Kolluvien, nachweisbar ist ein Extremereignis
23. Fortgesetzter Ackerbau führt danach zu geringer Akkumulation von Kolluvium in der Randowbucht
24. Einsatz eines Dampfpfluges im Jahr 1934 zur tiefen Bodenbearbeitung (ca. 25 cm tief)
25. Intensivierung des Ackerbaus nach 1934, stark erhöhte Bodenerosion

Tab. 3.5: Stratigraphie des Grabungsbereiches Glasow

Tab. 3.6: Nutzungsabhängige Grundwasserstände in der Randowbuch bei Glasow – rekonstruiert durch Bodenprofilanalysen

Höhenlage der Geländeoberfläche	
vom Ende der Eisenzeit bis um 1100 AD	15,2 m über HN
um 1340	16,4 m über HN
Durch Bodenprofilanalysen rekonstruierte mittlere Grundwasserstände	
vom Ende der eisenzeitlichen Nutzung bis beginnendes Frühmittelalter	12,2 m über HN
um 1340	15,9 m über HN
Landnutzungsbezogene Interpretation der rekonstruierten mittleren Grundwasserstände (unter Berücksichtigung der veränderten Höhenlage der Geländeoberfläche) Mittlerer Grundwasserflurabstand in der	
Talaue der Waldlandschaft	3,0 m
Talaue der ausgeräumten Agrarlandschaft	0,5 m
Erhöhung des Grundwasserstandes durch den Wandel von der Wald- zur ausgeräumten Agrarlandschaft	ca. 2,5 m

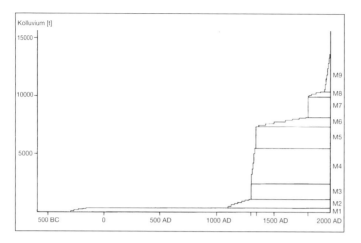

Abb. 3.32:
Dynamik der Akkumulation im Schwemmfächer der Randowbucht seit der Eisenzeit

mischwaldes, unter dem sich nach den von Ellerbrock (1997) vorgenommenen Untersuchungen der organischen Substanz die genannten Böden bildeten, war erheblich höher und infolgedessen
• der Bodenwasserfluß an der Basis der Rhizosphäre geringer,
• die Grundwasserneubildung vermindert und damit
• der Grundwasserflurabstand vergrößert.

Im Tonverarmungshorizont der Parabraunerde fanden sich mehrere Keramikfragmente. Eine von A. Lang vorgenommene IRSL-Datierung von Material, das dem liegenden Verbraunungshorizont entnommen wurde, ergab ein Alter von 2100 ± 200 Jahren vor heute (Probe HDS 264; zur Methodik s. Glossar und Lang 1995, 1996). Die chemischen Analysen (C- und P-Gehalte) erbrachten für diesen Horizont keine Hinweise auf anthropogene Einflüsse. Der obere Abschnitt des heutigen Tonanreicherungshorizontes lag in der Eisenzeit zweifellos an der Geländeoberfläche. Durch Bodenbearbeitung erhielt er sehr wahrscheinlich den durch die IRSL-Datierung nachgewiesenen späteisenzeitlichen Lichtimpuls.

Die Kohlenstoff- und Phosphorgehalte des hangenden Tonverarmungshorizontes belegen gemeinsam mit etlichen Keramikfragmenten und Holzkohlen dessen kolluviale Ablagerung in der jüngeren Eisenzeit (Abb. 3.32). Damit ist der Boden mit Tonverarmungs- und Tonanreicherungshorizont eindeutig jünger als das jungeisenzeitliche Kolluvium.

Das Volumen des eisenzeitlichen Kolluviums läßt sich genau feststellen. Der eisenzeitliche kolluviale Schwemmfächer ist im Mittel 17 cm mächtig und umfaßt eine Fläche von 1 200 m². Das resultierende Volumen beträgt 200 m³, die Masse 340 t. Im Sediment sind heute 1 800 kg organischer Kohlenstoff und 70 kg Phosphor enthalten.

Aufgrund der Belegung des Friedhofes sowie der Siedlungs- und Keramikbefunde ist eine Besiedlungsdauer von nur etwa einem Jahrhundert möglich. Allerdings ist bislang keine absolute physikalische Altersdatierung der Siedlungsrelikte erfolgt, so daß die Parallelität mit den Bodenverlagerungen lediglich wahrscheinlich, aber nicht zweifelsfrei nachgewiesen ist.

Legt man dennoch die archäologisch ermittelte Zeitspanne der Siedlungstätigkeit von nur einem Jahrhundert und das erosionsrelevante oberirdische Wassereinzugsgebiet von 2,3 ha den Berechnungen zugrunde (zur Ausdehnung s. Abb. 3.31), ergibt sich ein durchschnittlicher jährlicher Bodenabtrag von 1,5 t ha^{-1} a^{-1} sowie eine Verlagerung von 8 kg ha^{-1} a^{-1} heute noch nachweisbaren organischen Kohlenstoffs (ohne postsedimentäre pedogene C$_{org}$-Bildung) und von 0,3 kg ha^{-1} a^{-1} Phosphor (fest). Diese Abtragsraten stellen eine Schätzung unter der Voraussetzung einer kontinuierlichen 100jährigen ackerbaulichen Nutzung des gesamten Einzugsgebietes des eisenzeitlichen Kolluviums dar. Da derartige Rahmenbedingungen wenig wahrscheinlich sind, dürften die tatsächlichen eisenzeitlichen Erosionsraten geringfügig höher gelegen haben. Andererseits ist eine längere Dauer der agrarischen Landnutzung möglich.

Die Akkumulation von Kolluvium in der Eisenzeit beweist, daß im überwiegenden Teil des erosionswirksamen Einzugsgebietes Ackerbau betrieben worden ist – unter naturnahem Wald bzw. auf Grünland findet aufgrund des weitgehenden Schutzes der Bodenoberfläche durch die Vegetation selbst auf stärker geneigten Hängen keine bzw. kaum Bodenerosion statt (Regel AS1, s. Kap. 1). Lediglich eine für jene Zeit nicht zu erwartende intensive Waldnutzung – starke Beweidung und nahezu vollständige Streuentnahme – hätte über einen längeren Zeitraum zu feststellbarer Bodenerosion führen können.

Auffällig sind die hohen Kupfer- und Zinkgehalte zweier Proben. Sie wurden unterhalb des eisenzeitlichen Pflughorizontes bzw. unterhalb eines 1 m mächtigen Torfkörpers dem heute schwach lessivierten, lehmigen Verbraunungshorizont entnommen. Die im Vergleich zu den Konzentrationen heutiger Stadtböden 2- bis 3fach erhöhten Kupfer- und Zinkgehalte sind weder durch natürlichen Eintrag noch durch mineralische Herkunft zu erklären. Eine Verlagerung aus jüngeren Schichten scheidet aus, da eine Probe unter dem mächtigen Torfkörper mit starkem Bindungsvermögen entnommen wurde. Eine Herkunft der Schwermetalle aus der Metallurgie ist denkbar, eine Verbindung mit einer technischen (?) Anlage im Schwemmfächerzentrum nicht auszuschließen (SCHATZ 1998): Zum Ende der urgeschichtlichen Siedlungstätigkeit legten Menschen, ausgehend von der Oberfläche des in der Eisenzeit akkumulierten Kolluviums, etwa 2 m östlich des Profilschnittpunktes eine annähernd rechteckige, wenige Dezimeter tiefe Grube an, in der sehr viel Holzkohle und eine Steinabdeckung (überwiegend Quarzite und angewitterte Granite), jedoch kein eindeutiger Hinweis für den Anlaß der Anlage gefunden wurden. Aufgrund der Überdeckung mit Kolluvien während Mittelalter und Neuzeit befindet sich die Holzkohle heute in einer Tiefe von 2,0–2,1 m unter der Geländeoberfläche. Die ^{14}C-Datierung der Holzkohle, die von B. KROMER, Foschungsstelle Archäometrie der Heidelberger Akademie der Wissenschaften am Max-Planck-Institut für Kernphysik in Heidelberg, vorgenommen wurde, ergab ein kalibriertes Datum von (1s) cal BC 400–374. Weitere zwei ^{14}C-Datierungen dieser Holzkohlen durch J. GÖRSDORF, Deutsches Archäologisches Institut Berlin, ergaben ähnliche Alter.

Weltweit erstmals gelang A. LANG die Datierung von Quarzen aus kolluvialen Sedimenten der Glasower Profile mit dem Verfahren der infrarotstimulierten Lumineszenz IRSL. Die Probe HDS 257 wurde im unteren Teil des eisenzeitlichen, nach den ^{14}C-Datierungen etwa 2 400 Jahre alten Kolluviums entnommen. Sie ergab ein IRSL-Alter von 2 000 ± 200 Jahren vor heute. Damit ist eine sehr gute Übereinstimmung mit den ^{14}C-Daten gegeben.

Abb. 3.33: Aufschlußkomplex Glasow – mittelalterlich-neuzeitliche Kolluvien

Tab. 3.7: Zusammengefaßte quantitative stoffbilanz- und prozeßorientierte Chronologie des Grabungsbereiches Glasow

Phase 1:	Die eisenzeitliche Landnutzungsphase Eisenzeit (Merkmale: Anlage einer Siedlung, Siedlungsdauer ca. 100 Jahre, Ackerbau mit Bodenerosion und Akkumulation von Kolluvien)
	Berechnung des Volumens der eisenzeitlichen Akkumulation (Kolluvien)
	Fläche des eisenzeitlichen Akkumulationskörpers — 1 200 m²
	mittlere Mächtigkeit der eisenzeitlichen Akkumulation — 17 cm
	Volumen der eisenzeitlichen Akkumulation — 200 m³
	Masse der eisenzeitlichen Akkumulation — 340 t
	Masse des akkumulierten organischen Kohlenstoffs — 1,8 t
	Masse des akkumulierten Phosphors — 0,07 t
	Berechnung der mittleren eisenzeitlichen Bodenerosion
	Fläche des von Bodenerosion betroffenen oberirdischen Wassereinzugsgebietes (ohne Akkumulationskörper und Plateaulagen mit annähernd vollständigen Profilen) — 2,3 ha
	Gesamtdauer der eisenzeitlichen Landnutzungsphase — 100 Jahre
	mittlerer Bodenabtrag (Bezug: 100 Jahre, 200 m³ Kolluvien) — 1,5 t ha⁻¹ a⁻¹
	davon organischer Kohlenstoff — 8 kg ha⁻¹ a⁻¹
	Phosphor (fest) — 0,3 kg ha⁻¹ a⁻¹
Phase 2:	Von der jüngeren Eisenzeit bis zum beginnenden Hochmittelalter (von der Aufgabe der eisenzeitlichen Besiedlung und Landnutzung bis zu den ersten mittelalterlichen Rodungen; Merkmale: Oberflächenstabilität, d. h. keine Bodenerosion, Bodenbildung, Entwicklung eines Humushorizontes, Entkalkung, Verbraunung und Tonverlagerung)

Phasen 3, 4, 5: Vom Hochmittelalter bis 1934
(Phase 3 vom Beginn der hochmittelalterlichen Landnahme um 1100 AD bis ca. 1350 mit den Merkmalen Ackerbau und Bodenerosion; Phase 4 von ca. 1350 bis um 1780 mit der Nutzung Waldweide; Phase 5 von um 1780 bis 1934 mit den Merkmalen Ackerbau und Bodenerosion)
Berechnung des Volumens der hochmittelalterlich-neuzeitlichen (ma-nz-) Akkumulation (von ca. 1100 AD bis 1934 akkumulierte Kolluvien)

Fläche des ma-nz-Akkumulationskörpers	5 500 m²
mittlere Mächtigkeit der ma-nz-Akkumulation	107 cm
Volumen der ma-nz-Akkumulation	5 876 m³
Masse der ma-nz-Akkumulation	9 990 t
Masse des akkumulierten organischen Kohlenstoffs	26,3 t
Masse des akkumulierten Phosphors	2,2 t

Berechnung der mittleren mittelalterlich-neuzeitlichen Bodenerosion (bis 1934)

Fläche des von Bodenerosion betroffenen Wassereinzugsgebietes	2,3 ha
Gesamtdauer der ma-nz-Landnutzungsphase	835 Jahre
mittlerer Bodenabtrag (Bezug: 835 Jahre, 5 876 m³ Kolluvien)	5 t ha^{-1} a^{-1}
davon	
organischer Kohlenstoff	14 kg ha^{-1} a^{-1}
Phosphor (fest)	1,1 kg ha^{-1} a^{-1}

Phase 6: 1935 bis 1985 (Merkmale: intensiver Ackerbau, Bodenerosion und Akkumulation)
Berechnung des Volumens der jüngsten Akkumulation (von 1935 bis 1985 akkumulierte Kolluvien)

Fläche des jüngsten Akkumulationskörpers	5 500 m²
mittlere Mächtigkeit der jüngsten Akkumulation	35 cm
Volumen der jüngsten Akkumulation	1 928 m³
Masse der jüngsten Akkumulation	3 278 t
Masse des akkumulierten organischen Kohlenstoffs	15,1 t
Masse des akkumulierten Phosphors	1,0 t

Berechnung der jüngsten Bodenerosion (1935–1985)

Fläche des von Bodenerosion betroffenen Wassereinzugsgebietes	2,3 ha
Gesamtdauer der jüngsten Landnutzungsphase	61 Jahre
mittlerer Bodenabtrag (Bezug: 61 Jahre, 1 928 m³ Kolluvien)	24 t ha^{-1} a^{-1}
davon	
organischer Kohlenstoff	110 kg ha^{-1} a^{-1}
Phosphor (fest)	7 kg ha^{-1} a^{-1}

Verhältnis der mittleren Bodenerosionsraten der drei Hauptlandnutzungsphasen

Eisenzeit (100 Jahre)	:	Mittelalter/Neuzeit (1100–1934 AD)	:	letzte 61 Jahre (1935–1995)
1,5	:	5	:	24 t ha^{-1} a^{-1}
30	:	100	:	480
100	:	330	:	1600

Verhältnis der mittleren Bodenerosionsraten der drei Hauptlandnutzungsphasen unter Ausschluß der witterungsbedingt erosionsreichen Zeiten in der 1. Hälfte des 14. Jh.s und dem späten 18. Jh. sowie der Waldweidephase

Eisenzeit (100 Jahre)	:	Mittelalter/Neuzeit) (1100–1300 AD, 1800–1934 AD)	:	letzte 61 Jahre (1935–1995)
1,5	:	1,7	:	24 t ha^{-1} a^{-1}
0,9	:	1	:	14
1	:	1,1	:	16

Abschnitt der Landschafts-geschichte	Phase 1 Ackerbau in der Eisenzeit (Dauer 100 Jahre)	Phase 2 Wald (ca. 200 BC bis 1100 AD)	Phase 3a Ackerbau im Hochmittel-alter (1100 bis 1300 AD)	Phase 4 Waldweide in Spätmittel-alter und Frühneuzeit (1350–1780)	Phase 5b Ackerbau (19. Jh. bis 1934)	Phase 6 Ackerbau (1935–1995)
Bodenerosion (absolut)	0,09 mm a^{-1}	0 mm a^{-1}	0,1 mm a^{-1}	0,05 mm a^{-1}	0,1 mm a^{-1}	1,4 mm a^{-1}
Bodenerosion (absolut)	1,5 t ha^{-1} a^{-1}	0 t ha^{-1} a^{-1}	1,8 t ha^{-1} a^{-1}	0,9 t ha^{-1} a^{-1}	1,5 t ha^{-1} a^{-1}	24 t ha^{-1} a^{-1}
Bodenerosion (relativ)	1	0	1,2	0,5	1	16
erodierter org. Kohlenstoff	8 kg ha^{-1} a^{-1}	0 kg ha^{-1} a^{-1}	11 kg ha^{-1} a^{-1}	3 kg ha^{-1} a^{-1}	8 kg ha^{-1} a^{-1}	110 kg ha^{-1} a^{-1}
erodierter Phosphor	0,3 kg ha^{-1} a^{-1}	0 kg ha^{-1} a^{-1}	0,6 kg ha^{-1} a^{-1}	0,2 kg ha^{-1} a^{-1}	0,5 kg ha^{-1} a^{-1}	7 kg ha^{-1} a^{-1}

Tab. 3.8: Vollständige Erosions-Akkumulationsbilanzen von der Eisenzeit bis heute für sechs Landnutzungsphasen im Untersuchungsgebiet Glasow/Vorpommern (ohne Extremereignisse der 1. Hälfte des 14. und der 2. Hälfte des 18. Jh.)

starkregengeprägte Ackerbauphase in der ersten Hälfte des 14. Jh. (Phase 3b)	
erstes nachweisbares Extremereignis	33 mm bzw. 550 t ha^{-1} Bodenerosion 320 kg ha^{-1} organischer Kohlenstoff erodiert 60 kg ha^{-1} Phosphor erodiert
mehrere starke Ereignisse insgesamt bezogen auf einen 30jährigen Zeitraum pro Jahr	76 mm oder 1300 t ha^{-1} Bodenerosion 3 mm a^{-1} oder 43 t ha^{-1} a^{-1} Bodenerosion 110 kg ha^{-1} a^{-1} organischer Kohlenstoff erodiert 9 kg ha^{-1} a^{-1} Phosphor erodiert
zweites nachweisbares Extremereignis	47 mm oder 800 t ha^{-1} Bodenerosion 1830 kg ha^{-1} organischer Kohlenstoff erodiert 200 kg ha^{-1} Phosphor erodiert
starkregengeprägte Ackerbauphase des späten 18. Jh. (nach 1780; Phase 5a)	
ein Extremereignis	45 mm oder 770 t ha^{-1} Bodenerosion 1770 kg ha^{-1} organischer Kohlenstoff erodiert 160 kg ha^{-1} Phosphor erodiert

Tab. 3.9: Wirkungen extremer Starkniederschläge des 14. und 18. Jh. im Untersuchungsgebiet Glasow–vollständige Erosions-Akkumulationsbilanzen

Im oberen Teil des eisenzeitlichen Kolluviums hat sich nach Anlage der Grube, wie Humusuntersuchungen von ELLERBROCK (1997) belegen, wahrscheinlich unter einem lichten Buchenmischwald ein zu dem eingangs behandelten Boden (Braun- bzw. Para-braunerde) gehörender, durchschnittlich 9 cm mächtiger Humushorizont gebildet (Abb. 3.33). Der humose Horizont weist heute einen mittleren Humusgehalt von 0,8 % auf. Er ist im Schwemmfächerzentrum weitgehend autochthon erhalten, an den Flan-ken hingegen durch spätere (d. h. mittelalterliche Pflugtätigkeit) zunehmend gestört und mit hangendem Bodenmaterial vermischt. Über dem Humushorizont liegt im Zentrum des Schwemmfächers eine bis zu 2 m mächtige Sequenz aus schwach humosen, sandreichen Kolluvien (Abb. 3.32, 3.33). Nach den feinstratigraphischen Aufnahmen und Analysen, IRSL-, ¹⁴C- und Keramikdatierungen sowie Informationen aus schriftlichen und mündlichen Quellen können sechs mittelalterlich-neuzeitliche Zeit- und Raumabschnitte differenziert und quantifiziert werden (Tab. 3.5, 3.7, 3.8, 3.9):

- ein Kolluvium, das in das 12./13. Jh. datiert und in dieser Zeit durch Pflugtätigkeit homogenisiert wurde,
- eine mächtige, auf wenige stark wirksame Niederschlagsereignisse zurückzuführende Folge aus der 1. Hälfte des 14. Jh.,
- ein flacher Sedimentkörper aus dem Zeitraum von etwa 1350 bis um 1780,
- ein stark wirksames Niederschlagsereignis aus dem späten 18. Jh.,
- ein bodenbearbeitungsbedingt homogenisiertes Kolluvium aus der Zeit von etwa 1800 bis 1934 sowie
- das jüngste, seit 1935 abgelagerte Kolluvium.

Die Kolluvien belegen einen zweimaligen Wechsel von Phasen schwacher und Phasen starker Bodenerosionsprozesse am Hang infolge gering bzw. stark wirksamer Niederschläge, die auch zu einer teilweisen Zerstörung archäologischer Befunde an den Hängen und am Rand der Grundmoränenplatte geführt haben. Geschichtete, zweifellos auf Sedimentation zurückzuführende fluviale Bänder in den Kolluvien, die nicht durch postsedimentäre Pflugtätigkeit ge- oder zerstört wurden, beweisen, daß die Mächtigkeit der Sedimentation in einigen Jahren in der 1. Hälfte des 14. und in einem Jahr des späten 18. Jh. die Pflugtiefe deutlich überschritten haben muß. Bodenbearbeitungsbedingte, hangabwärtige Bodenverlagerungen (s. Glossar) sind aufgrund der Sedimentationsverhältnisse und der raumzeitlichen Verbreitung der Kolluvien im Untersuchungsgebiet Glasow eindeutig ohne quantitative Relevanz.

Obgleich keine Hinweise auf besonders intensive terrestrische Bodenbildungsprozesse in den spätmittelalterlich-frühneuzeitlichen Kolluvien zu finden sind, ist von einer Unterbrechung des Ackerbaus etwa von der Mitte des 14. bis zum späten 18. Jh. auszugehen. Die schwedische Matrikelkarte aus dem Jahr 1693 (zur außergewöhnlichen Aussagekraft dieses frühen Kartenwerkes s. WARTENBERG 1996) und das Blatt 28 der SCHMETTAUschen Karte, das nach Auskunft der Staatsbibliothek zu Berlin um 1780 erschienen ist, weisen eine vollständige Bewaldung des Untersuchungsgebietes nach. Einen indirekten, nicht weniger klaren Hinweis enthalten die Sedimente. Das auf den letzten stark wirksamen Niederschlag vor etwa 1350 zurückzuführende Kolluvium ist geschichtet. Es wurde, wie die Profilaufnahmen zeigen, nur einmal nach seiner Ablagerung mit einem Hakenpflug bearbeitet und danach nicht mehr durch menschliche Eingriffe verändert. Da Grünlandnutzung zu noch heute optisch und bodenchemisch nachweisbaren, signifikant höheren Humusgehalten im letzten geschichteten Kolluvium des 14. Jh. geführt hätte, kann ausgeschlossen werden, daß die Äcker durch Grünland ersetzt wurden. Für einen intensiv genutzten, lichten Wald im späten Mittelalter und in der frühen Neuzeit spricht, daß bis zum 18. Jh. ein nur wenige Zentimeter mächtiges Kolluvium abgelagert wurde (Tab. 3.8). Ein natürlicher oder ein kaum genutzter naturnaher Wald hätte Bodenumlagerungen dagegen vollständig verhindert (Regel AS1, s. Kap. 1).

Abb. 3.34:
Aufschlußkomplex
Glasow – Pflugspuren

Die eindeutigen Grenzen der Kolluvien gestatten eine raumzeitlich hoch aufgelöste Bilanzierung der mittelalterlich-neuzeitlichen Kolluvien. Unregelmäßigkeiten an den Grenzen zwischen einzelnen neuzeitlichen Kolluvien können zweifelsfrei als Pflugspuren interpretiert werden (Abb. 3.34). Die Pflugspuren in einer Tiefe von etwa 80 cm unter der rezenten Geländeoberfläche sind auf einen mehrscharigen Dampfpflug zurückzuführen, der 1934 eingesetzt wurde (G. KÜHN, ZALF, Forschungsstation Dedelow, und G. ZWEIGLER, Agrargenossenschaft Glasow, frdl. mündl. Mitt. 1996; zur Technik vgl. HAMM 1996, S. 22f., 100f., 178f., 254ff.). Abzüglich einer mittleren Bearbeitungstiefe des Dampfpfluges von 25 cm ergibt sich eine mittlere Mächtigkeit des jüngsten Kolluviums von 55 cm.

Der Schwemmfächer der Randowniederung läuft über Niedermoor rasch aus; schon wenige Meter nach seinem Ausklingen ist kein anorganisches Material mehr zu finden. Da keine jungholozänen Auensedimente die Randowniederung bedecken, kann nur ein unbedeutender Teil des am Hang abgetragenen Bodens aus dem Untersuchungsgebiet ausgetragen sein; das Volumen des akkumulierten Bodens dürfte somit nahezu das Abtragsvolumen erreichen. So wird eine annähernd vollständige Sedimentations- und – nach Ausgliederung des zugehörigen oberirdischen Wassereinzugsgebietes – auch Abtragsbilanzierung ermöglicht.

Die paläogeoökologischen Detailaufnahmen gestatten eine bilanzierbare Teilung der mittelalterlich-neuzeitlichen Kolluvien in insgesamt 6 Zeitabschnitte (Abb. 3.32, Tab. 3.7):

- ca. 1100 bis 1300   erosionsarme Phase des Ackerbaus
- ca. 1300 bis 1350   witterungsbedingt erosionsreiche Phase des Ackerbaus
- ca. 1350 bis 1780   sehr erosionsarme Phase der Waldweide
- ca. 1780 bis 1800   witterungsbedingt erosionsreiche Phase des Ackerbaus
- ca. 1800 bis 1934   erosionsarme Phase des Ackerbaus
- 1935 bis 1995   agrarstrukturbedingt erosionsreiche Phase des Ackerbaus.

Für diese Zeiten konnten die Volumina der Akkumulation ermittelt und die mittleren bzw. die ereignisbezogenen Bodenerosionsraten bestimmt werden (Tab. 3.7, 3.8, 3.9).

In den ersten fünf jungholozänen Landnutzungs- und Bodenerosionsphasen – von den hochmittelalterlichen Rodungen um 1100 bis zum Einsatz des Dampfpfluges im Jahr 1934 – wurden auf dem Schwemmfächer insgesamt etwa 10 000 t Kolluvien in einer mittleren Mächtigkeit von mehr als 1 m sedimentiert. Bezogen auf den gesamten Zeitraum von 835 Jahren, ergibt sich eine mittlere jährliche Bodenerosionsrate von 5 t ha^{-1} a^{-1}, darunter 14 kg ha^{-1} a^{-1} organischer Kohlenstoff und 1,1 kg ha^{-1} a^{-1} Phosphor. In den vergangenen 61 Jahren waren die Abtragsraten mit 23 t ha^{-1} a^{-1} um annähernd das Fünffache höher. Die Austräge an organischem Kohlenstoff verachtfachten sich, die Phosphorausträge nahmen um den Faktor 6 zu (Tab. 3.8).

Schließt man die Phase der Waldweide sowie die erosionsreichen Zeiten in der 1. Hälfte des 14. und im späten 18. Jh. aus, resultiert ein durchschnittlicher mittelalterlich-neuzeitlicher Bodenabtrag von 1,7 t ha^{-1} a^{-1}. Im Vergleich zu diesem Wert für mittelalterlich-neuzeitliche „Normaljahre" mit Ackerbau lag die mittlere Bodenerosionsrate seit 1935 um den Faktor 16 höher! Veränderte Flurstrukturen und Landnutzungssysteme sind Ursache dieser extremen Zunahme. Die eisenzeitlichen Abtragsraten liegen in einer den mittelalterlich-neuzeitlichen „Normaljahren" vergleichbaren Höhe.

Weitere bedeutende Hinweise zur nacheiszeitlichen Landschaftsentwicklung und zum Typus anthropogener Eingriffe geben die archäologischen Fundstätten.

Archäologische Fundstätte Siedlung

Der bronze-eisenzeitliche Siedlungsbereich ist mit zahlreichen Gruben durchsetzt. Der obere und mittlere Teil der Siedlungsgruben war meist vollständig entkalkt, verbraunt und lessiviert. Unterhalb einer scharfen Entkalkungsgrenze beginnen noch in den Siedlungsgruben entlang von Kluftsystemen Karbonatanreicherungen, die bruchlos in die liegenden spätglazialen Sande und Geschiebemergel übergehen. Auch wenn die Entkalkung aufgrund geringerer Dichte und höherer Wasserleitfähigkeit in den Siedlungsgruben meist etwas tiefer reicht als in den lateral angrenzenden spätglazialen Sedimenten und der Karbonatgehalt der Grubenfüllungen etwas geringer gewesen sein dürfte als in den autochthonen spätglazialen Geschiebemergeln, ist die posteisenzeitliche Verbraunung und Tonverlagerung auch hier zweifelsfrei nachgewiesen.

Der untere, noch nicht vollständig posteisenzeitlich entkalkte, schwach lehmige Abschnitt der Siedlungsgruben hat einen geringeren Kalkgehalt als die umgebenden schwach lehmigen Geschiebemergel. Wahrscheinlich lag zum Zeitpunkt der Verfüllung unmittelbar neben den Gruben in Oberflächennähe bereits kalkärmeres, schwach lehmiges Substrat. Damit ist die schwache, zumindest teilweise prä-eisenzeitliche Entkalkung des Oberbodens wahrscheinlich – ein weiterer Hinweis auf das eisenzeitliche Alter der Siedlung.

Im Siedlungsbereich dominieren somit aufgrund der Befunde in der Randowniederung spätestens seit der ausklingenden Eisenzeit gebildete Parabraunerden. Diese Böden sind am unmittelbaren westlichen Rand der Siedlung und zugleich der Grundmoränenplatte heute meist vollständig abgetragen. Sie belegen, daß vereinzelt die urgeschichtlichen archäologischen Befunde (Gruben) nach Abschluß der Parabraunerdebildung, d.h. nach den hochmittelalterlichen Rodungen während des Spätmittelalters und der Neuzeit, weitgehend erodiert wurden. Die Relikte der posteisenzeitlichen und prämittelalterlichen Bodenbildung umfassen Tonanreicherungshorizonte, die sich in Geschiebemergel und Sanden bzw. in den Siedlungsgruben gebildet haben. Mit zunehmender Neigung der Geländeoberfläche am westlichen Siedlungsrand in Richtung der Randowniederung ist dieser posteisenzeitliche Boden ebenso wie der obere Teil der Siedlungsgruben vollständig abgetragen, so daß heute dort kalkhaltiger Geschiebemergel die Oberfläche einnimmt.

Archäologische Fundstätte Sollumgebung

Zwischen Siedlung und Friedhof nimmt eine kleine Delle den Mittelhang ein, die als ehemaliges, heute weitgehend verfülltes und daher nicht mehr im Oberflächenbild erkennbares Soll bezeichnet werden kann.

Die Basis des früheren Solls, die heutige flache Delle, wird von Relikten der posteisenzeitlichen Parabraunerde eingenommen: einem Tonanreicherungshorizont, der sich in Geschiebemergel entwickelt hat, und einem geringmächtigen Tonverarmungshorizont im Hangenden, der sich in glazifluvialem Sand gebildet hat. Im Dellenzentrum findet sich auf den Bodenrelikten eine andeutungsweise geschichtete Füllung des früheren Solls. Aufgrund der intensiven posteisenzeitlichen Bodenbildung ist die Genese dieses Füllmaterials nicht eindeutig zu klären. Einige Befunde deuten auf anthropogene, plaggenartige Füllprozesse hin. In Ansätzen ist die Schichtung vergleichbar mit Plaggen im Friedhofszentrum (s. u.). Allerdings ist die

Sollverfüllung (heute) weniger humos und weniger in typischer, ineinandergreifender verzahnter Plaggenschichtung verfüllt.

Das Abtragsgeschehen während des Mittelalters und der Neuzeit hat zu einer erheblichen Tieferlegung der zuvor stark reliefierten Flanken des Solls und damit zu einer weitgehenden Nivellierung der Sollumgebung geführt. Dadurch ist die posteisenzeitliche Parabraunerde hier vollständig abgetragen; Geschiebemergel steht an. Benachbarte Siedlungsgruben wurden teilweise durch die junge Abtragung zerstört.

Da das ehemalige Soll an der Basis der Ackerkrume vom Ausstrich des Tonanreicherungshorizontes gesäumt wird, wirkt diese pedogenetische Differenzierung bei bestimmten Bodenfeuchtezuständen auf das Pflanzenwachstum. Daher hebt sich im Luftbild zeitweise eine scharf begrenzte, das frühere Soll umrahmende ovale Form ab, die durch eine günstigere Wasserversorgung und damit besseres Pflanzenwachstum gekennzeichnet ist.

Archäologische Fundstätte Nekropole

Das Gräberfeld umfaßt im Südwesten Urnen- und Brandschüttungsgräber und im Nordosten ein Totenhaus, eine pavillonartige Pfostenkonstruktion, Gruben zur Aufnahme von Resten der Totenspeisungen sowie einen Waschzuber für Leichenbrand (SOMMERFELD 1997, S. 7). Im Zentrum der Nekropole finden sich Hinweise auf präbronze-eisenzeitliche holozäne Bodenbildungsprozesse: Stark humoses, schwarzerdeähnliches und vor der Bronze-Eisenzeit gebildetes Bodenmaterial wurde in Gruben gefüllt. Die Füllmassen belegen im Kuppenbereich der Grundmoränenplatte präbronze-eisenzeitliche Böden, die mächtigkeitsabhängig entweder als Pararendzinen oder Schwarzerden ausgebildet sind. Autochthone Relikte dieses Bodens sind aufgrund der (wenn auch hier nur schwachen) spätmittelalterlich-neuzeitlichen Bodenerosion und der Pflugtätigkeit nicht erhalten geblieben.

Andere Gruben wurden offenbar mit einer dem Plaggen vergleichbaren Technik verfüllt (Exkurs 3.5): Heute nur einige Zentimeter mächtige Lagen überlagern sich in einer Weise, die für eine systematische Ablage von spatengroßen Plaggen üblich ist. Wahrscheinlich waren die Lagen vor der Ablagerung, d.h. bevor sie zusammengedrückt wurden, etwas mächtiger. Der einige Zentimeter mächtige Humushorizont wurde mit dem liegenden Sand vermutlich in der Nähe des Gräberfeldes abgestochen und kopfüber abgelagert, so daß heute die scharfen früheren Oberflächen des Humushorizontes und damit der Plaggen unten und der Sand oben liegen. Diese Ablagerungstechnik beherrscht den zentralen Bereich des Gräberfeldes. Da die IRSL-Datierung (HDS 255) einer Plagge ein spätglaziales Alter erbrachte, ist eine eisenzeitliche Umlagerung von präholozänem Bodenmaterial im Block (z.B. mit einem Spaten oder einer Schaufel) ohne Belichtung sehr wahrscheinlich. Gleichzeitig belegt dieses Datum, daß das Substrat der Plaggen vor dem Abgraben nicht im Holozän belichtet wurde. Ein ackerbauliche Nutzung des Standortes, an dem die Plaggen entnommen wurden, hat offenbar nicht stattgefunden.

Zusammenfassung der Landschaftsgenese

Südwestlich von Glasow im südlichen Vorpommern wurde an der westlichen Peripherie einer an die Randowniederung grenzenden Grundmoränenplatte in der Bronze-Eisenzeit eine Siedlung angelegt und nach archäologischen Befunden etwa ein

Exkurs 3.5:

Die Plaggenwirtschaft oder vom Abplaggen und Brennen des Rasens

„Es ist dies eine, in manchem Betrachte höchst merkwürdige, in vielen Gegenden Englands (auch Frankreichs) sehr gebräuchliche Vorrichtung, altes Gras- und Weideland aufzubrechen, über deren Nutzbarkeit und Schädlichkeit die Meinungen lange getheilt gewesen sind. Ehe ich das für und wider die Sache nebeneinander stelle, und die Verhältnisse anzugeben suche, unter welchen sie zweckmäßig zu seyn scheint, will ich die Methode selbst beschreiben.

Die Soden werden einen Fuß breit und drey Fuß lang abgestochen. Es geschiehet dies in England mit einer breiten Brustschaufel. Unsre, an das Plaggenhauen gewöhnten Arbeiter, würden es vielleicht besser mit einer Plaggenhacke verrichten. Die Dicke der Soden ist gewöhnlich 1 Zoll; doch muß eine rauhe, schwammige Narbe etwas dicker, eine sehr feste, dichte, etwas flacher abgenommen werden. [...] Wo die Arbeit im Großen geschiehet, da hat man auch wohl Instrumente, um sie mit Pferden verrichten zu lassen: nemlich eine schwere Walze mit eisernen Reiffen und auf diesen ein 6 Zoll hohes starkes, schneidendes Eisen, womit das Land die Länge und die Quer überzogen und so die Soden in ihrer gehörigen Länge und Breite abgeschnitten werden. Dieser Schneidewalze folgt dann ein Pflug mit einem breiten platten Schaar, welcher den Rasen abschälet und herumwirft. [..] Dann werden sie in kleine Haufen auf die Kanten gestellet und oben zugelegt, doch so, daß eine kleine Öffnung bleibe. An der Windseite wird etwas trockenes Reisig, Heide-Kraut oder Stroh hineingestecket, um sie anzuzünden. [...] Auf das Brennen kommt sehr viel an. Es muß langsam, mehr glimmend, als in voller Flamme, geschehen. [...] Die Gluth wird durch das Hinzuwerfen frischer Rasen gedämpft und am Ende durch das Ueberwerfen von Erde gelöscht. [...] Sobald der Haufen kalt geworden, streuet man nun alles, möglichst gleichmäßig, über das Feld aus, und pflüget es ganz flach ein. [...] Gewöhnlich werden Rüben oder Rapsaat hineingesäet" (THAER 1798, S. 215ff.).

„Eine Heide, die nicht stärker beweidet wurde als nötig war, um die Baumkeimlinge zu vernichten, wurde nie durch den Tritt der Schnucken beschädigt. Sie wurde aber alt, und schließlich stirbt dann das Heidekraut seines natürlichen Alters-Todes. Schon im Alter verliert es erheblich an Nährwert, auch für die anspruchslosen Schnucken. Darum wurden früher solche zu gewordenen Heiden durch einen sehr wirksamen Eingriff verjüngt: Der Heidebauer schälte die Heide-Narbe ab, er „plaggte" sie ab, um die gewonnene moos- und flechtenreiche Streu für seine Ställe und zum Abdecken von Hausfirsten oder Mieten zu benutzen. Wo eine altersschwache Heide im Vorjahre abgeplaggt worden ist, wachsen ihre Keimlinge jetzt in voller Jugendfrische, und im nächsten Jahre werden sie in reicher Blüte stehen. Wenn eine Heide aber zu tief geplaggt wird, scheinen sehr lange bloße Stellen zu bleiben, die sich mit Flechten-Vereinen besiedeln" (TÜXEN 1976, S. 35).

Geplaggt wurde auch zur Verbesserung des Wasser- und Nährstoffhaushaltes der intensiv ackerbaulich genutzten Böden in Ortsnähe und, wie im Raum Glasow, zur Verfüllung feuchter Senken und im Friedhofsbereich.

Jahrhundert lang Ackerbau betrieben. Auf den Hängen ermöglichte eisenzeitlicher Ackerbau die teilweise Abtragung der Böden: Gemittelt über diesen ersten Siedlungszeitraum wurden ungefähr 1,5 t ha^{-1} a^{-1} verlagert und im Übergangsbereich vom Unterhang zur Randowniederung in einem kleinen Schwemmfächer akkumuliert.

Nach Aufgabe von Siedlung und Landnutzung vollzog sich unter Waldvegetation eine intensive Pedogenese, die über einen Zeitraum von wohl mehr als einem Jahrtausend zur Bildung von Braunerden bzw. Parabraunerden führte. Hochmittelalterliche Rodungen beendeten die geomorphodynamische Stabilitätsphase und ermöglichten erneut Bodenerosionsprozesse. In den beiden Ackerbauphasen des 12./13. Jh. sowie des 19. und frühen 20. Jh. lag die mittlere Bodenabtragsrate nur geringfügig über den eisenzeitlichen Werten (Tab. 3.8).

Hingegen erodierten sehr wahrscheinlich in der 1. Hälfte des 14. Jh. zwei katastrophale Starkregen und mehrere weitere kräftige Starkregen die obersten 15 cm der ackerbaulich genutzten und hängigen Böden des Einzugsgebietes. In den insgesamt 2 650 t Bodenabtrag pro Hektar dieser Zeit befanden sich (nach den überkommenen Resten) 5,5 t organischer Kohlenstoff und 0,5 t Phosphor. Der zweite der beiden Katastrophenregen legte die Oberfläche des Einzugsgebietes um fast 4 cm tiefer (Tab. 3.9).

Von etwa 1350 bis 1780 nahm Wald den untersuchten Raum ein. Intensive Waldnutzung verhinderte einen ausreichenden Bodenschutz, so daß durchschnittlich 0,9 t ha^{-1}a^{-1} Boden erodiert werden konnten. Erneut wurde das Einzugsgebiet gerodet und einer ackerbaulichen Nutzung zugeführt.

Ein Starkregen prägte das ausklingende 18. Jh. Erodiert wurden im Mittel über 4 cm des Ackerbodens.

Seit einigen Jahrzehnten nimmt ein einziger Schlag das gesamte Einzugsgebiet ein. Gemeinsam mit veränderten Fruchtfolgen hat die veränderte Flurstruktur bei wohl unveränderter Starkregenhäufigkeit die Bodenerosion dramatisch erhöht: von den mit 1,5 t ha^{-1}a^{-1} geringen Werten des 19. und frühen 20. Jh. auf die derzeit hohen 24 t ha^{-1}a^{-1} (Tab. 3.8).

Mit den vorgestellten Untersuchungen gelangen die zeitlich differenziertesten Stoffbilanzierungen in Mitteleuropa (Tab. 3.5 bis 3.9).

3.7 Untergegangene Dörfer und Städte

Die Anlage von Siedlungen verändert die Oberflächenbeschaffenheit, die Stoffdynamik und damit die Bodenentwicklung. Jedoch sind die quantitativen Wirkungen kaum bekannt. Die überwiegende Zahl der mitteleuropäischen Dörfer und Städte besteht seit sieben bis dreizehn Jahrhunderten. Die Kommunen unterlagen in dieser langen Zeit vielfältigen Wandlungen. Siedlungsböden spiegeln integrativ die gesamte Geschichte der Kommunen wider. Spezifische, kausale Zusammenhänge zwischen dörflicher bzw. städtischer Nutzung und Bodendynamik sind aufgrund der kumulierten Einflüsse kaum identifizierbar. Einen Ausweg bietet die Untersuchung von Siedlungen, die nur kurze, archäologisch gut abgrenzbare Zeiträume existierten. Zwei vergangene Orte in sehr verschiedenartiger Lage in Südniedersachsen erlauben tiefe Einblicke in die Wechselbeziehungen zwischen Siedlungsentwicklung, Landnutzung, Boden- und Reliefzustand. Das Dorf Drudevenshusen im südlichen Untereichsfeld erlebte ebenso wie die auf einem Sporn aus Sandstein gebaute Stadt Nienover im Südsolling eine Blüte im 12. und 13. Jahrhundert. Kurze Zeit später bestanden beide Orte nicht mehr.

3.7.1 Das Dorf Drudevenshusen und die Folgen der Bodenerosion

Welche Auswirkungen hatte die dramatische, in Kapitel 3.4 geschilderte Veränderung der Bodenverhältnisse für die Bevölkerung Drudevenshusens und die weitere Entwicklung seiner ländlichen Umgebung?

Die naturwissenschaftlichen Befunde belegen, daß in der 1. Hälfte des 14. Jh. in der Gemarkung des Dorfes Drudevenshusen ein Schluchtensystem entstand, zeitgleich auf den Hängen die flachgründigen Böden (nahezu) vollständig abgetragen wurden und steinreiche Schuttdecken an die Oberfläche gelangten.

Nach anthropologischen Untersuchungen von SCHULTZ (1984) an den Skeletten der hoch- und spätmittelalterlichen Bevölkerung Drudevenshusens erreichten 37% der Menschen nicht das Erwachsenenalter. Anämien wurden als Indikatoren für Mangelernährung nachgewiesen; Mittelohrentzündungen im frühen Kindesalter führten oft zu späterer Komplikationen wie Thrombosen und Meningitis; offene Feuerstellen in den Häusern verursachten über die Rauchentwicklung chronische Schleimhautreizungen und chronische Entzündungen der Nasennebenhöhlen; Hinweise auf die sehr starke Beanspruchung des Bewegungsapparates geben Verschleißerkrankungen der Gelenke.

Katstrophale Starkniederschläge, die für die Zeit von etwa 1310 bis 1340 naturwissenschaftlich nachgewiesen wurden, trafen damit auf eine körperlich stark beanspruchte Bevölkerung, die Anzeichen von Unter- oder Mangelernährung ebenso häufig aufwies wie Erkrankungen der Atemwege mit späteren, oftmals lebensgefährlichen Komplikationen. Innerhalb weniger Stunden bis Jahrzehnte wurde durch einen oder mehrere Starkregen ein erheblicher Teil der fruchtbaren Ackerböden der Gemarkung Drudevenshusen vollständig und definitiv abgetragen. Eine nachträgliche, zumindest partielle Beseitigung der Schäden durch Rückführung der abgetragenen Böden auf die Erosionsstandorte, die im 17. und 18. Jh. in der zeitgenössischen Agrarliteratur empfohlen wird (s. Kap. 5.3), war offenbar nicht möglich. Wahrscheinlich war der erodierte Boden zu weit verlagert, um ihn mit vertretbarem Aufwand zurücktransportieren zu können. Schließlich könnten einige Erosions- und Akkumulationsstandorte verschiedene Besitzer gehabt haben; ein Rücktransport war in diesen Fällen wohl kaum möglich.

Mißernten und Hungersnöte dürften die zwangsläufige Folge der außergewöhnlichen Witterungs-, Abfluß- und Bodenerosionsereignisse gewesen sein. Besonders die zweite Dekade des 14. Jh. und das Jahr 1342 waren nach Schriftquellen in weiten Teilen Mitteleuropas von extremen Starkregen, Bodenerosion, Ertragsdepressionen und Hungersnöten betroffen (s. Kap. 4.1, 5.3). So verwundert nicht, daß Drudevenshusen letztmalig 1341 als Dorf schriftlich erwähnt wurde (LAST 1985, S. 15). Bereits 1434 wird der Ort als Wüstung bezeichnet – Drudevenshusen ist also zwischen 1341 und 1434 wüstgefallen. Der erosionsbedingte Verlust weiter Teile der Ackerflur der Gemarkung in der 2. Hälfte des 14. Jh. dürfte auch die Aufgabe des Dorfes Drudevenshusen verursacht oder zumindest beschleunigt haben.

Die paläogeoökologischen Belege und die daraus abgeleitete Analyse der Siedlungsaufgabe stehen im Einklang mit den archäologischen Grabungs- und Kartierungsbefunden (STEPHAN 1985). Danach nahm die mittelalterliche Siedlung maximal ein Areal von 120 m Länge und 230 m Breite ein. Vereinzelte frühmittelalterliche Keramikfragmente deuten darauf hin, daß bereits in der Karolingerzeit mehrere Höfe existiert haben dürften. Der Kirchenstandort am östlichen Ende der Siedlung auf einem damals markanten Rücken blieb während des gesamten Mittelalters unverändert. Die älteste vorgefundene, nicht genau zeitlich faßbare Kirche wurde bereits in Stein ausgeführt. Dieser Bau wurde wahrscheinlich in der 1. Hälfte des 13. Jh. durch ein Gebäude in Steinmassivbauweise ersetzt, dessen begrenzte Existenz eingangs Erwähnung fand. Die Belegung des Friedhofes, die im 9. Jh. einsetzte, brach im 15. Jh. ab.

Für Drudenvenshusen und seine Gemarkung gelang damit erstmals der Nachweis des Kausalzusammenhanges zwischen Siedlungsentwicklung, dem Gesundheitszustand der Bevölkerung eines Dorfes und den sich wandelnden Witterungsverhältnissen, Boden- und Reliefbedingungen. Nicht eine Fehlsiedlung, sondern vielmehr der rasche und unwiederbringliche, witterungsbedingte großflächige Verlust der fruchtbaren, wenn auch geringmächtigen Bodendecke war zweifellos die Ursache für die Flurwüstung im Süden der Gemarkung und wohl auch (eine oder die) Ursache der urkundlich bezeugten Aufgabe des Ortes zwischen 1341 und 1434. Unklar bleibt die Ursache der Häufung extremer Starkregen in der 1. Hälfte des 14. Jh. Ein indirekter anthropogener Einfluß ist auch hier nicht auszuschließen. Veränderten die Ausräumung und intensive ackerbauliche Nutzung weiter Teile Mitteleuropas und nicht nur Südniedersachsens den regionalen Wasserhaushalt und damit das Klima?

3.7.2 Die Stadtwüstung Nienover – anthropogene Reliefgestaltung

Die Anlage der Stadt Nienover veränderte das ursprüngliche, schwach ausgeprägte Kleinrelief eines Landschaftsausschnittes unweit der Ortschaften Polier und Amelith im Südsolling stark. Spätere Bodenverlagerungen überdeckten und konservierten Relikte der städtischen Bebauung und der Befestigungsanlagen – das Buch des Bodens wurde jetzt aufgeschlagen, die Stadtgeschichte archäologisch und naturwissenschaftlich rekonstruiert. Begleitend zu einer unter der Leitung von H.-G. STEPHAN stehenden archäologischen Grabung des Seminars für Ur- und Frühgeschichte der Universität Göttingen, wurden von H.-R. BORK, P. VAN DORSTEN, A. ERBER und R. KORBMACHER, alle Institut für Geographie und Geoökologie der Universität Potsdam, im Sommer 1997 paläogeoökologisch-bodenkundliche Untersuchungen an der westlichen Peripherie der vergangenen Stadt Nienover vorgenommen (STEPHAN 1995a, 1997; BORK et al. 1997c; zur Lage s. Tab. 3.1).

Im 12. Jh. entstanden Schloß und Stadt Nienover im Südsolling auf einem südexponierten Sandsteinsporn, der an den Flanken lößbedeckt und mehrere Jahrhunderte agrarisch genutzt worden war. Die Existenz des Ortes, mutmaßlich des Schlosses Nienover, wird zum Jahre 1144 erstmals schriftlich erwähnt; nach den Bodenfunden war die Stadt Nienover Anfang des 14. Jh. bereits weitgehend eine Wüstung (STEPHAN 1997). Die gesamte siedlungsbedingte Umgestaltung der Oberfläche, der Sedimente und Böden vollzog sich damit in einem kurzen, gut abgrenzbaren Zeitabschnitt. Die Veränderung eines Landschaftsausschnittes durch eine städtische Bevölkerung kann also zeitlich und räumlich exakt rekonstruiert und interpretiert werden.

Am Westrand der Stadt wurde vom Ende der Bebauung über den Stadtwall, den Stadtgraben und ein Wölbackersystem ein 62 m langer und bis zu 2,5 m tiefer Schnitt angelegt (Abb. 3.35). Dieser Aufschluß offenbart zahlreiche Entwicklungsschritte (Abb. 3.36).

Die präquartäre Entwicklung umfaßt die Bildung und Formung des Ausgangsgesteins. Im mittleren Buntsandstein wurden rötliche fluviale Sande und limnische Schluffe sowie Tone abgelagert. Die Sedimente der mittleren Buntsandsteinzeit wurden im weiteren Verlauf des Mesozoikums mit mächtigen Ablagerungen überdeckt und diagenetisch zu Sand-, Schluff- und Tonsteinen verfestigt. Tektonische Hebungen und Verformungen schlossen sich an. Im Tertiär wiederholten sich mehrfach Prozesse der flächenhaften Verwitterung und der Abtragung.

Im Pleistozän wurde das heutige Großrelief geformt. Verwitterungsprozesse der Sand- und Schluffsteine des Buntsandsteins kennzeichneten die Warmzeiten und fluviale sowie gelisolifluidale Abtragung die Kaltzeiten. Wahrscheinlich im Weichsel-Hochglazial wurde Löß in einer Mächtigkeit von mehreren Dezimetern angeweht. Gelisolifluktion bewegte die Sand- und Schluffsteinverwitterungsdecken sowie die Lösse hangabwärts. Die periglazialen Prozesse lagerten im Weichsel-Spätglazial eine Gelisolifluktionsdecke in stark schwankender Mächtigkeit (bis über 1 m mächtig) ab. An wenigen Positionen bewegte sich dabei Material aus den Sand- und Schluffsteinverwitterungsdecken in Mächtigkeiten von wenigen Zentimetern über Löß. Polygonale Strukturen verschiedener Durchmesser entstanden im spätglazialen Permafrost, darunter

- Eiskeilpseudomorphosen mit Weiten von mehreren Dezimetern und Tiefen über 0,5 m in unregelmäßigem Horizontalabstand sowie
- kleinere Rißnetze mit Polygonweiten von meist 0,3 – 0,5 m.

Hinweise auf die altholozäne Entwicklung des Profilschnittes Nienover fehlen. Beginnende menschliche Eingriffe zeigt das früheste nacheiszeitliche Sediment an: Ein Kolluvium und damit der eindeutige Beweis für Ackerbau wurde mit kleinen angerundeten, nach H.-G. Stephan atypischen neolithischen bis frühmittelalterlichen Keramikfunden und Flintabschlägen abgelagert. Intensive Tonverlagerung führte später in diesem Kolluvium zu einer starken Tonverarmung. Zahlreiche tonverarmte und gebleichte Keile mit Rosträndern reichen tief in den liegenden Tonanreicherungshorizont. Art und Intensität der pedogenen Überprägung belegen, daß das älteste Kolluvium sicher prävölkerwanderungszeitlich und damit entweder neolithisch, bronze- oder eisenzeitlich ist. Die intensive Bodenbildung vollzog sich auch im seitlich und unter dem urgeschichtlichen Kolluvium anstehenden solifluidal verlagerten Löß – hier stark angelehnt an die periglazialen, polygonalen Porensysteme. Im zentralen Profilbereich entwickelte sich damit eine Pseudogley-Parabraunerde. Im östlichen Profilabschnitt ermöglichte die flache Lößdecke lediglich die Bildung einer geringmächtigen Parabraunerde. Diese Pedogenese setzte frühestens im Neolithikum, spätestens in der Eisenzeit ein und endete mit den frühmittelalterlichen Rodungen.

Zunächst landwirtschaftliche Nutzung und anschließend die Entstehung und Zerstörung der Stadt Nienover prägten das Mittelalter. Ackerbau und schwache flächenhafte Bodenerosion kennzeichneten das Frühmittelalter und das beginnen-

Abb. 3.35: Grabung Nienover – Übersicht zum Grabungsschnitt. Die Stufe markiert den ehemaligen Stadtwall am Westrand der Stadtwüstung Nienover.

de Hochmittelalter. Mit Ausnahme des östlichsten Profilbereiches wurden der Humus- und der Tonverarmungshorizont vollständig abgetragen. Der Hang wurde letztmals vor der Anlage der Stadt gepflügt. Unter dem Stadtwall blieb der Pflughorizont und damit die Geländeoberfläche des 12. Jh. erhalten (Abb. 3.37, 3.38). Der Pflughorizont war im oberen Teil des in Löß gebildeten Tonanreicherungshorizontes angelegt. In der 2. Hälfte des 12. Jh. wurden ein etwa 2,5 m hoher und an seiner Basis 10 m breiter Stadtwall aufgeschüttet und ein 2,5 m tiefer Stadtgraben angelegt (Abb. 3.36). Die Wallinnenseite enthielt Kulturschutt mit Keramikbruch vornehmlich aus der Zeit um 1150 bis 1200.

Aus der heutigen Wallhöhe und der im Aufschluß gut erkennbaren größten Tiefe des verfüllten Stadtgrabens ergibt sich eine Höhendifferenz von 9,1 m. Zum Zeitpunkt der Anlage lag das Wallhöchste nach einer Detailrekonstruktion der heutigen Lagerungsverhältnisse des Walles annähernd 9,6 m über dem Grabentiefsten (Abb. 3.36).

Der systematische Wallaufbau wurde exakt aufgenommen. Demnach wurde zunächst der damals die Bodenoberfläche einnehmende, bis zu 16 cm mächtige Pflughorizont am westlichen Rand des späteren Walls gestört. Westlich des späteren Walls wurden verdichtetes Pflughorizontmaterial und die ebenfalls verdichteten obersten Zentimeter des liegenden Tonanreicherungshorizontes abgegraben und am westlichen Wallrand aufgeschichtet. Darüber wurde Material aus nicht verdichtetem, umgelagertem, in Löß gebildetem Tonanreicherungshorizont mit einzelnen tonverarmten Flecken gelegt. Danach wurde stadtseitig eine Folge von drei Schutt-

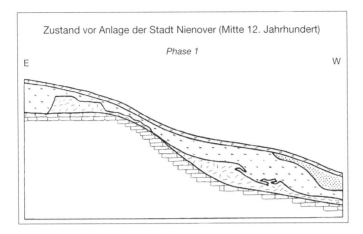

Zustand vor Anlage der Stadt Nienover (Mitte 12. Jahrhundert)

Phase 1

E   W

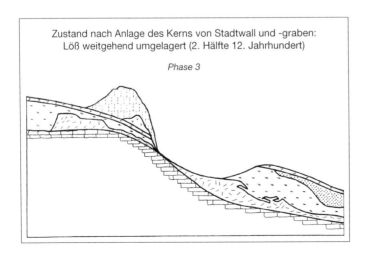

Zustand zum Beginn der Anlage von Stadtwall und -graben:
Pflughorizont teilweise umgelagert (2. Hälfte 12. Jahrhundert)

Phase 2

Zustand nach Anlage des Kerns von Stadtwall und -graben:
Löß weitgehend umgelagert (2. Hälfte 12. Jahrhundert)

Phase 3

Abb. 3.36:
Mittelalterliche Entwicklung des westlichen Randes der Stadtwüstung Nienover (2,5fach überhöht)
Quelle: BORK et al. (1997c), verändert

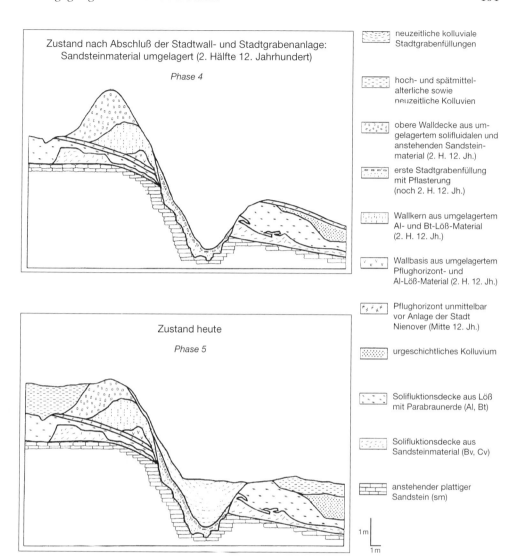

decken mit drei lößreichen Schichten abgelagert. Die Lagerungsverhältnisse der Schuttdecken belegen, daß bis heute etwa 0,5 m vom Wallhöchsten abgetragen wurden – das fehlende Material liegt am heutigen Steilabhang, der vom Wall zum verfüllten Stadtwall führt. Zur Anlage des Stadtgrabens wurden die Fließerde vollständig und der liegende plattige Sandstein mehrere Dezimeter tief abgetragen.

Wohl um 1200 vollzog sich die erste partielle Verfüllung des Stadtgrabens mit vorwiegend rötlichem, lehmigem Material und einigen vorwiegend kleineren Sandsteinen. Diese Phase endete mit der sorgfältigen oberflächenparallelen, eine ausgeprägte Delle nachzeichnenden Verlegung von Sandsteinplatten. An der Basis der ersten Grabenfüllung lagen Keramikfragmente, Zähne von Wiederkäuern und einzelne Holzkohlestückchen (Abb. 3.36, 3.37).

Die Ablagerung von Kolluvien begann im Westen des Profilschnittes nach Keramikdatierungen bereits in der 2. Hälfte des 12. Jh., möglicherweise parallel zur Wallanlage. Die Akkumulation der Kolluvien westlich des Stadtgrabens ist vermutlich auf eine mit der Anlage der Stadt einhergehende Nutzungsänderung zurückzuführen: Die ackerbauliche Nutzung wurde wohl von einer Grünlandnutzung abgelöst, die am stark geneigten Mittelhang das Auskämmen von Sediment während einiger Starkniederschläge mit Abfluß auf der Bodenoberfläche ermöglichte. Wahrscheinlich nach Aufgabe der Stadt wurde der Ackerbau wieder aufgenommen. Die spezifische Bodenbearbeitung und die Form der Äcker führten dann über viele Jahrzehnte zum Aufpflügen von langen flachen, ungefähr in Gefällsrichtung orientierten Wölbungen, sog. Wölb- oder Hochäckern. Weitere Unterbrechungen des Ackerbaus westlich des ehemaligen Stadtgrabens z. B. durch

Abb. 3.38: Grabung Nienover – trittverdichteter Pflughorizont unter dem Stadtwall

Grünlandwirtschaft oder Waldbau bzw. -weide sind nicht nachzuweisen; kontinuierlicher Ackerbau bis zur jüngsten (rezenten) Grünlandnutzung ist wahrscheinlich.

In der Neuzeit wurden die beschriebenen Relikte der mittelalterlichen Siedlung und Ackerflur nahezu unverändert konserviert.

Die zweite Phase der partiellen Verfüllung des Stadtgrabens mit vorwiegend rötlichem, lehmigem Material, wenigen kleinen Sandsteinen und einzelnen, auf Brände hinweisenden Holzkohlelagen datiert nach Keramikfunden in die Frühneuzeit.

Die dritte, noch in die Frühneuzeit zu stellende Phase der Verfüllung des Stadtgrabens mit hellem, schluffreichem, lößbürtigem Material wurde im Gegensatz zu den ersten beiden Verfüllungen nicht von Menschenhand ausgeführt. Vielmehr traten nördlich des Profilschnittes am Stadtgraben Bodenerosionsprozesse auf. Das dort im Ackerland abgetragene Material wurde im Bereich des Aufschlusses im nunmehr flachen Stadtgraben sehr wahrscheinlich in Grünland ausgefiltert und allmählich aufsedimentiert. Die dritte Verfüllung wurde nicht durch spätere anthropogene Aktivitäten (z.B. Grabtätigkeit im Gartenland oder Pflügen im Ackerland) verändert, sie behielt ihre ursprüngliche sedimentäre Struktur (Abb. 3.36, 3.38).

Homogenes, humosbraunes, lehmiges, lößbürtiges und steinarmes Kolluvium wurde in der vierten Phase der Stadtgrabenverfüllung abgelagert – wahrscheinlich nördlich hangaufwärts durch Bodenerosion abgelöstes Lößmaterial, das im Bereich des Aufschlusses in Grünland ausgefiltert wurde, allmählich aufsedimentierte und anschließend in der jüngeren Neuzeit durch Pflugtätigkeit homogenisiert wurde.

In den letzten Jahrzehnten des 20. Jh. entwickelte sich unter Dauergrünland ein Humushorizont; die Oberfläche wurde so völlig vor Abtragung geschützt.

3.8   Talauen: die Summation menschlichen Wirkens

In den Talauen spiegelt sich das Handeln des Menschen im Einzugsgebiet als räumlicher Summeneffekt wider. Sie sind daher besonders für Aussagen über flächenhafte Wirkungen der Landnutzung geeignet. Die jüngste Entwicklung einiger kleiner Täler wurde in den vorausgehenden Abschnitten vorgestellt. Zum Beleg, daß diese Beispiele keine Einzelfälle und nicht nur für das südliche Niedersachsen und den Nordosten Deutschlands gültig sind, wird die holozäne Genese einiger weiterer Täler mit Einzugsgebieten von wenigen Hektar bis über 100 000 km^2 kurz dargelegt.

3.8.1   Die nacheiszeitliche Formung oberhessischer Tiefenlinien

Ein Nebental des Welschbaches in Oberhessen

Im Neolithikum rodeten Menschen erstmals Gebiete in der Umgebung von Lützellinden (heute ein Stadtteil von Gießen), um Ackerbau betreiben zu können. Auf den vereinzelten Ackerflächen wurde die Bodenbildung unterbrochen. Wahrscheinlich hatten die Ackerflächen von der Jungsteinzeit bis zur Römerzeit nur eine geringe Ausdehnung. Nährstoffmangel führte binnen weniger Jahre zu starken Ertragsminderungen, zur Aufgabe der alten Ackerflächen und zu Neurodungen in der Umgebung. Aufgrund der geringen Ausdehnung der Ackerflächen konnten Gewitterregen nur wenig Boden abspülen und auf flachen Unterhängen und in den Talauen ablagern.

Hinweise auf urgeschichtlichen Ackerbau finden wir im Nordwesten des Oberwaldes (zur Lage s. Tab. 3.1). Dieses Gebiet wurde im Rahmen eines Geländepraktikums des Instituts für Geographie und Geoökologie der Technischen Universität Braunschweig im Sommer 1988 unter der Leitung von H.-R. Bork, H. Bork und H. Hensel untersucht. Im Oberwald wurden in einem Nebental des Welschbaches mehrere Gruben ausgehoben (Abb. 3.39, 3.40, 3.41, 3.42). Die Ablagerungen wurden analysiert und aufgenommen. Die wichtigsten Ergebnisse dieser Arbeiten sind in Abbildung 3.43 wiedergegeben. Abbildung 3.42 verdeutlicht, daß der Osten des Nebentales weitaus steiler als der Westen ist. Der tiefste Teil des Tälchens wird von einer kleinen Kerbe eingenommen, an deren Flanken kleinflächig Reste einer Terrasse erhalten geblieben sind (Abb. 3.42, 3.43). Im Osten des Tales liegen verwitterte, in der letzten Kaltzeit durch Bodenfließen umgelagerte Grauwacken an der Oberfläche. Auf der gegenüberliegenden, flacheren Talseite wurden mehrere Meter mächtige, feinkörnige Ablagerungen gefunden. Die Untersuchungen ergaben, daß sich eine mehr als 2 m tiefe Kerbe in umgelagerte Grauwacken (kaltzeitliche Fließerde) eingeschnitten hat. Die Kerbe wurde mit einem Kolluvium aus umgelagertem kalkhaltigem Löß verfüllt (M3 in Abb. 3.43). In diesem Sediment wurden von H.-G. Stephan in die Bronze- bis Eisenzeit datierte Keramikbruchstücke gefunden.

Abb. 3.39: Oberer Abschnitt der Kerbe im Nebental des Welschbaches bei Gießen-Lützellinden

Damit sind für diesen Teil des Oberwaldes Rodungen und Ackerbau in der Bronze- oder Eisenzeit belegt. In den urgeschichtlichen Ablagerungen hat sich nach dem Ende des Ackerbaus unter Wald ein kräftiger Boden – eine heute stark vergleyte Parabraunerde – entwickelt. Zumindest die tieferen Lagen des Tälchens wurden im Mittelalter erneut gerodet. Damit waren abermals die Voraussetzungen für Bodenerosion gegeben, und ein Kolluvium lagerte sich ab (M1 in Abb. 3.43). Darin hat sich anschließend während stärkerer Niederschläge eine kleine Kerbe eingeschnitten, die im heutigen Oberflächenbild gut zu erkennen ist (Abb. 3.43). Mangels Keramikfunden konnte das Alter der mittelalterlich-neuzeitlichen Kerbe nicht genauer eingegrenzt werden.

Kerben an der Wurzel des Zechbaches

Die Suche nach datierbaren Kerben wurde daher in anderen Teilen der Gemarkung Lützellinden fortgesetzt. Etwa 150 m südlich des Flugplatzes wurde eine von der Wart in nordöstlicher Richtung zum Zechbach verlaufende, in Abbildung 3.44 sichtbare Delle aufgegraben. Das aufgenommene Profil ist in Abbildung 3.45 dargestellt. An der Basis des Profils, etwa 3 m unter der heutigen Oberfläche, stehen Sande an. Darüber folgt ein mehr als 2 m mächtiges, kalkhaltiges Schwemmlößpaket, das wahrscheinlich gegen Ende der letzten Kaltzeit hier abgelagert wurde. Im Schwemmlöß fanden sich zahlreiche Sand- und Feinschotterlagen. Die Feinschotter setzen sich vorwiegend aus Grauwackenschiefern, Tonschiefern, Grauwacken und

Quarziten zusammen. Darüber hinaus finden sich einige Lößkindel, d.h. kleine feste, oft figurenförmige Kalkausscheidungen, und zahlreiche Basalte.

Im Holozän hat sich im Schwemmlöß eine Parabraunerde entwickelt (SCHÖNHALS 1996). Sie wurde im Mittelalter im Bereich der Delle vollständig abgetragen, so daß wir in Abbildung 3.45 keine Reste des nacheiszeitlichen Bodens mehr finden können. Vergleiche mit vollständigeren Böden in der Umgebung zeigen, daß die Parabraunerde mehr als 1,5 m mächtig war. Demnach ist diese Mächtigkeitsangabe als Mindestbetrag für die flächenhafte mittelalterlich-neuzeitliche Bodenerosion anzusehen.

Am südöstlichen Rand des Profils ist ein alter Pflughorizont aufgeschlossen (fIAp in Abb. 3.45). Im übrigen Teil des Profils haben heftige Starkregen zur Einschneidung mehrerer, bis zu 2 m tiefer Kerben geführt und dadurch den alten Pflughorizont und die unter diesem befindlichen Schichten des Schwemmlösses abgetragen. Die entstandenen steilen Kerbenwände kollabierten wie in der Rüdershäuser Wölbackerflur rasch: Größere und kleinere Blöcke brachen an den steilsten Partien ab

Abb. 3.41:
Grabung im Nebental des
Welschbaches bei Gießen-
Lützellinden – Lage der
untersuchten Profile

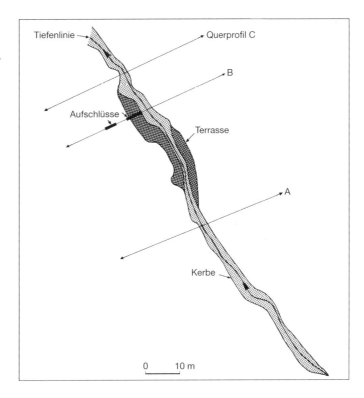

Abb. 3.42:
Grabung im Nebental
des Welschbaches bei
Gießen-Lützellinden –
Reliefsituation in
Querprofilen

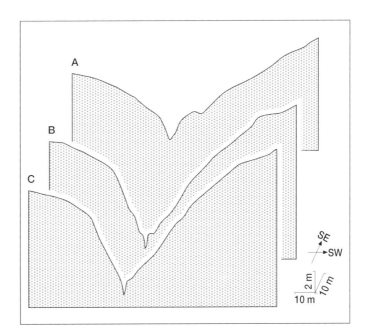

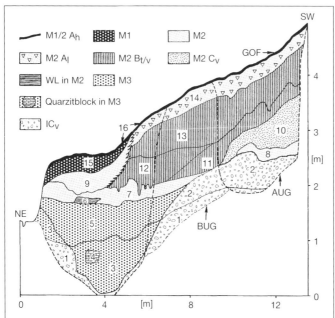

Abb. 3.43:
Grabung im Nebental des Welschbaches bei Gießen-Lützellinden – Grabungsschnitt durch Tal, Terrasse und Unterhang

16 (M1/2 Ah)	Humushorizont an der rezenten Geländeoberfläche
15 (M1)	spätmittelalterlich-frühneuzeitliches Kolluvium
14 (M2 Al)	Tonverarmungshorizont in jüngerem urgeschichtlichem Kolluvium
13 (M2 Bt1)	kräftig ausgeprägter Tonanreicherungshorizont in jüngerem urgeschichtlichem Kolluvium
12 (M2 Bt2)	schwach ausgeprägter Tonanreicherungshorizont in jüngerem urgeschichtlichem Kolluvium
11 (M2 Bv)	Verbraunungshorizont in jüngerem urgeschichtlichem Kolluvium
10 (M2 Cv)	kalkhaltiges jüngeres urgeschichtliches Kolluvium
9 (M2)	kalkfreies jüngeres urgeschichtliches Kolluvium
8, 7 (M2 Go)	Oxidationshorizont in jüngerem urgeschichtlichem Kolluvium
6 (WL in M2)	wechsellagernde schluffige und lehmige Schichten im jüngeren urgeschichtlichen Kolluvium
5 (M3 Gor)	Reduktions-Oxidationshorizont in älterem urgeschichtlichem Kolluvium
4 (Quarzit in M3)	Quarzitblock in älterem urgeschichtlichem Kolluvium
3 (M3 Gr)	Reduktionshorizont in älterem urgeschichtlichem Kolluvium
2 (ICv Gor)	Reduktions-Oxidationshorizont in kaltzeitlicher Fließerde
1 (Icv Gr)	Reduktionshorizont in kaltzeitlicher Fließerde
GOF	Geländeoberfläche
AUG	Aufschlußuntergrenze
BUG	Untergrenze des abgebohrten Bereiches
M3, M2	urgeschichtliche Kolluvien aus umgelagertem kalkhaltigem Löß (nach Keramikdatierungen bronze-eisenzeitlich)
M1	spätmittelalterlich-frühneuzeitliches Kolluvium aus umgelagerter völkerwanderungszeitlicher Parabraunerde

und rutschten auf die Sohlen der Kerben. Viele schwache Niederschläge führten danach zur Ablagerung von geschichteten, hellen und braunen, lehmigen Schluffen, von Sanden und Feinschottern (Abb. 3.46, 3.47). Schließlich wurden die Kerben mit homogenem, feinem Matderial vollständig verfüllt (M1 und M2 in Abb. 3.45). Wann rissen die Kerben ein, wann wurden sie verfüllt? Aufschluß hierüber geben die zahl-

Abb. 3.44: Grabung auf der Wart bei Gießen-Lützellinden – Reliefsituation

reichen, von H.-G. STEPHAN datierten und angesprochenen Funde in den Kerbenfüllungen, darunter
- ein Fragment gelber Irdenware aus dem 12. oder 13. Jh. in 85 cm Tiefe,
- mehrere Bruchstücke überwiegend oxidierend gebrannter Irdenware aus dem 12.
  bis 14. Jh. in 160 bis 167 cm Tiefe,
- zwei Fragmente hart gebrannter, gelbgraugefleckter Irdenware aus dem 12. bis
  15. Jh. in 100 cm Tiefe,
- ein völlig zersetztes, fingernagelgroßes frühneuzeitliches Fragment eines Flach-
  glases aus Waldglas in 66 cm Tiefe,
- ein fingernagelgroßes Schulterfragment eines kleinen Holzgefäßes mit Rillende-
  kor und einer braunroten Sinterengobe (Imitat eines Steinzeugtopfes in Irden-
  warenqualität) in 90 cm Tiefe aus dem 15. bis 18. Jh.,
- mehrere Fragmente hart gebrannter Irdenware aus dem 16. bis 18. Jh. in 80 bis
  90 cm Tiefe,
- das Fragment eines bemalten gelben, abgesetzten Standbodens einer Schüssel
  oder eines Tellers mit weißer Engobe und rotbraunem Malhorndekor unter einer
  transparenten Bleiglasur aus dem 17. bis 18. Jh. in 70 cm Tiefe,
- eine barockzeitliche Schuhschnalle in 75 cm Tiefe sowie
- ein Fragment oxidierend gebrannter, gelber Irdenware mit farbloser Bleiglasur
  auf der Innenseite, auf rote Engobe aufgebracht, das im 18. oder 19. Jh. hergestellt
  und in 37 cm Tiefe gefunden wurde.

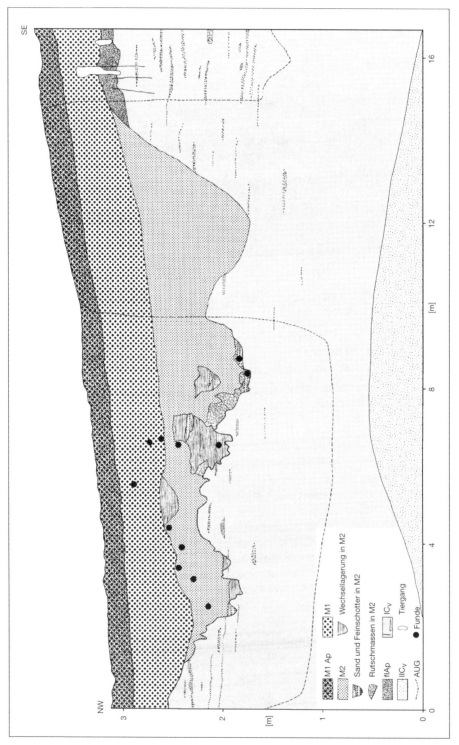

Abb. 3.45: Grabung auf der Wart bei Gießen-Lützellinden

Erläuterungen zu Abb. 3.45 (links):

M1 Ap	rezenter Pflughorizont
M1	homogenes, flächenhaft verbreitetes braunhumoses Kolluvium (17.–19. Jh.)
M2	homogene braunhumose Kerbenfüllung (an der Basis spätmittelalterlich, im oberen Teil frühneuzeitlich)
Wechsellagerung in M2	in den Kerbenfüllungen abgelagerte helle Schluff- und braune Lehmbänder
Sand und Feinschotter in M2	in den Kerbenfüllungen abgelagerte Sand- und Feinschotterlagen
Rutschmassen in M2	von den steilen Wänden in die Kerben gerutsche Bodenmassen
flAp	begrabener spätmittelalterlicher Pflughorizont
ICv	schwach kalkhaltiger Schwemmlöß mit vereinzelten Sand- und Feinschotterlagen
IICv	Sande
AUG	Aufschlußuntergrenze, außerhalb liegende Bereiche wurden abgebohrt

Abb. 3.46:
Grabung auf der Wart bei
Gießen-Lützellinden –
Kerbtalfüllung

Abb. 3.47: Grabung auf der Wart bei Gießen-Lützellinden – Rutschmassen und geschichtete Sedimente an der Basis der Kerbtalfüllung

Aufgrund der Funde ist davon auszugehen, daß die Kerben im 12. bis 14. Jh. entstanden sind, unmittelbar danach Material abrutschte bzw. in die unteren, heute in Tiefen von mehr als 100 cm liegenden Teile der Kerben gespült wurde. Die Sedimente in 50–80 cm Tiefe unter der heutigen Oberfläche datieren in das 17. oder 18. Jh., die oberen 4 dm in das 18. bis 19. Jh.

Etwa 1 km talabwärts wurde am Zechbach eine ebenfalls spätmittelalterliche Kerbenfüllung nachgewiesen. Wahrscheinlich haben sich sämtliche kleineren Fließgewässer in der Gemarkung Lützellinden im späten Mittelalter stark in ihre Umgebung eingeschnitten. Nach den vorgestellten Bodenuntersuchungen in Niedersachsen und Nordostdeutschland sowie zeitgenössischen Schriftquellen ist wahrscheinlich, daß auch die verfüllten oberhessischen Kerben in der ersten Hälfte des 14. Jh. durch wenige, außergewöhnliche Starkregen entstanden. Die heute im Relief sichtbare Kerbe des Zechbaches entstand im 17. oder 18. Jh. Diese Einordnung ist wahrscheinlich, da die Kerbe bereits in Karten aus dem frühen 19. Jh. in der heutigen Form dargestellt ist und sie andererseits in Kolluvien eingeschnitten wurde, deren oberer Teil erst in der frühen Neuzeit abgelagert worden war.

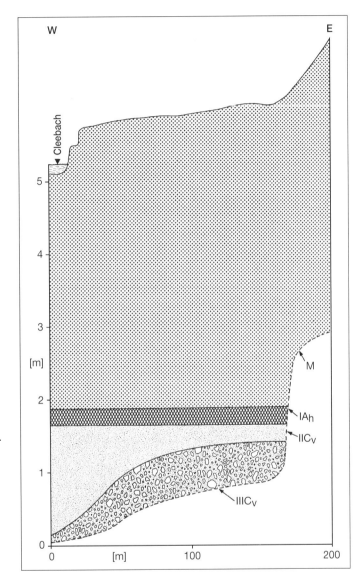

Abb. 3.48:
Profil durch die Cleebach-
aue in der Gemarkung
Gießen-Lützellinden

M   spätmittelalterlich-
     neuzeitliche Auen-
     sedimente
I Ah im Alt- und Mittel-
      holozän in sandig-
      schluffigen Auen-
      sedimenten gebilde-
      ter Humushorizont
II Cv kaltzeitliche Sande
       der Niederterrasse
       des Cleebaches
III Cv kaltzeitlicher Schot-
       terkörper der Nie-
       derterrasse des
       Cleebaches

Mächtige spätmittelalterlich-neuzeitliche Sedimentation in der Aue des Cleebaches

Der Osten der Gemarkung Lützellinden wird vom Cleebach durchflossen, einem
Nebenfluß der Lahn. In der Aue des Cleebaches fanden H.-R. BORK und H. HENSEL
auf einer Horizontaldistanz von etwa 400 m in einem Aufschluß und mehreren
Bohrungen ausgedehnte, 2–4 m mächtige, homogene humose und feinkörnige
Ablagerungen mit Keramikbruch in allen Tiefen (Abb. 3.48). Datierungen ergaben,
daß der untere Teil der Auensedimente in das Spätmittelalter und der obere in die
Neuzeit zu stellen ist. Unmittelbar unter den spätmittelalterlich-neuzeitlichen Auen-
feinsedimenten steht ein stark humoser Boden an, der im Zeitraum vom Beginn

der Nacheiszeit bis zum Mittelalter an der damaligen Oberfläche gebildet wurde (Abb. 3.48). Dieser Boden liegt über fluvialen Sanden und Schottern, die der Clee-bach gegen Ende der letzten Kaltzeit hier abgelagert hat.

3.8.2　Pedimentation bei Desingerode

Linienhafte Bodenerosion hat während Mittelalter und Neuzeit häufig Strukturen geschaffen, die zwar erheblich vom typischen V-förmigen Querprofil abweichen, jedoch aus diesem hervorgegangen sind: tief eingesenkte, breite, von intensiver Sei-tenerosion geschaffene Talböden.

Besonders beeindruckend, obgleich im heutigen Oberflächenbild nicht mehr er-kennbar, ist der 2,5 m tief eingesenkte, breite Talboden bei Desingerode im Unter-eichsfeld (zur Lage s. Tab. 3.1). Eine Vielzahl engständiger Bohrungen wurde in zwei Querprofilen von H.-R. BORK und H. HENSEL quer zu einer westlich von Desingerode verlaufenden Tiefenlinie niedergebracht.

Die Auswertung der Bohrprofile zeigte, daß offenbar der Abfluß eines (oder meh-rerer) Starkregen zunächst zum Einreißen einer 2,5 m tiefen Kerbe in der Tiefen-linie geführt hatte. An den Unterhängen schnitten sich dann rückschreitend, aus-gehend von diesem Vorfluter, viele kurze Kerben ein. Da die Erosionsbasis erreicht wurde und keine weitere relevante Tiefenerosion mehr möglich war, führte der fortgesetzte starke Abfluß auf der Bodenoberfläche zwangsläufig zu starker late-raler Erosion im Tiefenbereich, d.h. zu einer Versteilung und Rückverlegung der Kerbenwände durch die Abflußmassen, die talabwärts entlang der Tiefenlinie strömten. Resultat dieser Erosionsprozesse war ein breiter eingeebneter Talboden, ein Talbodenpediment (s. Glossar). Die von den Hängen herabstürzenden Wasser-massen verursachten eine hangwärtige Rückverlegung der Kerbenwände. Die Kerbenböden auf den Unterhängen verbreiterten sich und wuchsen zusammen. Es entstand dadurch eine leicht von der Haupttiefenlinie zum Hang hin ansteigende Abtragungsfläche, die die liegenden Bodenhorizonte und die pleistozänen Sedi-mente diskordant kappte – ein Hangpediment (vgl. BORK 1983c, Abb. 16, 17). Die zurückverlegte Mikropedimentationsstufe war stark zerlappt. Die ausgeprägte Zer-lappung und die Sedimente, die die Stufe aufbauten, und diejenigen, die sie verschütteten, unterscheiden die Mikropedimentationsstufe völlig von Stufen an-derer Genese (z.B. von Ackerterrassen). Auf dem etwa 50 m breiten Hangpediment bei Desingerode lag etwa 15 m von der Stufe entfernt ein von der Flächenbildung noch nicht vollständig aufgezehrter, bis 1,8 m aus der Fläche aufragender Auslie-ger – ein weiteres eindeutiges Merkmal der Hangpedimentation (ROHDENBURG 1969, 1977). Mit den unmittelbar über dem Pediment in den dort akkumulierten Sedi-menten gefundenen Keramikfragmenten konnte die Bildung der Fußfläche in das 14./15. Jh. datiert werden. Die Gleichzeitigkeit der Pedimentationsprozesse mit den extremen Niederschlags-, Abfluß- und Bodenerosionsereignissen der 1. Hälfte des 14. Jh. in der benachbarten Gemarkung Drudevenshusen oder der weiter entfern-ten Umgebung von Coppengrave ist sehr wahrscheinlich.

Nicht nur westlich von Desingerode konnte diese Art der spätmittelalterlichen Flächenbildung nachgewiesen werden. Bereits 1979 wurde ein Pediment an der

Mordmühle bei Lindau (Landkreis Göttingen) beschrieben (BORK & ROHDENBURG 1979). Aber auch in zahlreichen anderen, meist kleineren Tälern fanden sich ausgedehnte, manchmal mehrere Kilometer lange und viele Zehner von Metern breite Hang- und Talbodenpedimente (vgl. BORK 1985a, S. 275).

Der Vorgang der Pedimentation bei Desingerode wurde ausführlich beschrieben, um die außergewöhnliche Intensität der spätmittelalterlichen Witterungsereignisse und Landschaftsumgestaltungen zu verdeutlichen. Die Flächenbildung bei Desingerode bewegte Bodenvolumina, die ein Vielfaches der Ausraumvolumina der zur selben Zeit entstandenen Kerben darstellen (s. Kap. 5.3).

3.8.3 Die nacheiszeitliche Entwicklung der Rhumeaue bei Katlenburg

Die Detailanalyse der holozänen Auengenese eines mehrere hundert Quadratkilometer großen Einzugsgebietes wurde Ende der 70er Jahre durch hervorragende Aufschlußverhältnisse im unteren Rhumetal ermöglicht (BORK 1981). Durch den Bau der Fernwasserleitung Söse-Süd war 1979 von der Sösetalsperre im Harz bis Göttingen kurzzeitig ein 2–4 m tiefes Grabenprofil aufgeschlossen. Von den gut

Abb. 3.49: Die Rhumeaue bei Katlenburg (Bildflug Osterode–Harz 1711 Str. 6/353, freigegeben durch NLVwA–Landesvermessung–Hannover unter Nr. 31/80/1711, Vervielfältigung genehmigt B6-23254N)

Phase	Zeitabschnitt	Charakterisierung	
1	Prä-Alleröd	Ablagerung äolischer, fluvialer, gelisolifluidaler Sedimente	
2	Älteres Alleröd	Bildung einer geringmächtigen (meist <15 cm) Pararendzina überwiegend in teilweise umgelagertem kalkhaltigem Löß	
3	Jüngeres Alleröd	Ablagerung von Laacher-See-Tephra	
4	Jüngere Tundrenzeit	fluviale, äolische, gelisolifluidale Abtragung von Laacher-See-Tephra, Löß etc.; Ablagerung in Unterhang- und Talauenbereichen (bis über 40 cm mächtige Tephra-Löß-Mischsedimente)	
5	Präboreal bis Jüngeres Atlantikum	Bodenbildung: Rohboden → Pararendzina → Schwarzerde	
6	Jüngeres Atlantikum bis älteres Subatlantikum	Neolithikum: lokale Rodungen im Auenzentrum, z.T. schwache Abtragung des Humushorizontes und Ablagerung als Kolluvium mit folgenden Kennzeichen: nur wenige Dezimeter bis Meter verlagert, nach oben heller und tonärmer werdend, selten über 30 cm mächtig, Anlage von Siedlungsgruben; Bronze- und Eisenzeit: Rodungen auf den Hängen und am Auenrand, z.T. vollständige Abtragung des Humushorizontes am Hang, Ablagerung als Kolluvium am Unterhang und Auenrand	unter Wald Bodenbildung: Schwarzerde → verbraunte und durchschlämmte Schwarzerde
7	Eisenzeit bis Frühmittelalter	vollständige Wiederbewaldung und Bodenbildung: gekappte Schwarzerde und Kolluvien → Parabraunerden: Bildung ausgeprägter, bis 25 cm mächtiger Al-Horizonte im Talrandkolluvium der Bronze- und Eisenzeit und geringmächtiger Al-Horizonte im Humushorizont, Bildung mächtiger Parabraunerden an den Hängen	
8	Mittelalter und frühe Neuzeit	starke Abtragung an den Hängen, schwache Abtragung im Auenbereich (flächenhaft bis mehrere Dezimeter bei vollständiger Rodung des Gebietes), Ablagerung des Kolluviums M3 nahezu im gesamten Auen- und Unterhangbereich (M3: überwiegend aus Bt-Horizontmaterial der benachbarten Hänge, untergeordnet aus Ah- und Al-Horizontmaterial, schwach humos, tonarm)	
9	Jüngere Neuzeit	Ausräumung (überwiegend durch mäandrierende Rhume) und Verfüllung bis zu 3 m tiefer Rinnen mit heterogenem Material: über basalem, geringmächtigem, stark humosem Horizont (mit vielen Pflanzenresten) folgen zunächst sandige, dann schluffig-sandige und schluffige, z.T. geschichtete Sedimente	

Tab. 3.10: Entwicklungsgeschichte der unteren Rhumeaue sowie benachbarter Hangbereiche im Spätglazial und Holozän

zehn Kilometern des von H.-R. Bork, H. Bork und H. Hensel näher untersuchten Grabenabschnittes zwischen Hammenstedt (Ortsteil der Stadt Northeim), Katlenburg und Dorste (Ortsteil der Stadt Osterode) werden im folgenden etwa 2 km erörtert, die durch zahlreiche Bohrungen im Rohrleitungsgraben und dessen näherer Umgebung ergänzt wurden: das durch Bohrungen auf 2 km Länge erweiterte Profil Rhumetal nördlich Katlenburg (Abb. 3.49).

Das in sechs Entwicklungsphasen gegliederte, in Abbildung 3.18 stark überhöht gezeichnete Profil Rhumetal wird chronologisch vorgestellt (Tab. 3.10). Während der Profilteil bis 1 818 m Länge im Rohrleitungsgraben aufgeschlossen war, wurde der Abschnitt von 1 818 bis 2 000 m am nordöstlichen Talrand erbohrt (etwa 700 m nordöstlich vom östlichen Ende des aufgeschlossenen Profils wurde eine Bohrreihe bis zum Talrand gelegt; der Bereich zwischen Rhume und Bohrreihe ist homogen und daher nicht dargestellt).

Spätglaziale Umlagerungs- und Bodenbildungsphasen

An der Basis des Profils Rhumeaue ist von etwa 200 bis 1 900 m Profillänge ein mehrere Meter mächtiger Schotterkörper meist schwach, an der Peripherie stark aufgeschlossen, dessen Oberfläche sich heute am höchsten Punkt (südwestlicher Talrand) in 142 m, am tiefsten Punkt in 120 m über NN befindet. Unterhalb von Katlenburg wird er ganz überwiegend von karbonatfreien Schottern und Sanden aufgebaut, die ihm die Nebenflüsse Oder und Söse aus dem Harz zuführten. Die Schotter sind meist gut sortiert und geschichtet. Den Abschluß dieser im zentralen Auenbereich nach oben zunehmend mit geringmächtigen Sand-, seltener Schluffbändern durchsetzten fluvialen Akkumulation bilden zunächst bis über 1 m mächtige, grob- bis mittelsandige, darüber schluffige Feinsedimente (am Auenrand bis über 2 m mächtiger, im zentralen Auenbereich meist weniger als 1 m mächtiger Schwemmlöß).

Primärer äolischer Löß findet sich nur auf benachbarten Hängen im Südwesten (0 – 200 m Profillänge). Unter diesem und der nur am Talrand aufgeschlossenen Schotterbasis liegen Fließerden aus umgelagerten Buntsandsteinsedimenten, die im oberen Bereich häufig mit solifluidal und kryoturbat eingemischtem Löß durchsetzt sind.

Die Oberfläche der fluvialen Akkumulation kann im zentralen Auenbereich als Niederterrassenebene angesehen werden, die im Spätglazial von einigen, meist schmalen und deutlich eingetieften Rinnen zerschnitten wurde. Diese zwischen etwa 1 200 und 1 500 m Profillänge auftretenden Rinnen sind mit meist schotterfreien, seltener schwach schotterführenden Sanden, Schwemmlöß und Laacher-See-Tephra-Mischsedimenten verfüllt.

Da stellenweise unter der nahezu reinen, von H. ROHDENBURG als Laacher-See-Tephra identifizierten Lage ein maximal 14 cm und im Mittel 10 cm mächtiger Rest der Alleröd-Pararendzina an der Rinnenbasis erhalten ist, läßt sich die Phase linienhafter Zerschneidung, die zur Rinnenbildung führte, mit großer Wahrscheinlichkeit in die ausklingende Ältere Tundrenzeit einordnen (zur spätglazialen Boden- und Sedimententwicklung in Südniedersachsen und Hessen vgl. ROHDENBURG & MEYER 1968, HOUBEN 1997, RITTWEGER 1997).

Mit dem Übergang von der allerödzeitlichen Bodenbildungsphase zur Jüngeren Tundrenzeit tieften sich in einer weiteren Zerschneidungsphase viele Rinnen ein bzw. wurde die ältere Rinnengeneration vertieft und dadurch Pararendzina und Laacher-See-Tephra erodiert.

In der Jüngeren Tundrenzeit führte starke flächenhafte Erosion an vielen Standorten zur Abtragung der Laacher-See-Tephra und der Alleröd-Pararendzina sowie zur teilweisen Abspülung des liegenden Schwemmlößes und -sandes. Die flachen Rinnen wurden zu Beginn der flächenhaften Abtragung infolge stark nachlassen-

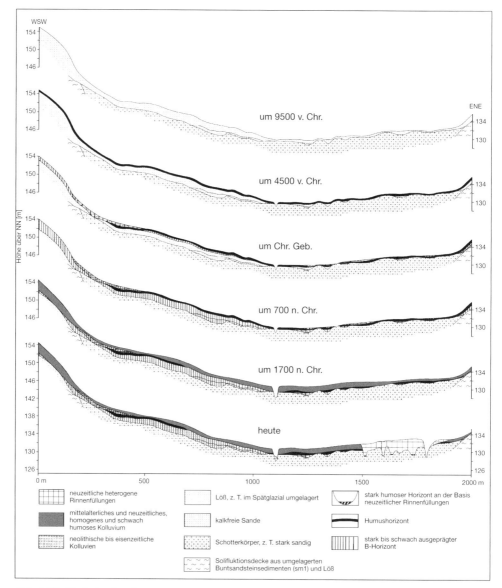

Abb. 3.50: Die holozäne Genese der Rhumeaue bei Katlenburg (Talquerschnitt am Rohrleitungsgraben nördlich von Katlenburg)   Quelle: BORK (1988), verändert

der linienhafter Erosion allmählich mit einem Tephra-Schwemmlöß oder Tephra-Schwemmsand-Mischsediment verfüllt.

Durch abklingende Aktivität wurde an der Wende Pleistozän/Holozän flächenhaft ein bis über 50 cm mächtiges schluffiges Feinsediment akkumuliert und die Geländeoberfläche durch schwache linienhafte Erosion gegliedert (Abb. 3.50, Phase 1).

Holozäne Bodenbildungs- und Umlagerungsphasen

Altholozäne Schwarzerdebildungsphase

Im frühesten Holozän beginnt eine mehrere Jahrtausende andauernde geomorphodynamische Stabilitätszeit, die durch allmähliche Vegetationsverdichtung und Wiederbewaldung, intensive Bodenbildung und ab dem Boreal durch fehlende Umlagerungen geprägt ist (Tab. 3.10).

Zu Beginn des Holozäns bedeckt im Zentrum der Rhumeaue wenige Dezimeter, am Talrand mehrere Meter mächtiger, äolischer oder (fluvial, gelisolifluidal) umgelagerter, fast ausnahmslos kalkhaltiger Löß die Oberfläche des untersuchten Gebietes. An der Oberfläche dieser Lößrohböden entwickelt sich durch allmähliche Erwärmung, zunehmende Blatt- und Wurzelmasse und fortschreitende Zersetzung der organischen Substanz aus den Ai-Cv-Profilen der Rohböden ein Ah-Cv-Profil mit zunächst geringmächtigem, aber deutlich ausgebildetem Humushorizont (Bodentyp Pararendzina). Die kontinuierlich voranschreitende Humifizierung und biogene Durchmischung führen zur sukzessiven Erhöhung des Humusgehaltes und der Mächtigkeit des Humushorizontes. Schließlich wird bei langsam abnehmender Vertiefung im Atlantikum eine mittlere Mächtigkeit des Ah-Horizontes von 30 bis 40 cm an allen Reliefpositionen erreicht (Bodentyp Schwarzerde). Nach neueren Befunden waren die mächtigen Humushorizonte gegen Ende der ersten holozänen Stabilitätsphase nicht vollständig entkalkt (s. SCHEFFER & MEYER 1958, WILDHAGEN & MEYER 1972). Bodenverlagerungen fanden vom Boreal bis unmittelbar vor den neolithischen Rodungen außerhalb des Rhumebettes nicht statt.

Unmittelbar vor den ersten linienbandkeramischen Rodungen ist somit das in Abbildung 3.50 als Zustand 2 dargestellte Landschaftsbild für das untere Rhumetal anzunehmen:

Das Relief ist seit dem Ende des Spätglazials unverändert geblieben, das Rhumebett hat seine Lage und Dimension mit Ausnahme geringer Tiefenerosion nicht geändert. Flächendeckend hat sich eine in allen Reliefpositionen etwa 40 cm mächtige, möglicherweise degradierte Schwarzerde entwickelt.

Neolithische bis eisenzeitliche Umlagerungsphase

Während die bislang behandelten Umlagerungen ausnahmslos rein natürlich durch Klimaschwankungen und Vulkanismus (Laacher-See-Tephra) ausgelöst wurden, beginnt im Jüngeren Atlantikum mit der Einwanderung der Linienbandkeramiker eine Phase, die durch anthropogen bedingte Veränderungen der Naturlandschaft geprägt und im Untersuchungsgebiet durch viele neolithische Siedlungsgruben dokumentiert ist. In dieser ältesten holozänen quasinatürlichen, d.h. durch anthropogene Eingriffe ermöglichten Aktivitätsphase werden zwei typologisch unterschiedliche Sedimente nach flächenhafter Abtragung abgelagert: ein grauschwarzes neolithisches, fast ausschließlich aus umgelagertem Humushorizontmaterial bestehendes und im Auenzentrum sedimentiertes Kolluvium sowie ein bronze- bis eisenzeitliches, schwach humoses Kolluvium, das am Auenrand und Unterhangbereich akkumuliert wurde.

Auf den flachen Rücken zwischen den im ausgehenden Spätglazial angelegten Rinnen wurden die obersten Zentimeter der Schwarzerde erodiert und in den Rinnen sedimentiert – ermöglicht durch neolithische Rodungen und verursacht durch erosive Starkregen. Dieses oftmals nur über Distanzen von wenigen Dezimetern verlagerte Material ist meist nur geringfügig heller und damit etwas weniger humos als die autochthone Schwarzerde, hat etwa die gleiche Korngrößenzusammensetzung, aber eine andere Struktur (Bröckelgefüge), ein hohes Grobporenvolumen und ein geringeres Trockenraumgewicht.

In der Bronze- und Eisenzeit wurde am südwestlichen Talrand und auf den sich südlich anschließenden Hängen die Schwarzerde meist vollständig abgetragen – nur durch eine große Zahl von Bohrungen in der Umgebung des Rohrleitungsgrabens war die Schwarzerdevergangenheit aller Hangstandorte überhaupt nachweisbar. Ein bis über 80 cm mächtiges, mit Hilfe mehrerer Keramikfunde in die Bronze- und Eisenzeit einzuordnendes Kolluvium wurde zwischen 150 und 500 m Profillänge akkumuliert. Da dieses Sediment weitgehend nicht aus umgelagertem Humushorizont besteht, muß davon ausgegangen werden, daß zwischen 0 und 200 m Profillänge auch mehrere Dezimeter des liegenden Lösses erodiert wurden.

Die neolithischen Siedler rodeten nur kleinere Flächen überwiegend im Auenzentrum. Hingegen erfolgten in der Bronze- und Eisenzeit großflächige Rodungen am Talrand und auf den Hängen. Die Ackerflächen dürften jeweils nur relativ kurzzeitig genutzt worden sein, so daß ein häufig durchlaufener Rodung-Nutzung-Brache-Zyklus angenommen werden muß. Für die Rodungs- und Nutzungszeiten ist eine durch erosive Regen bedingte, episodische schwache flächenhafte Bodenerosion zu postulieren. Für starke linienhafte Erosion liegen keine Hinweise vor, vielmehr ist eine Reliefglättung das Ergebnis der neolithischen bis eisenzeitlichen Umlagerungen. Die während längerer Brachezeiten unter Waldvegetation starke Bodenbildung führte zur Verbraunung und beginnenden Lessivierung der Schwarzerde, des neolithischen Schwarzerdekolluviums, des humusarmen bronze- bis eisenzeitlichen Kolluviums und des allmählich an den Hängen zum Vorschein kommenden Lösses.

Während der Bodenentwicklungszyklus Rohboden – Pararendzina – Schwarzerde – degradierte Schwarzerde – Parabraunerde – Pseudogley – Parabraunerde im kalkhaltigen Löß in allen Reliefpositionen bis zum Erreichen des Schwarzerdestadiums offenbar etwa in gleicher Geschwindigkeit durchlaufen wurde, differenziert nach dem Schwarzerdestadium die Reliefposition und damit vor allem der Bodenwasserhaushalt zunehmend die Entwicklungsgeschwindigkeit: Die Degradierung schreitet an Feuchtstandorten erheblich langsamer fort als an trockenen Hangstandorten (Abb. 3.50, Zustand 3).

Durch die neolithische Besiedlung wurde etwa ein Sechstel, in der Bronze- und Eisenzeit etwa ein Viertel der untersuchten Flächen von Bodenverlagerungen erfaßt. Für die übrigen Standorte ist eine Phase kontinuierlicher Bodenbildung unter weitgehend natürlicher Vegetation anzunehmen.

Posteisenzeitliche bis frühmittelalterliche Parabraunerde-Bildungsphase
Der neolithisch-bronze-eisenzeitlichen Siedlungsphase folgt eine Bodenbildungszeit ohne anthropogene Störungen, die zu folgendem Bodenzustand im Frühmittelalter führte:
• Auf Hangstandorten mit kontinuierlicher alt- und mittelholozäner Bodenbildung – ohne neolithische bis eisenzeitliche Landnutzung – haben sich bis über 4 m mächtige Parabraunerden gebildet.

- Auf Hangstandorten mit unterbrochener Pedogenese entstanden bis zu 2 m mächtige Parabraunerden.
- Im Auenzentrum führte die standortbedingt verlangsamte Bodenbildung nach vollständiger Entkalkung und Verbraunung der auf den Schottern liegenden geringmächtigen Feinsedimentdecke zur Entstehung von Parabraunerde-Pseudogleyen über Parabraunerde-Gleyen (Abb. 3.50, Zustand 4).

Mittelalterliche und neuzeitliche Umlagerungsphase

Die vollständige Rodung des Untersuchungsgebietes im Mittelalter setzte die gesamte Oberfläche der Erosion aus. Am Ober- und Mittelhang des Profils Rhumetal wurde die holozäne Parabraunerde fast vollständig, an den Unterhängen weitgehend und in der Aue zumeist teilweise erodiert. Ein am Mittel- und Unterhang 2 bis 2,5 m mächtiges Kolluvium wurde akkumuliert. Auensedimente, wie sie WILDHAGEN & MEYER (1972b) für das Leinegrabengebiet beschreiben, sedimentierten im unteren Rhumetal bei Katlenburg nicht. Die mittelalterlichen und neuzeitlichen Sedimente wurden damit nur zum geringen Teil durch die Hauptvorfluter (Rhume und Söse) transportiert. Nur in geringem Umfang gelangten suspendierte Tonpartikel in die Vorfluter. Damit sind fast alle holozänen Sedimente im Rhumetal Kolluvien (Abb. 3.50, Zustand 5).

Eine Ausnahme stellen neuzeitliche Rinnenfüllungen dar. Während die Rhume vom ältesten Holozän bis in die frühe Neuzeit das Profil Rhumetal etwa bei 1 100 m Profillänge durchquerte, änderte sie anschließend ihren Lauf vollständig – wahrscheinlich bedingt durch anthropogene Eingriffe und die Katastrophenregen des 18. Jh. Starke Seitenerosion und ausgeprägtes Mäandrieren führten zu diesen starken fluvialen Umlagerungen zwischen 1 500 und 1 800 m Profillänge (Abb. 3.50, Zustand 6).

3.8.4 Die holozäne Prägung des Weserbogens bei Corvey

Corvey (zur Lage s. Tab. 3.1) war „das über lange Zeiträume hinweg bedeutendste Kloster im Norden Deutschlands, eine westfränkische Mustergründung aus dem Jahre 822 mit einer einzigartigen Stadtwüstung im Umfeld [...]. Nach einer ungünstigen Platzwahl für die Erstgründung 814/815 wurde der neue Ort zeitgenössischen Quellen zufolge besonders sorgfältig ausgewählt und wird euphorisch als fruchtbare, wasserreiche Tallandschaft beschrieben. [...] Corvey lag am Weserübergang der damals wichtigsten Ost-West-Achse Mitteleuropas, des Hellweges, der hier eine Nord-Süd-Straße (Mainz/Frankfurt – Bremen) kreuzte, hinzu kam die schiffbare Weser als Wasserweg, also war eine günstige Verkehrslage gegeben" (STEPHAN 1995b, S. 448). „Seit dem 9./10. Jh. besiedelt war unmittelbar außerhalb des Klosterbezirks ein Geländestreifen von etwa 200 m Länge zwischen dem mutmaßlichen Südtor des Klosters und dem Weserübergang längs der Zufahrt und zudem am wahrscheinlich besten Schiffsanleger im Corveyer Weserbogen. Von der topographischen Lage her ist z.B. an Gasthäuser, Haus des Fährmannes (eine Fähre beim Kloster ist 836 erwähnt), Häuser von Fischern und Schiffern und nach Funden an metallverarbeitendes Handwerk zu denken" (STEPHAN 1995b, S. 453). „Die Intensität der Nutzung dürfte im frühen und hohen Mittelalter Höhepunkte erreicht haben, und zwar sowohl wegen der damals mutmaßlich relativ hohen Zahl der Bewohner als auch aufgrund des Zustroms von außen her. Der Klosterbezirk muß zahlreiche stattliche Steinbauten, daneben aber auch landesübliche Holz- und Fachwerkbauten aufgewiesen haben, deren räumliche Verteilung sehr stark von der heute erhaltenen schematischen Anlage der Barockzeit abweicht. [...] Im späten Mittelalter geriet die Abtei [...] in nachhaltige wirtschaftliche, politische und monastische Krisen. Damals werden zahlreiche Gebäude verfallen sein, die Nutzungsintensität verringerte sich drastisch. Konsolidierung und Wiederaufbau setzten im 16. Jh. ein, wurden jedoch im Dreißigjährigen Krieg unterbrochen. Die Nachblüte der gefürsteten freien Reichsabtei Corvey im 18. Jh. war im regionalen Rahmen beachtlich, bleibt jedoch im überregionalen Vergleich bescheiden, zieht man z. B. süddeutsche oder böhmische Klöster heran" (STEPHAN 1995b, S. 451).

Vor, während und nach dem Bestehen von Stadt und Kloster Corvey unterlag die Niederterrasse im Corveyer Weserbogen starken natürlichen und anthropogenen Veränderungen. In Tiefen von 1,2–3,4 m unter der heutigen Geländeoberfläche stehen sandige bis sandig-lehmige Schotter des letzten Hoch- und Spätglazials an. Auf den Weserschottern sedimentierten im Spätglazial 1–2 m mächtige Sande, schluffig-lehmige Sande und Lehme. Im ausgehenden Spätglazial schnitt sich die Weser mehrere Meter tief in die Niederterrasse ein (CASPERS 1993). Zahlreiche, allmählich verlandende Altarme gliederten im beginnenden Holozän die Oberfläche der Niederterrasse um das spätere Corvey.

H.-R. BORK untersuchte in Zusammenarbeit mit H.-G STEPHAN, Göttingen, J. BELLSTEDT, Braunschweig und Leipzig, A. KÖNIG, Stadtarchäologie Höxter, H.-J. BEUG und F. SCHLÜTZ, beide Institut für Palynologie und Quartärwissenschaften der Universität Göttingen, in den Jahren 1982 bis 1993 zahlreiche Aufschlüsse. Die nachstehenden Angaben zum spätglazialen und holozänen Vegetations- und Landnutzungswandel wurden SCHLÜTZ (1998) entnommen.

Ein Profil durchschnitt ca. 500 m nordwestlich von Corvey einen ehemaligen Altarm. An der Basis der Altarmfüllung lagen 3,6–4,8 m unter der rezenten Geländeoberfläche jungtundrenzeitliche sandige Schluffe und Sande. Pollen im unteren Teil dieser Sedimente weisen auf eine gehölzarme und krautreiche Vegetation in der Umgebung des damaligen Altwassers hin (SCHLÜTZ 1998). In 3,6–4,3 m Tiefe wuchs die Zahl der Birken- und vor allem Kiefernpollen stark an – ein Beleg für das beginnende Holozän. In 3,5–3,6 m Tiefe gingen die Schluffe nach oben in eine Feindetritusmudde über; im Stillgewässer kamen nur noch Pflanzenreste zur Ablagerung. In der Umgebung des allmählich verlandenden Altarmes wandelte sich im Verlauf des Boreals die Kiefern-Haselvegetation in einen Hasel-Eichenmischwald. In 2,8–3,8 m Tiefe enthielt die Detritusmudde einen schichtparallel eingelagerten Eichenstamm, der nach dendrochronologischen Untersuchungen von H.-H. LEUSCHNER, Göttingen, im Jahr 5795 v. Chr. abgestorben war (SCHLÜTZ 1998). Bruchwaldtorf in 2,6–2,8 m Tiefe belegt den Abschluß der Verlandung des Altarmes. Ein haselarmer Eichenmischwald bedeckte die Umgebung.

Die in 2,2–2,5 m Tiefe aufgeschlossene Torfmudde enthielt – erstmals in einer holozänen Schicht – in mehreren Lagen minerogene Beimengungen mit dunklen Ton-Humus-Häutchen. Wahrscheinlich wurden im Neolithikum auf den Ackerflächen der

Gunsträume des Wesereinzugsgebietes altholozäne Schwarzerden flächenhaft erodiert. Linienbandkeramische Siedlungen sind im Einzugsgebiet der Oberweser nachgewiesen (frdl. mündl. Mitt. H.-G. STEPHAN). Teile der abgetragenen Schwarzerden wurden während mehrerer Überschwemmungen in den Eichenmischwäldern des Weserbogens bei Corvey abgelagert. Im Osten des Weserbogens erreichte das stark humose neolithische Hochflutsediment Mächtigkeiten von 0,6–0,9 m.

In der Aue breitete sich danach die Erle aus – ein Hinweis auf höhere Grundwasserstände (SCHLÜTZ 1998). Pollen von Siedlungszeigern wurden in die schluffigen Mudden des Altarmes gespült; der Corveyer Weserbogen war vermutlich im jüngeren Neolithikum erstmals gerodet. Diese Einstufung bestätigt eine wahrscheinlich umgelagerte neolithische Scherbe im oberen Teil der schluffigen Mudde, die jedoch nur noch wenige Siedlungszeiger enthält. Nach einer Unterbrechung setzte vermutlich in der jüngeren Bronzezeit eine dichtere Besiedlung ein. Getreideanbau wurde in einer Intensität betrieben, die erst im Mittelalter wieder erreicht wurde. Grünlandwirtschaft in der Aue ist wahrscheinlich. In der Eisenzeit nahm die Grünlandnutzung der Aue zunächst weiter zu (SCHLÜTZ 1998). Eine Scherbe der vorrömischen Eisenzeit wurde in 1,7 m Tiefe geborgen (Datierung durch H.-G. STEPHAN). Sande und Schluffe wurden im Weserbogen flächenhaft auf den neolithischen Auensedimenten abgelagert.

Zum Ende der Eisenzeit wurden viele Acker- und Grünlandflächen im Corveyer Weserbogen, flußauf- und -abwärts sowie auf den benachbarten Hängen aufgegeben. Die Zahl der Getreidepollen ging stark zurück. Zunächst breiteten sich Hasel und Eiche, später Rot- und Weißbuche aus (SCHLÜTZ 1998). Die vollständige Siedlungsunterbrechung ist bodenkundlich, jedoch aufgrund einer Schichtlücke nicht palynologisch nachweisbar. In den zahlreichen untersuchten Aufschlüssen ist stets eine intensive Bodenbildung bei tiefen Grundwasserständen für den Zeitraum von der ausklingenden Eisenzeit bis zum beginnenden Mittelalter belegt. Die Prozesse der Entkalkung, Verbraunung und Tonverlagerung führten in den urgeschichtlichen Auensedimenten zur Bildung einer Parabraunerde. Die Sedimentation war vollständig unterbrochen. Damit war zweifellos nahezu das gesamte Wesereinzugsgebietes bewaldet.

Ansteigende Werte für Siedlungszeiger und abnehmende Baumpollenzahlen sind wahrscheinlich in das 7. oder 8. Jh. einzuordnen. Die Ablagerung von Sedimenten begann erneut in Altarmen und Hochflutrinnen des Corveyer Weserbogens. Die geomorphodynamische Stabilitätsphase der Völkerwanderungszeit war beendet. Ackerbau dominierte in der Folgezeit. Das Kloster wurde begründet.

Am Übergang vom frühen zum hohen Mittelalter – die Stadt Corvey dehnte sich im Süden des Weserbogens aus – lag die Geländeoberfläche des beschriebenen Altarmes 1,3 m unter dem heutigen Niveau der Geländeoberfläche. Rodungen und Ackerbau hatten den überwiegenden Teil der näheren und weiteren Umgebung des späteren Corvey erfaßt. Getreideanbau herrschte vor.

Der hochmittelalterliche Hellweg konnte einschließlich Pflasterung, Gräben, Bürgersteigen und anschließender Bebauung von H.-G. STEPHAN im Osten der Stadt aufgegraben werden. Nach der weitgehenden Aufgabe der Stadt Corvey im 13. Jh. wurden Hellweg und Siedlungsgelände von 0,5 bis über 1 m mächtigen Auesedimenten überdeckt.

Starke spätmittelalterliche Seitenerosion der Weser bezeugen östlich der Stadt heute unter mächtigen jungholozänen Sedimenten konservierte Prallhänge der Weser. Seit dem 13. Jh. verlagerte die Weser ihren Lauf vom hochmittelalterlichen Weserübergang des Hellweges etwa 100 m nach Osten. So blieb der westliche Weserübergang unter Sedimenten erhalten.

Während Mittelalter und Neuzeit entwickelte sich aufgrund höherer Grundwasserneubildungsraten im zentralen Teil der späteren Stadtwüstung aus der Parabraunerde ein Parabraunerde-Pseudogley.

Während extremer Hochwässer wurden im Mittelalter und in der Neuzeit Hochflutrinnen aktiviert.

Die palynologisch, archäologisch und bodenkundlich-sedimentologisch detailliert untersuchte Niederterrasse im Corveyer Weserbogen durchlief eine für größere mitteleuropäische Talauen typische holozäne Entwicklung.

3.8.5 Die Oderflut 1997 in Tschechien, Polen und Deutschland – das tausendjährige Ereignis?

Am 3. Juli 1997 traten an der Vorderseite eines Höhentiefes über dem südlichen Polen und über Tschechien ergiebige gewittrige Niederschläge auf. Vom 7.7. bis zum 9.7. lag das Zentrum des Höhentiefs dieser von Meteorologen als Vb-Zyklone bezeichneten Wetterlage quasistationär über den nordwestlichen Karpaten (Tab. 3.11). Feuchte und warme Luftmassen konnten so aus dem Raum des östlichen Mittelmeeres und des Schwarzen Meeres nach Norden geführt werden, wo sie auf kühle, aus dem Baltikum heranströmende Luftmassen trafen (MALITZ & SCHMIDT 1997). „Die großen Temperaturgegensätze der aufeinandertreffenden Luftmassen, verbunden mit den durch das Höhentief verursachten hochreichenden vertikalen Umlagerungen, waren Auslöser des Starkniederschlags. Die Quasistationarität der Druckgebilde und die fortdauernde Zufuhr feuchtheißer Luftmassen sorgten dafür, daß der Starkniederschlag über längere Zeit anhielt" (MALITZ & SCHMIDT 1997, S. 9). Im Verlauf des ersten Extremereignisses fielen vom 3.7. bis zum 9.7.1997 in der tschechischen Meßstation Lysa Hora insgesamt 585 mm Niederschlag (Tab. 3.14). Diese maximale, im Verlauf von 6 Tagen in den westlichen Beskiden gemessene Niederschlagssumme mag den Leser auf den ersten Blick zwar ob ihrer Höhe beeindrucken, jedoch ist sie für größere Räume und den Abfluß der Oder nur von mäßiger Bedeutung. Der mittlere Gebietsniederschlag – die für das Ausmaß des Hochwassers wesentliche Größe – erreichte während der 6tägigen Niederschlagsperiode im süpolnischen und tschechischen Odereinzugsgebiet Werte von ca. 200 mm.

Während das resultierende Hochwasser neiße- und oderabwärts lief, stellte sich erneut eine Vb-Wetterlage ein: Am 17.7.1997 zog der Kern eines Tiefdruckgebietes von Norditalien nach Nordtschechien. Über Iser- sowie Riesengebirge und Umgebung verursachte das Tief ergiebige Niederschläge; in Lysa Hora wurden innerhalb von 72 Stunden 147 mm Niederschlag gemessen (MALITZ & SCHMIDT 1997, S. 10). Diesmal erreichten die Starkregen auch den deutschen Teil des Odereinzugsgebietes. Der Gebietsniederschlag belief sich im südlichen und mittleren Odereinzugsgebiet auf ca. 100 mm. Das ablaufende Hochwasser erfuhr durch den zweiten Starkregen eine erneute Verstärkung.

03.07.–09.07.1997	Erster Starkniederschlag im südlichen Odereinzugsgebiet.
08.07.1997	Oder, Neiße und Bober überfluten ihre oberen Talauen.
10.07.1997	307 000 ha in Polen vom Hochwasser betroffen.
17.07.–22.07.1997	Zweiter Starkniederschlag im südlichen Odereinzugsgebiet.
13.07.1997	Die Flut erreicht Wrocław (Breslau).
16.07.1997	18 000 Einwohner der gegenüber Frankfurt (Oder) gelegenen polnischen Stadt Słubice werden evakuiert.
17.07.1997	Die Flut erreicht Deutschland, am Pegel Ratzdorf liegt der Wasserstand mit 620 cm fast 4 m über dem Mittelwasser.
21.07.1997	Die zweite Flutwelle erreicht Deutschland, am Pegel Ratzdorf liegt der Wasserstand bei 676 cm; 350 Schadstellen am Brandenburger Oderdeich.
22.07.1997	Der Deich bricht bei Czerwiensk (Polen). Im Kreis Märkisch-Oderland wird um 12.00 Uhr Katastrophenalarm zur Hochwasserabwehr ausgelöst.
23.07.1997	Auf 115 m Länge bricht der Deich bei Brieskow-Finkenheerd, die Ziltendorfer Niederung wird überflutet.
24.07.1997	Bei Aurith bricht der Deich. Am Pegel Eisenhüttenstadt wird mit 717 cm die Hochwasserspitze erreicht.
25.07.1997	Erster Deichgrundbruch im Oderbruch unweit Hohenwutzen auf 45 m Länge; das Niederoderbruch ist gefährdet, die Evakuierung von 4 500 rechtsseitig des alten Oderdeiches lebenden Menschen wird angeordnet.
27.07.1997	Mit der Erhöhung des rechtsseitigen Schlafdeiches der alten Oder wird begonnen. Höchster Wasserstand der Pegel Frankfurt (Oder) und Küstrin-Kietz.
30.07.1997	Längsriß im Deichkronenbereich und in der Berme bei Reitwein. Gefahr eines Deichbruchs bei Hohenwutzen: Auf 80 m Länge rutscht der luftseitige Deichkörper bis in den Deichkronenbereich; massiver Hubschraubereinsatz zum Transport von Sandsäcken; Stützkörper werden aufgebaut; mit den Vorbereitungen zur Evakuierung von weiteren 10 000 Bewohnern des Oderbruches wird begonnen.
01.08.1997	In der Nähe von Zollbrücke reißt die untere Deichböschung auf 100 m Länge. Weitere Deichrisse treten auf; Sandsackpfeiler werden hier aufgebaut. Zur Absenkung der Sickerwasserlinie werden probeweise Vakuumfilteranlagen auf dem Deichkörper eingebaut. Die am stärksten gefährdeten Deichabschnitte des Oderbruches bei Hohenwutzen, Reitwein und Lebus bleiben unter Kontrolle; die Pegelstände sinken langsam.
04.08.1997	Der kontrollierte Rückbau der Sandsackwälle beginnt; in Ratzdorf fällt der Pegel um 14 cm.
07.08.1997	Die Evakuierungsverordnung für Słubice wird aufgehoben.
09.08.1997	Die evakuierten Oderbrücher können ebenfalls zurückkehren.
10.08.1997	In Hohenwutzen wird der Grenzübergang nach Polen wieder geöffnet.
12.08.1997	Der Katastrophenalarm wird im Kreis Märkisch-Oderland zurückgenommen.
15.08.1997	Bilanz der Flut in Tschechien und Polen: über 100 Menschen starben, 1 362 Orte wurden überflutet, mehr als 160 000 Menschen evakuiert, 772 Schulen und Kindergärten zerstört.
18.08.1997	Am Deichbruch Aurith wird der Zustrom von Oderwasser in die Ziltendorfer Niederung beendet.
25.08.1997	An allen deutschen Oderpegeln sind die Richtwerte der Alarmstufe I unterschritten.

Tab. 3.11: Chronologie der Oderflut im Sommer 1997
Quellen: KÜNKEL (1998), MOZ (1997), HORLACHER (1997)

Datum	Wasser-stand [cm]
14.07.1997	370
17.07.1997	422
18.07.1997	456
22.07.1997	593
25.07.1997	596
29.07.1997	620
31.07.1997	628
03.08.1997	619
06.08.1997	593
08.08.1997	550
11.08.1997	526
12.08.1997	514
18.08.1997	471
24.08.1997	399

Tab. 3.12: Entwicklung der Wasserstände der Oder am Pegel Kienitz (Oderbruch) im Sommer 1997

Quellen: KÜNKEL (1998, S. 40); www.brandenburg.de/land/mi/aktuell/p_rekord.htm

Die Pegelstände erreichten an den regulierten und durch Dämme stark eingeengten Flüssen Oder und Neiße Rekordstände (Tab. 3.12, 3.14); mehr als 1 300 Orte wurden überflutet, mehr als 100 Menschen starben in Tschechien und Polen; Gebäude und Verkehrswege wurden zerstört, Feststoffe im Überflutungsraum in erheblichem Umfang verlagert (Tab. 3.11). In Anbetracht der starken Abflußbildung blieben die Feststoffverlagerungen an den Hängen vergleichsweise gering; während an einigen Steilhängen Material abrutschte, war das Ausmaß der flächenhaften und der linienhaften Erosion außerhalb der Talauen gering. Die Geomorphodynamik der Julistarkregen des Jahres 1997 ist nicht annähernd vergleichbar mit den katastrophalen Ereignissen des 14. und 18. Jh.

M. FREUDE (frdl. mündl. Mitt 1.9.1997) bezeichnet das Oderhochwasser des Sommers 1997 nach statistischen Auswertungen des von ihm geleiteten Landesumweltamtes Brandenburg als ca. 160jähriges Ereignis (Tab. 3.13). Konstante klimatische und naturräumliche Randbedingungen vorausgesetzt, erscheint eine Wiederkehrwahrscheinlichkeit von 160 Jahren plausibel. Sollten sich die Rahmenbedingungen im Einzugsgebiet der Oder jedoch in den nächsten Jahrzehnten ändern, wovon auszugehen ist, so wird bei Intensitäten und Volumina, die den Niederschlägen im Juli 1997 vergleichbar sind, eine größere Abflußspende und ein höherer Spitzenabfluß zu erwarten sein.

Datum	Wasserstand [cm]	Datum	Abfluß [$m^3 s^{-1}$]
24.07.1997	717	24.07.1997	2 600
30.08.1854	655	06.11.1930	2 500
06.11.1930	651	23.03.1947	2 040
23.03.1947	638	10.09.1938	1 840
21.07.1903	621	22.03.1940	1 830
27.01.1907	620	31.08.1977	1 772
31.08.1977	618	26.02.1941	1 690
10.09.1938	612	09.07.1958	1 690
22.03.1940	611	07.06.1965	1 650
17.03.1891	606	13.08.1977	1 615
13.08.1977	600	21.06.1968	1 510
Mittelwert der Wasserstände von 1986 bis 1995: 277 cm			

Tab. 3.13: Hydrologische Extremwerte für den Oderpegel Eisenhüttenstadt

Quellen: Gewässerkundliches Jahrbuch 1993, zit. in HORLACHER (1997, S. 54), KÜNKEL (1998), www.brandenburg.de/land/mi/aktuell/p_rekord.htm

Niederschäge im oberen Odereinzugsgebiet		
Station Lysa Hora (Tschechien)	Juli 1997	794 mm
	03.07.–09.07.1997	585 mm
	max. 72-h-Niederschlag	509 mm
	max. 24-h-Niederschlag	234 mm
Station Praved (Tschechien)	Juli 1997	597 mm
	03.07.–09.07.1997	über 350 mm
Station Raciborz (Polen)	03.07.–09.07.1997	ca. 200 mm
Station Görlitz	Juli 1997	174 mm
	03.07.–09.07.1997	58 mm
Mittlerer Gebietsniederschlag im südlichen Odereinzugegebiet	03.07.–09.07.1997	ca. 200 mm
Mittlerer Gebietsniederschlag im südlichen und im mittleren Odereinzugegebiet	17.07.–22.07.1997	ca. 100 mm
Pegelstände der Oder am Pegel Frankfurt (Oder)		
Höchststand im Sommer 1997	27.07.1997	657 cm
Höchstes Hochwasser bis 1996	06.11.1930	635 cm
Mittelwasser	1986/95	228 cm
Pegelstände der Oder am Pegel Kienitz (Oderbruch)		
Höchststand im Sommer 1997	31.07.1997	628 cm
Höchstes Hochwasser bis 1996	22.03.1940	630 cm
Mittelwasser	1986/95	309 cm
Pegelstände der Oder am Pegel Stützkow		
Höchststand im Sommer 1997	29.07.1997	1 009 cm
Höchstes Hochwasser bis 1996	23.03.1940	1 026 cm
Mittelwasser	1986/95	641 cm
Abflüsse der Oder im Bereich des Oderbruches		
Maximaler Abfluß im Juli 1997		ca. 2 500 m^3 s^{-1}
Vieljähriger mittlerer Abfluß		570 m^3 s^{-1}

Tab. 3.14: Niederschlags- und Abflußdaten zum Oderhochwasser im Sommer 1997
Quellen: KÜNKEL (1998, S. 40), MALITZ & SCHMIDT (1997), MOZ (1997), www.meteofax.de, www.brandenburg.de/land/mi/aktuell/p_rekord.htm)

Welche Faktoren und Systemzustände haben die hohen Wasserstände und Abfluß-spenden verursacht? Führten die exzessiven Niederschläge unabhängig vom Geo-systemzustand zwangsläufig zu hohen Abflußvolumina?

Die Flachgründigkeit der Böden in weiten Teilen des oberen Odereinzugs-gebietes ist das Resultat der Bodenerosion der vergangenen Jahrhunderte, ver-mutlich auch hier hauptsächlich weniger Witterungsextreme im 14. und 18. Jh. Das ursprüngliche, d. h. das präspätmittelalterliche Wasseraufnahmevermögen der Böden dürfte durch diese Vorgänge um mehr als die Hälfte zurückgegangen sein. Allein diese Abnahme hat damit die Abflußmenge der Oder im Sommer 1997 im Vergleich zu ähnlichen Starkregen, die vor dem 14. Jh. niedergingen, mehr als ver-doppelt.

Abflußfördernd wirkten zweifellos auch die ungünstige Struktur der großflächig agra-risch genutzten Landschaften in Tschechien, die eingesetzte Agrartechnik, die Frucht-folgen und das geringe Retentionsvermögen der in Kammlagen geschädigten Wälder.

Faßt man diese Befunde – vor allem erosions-, struktur- und landnutzungsbedingt verringerte Wasseraufnahmekapazitäten – zusammen, so ist festzustellen, daß heute ein Starkregen mindestens dreimal mehr Abfluß verursacht als ein vergleichbares Ereignis im frühen oder hohen Mittelalter. Die heute geringen Infiltrationskapazitäten erodierter und schadverdichteter Böden sind damit in Verbindung mit langen, ungebremsten Fließwegen als wesentliche Ursache der starken Abflußbildung im Sommer 1997 anzusehen.

Welche Entwicklungen sind zukünftig bei Niederschlägen zu erwarten, die Ausmaß und Intensität derjenigen des Sommers 1997 im oberen Odereinzugsgebiet erreichen?

Der wünschenswerte Beitritt Polens und Tschechiens in die Europäische Union wird die wirtschaftliche Entwicklung beider Staaten begünstigen und in ihrer Folge eine Versiegelung durch Verkehrswegebau, ein Anwachsen von Gewerbe-, Industrie- sowie Siedlungsflächen und dadurch stark erhöhten Abfluß mit sich bringen. Anpassungen der Landwirtschaft Polens und Tschechiens an die Rahmenbedingungen der Europäischen Union werden die Fruchtfolgen einengen, die dann unrentablen Betriebsstrukturen besonders in Polen verändern, die Strukur der Agrarlandschaften ungünstig beeinflussen, Abflußbildung, Bodenschadverdichtungen und Bodenerosion verstärken.

Sollten gar die Häufigkeit und die Intensität von Starkniederschlägen infolge der aktuellen Klimaänderung zunehmen, so wird die Oderflut des Jahres 1997 keine Ausnahme bleiben.

Zukünftig könnten allerdings Schäden, wie sie durch die Oderflut des Sommers 1997 in Tschechien, Polen und Deutschland auftraten, stark vermindert werden. Geeignete Abfluß- und Abtragsvermeidungsstrategien basieren auf wesentlichen Veränderungen der Flurstruktur, der Fruchtfolgen und der Oberflächenbeschaffenheit (s. FRIELINGHAUS et al. 1997):

• Retentions- und Versickerungsräume sind – nicht erst in den Talauen, sondern bereits auf den Flächen der Abflußbildung – zu schaffen.
• Weitere Versiegelungen in Siedlungsräumen und durch Verkehrswege sind zu minimieren; bereits bestehende versiegelte Flächen sind, wo immer vertretbar, zurückzubauen.
• Nicht zwingend benötigte Drainagen sind zur Verlangsamung des Wassertransportes in die Vorfluter zu beseitigen.
• Maßnahmen, die das Wasseraufnahmevermögen und die Wasserleitfähigkeit von Böden weiter verringern, sind zu vermeiden.
• Bereits vorhandene Schäden sind durch eine Beschleunigung natürlicher Prozesse allmählich zu beseitigen (z. B. Abbau von Bodenschadverdichtungen durch erhöhte Bioturbation über Jahrzehnte).
• Das Gewässernetz ist mit dem Ziel der Reduzierung der Fließgeschwindigkeiten umweltverträglich umzubauen.

Das Sommerhochwasser der Oder im Jahr 1997 zeigt exemplarisch die Auswirkungen heutiger extremer Niederschläge. Die Witterungskatastrophen des 14. und 18. Jh. lösten hingegen weitaus stärkere Landschaftsveränderungen aus.

4 Anthropogene Einflüsse verändern Wasser- und Stoffbilanzen

> „Sehr wunderlich Ding bracht Albanens Tag
> Weil Gottes Straf das Land berührt mit vieler Plag:
> Das Gras ersäufet ward von großen Wassergüssen,
> Daß Vieh und Stall, der Mensch und Haus verderben müssen:
> Die starke Pestilenz regierte in der Stadt,
> und über tausend hier zur Erd gefället hat"
> (Denkschrift; Pötzsch 1786, S. 18f.).

Wasser- und Stoffbilanzen von Landschaften beschreiben quantitativ den regionalen Haushalt insbesondere des Wassers, der Feststoffe und der Nährstoffe. Im vierten Kapitel werden solche Stoffbilanzen für den heutigen Landschaftszustand und erstmals für vergangene Zeiträume vorgestellt.

Die Dynamik natürlicher Prozesse und ihre Folgen in Mitteleuropa für die mittleren thermischen und hygrischen Witterungs- und Klimaverhältnisse der jüngeren Nacheiszeit wurden von zahlreichen Autoren umfassend analysiert (z.B. Alexandre 1976, 1987; Brázdil 1996, Britton 1937, Dyck & Golf 1987, Easton 1928, Fairbridge 1967, Flohn 1949/50, 1958, 1967, 1984; Garnier 1974a u. b, Glaser 1995, Lamb 1977, 1982, 1984; Pfister 1985a, b, c; Röthlisberger et al. 1980, v. Rudloff 1967, Vanderlinde 1924, Weikinn 1958, 1960, 1961, 1963; kontinentale und globale Paläohydrologie des Jungquartärs: Dyck 1987, Gregory et al. 1995; zusammenfassend: Andres et al. 1993, Schönwiese 1995)

Gravierende, grundlegende Kenntnisdefizite bestehen jedoch nach wie vor hinsichtlich der quantitativen Bedeutung anthropogener Einflüsse, insbesondere der Landnutzung, auf regionale Wasser- und Stoffbilanzen. Modellhaft werden daher die Wirkungen von Veränderungen der Landnutzung auf den Wasser- und Stoffhaushalt in Mitteleuropa untersucht. Um die spezifischen Wirkungen der Landnutzung auf die Wasser- und Stoffbilanzen quantifizieren und beurteilen zu können, werden die klimatischen Einflüsse in sämtlichen hier vorgestellten Berechnungen konstant gehalten und für vergangene Zeiträume die mittleren heutigen Klimadaten zugrunde gelegt.

4.1 Der Landnutzungswandel in Mitteleuropa

Zum Verständnis der kurz- und langfristigen Bedeutung von Landnutzung für groß- und kleinräumige Wasser- und Stoffbilanzen ist zunächst die Beschreibung des historischen Landnutzungswandels erforderlich.

Seit dem Beginn der ersten Rodungen im Neolithikum hat die Landnutzung in Mitteleuropa sowohl allmähliche als auch abrupt verlaufende, von natürlichen und gesellschaftlichen Vorgängen ausgelöste Wandlungen erfahren. So wirken Klimaextreme, die Entwicklung der Böden, politische Entscheidungen, ökonomische, infrastrukturelle und technische Entwicklungen, Wachstum und Rückgang der Bevölkerungszahlen und weitere soziale Gegebenheiten (Geburtenraten, der allgemeine Ernährungs- und Gesundheitszustand der Bevölkerung, die u. a. von Kriegen und Krankheiten beeinflußten Sterberaten, Landnahmen und Migrationen) auf die Landnutzung ein.

Phasen mit Dominanz von agrarischer Nutzung wechselten mit Phasen der Walddominanz in zeitlich und räumlich sehr verschiedener Weise ab. Die Art und die Intensität der Landnutzung haben – wie im ersten Kapitel durch Hypothesen formuliert – einen starken Einfluß auf

- den Wasserhaushalt, insbesondere auf die Wasserhaushaltsgrößen Evapotranspiration, Grundwasserneubildung und Gesamtabfluß mit den Komponenten Abfluß auf der Bodenoberfläche, Vorfluterabfluß und unterirdischer Abfluß zum Meer,
- die Stoffbilanzen, vor allem auf den Stickstoff-, Kohlenstoff- und Phosphorhaushalt, sowie
- das Klima, besonders auf Merkmale wie Temperaturamplituden, Luftfeuchte, bodennahe Windverhältnisse sowie auf die Häufigkeit von Witterungsextremen im lokalen und regionalen Maßstab.

Die quantitativen Wirkungen verschiedener Landnutzungen auf die Wasser- und Stoffbilanzen werden im vierten Kapitel untersucht.

Der Wandel der Landnutzung in Deutschland seit dem frühen Mittelalter
Einige, im dritten Kapitel aufgeführte Beispiele zur urgeschichtlichen Landschaftsentwicklung in Deutschland verdeutlichen einen erheblichen prämittelalterlichen anthropogenen Einfluß. In der Bronze- und Eisenzeit sowie in der Römischen Kaiserzeit waren viele im Hinblick auf Klima- und Bodenverhältnisse als Gunsträume zu bezeichnende Landschaften immer wieder großflächig intensiv ackerbaulich genutzt (LEUBE 1996, SCHULZ 1996). Diese Entwicklung brach meist im späten 2. und im 3. Jh. n. Chr. ab; in der Völkerwanderungszeit dominierten Wälder nicht nur in Deutschland (LANGE 1971). Die neolithische, bronze- und eisenzeitliche Entwicklung mitteleuropäischer Landschaften ist vielerorts detailliert archäologisch, bodenkundlich, sedimentologisch und paläogeoökologisch untersucht.

Hingegen liegen kaum exakte Daten zum großräumigen Landnutzungswandel während des Mittelalters und der frühen Neuzeit vor (LANGE 1971, GRINGMUTH-DALLMER 1983, GREGORY et al. 1995). Für diesen Zeitraum werden daher erstmals landnutzungsbezogene Stoffbilanzen berechnet.

Die wenigen quantitativen Informationen zum mittelalterlich-neuzeitlichen Landnutzungswandel sind mit großen Unsicherheiten behaftet (Exkurs 4.1; LANGE 1971). Im Wald sind im Vergleich zu den Nutzungsformen Ackerland, Dauergrünland, Siedlungs- und Verkehrsflächen die Raten von Transpiration und Interzeption höher und die Raten von Gesamtabfluß und Grundwasserneubildung niedriger. Mit Hilfe dieser regelhaften Zusammenhänge kann aus den Verhältnissen von Waldanteilen zu den Anteilen anderer Nutzungen auf den Wasserhaushalt von Landschaften geschlossen werden. Das Verfahren kann erfolgreich auf heutige, zukünftige und vergangene (mittelalterliche und neuzeitliche) Systemzustände angewandt werden.

Auf der Grundlage der Angaben u. a. von HENNING (1985, 1988), SCHÖNWIESE (1995) und SCHENK (1996) zur Entwicklung des Wald- und Ackeranteils während Mittelalter

Zeitraum [n. Chr.]	Wald[1]	Ackerland[2]	Dauergrünland[3]	Infrastruktur[4]	Gewässer
		[% der Gesamtfläche Deutschlands ohne Alpen, in heutigen Grenzen]			
650–659	90	5	3	<1	2
750–759	87	7	4	<1	2
900–909	68	18	12	<1	2
1000–1009	65	20	13	<1	2
1250–1259	20	51	26	1	2
1310–1319	15	55	27	1	2
1340–1349	17	54	26	1	2
1370–1379	25	33	39	1	2
1420–1429	45	28	24	1	2
1520–1529	34	38	25	1	2
1608–1617	30	41	26	1	2
1650–1659	32	32	33	1	2
1780–1789	30	39	27	2	2
1870–1879	27	40	28	3	2
1961–1990	30	38	24	6	2

[1] Einschließlich der Gehölze außerhalb geschlossener Waldbestände.
[2] Einschließlich Garten- und Rebland.
[3] Einschließlich Ödland, Grünflächen in Siedlungen und an Verkehrswegen.
[4] Abweichend von gängigen Klassifikationen der Landnutzung, wurde eine unübliche, für die Betrachtung von Wasser- und Stoffbilanzen unverzichtbare Differenzierung der Siedlungs- und Verkehrsflächen vorgenommen. Wiedergegeben ist in der Kategorie „Infrastruktur" lediglich der vor allem durch Häuser und Straßenbeläge versiegelte und der durch Befahren und Begehen stark verdichtete Anteil der Erdoberfläche. Die nicht versiegelten und nicht verdichteten Infrastrukturflächen wurden den Kategorien Wald (Gehölze), Ackerland (Gärten) und Grünland (Rasen) zugeordnet.

Tab. 4.1: Entwicklung der Landnutzung während Mittelalter und Neuzeit in Deutschland

und Neuzeit in Deutschland, zahlreicher palynologischer Daten (STEINBERG 1944, FIRBAS 1949, 1952; LANGE 1971, CHEN 1982, BEUG 1992, KÜSTER 1996) sowie umfangreicher eigener bodenkundlich-sedimentologischer Untersuchungen in verschiedenen Landschaften Deutschlands wurden die in Tabelle 4.1 dargestellten Werte für Deutschland in den heutigen Grenzen unter Ausschluß des Alpenraums rekonstruiert. Diese Daten stellen eine erste Schätzung dar. Besonders unsicher sind vor allem die quantitativen Angaben zum frühen Mittelalter und zum Umfang der späteren Nutzungsdepressionen (vorübergehend vermindertes Anwachsen oder Abnahme der Flächenanteile und der Intensität agrarischer Nutzung, wie im 10., 14. und 17. Jh.).

Im 7. nachchristlichen Jahrhundert waren nach mehreren Pestepidemien, die zu einem starken Bevölkerungsschwund führten, wahrscheinlich kaum 10% der Fläche Deutschlands landwirtschaftlich genutzt. Pollen- und Bodenanalysen belegen für zahlreiche mitteleuropäische Landschaften das frühmittelalterliche Minimum des Anteils landwirtschaftlich genutzter Flächen und zugleich die größte Ausdehnung von Wäldern während der gesamten vergangenen 2 000 Jahre. In der Landwirtschaft dominierten ausgedehnte Brachen und Weidewirtschaft; ackerbauliche oder gärtnerische Bodenbewirtschaftung blieb auf kleine Teile der landwirtschaftlich genutzten Fläche beschränkt (BORN 1974, 1980; ENNEN & JANSSEN 1979, HENNING 1985, SCHÖNWIESE 1995).

Exkurs 4.1:

Die Entwicklung landwirtschaftlicher Nutzung in Deutschland bis 1800

Quellen: FISCHER (1929), BERTSCH & BERTSCH (1947), KÖNNECKE (1967), LANGE (1971, 1986, 1989), BORN (1974, 1980), ENNEN & JANSSEN (1979), BICK et al. (1983), HENNING (1985, 1988), ACHILLES (1991), KÖRBER-GROHNE (1994), HABER (1996, 1997), KÜSTER (1996)

Neolithikum

Ackerbau:	Hackbau mit einfachen Geräten (Haken, Hacken, Holzspaten) zur flachen Primärbodenbearbeitung und Saatbettherstellung. Der Hakenpflug gewinnt erst allmählich an Bedeutung. Saat von Hand.
Nutzungssystem:	Urwechselwirtschaft mit Wechsel der Anbauflächen nach Erschöpfung der Böden. Vorrangig Anbau von Getreide. Einkorn und Emmer (95 %) dominieren über Gerste (5 %). Keine oder marginale Futtergewinnung.
Nutzpflanzen:	Einkorn, Emmer, Dinkel, Nacktweizen, Gerste, Roggen, Hafer, Hirse, Lein, Erbse, Linse, Mohn.
Tierhaltung:	Hund, Schaf, Ziege, Schwein, Rind, Pferd. Futtergrundlage hauptsächlich Waldweide und Abfälle.

Bronze- und Eisenzeit

	Zur Selbstversorgung benötigt eine 4- bis 5köpfige Familie 80–100 ha Nutzfläche, davon 4–8 ha Ackerfläche. 12–40 ha werden zur Regeneration der Böden der freien Sukzession überlassen und teilweise beweidet. Etwa 40–60 ha dienen der Waldweide und der Holzproduktion.
Ackerbau:	In der Römischen Kaiserzeit erfährt die Landwirtschaft einen bedeutenden Wandel. Plaggendüngung mit Heide- und Grassoden, auch Kalkung (Mergel) und Stallmistdüngung der Äcker werden festgestellt. Streichbrettpflüge mit wendender Bodenbearbeitung zur besseren Unkrautkontrolle werden insbesondere auf feuchteren Standorten eingesetzt. In Hanglagen wird teils hangparallel gearbeitet. Der flach in den Boden greifende, von Rindern gezogene Hakenpflug dominiert.
	Entwickelt werden Erntewerkzeuge wie Sicheln, Sensen, Gabeln, Schaufeln und Rebmesser.
Nutzungssystem:	Getreide wird zu Beginn der Eisenzeit nach wie vor im Gemengebau der Urwechselwirtschaft angebaut. In ungünstigen Lagen verdrängt Dinkel den Weizen (Emmer, Einkorn). An häufig trockenen Standorten wird zunehmend Weizen durch Gerste ersetzt. Die Anbaueignung von Roggen und Hafer bei ungünstigen Bedingungen wird erkannt. Bronzezeit: Beginn der Futtervorratsplanung für Haustiere.
	Mit dem Jahrtausendwechsel wird von den Römern der Wanderfeldbau durch eine ungeregelte Feldgraswirtschaft ersetzt, die eine Wiedernutzung in Kultur genommener Flächen nach längeren Bracheperioden beinhaltet. Die ungeregelte Feldgraswirtschaft wird in der Römischen Kaiserzeit zur Zweifelderwirtschaft mit Wechsel von Brache und Anbau entwickelt.
Nutzpflanzen:	Wicken und Bohnen werden in Nutzung genommmen; Roggen, Hafer und Leindotter gewinnen an Bedeutung. Auf Lößböden bleiben Gerste und Weizen dominant. Rohstoffe werden verstärkt angebaut (z. B. Färberwaid).
Tierhaltung:	Beginn der Stallhaltung, gefördert duch feuchteres und kühleres Klima. Anfänge der Futtervorratswirtschaft. Ab 500 v. Chr. ist, vor allem bedingt durch die Nachfrage der städtischen Bevölkerung, ein höherer Anteil der Tierhaltung an der Gesamtproduktion festzustellen. Die Römer sorgen für einen Ausbau der Geflügelhaltung mit Enten, Hühnern und Gänsen.

Völkerwanderungszeit

Ackerbau und Grünlandwirtschaft kommen in Mitteleuropa fast vollständig zum Erliegen.

Mittelalter

Nutzungssystem: Folgewirkungen des Zusammenbruchs des Römischen Reiches und der Völkerwanderung prägen das frühe Mittelalter. Rodungen, Eindeichungen sowie Trockenlegungen von Sümpfen und Mooren u. a. durch Holländer und Zisterzienser führen allmählich zur Ausdehnung der landwirtschaftlich genutzten Fläche. Im 8. Jh. entwickelt sich die Dreifelderwirtschaft (Abb. 4.2). Unterstützt durch verbesserte Landtechnik – der Streichbrettpflug mit gewundenem Streichbrett und z. T. eisenbewehrter Spitze zur Bodenwendung war eingeführt – kommt es zu Ertragssteigerungen von 50–100 % (3–4faches der Aussaatmenge entsprechend 5–7 dt ha^{-1}). Der erhöhte Zugkraftbedarf wird durch Ochsen- oder Pferdeanspannung bewältigt. Die Saatbettbereitung wird mit Ackeregge und Pferdeanspannung ausgeführt, um höhere Arbeitsgeschwindigkeiten zur Unkrautkontrolle zu erzielen.

     Die wendende und tiefere Bodenbearbeitung führt zu einer höheren Mineralisierung und geringerem Unkrautdruck.

     Im Hochmittelalter überwiegt die Dreifelderwirtschaft; die Besömmerung der Brache beginnt. Neben der Dreifelderwirtschaft existiert

– Einfelderwirtschaft mit Getreidedaueranbau, unterstützt durch die häufige Zufuhr von Plaggen,
– Zweifelderanbau mit Wintergerste-Brache-Sommergerste-Brache,
– Vierfelderanbau mit Roggen – Gerste – Hafer/Erbsen – Brache.

Infolge der spätmittelalterlichen Agrarkrise sinken die Getreidepreise, nimmt die Viehhaltung zu und erfolgt ein Zuwachs gewinnbringender Spezialkulturen wie Obst, Wein und Hopfen.

Nutzpflanzen: Verstärkter Reinanbau von Getreide hält Einzug und fördert die Entwicklung von Landsorten. Gerste ist die verbreitetste Art in Mitteleuropa, auf günstigen Standorten der Weizen, in Norddeutschland und auf Sandböden der Roggen. Hafer ist ebenfalls auf schwachen Standorten zu finden. Die Dominanz des Getreides in der Dreifelderwirtschaft verdeutlicht der Anteil von 80 % Gerste, 11 % Roggen, 5 % Hafer, 1 % Weizen und 3 % Acker- bzw. Pferdebohne auf Standorten in Schleswig.

     Im Hochmittelalter verstärkte Diversifizierung der Kulturpflanzen aufgrund des gestiegenen Nahrungsmittelbedarfes. Vorrangig in den nicht sozialpflichtigen Gärten werden Hülsenfrüchte (Erbsen, Bohnen, Linsen) zur Eiweißversorgung angebaut. Nichtnahrungspflanzen wie Hanf, Flachs und Färberröte (Krapp), Gewürze wie Saflor und Anis finden eine größere Verbreitung. Spezialkulturen wie Hopfen und Wein dringen nach Norddeutschland vor. Raps, Rübsen, Zwiebeln und Knoblauch werden in den Anbau aufgenommen.

     Die früh- und hochmittelalterliche Bevölkerungszunahme bewirkt eine Verlagerung von der Tierproduktion zur pflanzlichen Erzeugung.

Tierhaltung: Die Weiden- und Wiesenpflege wird weiterhin vernachlässigt, auch wenn die wesentlichen Nutzungsprinzipien schon bekannt sind. Vorrangig wird Waldweide neben Dauerweide und Allmende betrieben. Ein Schnitt zur Heugewinnung für das Winterfutter ist üblich. Die Milchleistung beträgt bestenfalls 1 000 l je Kuh, das Mastendgewicht von Schweinen 40 kg. Durch den Bedarf an Kampf- und Turnierpferden nimmt die Pferdezucht einen Aufschwung.

     Fleischverzehr: Rindfleisch dominiert mit 60 %, gefolgt von 18 % Schweinefleisch, 12 % Schaf- und Ziegenfleisch sowie 10 % Wildbret. Der jährliche Fleischverbrauch liegt im Spätmittelalter bei 100 kg pro Einwohner und wird teils durch Importe aus Überschußgebieten gedeckt.

Frühneuzeit

Nutzungssystem: Die Dreifelderwirtschaft behält ihre vorrangige Stellung. Auf weiter entfernten Schlägen herrscht eine extensive Feldgraswirtschaft vor.

Nutzpflanzen:	Rotklee als Futterpflanze wird in die Anbaufolge integriert. Eine Intensivierung des Ackerbaus wird durch den vermehrten Anbau von Leguminosen (Rotklee, Luzerne, Lupine), den Wechsel mit Blattfrüchten (Rüben, Kohl) und eine höhere Stallmistdüngung möglich. Der Roggenertrag steigt zwischen 1550 und 1700 von 7,6 auf 9,9 dt ha⁻¹. Kartoffeln, Mais und Buchweizen werden als Ackerkulturen eingeführt. Ab 1700 nimmt der Gemüseanbau einen enormen Aufschwung; kultiviert werden: Weiß-, Rot- und Blumenkohl, Kohlrabi, Spinat, Salat, Möhren, Pastinaken, Zwiebeln, Gurken, Rüben, Petersilie, Rettich, Bohnen, Erbsen und Linsen. Die Sonderkulturen Hanf, Flachs und Hopfen werden durch Tabak ergänzt.
Tierhaltung:	Die Tierhaltung (besonders Rinderhaltung) kann durch den Anbau von Futterrüben auf Brachflächen und eine höhere Ertragsleistung der Weiden (durch verbesserte Grünlandpflege und Entwässerung von nassen Grünlandstandorten) intensiviert werden. Diese Entwicklung führt insbesondere nach 1700 zu einer letztmaligen, erheblichen Ausweitung der landwirtschaftlichen Nutzflächen zu Lasten großer Feuchtgebiete.

Die naturwissenschaftlichen Befunde zur Ausdehnung der frühmittelalterlichen landwirtschaftlichen Nutzung in Mitteleuropa stehen nicht im Einklang mit den Bevölkerungsschätzungen einiger Historiker. So nimmt RUSSELL (1983, S. 21) an, daß in Deutschland und Skandinavien um das Jahr 500 n. Chr. zusammen etwa 3,5 Mio. Menschen lebten. Nach RUSSELL (ebd.) nahm die Bevölkerungszahl bis 650 n. Chr. aufgrund der Pestzüge in diesem Raum auf 2 Mio. ab. Dieser Wert ist aufgrund der obengenannten palynologischen und bodenkundlichen Befunde als deutlich überhöht anzusehen. Aufgrund der im Vergleich zur Bevölkerungszahl vor allem über Bodenprofilanalysen exakter schätzbaren landwirtschaftlich genutzten Fläche im 5. bis 7. Jh. n. Chr. gehen wir von weniger als der Hälfte der von RUSSELL genannten Bevölkerungszahlen in jenen frühmittelalterlichen Zeiträumen aus.

Zukünftige interdisziplinäre landschaftsgenetische Forschung sollte sich verstärkt der quantitativen Entwicklung von Bevölkerung, Landnutzung, Natur- und Kulturlandschaften im ersten nachchristlichen Jahrtausend widmen, um die genannten Widersprüche aufzuklären.

Die weitere, in RUSSELL (1983, S. 21) mitgeteilte Bevölkerungsentwicklung für Deutschland und Skandinavien, die über 4 Mio. im Jahr 1000 und 11,5 Mio. im Jahr 1340 zu 7,5 Mio. im Jahr 1450 führt, steht hingegen grundsätzlich in Übereinstimmung mit den naturwissenschaftlichen Befunden zur Landnutzungsentwicklung. In Deutschland vollzog sich das starke Wachstum zunächst im Westen und Süden. Erst im 11., 12. und 13. Jh. wurde der Raum östlich der Elbe von einer vergleichbaren Entwicklung erfaßt (zur Ostsiedlung vgl. KRENZLIN 1952, LANGE 1971, 1978; SCHULZE 1979, ENDERS 1987, RÖSENER 1992).

Zum Ende des 13. Jh. begann in weiten Teilen Europas, auch in den neu besiedelten Regionen, die Bevölkerung zu stagnieren (DUBY 1983). Überbevölkerung und Probleme in der Versorgung der Menschen mit Nahrungsmitteln waren nach DUBY (1983, S. 115) Hauptursache für die Umkehr in der Bevölkerungsentwicklung. Im frühen 14. Jh. lebten von der zu mehr als 50% ackerbaulich genutzten Fläche Deutschlands (in heutigen Grenzen; ohne den Alpenraum) nach RUSSELL (1983) über

10 Mio. Menschen, nach ABEL (1966) 14 Mio. Menschen. Für die Ernährung eines Menschen standen um 1300 in Deutschland im Mittel weniger als 2 ha Ackerland zur Verfügung. Teile der bäuerlichen Bevölkerung standen schon in durchschnittlichen Jahren vor dem Problem, daß der Ertrag und damit der mögliche Verbrauch vor allem des Hauptnahrungsmittels Getreide nahe am Existenzminimum lag – viele Menschen waren so beständig von Hungersnöten bedroht (Exkurs 4.1; ROEHL 1983, S. 71). Die wenigen verbliebenen Wälder unterlagen einer intensiven Nutzung, insbesondere der Waldweide und der Streusammlung sowie der Holzgewinnung u.a. für den Bau von Gebäuden, für den Bergbau, die Energieerzeugung und die Köhlerei (KÜSTER 1989, 1996; HEINE 1989). Nach der Auffassung eines englischen Chronisten war eine Ursache umfangreicher Waldrodungen im frühen 14. Jh. der große Bedarf an Holz für den Bau von Windmühlen (WHITE 1983, S. 100). Eine naturnahe Vegetation verblieb in größerer Ausdehnung nur noch in den Bergwäldern der Alpen und auf den Niedermooren im Norden Deutschlands.

Ungünstige Witterungsverhältnisse prägten die ersten beiden Dekaden des 14. Jh.: Die Ostsee fror in den Jahren 1301 und 1306/07 selbst in ihrer südlichen Peripherie zu. In den Jahren 1313 bis 1318 führten vor allem Starkniederschläge im gesamten Okzident zu Mißernten und damit zu verheerenden Hungersnöten, zum Anstieg der Preise landwirtschaftlicher Produkte und zu erhöhter Sterblichkeit (ABEL 1966, 1976; FLOHN 1967, LE ROY LADURIE 1971, 1985; LAMB 1977, 1982; HOFFMANN 1981, LE GOFF 1996). „Mit diesem Donnerschlag beginnt das tragische 14. Jh." (LE GOFF 1996, S. 285).

Als Folge von feuchterer Witterung, Überschwemmungen und Kälte wütete die Ruhr besonders heftig. Sie führte in der zweiten Dekade des 14. Jh. z.B. in Brügge und Ypern in nur einem Jahr zum Tod von Tausenden von Menschen, die von ungünstiger Witterung und Hunger teilweise hierher getrieben worden waren (RUSSELL 1983, S. 32). Weitere Extreme prägten die restliche erste Hälfte des 14. Jh. So wurden die Menschen in den Einzugsgebieten von Rhein, Weser, Elbe und Donau im Jahr 1342 von den heftigsten Niederschlägen und den stärksten Überschwemmungen zumindest des zweiten nachchristlichen Jahrtausends heimgesucht (WEIKINN 1958, FLOHN 1967, RODIER & ROCHE 1984, ALEXANDRE 1987, PFISTER 1988c, BORK 1988, ROTH 1995). Die Ereignisse des Jahres 1342 und die naßkalten Sommer der Folgejahre bezeichnet PFISTER (1985c, S. 194) – nach den im dritten Kapitel vorgestellten Bodenprofilanalysen zurecht – als „[...] die vielleicht härteste ökologische Belastungsprobe des letzten Jahrtausends [...]".

Diese Witterungsextreme und ihre unmittelbaren Folgen lösten nach Auffassung von RUSSELL (1983, S. 23f.) „Kontrollmechanismen" aus, die das Bevölkerungswachstum vor allem in Nordeuropa und in den höheren Lagen Mittel- und Westeuropas verlangsamten, zu einem Stillstand oder gar zu einem Rückgang brachten. Als Beispiel für einen derartigen Kontrollmechanismus in der 1. Hälfte des 14. Jh. führt RUSSELL (1983) ein Verbot von Eheschließungen ohne gesicherten Unterhalt an.

Die Katastrophen des 14. Jh. kulminierten 1348 bis 1350 in der Pestpandemie: Über die „geschwächte Menschheit brach dann der ‚Schwarze Tod' herein, der ‚Große Tod' oder das ‚Große Sterben'". Die Beulenpest forderte, einhergehend mit Hungersnöten, ungeheure Opfer (ROMANO & TENENTI 1997, S. 13). Ein Drittel der Bewohner Europas und auch Deutschlands verloren ihr Leben.

In Räumen mit einem signifikanten Bevölkerungsrückgang, u.a. in Deutschland und England, fallen schon vor der Pestpandemie in der Mitte des 14. Jh. höhere Lagen wüst, d.h., sie werden nicht länger landwirtschaftlich genutzt (ABEL 1976, RUSSELL 1983, BORK 1988).

Die überaus bedeutende Frage nach Ursache und Wirkung der Depression in der Bevölkerungsentwicklung Europas und dem Rückgang der Anbauflächen während der 1. Hälfte des 14. Jh. bleibt bei RUSSELL (1983) und anderen Autoren offen: Verursachte eine lediglich gesellschaftlich bedingte Verknappung des Getreides den für jene Zeit nachweisbaren drastischen Anstieg der Getreidepreise und somit erhöhte Sterbeziffern? Oder führten die ungünstigen Witterungsverhältnisse in der 1. Hälfte des 14. Jh. zum Anstieg der Getreidepreise und damit zu einer Beendigung des bis dahin über mehrere Jahrhunderte intensiven und nahezu stetigen Bevölkerungswachstums?

Die vorliegende Monographie belegt erstmals mit naturwissenschaftlichen Methoden zweifelsfrei sowohl die lokale (Kap. 3) als auch die großflächige Wirkung vor allem extremer Witterungsereignisse auf Landnutzung, Bodenfruchtbarkeit sowie Erträge und damit auf regionale Stoffbilanzen, Ernährungssituationen und Bevölkerungsentwicklung.

Nach den Witterungskatastrophen und Hungersnöten der ersten Hälfte des 14. Jh., der Pestpandemie der Jahre 1348 bis 1350 und weiterer Einbrüchen der Bevölkerungsentwicklung in den folgenden Jahrzehnten durch Seuchenzüge und Kriege verdreifachte sich bis etwa 1430 der Waldanteil in Deutschland.

Mit dem erneuten kräftigen Wachstum der Bevölkerung Deutschlands in der zweiten Hälfte des 15. Jh. und insbesondere im 16. Jh. wurde ungefähr ein Drittel vorwiegend der seit dem 14. Jh. bestehenden Wälder wieder gerodet und landwirtschaftlich genutzt. Die bemerkenswert hohen Anteile des Ackerlandes im beginnenden Spätmittelalter (um 1300) wurden in Mitteleuropa allerdings weder im 16. Jh. noch danach auch nur annähernd wieder erreicht.

Im Gegensatz zu häufigen landläufigen Auffassungen hat der Anteil der Wälder während und nach dem Dreißigjährigen Krieg nur in wenigen mitteleuropäischen Landschaften erheblich zugenommen. Kriegsbedingt wüstgefallene, d.h. ungenutzte Flächen wurden zumeist nach wenigen Jahren wieder in Kultur genommen (vgl. ABEL 1966, 1978, 1986). Im 18. Jh. nahm der Waldanteil in vielen mitteleuropäischen Landschaften unter die Werte des frühen 17. Jh. ab (SCHENK 1996). In Brandenburg wurden ausgedehnte Niederungsgebiete urbar gemacht (FISCHER 1936). WEBER (1927, S. 51) beschreibt eine „übertriebene Rodungslust der bäuerlichen Bevölkerung" in Deutschland zu Beginn des 18. Jh. und führt als exemplarischen Beleg ein Zitat aus der 1739 erschienenen Sylvicultura oeconomica des HANS CARL VON CARLOWITZ an: „Es ist fast ein Universal-Affekt und gemeine Seuche, daß jedermann lieber Feld und Wiesen als Holz besitzen will und also dahin incliniret, wie dieses zu vertilgen und teils gänzlich auszurotten, gleich wenn es ein Unkraut und zur Führung einer Hauswirtschaft gar nicht nötig wäre." Die Ansiedlung von 20 Familien in einem Luch des königlichen Hangelsbergischen Forstes bei Fürstenwalde wird 1777 von einem Beamten für nicht ratsam eingeschätzt, „weil die Häuser in der Niederung selbst nicht stehen könnten und, wenn sie am Rande errichtet würden, ein Fleck von der Forst verloren ginge. Schlimmer sei noch die Forstverwüstung in der Nähe der Häuser, die im Laufe der Jahre überhand nehmen würde, da die Familien nicht nur ihr Brennholz stehlen, sondern sich auch mit dem Holzverkauf beschäftigen würden" (FISCHER 1936, S. 75).

Eine wiederum intensivierte Nutzung der Wälder war die Folge der erwähnten Zunahme der Bevölkerung im späten 15. und 16. Jh. Insbesondere in den höheren Lagen der Mittelgebirge veränderte die Weide die Artenzusammensetzung der Baum-, Gras- und Krautschicht, den Bodenzustand, den Wildbesatz und das Waldbild erheblich.

Einschränkungen der Nutzung zum Schutz ihrer Wälder verfügten die Herzöge von Mecklenburg ab dem 16. Jh. (KLINKER 1977, S. 142):

1562   werden Verordnungen erlassen
   • zum Bau von Stuben in „Hallenhäusern", um Brennholz zu sparen,
   • zu Neuanpflanzungen von Bäumen und
   • zur Meldepflicht von Baumbeständen.

1660   werden Forst- und Wildmeister eingesetzt; das Fällen von Bäumen wird genehmigungspflichtig.

1690   wird das Stechen von Plaggen in Wäldern verboten.

1700   müssen pro gefällter Eiche oder Buche sechs neue Bäume gepflanzt werden.

1707   werden die Haltung von Ziegen und die Beschädigung von Nußsträuchern verboten.

Detaillierte Informationen zum Ausmaß und zu den Wirkungen der Waldnutzung liegen auch für das Weserbergland vor. Im Diemelgebiet bildeten Waldweide, Mast- und Holznutzung bis in das 19. Jh. eine ebenso wichtige Existenzgrundlage für die Siedlungen wie die Feldflur (JÄGER 1951). „Um 1600 konnten im Reinhardswald bei guter Mast an Eicheln und Buchen 20 000 Schweine fett gemacht werden. Dazu kamen die Grashute für Rinder, Pferde und Schafe (Blumenhute) und auch die Entnahme von Laubstreu für die Stallungen. [...] Der ungehemmte und regellose Weidegang des Viehs war eine ständige Bedrohung für den Fortbestand des Waldes, denn das Vieh zerstörte den Jungwuchs der Bäume und machte so eine natürliche Verjüngung zunichte. Dadurch lichtete sich der Wald immer mehr aus; [...] Zudem wuchsen auf diesen offenen Stellen lichtbedürftigere Kräuter mit höherem Futterwert für das Vieh, so daß den Hirten die Vergrasung sehr willkommen war und von ihnen beschleunigt wurde, wo es nur ging" (EHLS 1993, S. 49). Vielfältige Verordnungen versuchten diesen Fehlentwicklungen entgegenzuwirken. So regelt das Reinhardswälder Hutereglement von 1747/48 die Zuweisung von Huteflächen an Ortschaften und die Begrenzung der Stückzahlen des Huteviehs (EHLS 1993, S. 49).

Noch im frühen 19. Jh. zeigten sich „die verheerenden Auswirkungen der Hute auf den Wald. Durch Lichtung der Wälder und Entblößen des Bodens durch Streunutzung stellte sich unter dem Einfluß von Regen und Viehtritt eine höchst ungünstige Bodenverdichtung ein (Molkeböden). ‚1786 waren im Reinhardswald 12 000 Morgen Hutewald durch das darauf stehende Wasser so außerordentlich verdorben, daß man solche gegenwärtig zu gar nichts mehr gebrauchen kann'." Ende des 19. Jh. führten Fortschritte in der Landwirtschaft zur endgültigen Ablösung der Huterechte im Reinhardswald (EHLS 1993, S. 50).

In zahlreichen Wald- und Forstordnungen „wird bereits der Befürchtung künftigen Holzmangels Ausdruck gegeben, und es werden Maßregeln zur pfleglichen Waldbehandlung und ökonomischen Nutzung der Holzvorräte angeordnet, und zwar nicht bloß für die landesherrlichen Forste, sondern auch für die Gemeinde-, Kloster- und Gutswaldungen des betreffenden Gebietes. Wenn man diese zahlreichen, geschichtlich interessanten Waldordnungen der deutschen Landesherren durchliest, so gewinnt man den Eindruck, daß schon im sechzehnten Jh. die Frage der Walderhaltung an vielen Orten brennend war" (WEBER 1927, S. 47). Beginnend im 18. Jh., führten diese Erkenntnisse zur Einführung der wissenschaftlich begründeten Forstwirtschaft.

Zuverlässigere Daten zum Wandel der Flächennutzung können Forststatistiken und Kartenwerken der vergangenen zwei Jahrhunderte entnommen werden. Nach WEBER (1927, S. 55) nahm im Zeitraum von 1878 bis 1913 die Gesamtwaldfläche des Deutschen Reiches vor allem durch Ödlandaufforstung in Preußen von 13,87 Mio. ha auf 14,22 Mio. ha bzw. um 9 950 ha jährlich oder 2,5 % im Gesamtzeitraum zu. Eine Auswertung der Entwicklung der Waldverteilung Brandenburgs seit dem Jahr 1780 durch WULF & SCHMIDT (1996) belegt, daß etwa zwei Drittel der heutigen Waldfläche oder fast ein Viertel der Landesfläche Brandenburgs seit mehr als 200 Jahren kontinuierlich als Waldstandort überdauert haben. Zwischen 1780 und 1992 wurden wenig mehr als 8 % der Landesfläche Brandenburgs aufgeforstet und annähernd 7 % gerodet (WULF & SCHMIDT 1996, S. 126f.). In der Bilanz des Landes Brandenburg ist damit der Waldanteil seit dem späten 18. Jh. nahezu unverändert geblieben. Hingegen nahm der Waldanteil in Niedersachsen von 1872 bis 1952 um 22 % zu (SCHENK 1996, S. 23). Für Nordhessen und Mainfranken rekonstruierte SCHENK (1996, S. 23f.) nur geringe Veränderungen der Waldanteile in den letzten beiden Jahrhunderten.

Ein grundsätzlich ähnliches Verhalten zeigen nach Kartenvergleichen auch andere Landschaften Deutschlands (z.B. nach der SCHMETTAUSchen Karte der Jahre 1767 bis 1787, der SCHMITTSchen Karte von Südwestdeutschland aus dem Jahr 1797, der Karte von dem Grossherzogthume Hessen der Jahre 1823 bis 1840, der Karte der Rheinlande von TRANCHOT und v. MÜFFLING aus der 1. Hälfte des 19. Jh. und der Urmeßtischblätter der Preußischen Landesaufnahme und nach aktuellen großmaßstäbigen topographischen Karten); die kleinräumigen Unterschiede in der Landnutzung können jedoch beträchtlich sein.

In der Flächenbilanz hat der Waldanteil Deutschlands von den 50er Jahren des 17. bis in die 70er Jahre des 19. Jh. um etwa 5 Prozentpunkte ab- und seitdem ungefähr um 3 Prozentpunkte auf die heutigen Werte von 30 % zugenommen (vgl. WEBER 1927, HARD 1964b, 1976).

Der Landnutzungswandel in anderen Staaten Europas während Mittelalter und Neuzeit

Die beschriebene Dynamik der Landnutzung ist nicht auf die Nachbarstaaten Deutschlands übertragbar; die Folgen des drastischen Bevölkerungsrückganges im 14. Jh. waren jedoch nahezu überall in West-, Mittel-, Ost- und Nordeuropa spürbar.

In Frankreich wird schon im 7. Jh. n. Chr. die Bevölkerungsdichte weitaus höher und der Waldanteil deutlich geringer als in Deutschland gewesen sein. RUSSELL (1983, S. 21) schätzt die Bevölkerung in einem Raum, der Frankreich, Belgien und die Niederlande umfaßt, für

- das Jahr 500 n. Chr. auf   5 Millionen,
- die Mitte des 7. Jh.s auf nur noch   3 Millionen,
- das Jahr 1000, nach einer kurzen Depression, auf   6 Millionen,
- das Jahr 1340 auf die hohe Zahl von   19 Millionen,
- die Mitte des 15. Jh. auf lediglich   12 Millionen Menschen.

Dementsprechend schrumpfte der Waldanteil Frankreichs bereits bis zum Jahr 1000 etwa auf die Hälfte der Landesfläche. Die Geschwindigkeit der Rodungen verlangsamte sich regional ab dem Jahr 1220, insgesamt in Frankreich ab 1290 (BRAUDEL 1990, Bd. 1). Die dramatischen Bevölkerungsverluste im 14. Jh. u.a. aufgrund der Pestpandemie führten auch in Frankreich zu einem Rückgang der agrarischen Landnutzung und zu einem Vordringen des Waldes. Exakte Zahlenangaben zum Ausmaß des Landnutzungswandels im Frankreich des 14. Jh. liegen nicht vor; mit Deutschland vergleichbare Relationen sind nicht auszuschließen – wahrscheinlich ist jedoch eine geringere Ausdehnung von Flurwüstungen. Erneute, noch im 15. Jh. einsetzende Rodungen führten zu einem Rückgang der Waldfläche Frankreichs über 33 % um 1600 und 18 % im Jahre 1815 auf nur 15 % im Jahre 1859 (Daten nach BRAUDEL 1990, Bd. 1,2; WEBER 1927, S. 54). Verläßlich sind die Schätzungen jedoch auch für Frankreich erst seit dem frühen 19. Jh. (BRAUDEL 1990, Bd 1,2).

Im östlichen Mitteleuropa und in Osteuropa vollzogen sich das Bevölkerungswachstum und die resultierende Ausdehnung der agrarischen Nutzung im frühen und hohen Mittelalter deutlich langsamer als in Deutschland. Erst im 13. Jh. ist in Rußland ein beschleunigtes Wachstum der Wirtschaft und damit auch der Landwirtschaft wahrzunehmen (RUSSELL 1983, S. 23). Heute ähneln sich die Anteile von landwirtschaftlicher Nutzfläche und Wald in Polen und Deutschland; in Tschechien ist derzeit ein Drittel der Landesfläche bewaldet (JAKSCH et al. 1996).

4.2   Die Wasserbilanzen

> „Anstatt jedoch mittelbar oder unmittelbar etwas für die Aufsammlung des Regenwassers zu thun, hat man im Gegentheil Alles darauf angelegt, sich desselben so schnell als möglich zu entledigen, indem man bei dem Verdruß, den dasselbe bisweilen anrichtete, mit einseitigem Eifer nur allein darauf hin arbeitete, demselben so viele Ausgänge zu verschaffen als möglich war. Während dem man aber dasselbe schnell entfernte, entfernte man auch seinen Segen: man hat das Kind mit dem Bade ausgeschüttet" (HEUSINGER 1815, 35. Abschnitt).

Zu Beginn werden für verschiedene Regionen die Kausalzusammenhänge zwischen dem Ausmaß, der Art und der Intensität der Nutzung auf der einen Seite und der Wasserbilanz auf der anderen Seite dargestellt.

Die Wasserbilanz und ihre Entwicklung kann durch die Wasserhaushaltsgleichung beschrieben werden (WIDMOSER 1992). Sie umfaßt die Bilanzgrößen Niederschlag N, Evaporation E, Transpiration T, Infiltration I, Grundwasserneubildung G und Gesamtabfluß A mit den Komponenten Abfluß auf der Bodenoberfläche Ao, Grundwasserabstrom Ag, Vorfluterabfluß Av sowie unterirdischer Abfluß zum Meer Au und Speicheränderung R und kann wie folgt formuliert werden [mm a^{-1}]:

$N = E + T + A \pm \Delta R$

$A = Av + Au$

$A = Ao + Ag$

$I = G + T \pm \Delta R$

$N = E + Ao + I.$

Wichtig ist an dieser Stelle der Hinweis, daß in der vorliegenden Monographie – in Abweichung von den Konventionen der Hydrologie – unter dem Abfluß auf der Bodenoberfläche im eigentlichen Wortsinn nur der Abfluß auf dem Boden, nicht jedoch der im Boden stattfindende oberflächennahe Abfluß (auch als Interflow oder Zwischenabfluß bezeichnet) verstanden wird. Daher sind die in diesem Abschnitt vorgestellten Werte des Abflusses auf der Bodenoberfläche weitaus geringer als die üblichen (berechneten) Angaben zum Oberflächenabfluß, der auch den oberflächennahen Zwischenabfluß integriert. Diese unkonventionelle Definition wurde vorgenommen, um einerseits die notwendige Prozeßdifferenzierung zu gewährleisten und um andererseits den Feststofftransport im Abfluß auf der Bodenoberfläche, d.h. die Bodenerosion durch Wasser, berechnen zu können.

Während N, Ao, Av und I direkt meßbar sind, ist eine exakte Bestimmung der übrigen Wasserhaushaltsgrößen für kurze Zeiträume nicht oder nur indirekt möglich. Wird lediglich das vieljährige Mittel gesucht, kann nach DYCK & PESCHKE (1995, S. 490) die aktuelle Evapotranspiration E+T über vieljährige (d.h. nach Möglichkeit mehrere Dezennien umfassende) Meßreihen des Niederschlages N und des Abflusses Av für Wassereinzugsgebiete unter Vernachlässigung der Speicheränderung R berechnet werden mit der vereinfachten Wasserhaushaltsgleichung

$E + T = N - Av$ [mm a^{-1}].

Der mittlere vieljährige Gesamtabfluß eines Wassereinzugsgebietes stimmt annähernd mit dem meßbaren vieljährigen Mittel des Vorfluterabflusses Av überein. (Lediglich der zumeist nur wenige Millimeter pro Jahr im vieljährigen Mittel umfassende unterirdische Abfluß zum Meer führt zu geringen Abweichungen zwischen Gesamtabfluß und Vorfluterabfluß Av.) Bilanzmodelle können so geprüft werden.

Grundlage der nachstehenden Berechnungen von Wasserbilanzen für die vergangenen Jahrzehnte und Jahrhunderte sind Messungen und Berechnungen zum Wasserverbrauch unterschiedlicher Nutzungen bzw. Pflanzenbestände insbesondere von DELFS et al. (1958), BAUMGARTNER (1967, zitiert in KUNTZE et al. 1981), RENGER et al. (1970), SOKOLLEK (1984), ERNSTBERGER (1987), DIEKKRÜGER (1992), WENDLAND et al. (1993), ARNING (1994), KNAPPE et al. (1994), OTHMER (1994), DANNOWSKI (1995) sowie eigene unpublizierte Untersuchungen (vor allem in der Forschergruppe Wasser- und Stoffhaushalt landwirtschaftlich genutzter Einzugsgebiete und im Sonderforschungsbereich 179 der Technischen Universität Braunschweig sowie im Zentrum für Agrarlandschafts- und Landnutzungsforschung, Müncheberg).

Die nachstehend aufgeführten, für Landschaftszustände in der Vergangenheit rekonstruierten Wasserbilanzen basieren vor allem auf

- aktuellen Forschungsergebnissen zur quantitativen Wirkung von Vegetation, Landnutzung, Boden und Relief auf die Wasserbilanzglieder (z.B. GREGORY et al. 1995),
- zeitgenössischen und sekundären Quellen zur Landnutzung, zum Wasser- und Stoffhaushalt sowie
- Rekonstruktionen durch Sediment- und Bodenprofilanalysen.

Basierend auf diesen quantitativen und qualitativen Daten, wurden in einfachen Modellrechnungen einzelne Glieder der Wasserhaushaltsgleichung modifiziert.

Zum Einfluß von Landnutzung auf die Abflußganglinie eines Starkniederschlages

Nur von geringer relativer Bedeutung ist in der Wasserbilanz der Abfluß auf der Bodenoberfläche. Er umfaßt heute durchschnittlich weit weniger als 1 % des vieljährigen, d.h. auf mehrere Jahrzehnte bezogenen mittleren Jahresniederschlages in Mitteleuropa. Dagegen ist die Kenntnis der Wirkung von Nutzung auf den Abfluß auf der Bodenoberfläche von besonderer Bedeutung für eine quantitative Analyse der Feststoff- und Nährstoffbilanzen.

Eine stark generalisierende und vereinfachende Betrachtung des Nutzungseinflusses zeigt, daß mit zunehmender Intensität anthropogener Einflüsse vor allem der Anteil des Abflusses auf der Bodenoberfläche am Volumen eines Starkregenabflusses anwächst (NEKUDA 1994, S. 109). Zwei Typen von Abflußereignissen können differenziert werden:

1. Ein stark wirksamer, sommerlicher Gewitterniederschlag führt unter naturnahem Wald zu keinem oder nur unbedeutendem Abfluß auf der Bodenoberfläche. In genutztem Wald resultiert niedriger und im Ackerland mit geringer Vegetationsbedeckung hoher bis sehr hoher Abfluß auf der Bodenoberfläche (während eines Extremereignisses in absoluten Zahlen insgesamt einige Millimeter bis maximal wenige Zehner von Millimetern).

2. Ein Abflußereignis infolge abrupter Schneeschmelze wird hingegen andersartig durch Vegetation beeinflußt. Aufgrund des häufig während einer Schneeschmelze noch nicht vollständig aufgetauten Bodens ist die Infiltrationkapazität stark verringert. Das Schmelzwasser vermag selbst im Wald oberflächlich abzufließen. Aufgrund der temperaturdämpfenden Wirkung des Waldes vollzieht sich die Schneeschmelze hier meist langsamer als im Offenland; des weiteren ist das Wasservolumen von Schneedecken im Wald oft geringer als im benachbarten Ackerland. Daher fließt, im Vergleich zum Ackerland, unter naturnahem oder genutztem Wald deutlich weniger Schmelzwasser auf der Bodenoberfläche ab. Nach dem Schmelzen von Schneedecken in vollständig bewaldeten Wassereinzugsgebieten mit Schutt- oder Feinsedimentdecken konnten wir auf den Hängen sehr selten und auch dann nur lokal Hinweise zu Abfluß auf der Bodenoberfläche (z.B. verspültes Laub, Spuren von Bodenerosion und -akkumulation) finden. Ist der oberflächennahe Boden nicht gefroren, kann der Zwischenabfluß in den untersuchten Vegetationstypen bedeutend sein. Die Grundwasserneubildung bleibt während und unmittelbar nach Schneeschmelzen gering. Erst nach vollständigem Auftauen des Bodens setzt eine dann starke Grundwasserneubildung ein.

Die Wirkung von Vegetationsveränderungen auf Evapotranspiration und Gesamtabfluß

Eine Literatursichtung belegt, daß zahlreiche Einzelbefunde zur quantitativen Wirkung der Vegetation auf die Wasserbilanz existieren (FLÜGEL 1979, CALDER 1993). So gelangte in dem zu 99% bewaldeten schweizerischen Einzugsgebiet des Sperbelgrabens bei einem mittleren Jahresniederschlag von 1 685 mm im Zeitraum 1927 bis 1942 etwa die Hälfte des Niederschlages zum Abfluß. Im benachbarten, nur zu 31% bewaldeten Einzugsgebiet des Rappgrabens trat im selben Zeitraum ein Jahresabfluß in Höhe von 62% oder 1 082 mm des Jahresniederschlages von 1 736 mm auf (DELFS et al. 1958, S. 202). Die Beseitigung der Vegetation in einem Einzugsgebiet in Utah erhöhte den jährlichen Abfluß um 200 mm (DELFS et al. 1958, S. 203f.).

Nach BAUMGARTNER (1967, zitiert in KUNTZE et al. 1981) variiert die Jahresevapotranspiration für ein Gebiet in Süddeutschland nutzungsabhängig im folgenden Ausmaß (in % des mittleren Jahresniederschlages):

Wald	im Mittel 69% (minimal 48%, maximal 90%)
Grasland	im Mittel 60% (35–88%)
Gemüse und Hackfrüchte	im Mittel 44% (33–53%)
Getreide	im Mittel 38% (28–57%)
vegetationsfreier Boden	im Mittel 30% (18–53%).

BOSCH & HEWLETT (1982, zitiert in CASPARY 1990, S. 15) untersuchten 94 Einzugsgebiete in den USA. Danach führt eine Verminderung des Waldanteils um 10% durch Kahlschlag zu einer Erhöhung des Gesamtabflusses bei Nadelwald um 40 mm a^{-1}, bei winterkahlem Laubwald um 25 mm a^{-1} und bei Buschvegetation um 10 mm a^{-1}.

ERNSTBERGER (1987, S. 131f., 151f.) analysierte nördlich von Gießen im Krofdorfer Forst die Wasserbilanzen mehrerer Kleineinzugsgebiete. Auf der Grundlage vieljähriger Niederschlags- und Abflußmessungen sowie Anwendungen des HAUDE-Modells berechnete ERNSTBERGER Raten der aktuellen Evapotranspiration. Er identifizierte eine vegetationsbezogene Reihung:

mittelalte Fichtenbestände	680 mm a^{-1} aktuelle Evapotranspiration
Buchen-Eichenaltbestand	570 mm a^{-1}
Buschbrache	560 mm a^{-1}
Grünland	500 mm a^{-1}
Winterweizen	480 mm a^{-1}
Wintergerste	450 mm a^{-1}
Grasbrache	440 mm a^{-1}
Winterroggen	430 mm a^{-1}
Mais	410 mm a^{-1}.

Nach diesen und weiteren Literaturauswertungen (vgl. auch Daten in STAMS 1982, zitiert in WENDLAND et al. 1993, CASPARY 1990, DIEKKRÜGER 1992, WENDLAND et al. 1993, DANNOWSKI 1995) sowie eigenen Analysen sind die folgenden stark vereinfachenden und generalisierenden Annahmen als Grundlage der Rekonstruktionen des mittelalterlich-neuzeitlichen Wasserhaushaltes grundsätzlich vertretbar:

Unter heutigen klimatischen Bedingungen führt die Zunahme der Ackerflächenanteile von Landschaften in Mitteleuropa mit getreidedominierten Fruchtfolgen um 10% der Gesamtfläche zuungunsten eines

- Buchen-Eichenaltbestandes zu einer Verminderung der aktuellen Evapotranspiration bzw. einer Erhöhung des Abflusses von im Mittel etwa 15 mm a^{-1} (für eine mittlere Relief-, Boden- und Nutzungssituation im Weser- und Elbeeinzugsgebiet),
- kiefernreichen Mischwaldes zu einer Verminderung der aktuellen Evapotranspiration bzw. einer Erhöhung des Abflusses von im Mittel etwa 20 mm a^{-1} (für eine mittlere Relief-, Boden- und Nutzungssituation in Nordostdeutschland).

Bedingt durch intensive Waldnutzung (z.B. Waldweide, Streunutzung im westlichen Deutschland während des 12., 13. und frühen 14. Jh.), waren die Raten der Transpiration und der Interzeptionsverdunstung in den damaligen Wäldern etwas geringer als in heutigen Waldökosystemen mit vergleichbaren Baumartenzusammensetzungen und ähnlichem Alter. Jedoch dürfte in jener Zeit – nicht zuletzt aufgrund weitaus geringerer Nährstoffzufuhr durch Düngung – auch die Biomasse von Agrarökosystemen und damit deren Transpirationsleistung geringer als in den letzten Jahrzehnten unseres Jahrhunderts gewesen sein. Daher sind die für heute gültigen Differenzierungen der Evapotranspirationsraten verschiedener Vegetationstypen und Nutzungen grundsätzlich auch auf hoch- und spätmittelalterliche Systemzustände übertragbar.

Die Atmosphäre über dem ausgeräumten, vegetationsarmen Mitteleuropa des späten 13. und frühen 14. Jh. wird sich in den Sommermonaten weitaus stärker erhitzt haben als zuvor über den waldreichen Regionen Mitteleuropas. Mit der verstärkten Thermik muß die klein- und großräumige Gewittertätigkeit und damit die Intensität von Starkniederschlägen, der nachfolgenden Abflußbildung und der resultierenden Hochwasser erheblich zugenommen haben. Bodendaten und Schriftquellen bestätigen diese Entwicklung im frühen Spätmittelalter; extraterrestrisch bedingte klimatische Veränderungen sind als Ursache des gehäuften Auftretens von Starkniederschlägen zu jener Zeit jedoch nicht auszuschließen.

Wasserbilanzen: ausgewählte Räume und Zeiträume

Die Berechnungen von Wasserbilanzen werden für ausgewählte Zeiträume der vergangenen eineinhalb Jahrtausende und für verschiedene Gebiete in Mitteleuropa vorgenommen. Die Berechnungszeiträume repräsentieren die Nutzungsextreme der vergangenen Jahrhunderte und Jahrtausende, um die Spannweite anthropogener Einflüsse in der Vergangenheit und zukünftige Einflußmöglichkeiten auf den Wasserhaushalt von Landschaften zu quantifizieren:

- die Phase mit höchstem Waldanteil und zugleich geringster Nutzungsintensität sowie
- die Phase mit der ausgeprägtesten Dominanz agrarischer Landnutzung bei stärkster Ausräumung und zugleich dem niedrigsten Waldanteil.

Die Auswahl fällt daher auf die in Mitteleuropa waldreiche Zeit des *7. Jh.* und die Phase mit größter Flächeninanspruchnahme und der ausgedehntesten agrarischen Landnutzung im frühen *14. Jh.* Zum Vergleich wird der heutige Landschaftszustand herangezogen.

Das früheste Mittelalter war von nahezu flächendeckenden, kaum genutzten und damit naturnahen Wäldern geprägt. In der zweiten Hälfte des 7. Jh. wurden nach

Pestepidemien das Bevölkerungsminimum und das Waldmaximum der vergangenen zwei, wahrscheinlich der vergangenen sieben Jahrtausende erreicht. Der Zeitraum von der Mitte des 13. bis zum frühen 14. Jh. war in der Mitte Europas wie keine andere Phase der letzten 7 000 Jahre durch ausgeräumte und zugleich intensiv agrarisch genutzte Landschaften geprägt.

Die Auswahl der zu untersuchenden Räume berücksichtigt verschiedene Raumskalen und Gebiete mit verschiedenartiger Nutzungsgeschichte in den vergangenen 16 Jahrhunderten. Sie enthält in dieser langen Zeit wahrscheinlich durchgehend bewaldete Landschaften, seit dem Frühmittelalter vorwiegend agrarisch genutzte Gebiete und Räume mit einem Wandel von Walddominanz über ausgedehnte, intensive Landwirtschaft zu einer heute gemischten agrarischen und forstlichen Landnutzung.

Unter Beachtung dieser Kriterien werden die folgenden Berechnungsräume unterschiedlicher Größe und teilweise verschiedenartiger Landnutzungsgeschichte ausgewählt:

- der gesamte, potentiell bewaldete mitteleuropäische Raum (d. h. Deutschland und Österreich ohne den potentiell waldfreien Alpenraum, Polen ohne die potentiell waldfreien Teile der Beskiden sowie die Tschechische Republik, zusammen eine Fläche von 750 000 km^2), im folgenden vereinfachend als *Mitteleuropa* bezeichnet,
- die potentiellen Waldgebiete Deutschlands in den heutigen Grenzen (ohne Alpen 340 000 km^2), im folgenden vereinfachend als *Deutschland* bezeichnet,
- das *Einzugsgebiet der Elbe* (am Pegel Neu Darchau, 131 950 km^2),
- Vorpommern und Nordostbrandenburg (zusammen ca. 10 000 km^2), im folgenden als *Nordostdeutschland* bezeichnet,
- der *Naturpark Schönbuch* südlich von Stuttgart (37,6 km^2) und
- das *Einzugsgebiet des Ohebaches* im nördlichen Harzvorland (0,9 km^2).

4.2.1 Wasserbilanzen von Mitteleuropa

Heute ist Mitteleuropa zu etwa 30 % mit Wald bedeckt. Auf der Basis palynologischer und bodenkundlicher Daten wurde für die Zeit um 650 n. Chr. ein Waldanteil von 93 % und für die Zeit um 1310 n. Chr. ein Waldanteil von 15 % abgeleitet (s. Kap. 4.2). Auf der Grundlage der einleitend mitgeteilten einfachen Annahmen zur Vegetationswirkung auf Wasserbilanzglieder sowie unter Verwendung von Daten der mittleren heutigen Niederschlags-, Gesamtabfluß- und Evapotranspirationsraten (insbesondere von Krahe & Glugla 1996 und Pan 1973–1978) ergeben sich die in Tabelle 4.2 gelisteten mittleren vieljährigen Wasserbilanzen Mitteleuropas für die gegensätzlichen Landschaftszustände im 7., im frühen 14. Jh. und in der zweiten Hälfte des 20. Jh.

Die Wasserbilanzen der drei Zeiträume belegen unter den obigen Annahmen, insbesondere einer gleichbleibenden mittleren Jahressumme der Niederschläge, starke nutzungsbedingte Veränderungen. Die Abflüsse verdoppeln sich von der Waldlandschaft des 7. Jh. zur ausgeräumten Agrarlandschaft des frühen 14. Jh. Seither ist ein Rückgang der Abflüsse um etwa 10 % wahrscheinlich. Vom 7. Jh. zum Jahr 1310 nahm die Evapotranspiration um etwa 130 mm a^{-1} ab und ist seitdem gering-

um das Jahr 650 n. Chr.			
Hauptnutzungstypen			
Mitteleuropa		750 000 km²	100 %
davon	landwirtschaftlich genutzt (einschl. Gärten)	37 500 km²	5 %
	Wald	697 500 km²	93 %
	sonstige Flächen (Gewässer, Infrastruktur)	15 000 km²	2 %
mittlere vieljährige Wasserbilanz Mitteleuropas			
mittlerer Niederschlag (wie heute)		700 mm a^{-1}	100 %
mittlerer Gesamtabfluß		115 mm a^{-1}	16 %
	davon Abfluß auf der Bodenoberfläche (Ao)	<1 mm a^{-1}	
	davon unterirdischer Abfluß zum Meer	1 mm a^{-1}	
mittlere Evapotranspiration und Interzeption		585 mm a^{-1}	84 %
um das Jahr 1310 n. Chr.			
Hauptnutzungstypen			
Mitteleuropa		750 000 km²	100 %
davon	landwirtschaftlich genutzt (einschl. Gärten)	615 000 km²	82 %
	Wald	112 500 km²	15 %
	sonstige Flächen	22 500 km²	3 %
mittlere vieljährige Wasserbilanz Mitteleuropas			
mittlerer Niederschlag (wie heute)		700 mm a^{-1}	100 %
mittlerer Gesamtabfluß		245 mm a^{-1}	35 %
	davon Ao	10 mm a^{-1}	
	davon unterirdischer Abfluß zum Meer	4 mm a^{-1}	
mittlere Evapotranspiration und Interzeption		455 mm a^{-1}	65 %
heute			
Hauptnutzungstypen			
Mitteleuropa		750 000 km²	100 %
davon	landwirtschaftlich genutzt (einschl. Gärten)	480 000 km²	64 %
	Forsten	225 000 km²	30 %
	sonstige Flächen	45 000 km²	6 %
mittlere vieljährige Wasserbilanz Mitteleuropas			
mittlerer Niederschlag		700 mm a^{-1}	100 %
mittlerer Gesamtabfluß		220 mm a^{-1}	31 %
	davon Ao	3 mm a^{-1}	
	davon unterirdischer Abfluß zum Meer	3 mm a^{-1}	
mittlere Evapotranspiration und Interzeption		480 mm a^{-1}	69 %

Der Anteil des Grundwasserabstroms, der nicht oberflächlich austritt und somit unterirdisch Nord- und Ostsee erreicht, dürfte heute 3 mm a^{-1} nicht überschreiten. Der mittlere Gesamtabfluß enthält des weiteren die Komponenten Abfluß auf der Bodenoberfläche und oberirdischer Grundwasserabstrom (Quellen).

Tabelle 4.2: Wasserhaushalt Mitteleuropas im 7., 14. und 20. Jh.

fügig angewachsen. Die gravierendsten relativen Veränderungen verzeichnet die Wasserhaushaltskomponente Abfluß auf der Bodenoberfläche: Vernachlässigbar geringe Werte kennzeichneten die naturnahen Wälder des 7. Jh. (Exkurs 4.2). In der starkregenreichen ersten Hälfte des 14. Jh. erreichte der Abfluß auf der Bodenoberfläche mit einem Dekadenmittel um 10 mm a^{-1} den Höchststand der vergangenen 10 000 Jahre. Seit Mitte des 14. Jh. schwankt die mittlere jährliche Rate des Abflusses auf der Bodenoberfläche – von einem Sekundärmaximum im 18. Jh. abgesehen – von 1 bis 3 mm a^{-1}.

Exkurs 4.2:
Zur Bildung von Abfluß auf der Bodenoberfläche unter Wald

Abfluß auf der Bodenoberfläche kann in bewaldeten Ökosystemen nur auftreten, wenn
1. die Infiltrationskapazität des ungestörten Oberbodens extrem gering ist oder
2. über wenig oder nicht wasserdurchlässigem Festgestein eine geringmächtige Bodendecke liegt oder
3. eine forstliche Nutzung zu lokalen Verdichtungen z. B. durch Befahren von Forstwegen oder Rücken von Baumstämmen geführt hat oder
4. Forstwege mit verdichteter Oberfläche oder fester Decke (Fahrstraßen ebenso wie schmale Pfade für Wanderer) und angrenzende Gräben angelegt wurden oder
5. die Streu-, Gras- oder Krautschicht genutzt wird oder
6. Wasser aus oberhalb liegenden Acker- oder Grünlandflächen eingeleitet wird (Abb. 4.1).

In genutzten Wäldern, z.B. Forsten, kann jede der sechs Ursachen zur Bildung von Abfluß auf der Bodenoberfläche beitragen. Hingegen ensteht Abfluß in nennenswertem Ausmaß auf der Bodenoberfläche nicht genutzter, natürlicher Waldökosysteme nur in den beiden erstgenannten Fällen und auch dann lediglich in Mittel- und Hochgebirgen während extremer Starkniederschläge oder durch das abrupte Tauen wasserreicher Schneedecken.

Messungen und Beregnungsexperimente bestätigen diese Hypothesen nachdrücklich (BORK 1980, BORK & BORK 1981, BORK 1983, DIKAU 1986, SCHMIDT-WITTE & EINSELE1986): In ostniedersächsischen Forstökosystemen wurden einstündige Starkniederschläge mit Intensitäten von im Mittel etwa 2,5 mm min^{-1} auf kleine Meßparzellen mit sehr verschiedenartigen Oberflächen aufgebracht. Unter Eichenhochwald gelangten demnach im Mittel 13 % und unter Kiefern-Fichtenhochwald 5 % der in einer Stunde auf die Oberfläche prallenden, außergewöhnlich hohen Menge von 150 mm Niederschlag zum Abfluß auf der Bodenoberfläche.

Folgende Merkmale verzögern und mindern nach diesen Untersuchungen die Abflußspende auf der Bodenoberfläche und den Scheitelabfluß drastisch:
• eine dichte Strauch-, Kraut- oder Grasschicht,
• eine mächtige Humusauflage,
• ein hoher Gehalt an organischer Substanz im Humushorizont,
• eine intensive Durchwurzelung und
• ein grobporenreicher und steinarmer Oberboden mit hoher hydraulischer Leitfähigkeit.

Nicht erfaßt wurde in den zitierten Experimenten die verzögernde und interzepierende Wirkung des Kronendaches. Werden diese bedeutenden Prozesse mitberücksichtigt, so kann verallgemeinernd festgestellt werden: In ungenutzten und vollständig mit natürlichem Laub-, Misch- oder Nadelwald bedeckten Wassereinzugsgebieten entstehen vernachlässigbar geringe Abflußraten auf der Bodenoberfläche auf Lockergestein (im vieljährigen Mittel weniger als 0,1 mm a^{-1}) und auf Festgestein (im vieljährigen Mittel weniger als 0,5 mm a^{-1}). Lediglich in niederschlagsreichen Mittelgebirgslagen, in denen sich während der Wintermonate eine mächtige Schneedecke aufbaut, können höhere Abflüsse auf der Bodenoberfläche auftreten.

In Kubikkilometern Wasser pro Jahr (km^3 a^{-1}) ausgedrückt, nahm – vereinfachend von einem über Mittelalter und Neuzeit gleichbleibenden Niederschlag von 525 km^3 a^{-1} ausgehend – der mittlere Gesamtabfluß von 86 km^3 a^{-1} um das Jahr 650 durch den Landnutzungswandel allmählich auf 184 km^3 a^{-1} um das Jahr 1310 zu und seitdem aufgrund eines etwas höheren Waldanteils auf etwa 165 km^3 a^{-1} für den gesamten mitteleuropäischen Raum ab.

Die unbedeutende Menge von weit weniger als 0,5 km^3 a^{-1} Wasser floß Mitte des 7. Jh. in Mitteleuropa auf der durch Wald weitgehend geschützten Bodenoberfläche ab, gelangte in die Vorfluter und konnte dort höchstens sehr schwache Hochwasser erzeugen.

Abb. 4.1: Rezente linienhafte Bodenerosion unter Wald in einer Seitenkerbe des Tiefen Tales – ausgelöst durch konzentrierte Einleitung von Abfluß auf der Bodenoberfläche aus oberhalb liegenden Äckern

In den starkregenreichen Jahren der ersten Hälfte des 14. Jh. erreichte der Abfluß auf der Bodenoberfläche in wenigen Jahren wahrscheinlich den Höchststand der vergangenen 10 000 Jahre mit durchschnittlich etwa 8 km^{3}a^{-1}. Verheerende Bodenerosion und extreme Abflußspitzen waren die Folge. Seit etwa dem Jahr 1350 pendelt der mittlere Abfluß auf der Bodenoberfläche zwischen 1 und 2 km^{3}a^{-1} in Mitteleuropa. Eine Ausnahme bildete das starkregenreiche 18. Jh. mit zeitweise signifikant höheren Werten.

Die gesamte Evapotranspiration Mitteleuropas veränderte sich von 439 km^{3}a^{-1} in den waldreichen Landschaften Mitteleuropas um das Jahr 650 über 341 km^{3}a^{-1} in den ausgeräumten Agrarlandschaften um das Jahr 1310 auf 360 km^{3}a^{-1} heute.

Damit erhöhte sich der mittlere jährliche Abfluß mitteleuropäischer Flüsse von der Mitte des 7. Jh. bis zum frühen 14. Jh. um 98 km^{3}a^{-1}, während die Evapotranspiration im selben Zeitraum um dasselbe Volumen abnahm. Der Abfluß auf der Bodenoberfläche wuchs in Mitteleuropa im gesamten Zeitraum von 650 bis 1310 um insgesamt annähernd 8 km^{3}a^{-1}, die Grundwasserneubildung insgesamt um die mittlere Jahressumme von 90 km^{3}a^{-1} an.

Der anthropogene Landnutzungswandel, der von den frühmittelalterlichen walddominierten Landschaften über die ausgeräumten, waldarmen Agrarlandschaften des beginnenden Spätmittelalters zu den heutigen, mäßig stark bewaldeten Agrarlandschaften führte, hat den Wasserhaushalt Mitteleuropas und damit die

Lebensbedingungen der dort lebenden Menschen nachhaltig verändert. Wahrscheinlich hat dieser nutzungsbedingte Wandel des Wasserhaushaltes das Klima Mitteleuropas (auch die Witterungsextreme) beeinflußt.

Offen ist hier noch die Frage nach den Veränderungen zwischen diesen markanten Zeitpunkten geblieben. Daher wird im folgenden eine detaillierte Analyse des zeitlichen Wandels der Wasserbilanzen am Beispiel der Bundesrepublik Deutschland (in den heutigen Grenzen ohne Alpen mit 340 000 km²) gegeben.

4.2.2 Wasserbilanzen von Deutschland

Die Bundesanstalt für Gewässerkunde hat u. a. für den Zeitraum von 1961 bis 1990 Wasserbilanzen der Bundesrepublik Deutschland berechnet (KRAHE & GLUGLA, 1996, S. 3):

Wasserhaushaltsgröße	[mm a^{-1}]
Niederschlag	790
Zufluß von Oberliegern	199
Gesamtabfluß vom Gebiet	299
davon Grundwasserabstrom (unterird. Abfluß zum Meer; geschätzt)	4
oberirdischer Abfluß zum Meer	494
Oberflächenabfluß*	122
Veränderung des Wasservorrates tiefer Grundwasserleiter	1
Evapotranspiration	492
davon Verdunstung aus Wasserverbrauch (geschätzt)	11.

* Im Unterschied zur obengenannten Definition des Abflusses auf der Bodenoberfläche beinhaltet der Oberflächenabfluß nach KRAHE & GLUGLA auch den Zwischenabfluß; so erklärt sich der hohe Wert von 122 mm a^{-1}.

Eine hieraus abgeleitete vereinfachte Wasserbilanz setzt sich zusammen aus der mittleren Summe des Jahresniederschlages in Deutschland von 790 mm a^{-1}, dem mittleren jährlichen Gesamtabfluß von 299 mm a^{-1} (davon Oberflächenabfluß 122 mm a^{-1} und unterirdischer Abfluß zum Meer 4 mm a^{-1}), der mittleren jährlichen Evapotranspirationsrate von 492 mm a^{-1} und der Abnahme des Wasservorrates tiefer Grundwasserleiter im Zeitraum 1961–1990 um 1 mm a^{-1} (KRAHE & GLUGLA 1996). Die nachstehend aufgeführten Rekonstruktionen von Wasserbilanzen für vergangene Zeiten beruhen auf folgenden Rundungen dieser aktuellen Daten (1961–1990) für die Bundesrepublik Deutschland:

Niederschlag	790 mm a^{-1}
Evapotranspiration	490 mm a^{-1}
Gesamtabfluß	300 mm a^{-1}.

Auf der Grundlage statistischer Jahrbücher wurde für die 60er bis 90er Jahre die folgende mittlere Verteilung der für Wasserbilanzierungen relevanten Flächennutzung (unter Veränderung der üblichen Aufteilung von Siedlungs- und Verkehrsflächen in versiegelte und Grünlandbereiche) ermittelt:

Acker	38%
Grünland, Ödland, Grünflächen in Siedlungen	24%

Wald (einschließlich der Gehölze außerhalb der Wälder)	30%
Gewässer	2%
Infrastrukturflächen	6%.

Die in Tabelle 4.3 dargestellte Entwicklung der Wasserbilanzen in den vergangenen 14 Jahrhunderten für Deutschland (340 000 km², ohne Alpenraum) beruht auf folgenden Annahmen:
- Der mittlere Niederschlag liegt seit dem Jahr 650 konstant bei 790 mm a^{-1}.
- Die Abnahme des Ackeranteils zugunsten des Waldanteils um 10% erhöht die aktuelle Evapotranspirationsrate um annähernd 20 mm a^{-1}; Abweichungen resultieren aus unterschiedlichen Nutzungsintensitäten der Wälder sowie einem veränderten Grünland-Ackerland-Verhältnis.

Nach dem Ende der neolithisch-bronze-eisenzeitlichen Landnutzungsperiode beherrschten vom Ende der Römischen Kaiserzeit bis in das 7. Jh. Wälder den Raum, der heute von der Bundesrepublik Deutschland eingenommen wird. Dadurch veränderte sich die Wasserbilanz. Transpiration und Interzeption nahmen deutlich zu, Grundwasserneubildung und Gebietsabfluß stark ab. Großräumig relevanter Abfluß auf der bewaldeten Bodenoberfläche trat nach Bodenprofilanalysen und Beregnungsexperimenten nicht auf.

In den fruchtbaren Landschaften Süddeutschlands wurden häufiger Rodungen ausgeführt. Hier überdauerten zahlreiche Siedlungen einschließlich der sie umgebenden landwirtschaftlich genutzten Flächen die Völkerwanderungszeit. Dagegen fielen vor allem in der Römischen Kaiserzeit in der Mitte, im Nordwesten und im

Dekaden	Waldanteil*	Evapotrans-piration	Gesamt-abfluß	Davon Abfluß auf der Boden-oberfläche	Davon Grund-wasser-abstrom
[n. Chr.]	[% Ges.-Fläche]	[mm a^{-1}]	[mm a^{-1}]	[mm a^{-1}]	[mm a^{-1}]
650–659	90	586	204	<1	2
750–759	87	581	209	<1	2
900–909	68	551	239	1	2
1000–1009	65	546	244	1	2
1250–1259	20	479	311	2	3
1310–1319	15	464	326	7	6
1342–1348	17	464	326	10	6
1370–1379	25	486	304	1	3
1420–1429	45	516	274	1	3
1520–1529	34	500	290	3	4
1608–1617	30	494	296	3	4
1650–1659	32	497	293	1	3
1780–1789	30	494	296	3	4
1870–1879	27	488	302	3	4
1961–1990	30	494	296	4	4

* Einschließlich der Gehölze außerhalb geschlossener Waldbestände.

Tab. 4.3: Entwicklung des Wasserhaushaltes während Mittelalter und Neuzeit in Deutschland

Nordosten Deutschlands ausgedehnte, in agrarischer Nutzung befindliche Flächen wüst. Sie bewaldeten sich wieder (vgl. KRÜGER 1989). Aufgrund zumeist nur klein- flächiger Befunde wird die Ausdehnung der Landnutzung in den Siedlungsgebie- ten der Völkerwanderungszeit und im frühen Mittelalter von Archäologen oft stark überschätzt. Pollen- und vor allem Bodenanalysen sowie Bodenkartierungen ver- mögen hingegen räumlich repräsentative Aussagen zu geben. Für das 7. Jh. ist auf der Basis der letztgenannten Methodik eine mittlere Waldbedeckung von etwa 90 % in Deutschland wahrscheinlich. Nur etwa ein Viertel des mittleren Jahres- niederschlages von 790 mm a^{-1} floß in jener Zeit über den Grundwasserpfad aus den Landschaften Deutschlands ab. Das ist – bei Vernachlässigung natürlicher hy- grischer Klimaschwankungen – wahrscheinlich der niedrigste Wert in den mehr als 7 000 Jahren, die seit der neolithischen Revolution vergangen sind.

Das nach der Pestepidemie im 7. Jh. einsetzende Bevölkerungswachstum hatte zunächst zahlreiche kleinflächige Rodungen auf den besseren Böden, später eine ausgedehnte Landnahme zur Folge, die schließlich im 12. und 13. Jh. auch den Osten Deutschlands stark erfaßte (vgl. GRINGMUTH-DALLMER 1983, 1989; HERMANN 1989b). Im ausklingenden 13. und im frühen 14. Jh. wurden die größte Ausdehnung agrarischer Nutzung der gesamten Nacheiszeit und damit das geringste Volumen an Biomasse sowie minimale Transpirationsraten und maximale Raten von Grund- wasserneubildung und Gesamtabfluß in Deutschland erreicht. An der Wende vom ersten zum zweiten Jahrtausend waren noch zwei Drittel der Oberfläche mit Wäl- dern bedeckt. Drei Jahrhunderte später nahmen Wälder nur noch etwa 15 % der Lan- desfläche ein. Dadurch verringerte sich die Evapotranspiration von mehr als 580 mm a^{-1} im 7. Jh. über etwa 546 mm a^{-1} um das Jahr 1000 auf 464 mm a^{-1} im frühen 14. Jh. Mehr als 40 % des Niederschlages flossen um das Jahr 1310 über die Vorfluter in Nord- und Ostsee bzw. über die Donau zum Schwarzen Meer (Tab. 4.3).

Witterungsextreme, resultierende Hungersnöte und Seuchenzüge reduzierten die Bevölkerungszahl bis zum Jahr 1350 so dramatisch, daß der Waldanteil danach um den Faktor drei zu- und dadurch der mittlere Gesamtabfluß in Deutschland auf wenig mehr als ein Drittel des Niederschlages abnahm.

Zu Beginn des Dreißigjährigen Krieges – Wald bedeckte nur noch 30 % der Ober- fläche Deutschlands in den heutigen Grenzen – verdunsteten im Mittel annähernd 494 mm a^{-1} des Niederschlages, nahezu 300 mm a^{-1} flossen in Vorflutern ab. Kriegs- wirren und Bevölkerungsverluste reduzierten bis zur Mitte des 17. Jh. vorüberge- hend die Ausdehnung der Ackerflächen zugunsten von Dauergrünland und Brache; Aufforstungen waren die Ausnahme. Die Wasserbilanz wurde – im Gegensatz zur Feststoffbilanz (s.u.) – nur unbedeutend durch den Dreißigjährigen Krieg beein- flußt. Die allmähliche Abnahme des Waldanteils von der Mitte des 17. zum ausklin- genden 19. Jh. verringerte die mittlere jährliche Evapotranspirationsrate in Deutschland um etwa 10 mm. Die naturnahe Sukzession auf Sozialbracheflächen in Westdeutschland und Aufforstungen z.B. im Nordosten Deutschlands kompensier- ten diesen Rückgang im 20. Jh. weitgehend. Der heutige Wasserhaushalt Deutsch- lands ist damit – unter den getroffenen Annahmen und bei Vernachlässigung der Eingriffe im 20. Jh. – dem der Mitte des 12. und des frühen 17. Jh. recht ähnlich.

4.2.3   Wasserbilanzen des Einzugsgebietes der Elbe

Vieljährige Mittel des Abflusses der Elbe liegen für den nicht von der Nordsee beeinflußten Pegel Neu Darchau vor (BFG 1993, S. 180). Hier hat das Einzugsgebiet der Elbe eine Fläche von 131 950 km² und im Zeitraum 1964–1993 einen mittleren Abfluß von 719 m³ s⁻¹ bzw. 172 mm a⁻¹. Die folgenden Bewaldungsextreme wurden für diesen Teil des Elbeeinzugsgebietes, der heute zu 30 % mit Wald bedeckt ist, rekonstruiert: 95 % um das Jahr 650 und 20 % um das Jahr 1310. Die Wasserbilanzen der Tabelle 4.4 ergeben sich unter den genannten Rahmenbedingungen für die Stichzeiten mittleres 7., frühes 14. und zweite Hälfte des 20. Jh. Die in Tabelle 4.4 für den Zeitraum 1964–1993 mitgeteilten Evapotranspirations- und Gesamtabflußdaten stimmen in etwa überein mit Berechnungen des Wasserhaushaltes in den 80er Jahren für den deutschen Teil des Elbeeinzugsgebietes durch das Potsdam-Institut für Klimafolgenforschung (KRYSANOVA et al. 1996, BECKER & BEHRENDT 1998).

In Abhängigkeit von der Wald-Acker-Grünland-Verteilung variierte die mittlere Grundwasserneubildungsrate im Einzugsgebiet der Elbe während der vergangenen 14 Jahrhunderte stark. In den Stichzeiten wurde im Mittel Grundwasser mit den folgenden Raten neu gebildet:

um 650	80 mm a⁻¹	bzw.	10,6 km³ a⁻¹
um 1310	185 mm a⁻¹	bzw.	24,4 km³ a⁻¹
von 1964 bis 1993	173 mm a⁻¹	bzw.	22,8 km³ a⁻¹.

Die Umgestaltung vom walddominierten zum ausgeräumten, agrarisch genutzten Einzugsgebiet der Elbe erhöhte die jährliche Grundwasserneubildung zuungunsten der Evapotranspiration um mehr als 100 mm a⁻¹ bzw. um annähernd 14 km³ a⁻¹ (Tab. 4.4). Diese Zunahme kann nicht ohne Wirkung auf Grundwasserspiegel und Klima geblieben sein.

Die berechnete Zunahme der Grundwasserneubildungsrate vom 7. zum frühen 14. Jh. um 105 mm a⁻¹ führte in den größeren Talauen des Einzugsgebietes der Elbe zu einem Anstieg des Grundwasserspiegels wahrscheinlich um 1–4 m. Die seit dem frühen 14. Jh. eingetretene leichte Verringerung der mittleren Grundwasserneubildungsrate um 12 mm a⁻¹ hat den Grundwasserspiegel in den größeren Talauen des Einzugsgebietes der Elbe um einige Dezimeter absinken lassen. Die landnutzungsbedingte Dynamik der Grundwasserspiegel war gering in den zentralen Bereichen der Talauen, deutlich an ihren Rändern und sehr stark auf den Hängen.

Die höheren Grundwasserstände beeinflußten über Rückkopplungsmechanismen die Nutzung der Talauen, insbesondere als Acker- und Siedlungsflächen. Wesentliche Folgen im 12., 13. und frühen 14. Jh. waren:
• höhere Gesamtabflüsse,
• höhere Niedrigwasserabflüsse,
• höhere Abflußspitzen,
• im Vergleich zu heute geringfügig und im Vergleich zu 650 deutlich weiter talaufwärts beginnende permanente Vorfluterabflüsse,
• damit – im Vergleich zum beginnenden Mittelalter – erheblich größere Längen der Gewässernetze,

- die Anlage von Mühlenstauen und Teichwirtschaften, die in vielen kleineren, nunmehr permanent wasserführenden Talauen wahrscheinlich erst ermöglicht wurden,
- vermutlich eine Begünstigung der Binnenfischerei durch höhere Seewasserstände sowie
- verstärkt wachsende Niedermoore.

Die deutliche Erhöhung der Grundwasserspiegel vor allem an den Rändern der Talauen verstärkte also die Schüttung schon vorhandener Quellen, ließ neue Quellen entstehen, vergrößerte den Niedrigwasserabfluß und führte zu einem intensiven Niedermoorwachstum in norddeutschen Talauen. Die Zunahme der Häufigkeit und des Ausmaßes von Hochwässern im Verlauf des frühen und hohen Mittelalters

um 650 n. Chr.		
Hauptnutzungstypen		
Einzugsgebiet der Elbe am Pegel Neu Darchau	131 950 km²	100 %
davon landwirtschaftlich genutzt (einschl. Gärten)	3 959 km²	3 %
Wald (einschließlich Ödland)	125 352 km²	95 %
sonstige Flächen	2 639 km²	2 %
mittlere vieljährige Wasserbilanz für das Einzugsgebiet der Elbe		
mittlerer Niederschlag (wie heute)	620 mm a⁻¹	100 %
mittlerer Gesamtabfluß	80 mm a⁻¹	13 %
davon Abfluß auf der Bodenoberfläche (Ao)	<1 mm a⁻¹	
davon unterirdischer Abfluß zum Meer	<1 mm a⁻¹	
mittlere Evapotranspiration und Interzeption	540 mm a⁻¹	87 %
um 1310		
Hauptnutzungstypen		
Einzugsgebiet der Elbe	131 950 km²	100 %
davon landwirtschaftlich genutzt (einschl. Gärten)	101 600 km²	77 %
Wald (einschließlich Ödland)	26 390 km²	20 %
sonstige Flächen	3 960 km²	3 %
mittlere vieljährige Wasserbilanz für das Einzugsgebiet der Elbe		
mittlerer Niederschlag (wie heute)	620 mm a⁻¹	100 %
mittlerer Gesamtabfluß	195 mm a⁻¹	31 %
davon Abfluß auf der Bodenoberfläche	10 mm a⁻¹	
davon unterirdischer Abfluß zum Meer	<1 mm a⁻¹	
mittlere Evapotranspiration und Interzeption	425 mm a⁻¹	69 %
heute (1964–93)		
Hauptnutzungstypen		
Einzugsgebiet der Elbe	131 950 km²	100 %
davon landwirtschaftlich genutzt (einschl. Gärten)	83 130 km²	63 %
Forsten	39 585 km²	30 %
sonstige Flächen	9 235 km²	7 %
mittlere vieljährige Wasserbilanz für das Einzugsgebiet der Elbe		
mittlerer Niederschlag	620 mm a⁻¹	100 %
mittlerer Gesamtabfluß	175 mm a⁻¹	28 %
davon Abfluß auf der Bodenoberfläche	2 mm a⁻¹	
davon unterirdischer Abfluß zum Meer	<1 mm a⁻¹	
mittlere Evapotranspiration und Interzeption	445 mm a⁻¹	72 %

Tab. 4.4: Wasserhaushalt des Einzugsgebietes der Elbe im 7., 14. und 20. Jh.

gefährdete erstmals oder verstärkt tiefgelegene Siedlungen. Verlagerungen von zahlreichen Dörfern im frühen und im hohen Mittelalter waren die Folge.

4.2.4 Wasserbilanzen von Nordostdeutschland

Für den Raum zwischen Berlin und Oderhaff, der heute etwa zu einem Viertel mit Wald bedeckt ist (MIRSCHEL 1995, S. 127), liegen Mittelwerte zum Wasserhaushalt für den Zeitraum 1951–1980 vor (zur Berechnungsmethodik und zu räumlich differenzierten klimatischen Wasserbilanzen für Nordostdeutschland s. DANNOWSKI 1995, S. 149ff.).

Nur sehr wenige Siedlungen wurden für diesen Raum und das beginnende Mittelalter nachgewiesen (z.B. Historischer Führer 1987, S. 16; HERMANN 1989a, KRÜGER 1989). Pollen- und Bodenanalysen belegen eine fast vollständige Bewaldung der terrestrischen Oberfläche Nordostdeutschlands in der Völkerwanderungszeit und im frühesten Mittelalter. Die größte Ausdehnung agrarischer Nutzung der gesamten Nacheiszeit wurde auch in diesem Raum an der Wende des 13. zum 14. Jh. erreicht. Bodenkundliche Untersuchungen belegen auf zahlreichen heute bewaldeten Flächen für jene Zeit Bodenumlagerungen und Ackerbau. Der Waldanteil in Nordostdeutschland wird für das beginnende 14. Jh. auf maximal 15% der Gesamtfläche geschätzt. Ende der 80er Jahre des 20. Jh. wies Nordostdeutschland die folgende Landnutzungsstruktur auf (nach BORK et al. 1995):

Ackerland	47%
Grünland	18%
davon	
landwirtschaftlich genutztes Grünland	11%
Gartenland und Grünflächen in Siedlungen und an Verkehrswegen	7%
Wald	24%
Infrastruktur (versiegelte Flächen in Siedlungen und an Verkehrswegen)	6%
Oberflächengewässer	5%.

Auf der Grundlage der vorstehenden Daten wurden Berechnungen zum Wasserhaushalt Nordostdeutschlands im 7., 14. und 20. Jh. ausgeführt (Tab. 4.5).

In der Völkerwanderungszeit und im beginnenden Frühmittelalter verdunsteten damit im bewaldeten Nordosten Deutschlands durchschnittlich mehr als 90% des gesamten Niederschlages – ein Anteil, der kaum in einer anderen Landschaft Deutschlands erreicht wurde. Auch in der Folgezeit unterschritt der mittlere Anteil der Verdunstung nie 75% des Niederschlages.

An vielen Hangstandorten kann während der waldreichen Völkerwanderungszeit in Jahren mit geringen Jahresniederschlägen keine Grundwasserneubildung aufgetreten sein. In den ausgedehnten Niederungsgebieten müssen die Transpirationsraten sehr hoch gewesen sein, da tiefe Baumwurzeln den grundwassernahen Bereich erreichten und damit meist bis in den Sommer eine hohe Wassernachlieferung gewährleisteten.

Die mittleren Grundwasserneubildungsraten nahmen vom 7. (Waldlandschaft) zum frühen 14. Jh. (ausgeräumte Agrarlandschaft) in Nordostdeutschland landnutzungsbedingt von 40 mm a^{-1} auf 130 mm a^{-1} zu (Tab. 4.5). Seitdem blieben die Werte im vieljährigen Mittel annähernd konstant. Rodungs- und nutzungsbedingt verminderte Biomasse führte in Nordostdeutschland zu einer geringeren Abnahme der Transpirationsraten bzw. Zunahme der Grundwasserneubildungsraten als in den niederschlagsreichen Landschaften Westdeutschlands. Ursache sind die im Nordosten häufig geringen Niederschläge in der Vegetationsperiode, die selbst an vielen ackerbaulich genutzten Hangstandorten zu geringen Grundwasserneubildungsraten führen.

um 650 n. Chr.			
Hauptnutzungstypen			
Nordostdeutschland		10 000 km^2	100 %
davon	landwirtschaftlich genutzt (einschl. Gärten)	100 km^2	1 %
	Wald (einschl. Ödland)	9 400 km^2	94 %
	Oberflächengewässer	500 km^2	5 %
	sonstige Flächen	<100 km^2	<1 %
mittlere vieljährige Wasserbilanz Nordostdeutschlands			
mittlerer Niederschlag (wie heute)		595 mm a^{-1}	100 %
Gesamtabfluß		40 mm a^{-1}	7 %
	davon Abfluß auf der Bodenoberfläche (Ao)	<1 mm a^{-1}	0 %
	davon unterirdischer Abfluß zum Meer	2 mm a^{-1}	<1 %
mittlere Evapotranspiration und Interzeption		555 mm a^{-1}	93 %
um 1310			
Hauptnutzungstypen			
Nordostdeutschland		10 000 km^2	100 %
davon	landwirtschaftlich genutzt (einschl. Gärten)	7 900 km^2	79 %
	Wald (einschl. Ödland)	1 500 km^2	15 %
	Oberflächengewässer	500 km^2	5 %
	sonstige Flächen	100 km^2	1 %
mittlere vieljährige Wasserbilanz Nordostdeutschlands			
mittlerer Niederschlag (wie heute)		595 mm a^{-1}	100 %
Gesamtabfluß		140 mm a^{-1}	24 %
	davon Abfluß auf der Bodenoberfläche	10 mm a^{-1}	2 %
	davon unterirdischer Abfluß zum Meer	5 mm a^{-1}	1 %
mittlere Evapotranspiration und Interzeption		455 mm a^{-1}	76 %
heute (1951–80)			
Hauptnutzungstypen			
Nordostdeutschland		10 000 km^2	100 %
davon	landwirtsch. genutzt (einschl. Gärten, Grünflächen)	6 800 km^2	68 %
	Forsten	2 400 km^2	24 %
	Oberflächengewässer	500 km^2	5 %
	sonstige Flächen (besonders versiegelte Flächen)	300 km^2	3 %
mittlere vieljährige Wasserbilanz Nordostdeutschlands			
mittlerer Niederschlag		595 mm a^{-1}	100 %
Gesamtabfluß		120 mm a^{-1}	20 %
	davon Abfluß auf der Bodenoberfläche	3 mm a^{-1}	<1 %
	davon unterirdischer Abfluß zum Meer	4 mm a^{-1}	<1 %
mittlere Evapotranspiration und Interzeption		475 mm a^{-1}	80 %

Tab. 4.5: Wasserhaushalt Nordostdeutschlands im 7., 14. und 20. Jh.

Die mittelalterlichen Veränderungen des Landschaftswasserhaushaltes bewirkten eine Erhöhung der Grundwasserspiegel an den Hängen und in den größeren Talauen und Niederungen des Nordostens – z.B. von Uecker, Peene und Randow – um durchschnittlich 1 – 3 m.

Bodenkundliche Untersuchungen beweisen, daß während der Völkerwanderungszeit und des frühen Mittelalters z.B. an der östlichen Peripherie der Randowniederung in Vorpommern (Grabung Glasow, s. Kap. 3) eine vorwiegend abwärts gerichtete Sickerwasserbewegung zur tiefgründigen Entkalkung und Degradierung der Böden unter Waldvegetation führte – der Grundwasserspiegel muß demzufolge in dieser Zeit tiefer als danach gelegen haben: Seit dem hohen Mittelalter sind die zuvor entkalkten Böden überwiegend landwirtschaftlich genutzt und grundwasserbeeinflußt. Die lateral zufließenden, karbonathaltigen Grundwässer haben teilweise zu einer Aufkalkung der zuvor entkalkten, verbraunten und lessivierten Bodenhorizonte geführt. Nach diesen bodenkundlichen Befunden wuchsen die Grundwasserspiegel vom frühesten Mittelalter bis zum beginnenden Spätmittelalter um mindestens 2 m an.

Unter Verwendung eines hydraulischen Ansatzes von BUSCH, LUCKNER & TIEMER untersuchten STEIDL & DANNOWSKI (1998) für die vorliegende Monographie die Wirkung eines Landnutzungswandels auf den Grundwasserstand in einem idealisierten Einzugsgebiet des Lockergesteinsbereichs. Demnach führt die Umnutzung eines kleinen Wassereinzugsgebietes von vollständiger Bewaldung zu vollständiger ackerbaulicher Nutzung in einer 500 m breiten Talaue zu einem Anstieg des Grundwasserspiegels um ca. 1 m in Vorfluternähe und um mehr als 4 m am Rand der Aue (Tab. 4.6). Noch stärker sind die Veränderungen am Hang bzw. an der sich anschließenden Hochfläche mit einem umnutzungsbedingten Grundwasserspiegelanstieg von mehr als 10 m. Damit bestätigt die Anwendung eines einfachen Berechnungsansatzes für ein Wassereinzugsgebiet die zahlreichen kleinräumigen

Nutzungstyp	Grundwasserspiegel [m ü. d. Vorfluter] in Abhängigkeit von der Entfernung zum Vorfluter [m]						
	Talaue				Hang/Hochfläche		
	0	50	100	400	1 000	2 000	3 000
Waldlandschaft	0,0	0,1	0,2	0,8	1,9	3,1	3,4
Agrarlandschaft	0,4	1,1	1,7	5,2	10,9	19,7	28,1
Mischnutzung	0,2	0,7	1,2	3,7	8,1	15,0	21,8

Annahmen	
Breite der Talaue	500 m
Länge des an die Talaue angeschlossenen Hanges	2500 m
mittlere vieljährige Grundwasserneubildungsraten in der	
Waldlandschaft (100 % Waldbedeckung)	30 mm a^{-1}
Agrarlandschaft (100 % agrarische Nutzung)	170 mm a^{-1}
mischgenutzten Landschaft (24 % Waldbedeckung)	135 mm a^{-1}
eindimensionale Anströmung des Vorfluters	
Aquifer mit konstanten geohydraulischen Parametern und horizontaler Sohle	

Tab. 4.6: Nutzungsabhängige Veränderungen des Grundwasserspiegels

Quelle: Berechnungen für ein idealisiertes Einzugsgebiet im Lockergesteinsbereich Nordostdeutschlands durch STEIDL & DANNOWSKI (1998)

Feldbeobachtungen der Autoren nachdrücklich. Überlagert werden die beträchtlichen nutzungsbedingten Schwankungen der Grundwasserneubildung und der Grundwasserstände von natürlichen Veränderungen des Klimas (BROSE 1988, 1994).

4.2.5   Wasserbilanzen des Schönbuch

Zum Vergleich mit den Betrachtungen ausgedehnter Räume mit gemischter agrarischer und forstlicher Nutzung während Mittelalter und Neuzeit ist eine Analyse von Einzugsgebieten sinnvoll, die seit dem frühen Mittelalter eine räumlich und zeitlich einheitliche Nutzung – permanent bewaldet oder kontinuierlich ackerbaulich genutzt – erfahren haben.

Betrachten wir zunächst das durchgängig und vollständig bewaldete, am Pegel P1 etwa 38 km² große, von einer Tübinger Forschergruppe detailliert untersuchte Einzugsgebiet des Golderbaches im Naturpark Schönbuch bei Tübingen (AGSTER 1986, S. 93f.). Das heute zu 40% mit Laub- und zu 60% mit Nadelwald bedeckte Einzugsgebiet wurde in einem 15jährigen Meßzeitraum von 1968 bis 1982 durch die folgende mittlere Wasserbilanz geprägt (AGSTER 1986, S. 93f.):

Niederschlag	742 mm a^{-1}
Evapotranspiration	559 mm a^{-1}
Gesamtabfluß	183 mm a^{-1}.

Für den Meßzeitraum 1979–1982 rechnet AGSTER (1986) dem Direktabfluß am Pegel P1, der sich aus Abfluß auf der Bodenoberfläche und oberflächennahem Abfluß zusammensetzt, 63 mm a^{-1} zu. Dieser Betrag umfaßt nach Beregnungsexperimenten von SCHWARZ (1986) im Naturpark Schönbuch jedoch kaum Abfluß auf der Bodenoberfläche.

Die Auswertung der von AGSTER (1986, S. 85 ff., 107) für den Pegel P2 des Golderbaches mitgeteilten Wasserbilanz erlaubt den Schluß, daß als Grundwasser abströmen:

• im heutigen Mischwald (40% Laubwald und 60% Nadelwald)   ca. 140 mm a^{-1}
• in einem reinen Laubwaldbestand   ca. 195 mm a^{-1}
• in einem reinen Nadelwaldbestand   ca. 105 mm a^{-1}.

Jede Erhöhung des Laubwaldanteils zuungunsten des Nadelwaldes um 10% verstärkt damit unter ansonsten konstanten Randbedingungen die Grundwasserneubildung um ungefähr 9 mm a^{-1}. Kontinuierliche Waldbedeckung und einen konstanten mittleren Jahresniederschlag von 742 mm a^{-1} vorausgesetzt, ergeben sich die nachstehenden mittleren Gesamtabfluß- und Evapotranspirationsraten für den Golderbach im Naturpark Schönbuch:

Zeitraum	Waldtyp	Gesamtabfluß	Evapotranspiration
um 650	naturnaher Laubwald	218 mm a^{-1}	524 mm a^{-1}
um 1310	lichter, beweideter Laubwald	248 mm a^{-1}	494 mm a^{-1}
1968–1982	Mischwald	183 mm a^{-1}	559 mm a^{-1}.

Ausgehend von nahezu fehlendem Abfluß auf der Bodenoberfläche in reinem, nicht genutztem Laubwald mit signifikant höherer Biomasse und damit einer größeren Evapotranspirationsrate als im genutzten Laubforst, resultiert ein mittlerer jährlicher Gesamtabfluß von 218 mm im 7. Jh. Die sehr wahrscheinlich intensive Nutzung des lichten, streuarmen Laubwaldes im 13. und frühen 14. Jh. bedingte das historische Minimum der Evapotranspiration und vermutlich einen signifikanten Abfluß auf der Bodenoberfläche während extremer Starkniederschläge im Schönbuch. Das heutige, in der gesamten Nacheiszeit nicht übertroffene Maximum an Evapotranspiration ist auf den hohen Nadelwaldanteil zurückzuführen.

Die mittlere vieljährige Evapotranspirationsrate schwankte demnach unter den erwähnten realitätsnahen Annahmen in den vergangenen 14 Jahrhunderten im waldreichen Schönbuch lediglich bis zu etwa 5 % um den Ausgangswert der naturnahen Waldlandschaft.

4.2.6 Wasserbilanzen des Einzugsgebietes des Ohebaches

Kontinuierlich ackerbaulich genutzt ist nach umfassenden bodenkundlichen Untersuchungen der Braunschweiger Forschergruppe „Wasser- und Stoffhaushalt landwirtschaftlich genutzter Einzugsgebiete" seit dem frühen Mittelalter das 0,9 km² kleine, im nördlichen Harzvorland gelegene Wassereinzugsgebiet des Ohebaches (BORK 1988, DALCHOW 1991, HENSEL 1991).

Die Forschergruppe bestimmte durch umfangreiche, räumlich und zeitlich hoch aufgelöste Messungen in den Jahren 1980 bis 1984 die Wasserbilanzgrößen (Quelle der nachstehenden Daten für die 80er Jahre: unveröffentlichter Abschlußbericht der Forschergruppe, insbesondere U. MANIAK, Kap. 6.4). Für einen 4jährigen, vom 1.5.1980 bis zum 30.4.1984 währenden Meßzeitraum wurden folgende Jahresmittel berechnet:

Niederschlag	598 mm a^{-1}
Gesamtabfluß	178 mm a^{-1}
davon Abfluß auf der Bodenoberfläche	<1 mm a^{-1}
davon unterirdischer Grundwasserabstrom	1 mm a^{-1}
Evapotranspiration	416 mm a^{-1}
Vorratsänderung	+4 mm a^{-1}.

Unter der vereinfachenden Annahme, daß diese Daten dem aktuellen vieljährigen Mittel im Einzugsgebiet des Ohebaches nahekommen, wurden unter Konstanthaltung des Niederschlages und unter Verwendung der obengenannten landnutzungsabhängigen Evapotranspirationsraten für das 7. und 14. Jh. die folgenden mittleren Gesamtabfluß- und Verdunstungsdaten berechnet:

	Niederschlag	Evapotrans- piration	Gesamtabfluß	davon Abfluß auf der Boden- oberfläche
um 650	598 mm a^{-1}	540 mm a^{-1}	58 mm a^{-1}	<0,1 mm a^{-1}
um 1310	598 mm a^{-1}	390 mm a^{-1}	208 mm a^{-1}	20 mm a^{-1}
heute (1980–1984)	598 mm a^{-1}	420 mm a^{-1}	178 mm a^{-1}	1 mm a^{-1}.

Exkurs 4.3:

Die Wassermühlenthese

Technische Innovationen wie die Ausbreitung von Wassermühlen im Mittelalter vermögen Hinweise auf einen ausgeprägten Wandel der Landnutzung und der Landschaftsstruktur zu geben. BRAUDEL (1990, Bd. 2, S. 137) fragt, „ob die Mühlen Ursache oder Folge der Umgestaltung des frühen Europa sind (vermutlich sind sie beides), einer so gewaltigen Umgestaltung, daß man sie mit der Revolution der Dampfmaschine im 19. Jh. vergleichen kann." In Frankreich wächst ab dem Jahr 1100 die Zahl der Wassermühlen rasch an (BRAUDEL 1990, Bd. 2, S. 135): Zu Beginn des 12. Jh. arbeiten in Frankreich etwa 20 000 Wassermühlen; bis zum Ende des 13. Jh. hat sich ihre Zahl verdoppelt; für das Ende des 15. Jh. nennt BRAUDEL 70 000 Wassermühlen. Diese Zahlen können Beleg für eine Intensivierung der Landnutzung oder einen nutzungsbedingt veränderten Wasserhaushalt sein.

Vorwiegend agrarische Landnutzung, die auf eine Phase mit Walddominanz folgt, wird die Grundwasserneubildung erhöhen und den Grundwasserflurabstand in den Talauen verringern: Höhere Grundwasserstände lassen existierende Quellen stärker schütten. In zuvor trockenen Talabschnitten entstehen neue Quellen und damit auch dauerhaft wasserführende Oberflächengewässer. Die Bedingungen zur Anlage von Wassermühlen werden an vielen Bachläufen verbessert, ja die Etablierung von Wassermühlen wird erst ermöglicht. Andererseits sind erhöhte mittlere Abflüsse oft mit größeren Abflußschwankungen verbunden, wodurch der Mühlenbetrieb zeitweise beeinträchtigt worden sein dürfte. Die Mühlenstaue verändern den lokalen Wasserhaushalt durch Anhebung der Wasserstände.

Entscheidender Grund für die Anlage von Wassermühlen war der steigende Nahrungsmittelbedarf einer beständig wachsenden Bevölkerung.

Wir bezeichnen die mit den großflächigen Rodungen beginnende Kausalkette, die wahrscheinlich vielerorts die Anlage dieser technischen Bauwerke erst ermöglichte, als „These zum Wassermühlenbau aufgrund nutzungsbedingter Wasserhaushaltsänderungen" oder verkürzt als „Wassermühlenthese".

Damit erhöhte sich die mittlere Grundwasserneubildungsrate von Werten um 58 mm a^{-1} im vollständig bewaldeten Einzusgebiet des Ohebaches während des beginnenden Frühmittelalters auf 188 mm a^{-1} im gehölzlosen, vollständig ackerbaulich genutzten Einzugsgebiet während des frühen 14. Jh. Aufgrund des heute im Vergleich zur 1. Hälfte des 14. Jh. sehr geringen Abflusses auf der Bodenoberfläche hat sich der Gesamtabfluß in diesem Zeitraum um 30 mm a^{-1} verringert. Die Grundwasserneubildungsrate nahm vom 14. zum 20. Jh. um etwa 10 mm a^{-1} ab.

Die Lage des Grundwasserspiegels wurde durch diese Schwankungen der Grundwasserneubildungsraten stark beeinflußt. Aus den genannten Grundwasserneubildungsraten resultieren in der Talaue des Ohebaches ein mittlerer Anstieg des Grundwasserspiegels von 650 bis etwa 1310 um 1–2 m und eine mittlere Senkung des Grundwasserspiegels von 1310 bis heute um wenige Dezimeter. Die berechneten Werte entsprechen den aktuellen hydrologischen und den bodenkundlichen Befunden zur mittelalterlich-neuzeitlichen Landschaftsentwicklung: In den frühen 80er Jahren stellte URLAND (1987, S. 67f.) einen mittleren Grundwasserflurabstand in der Aue des Ohebaches von 100 cm unter der Geländeoberfläche fest. Eigene bodenkundliche Untersuchungen bestätigen diesen Wert für den heutigen Landschaftszustand. So geht der geringmächtige Go-Horizont des rezenten Gleys in einer Tiefe von etwa 100–110 cm unter der Geländeoberfläche in den Gr-Horizont über. Andererseits ziehen im Übergangsbereich von den Unterhängen zur Talaue des

Ohebaches die ehemals entkalkten, verbraunten und z.T. lessivierten Unterböden von Braunerden und Braunerde-Parabraunerden, die sich von der Eisenzeit bis zum frühesten Mittelalter entwickelten, teilweise bis zu mehr als 1 m unter die heutige mittlere Grundwasseroberfläche und damit unter die heutige Entkalkungsgrenze (vgl. BORK et al. 1985a, S. 257f.). Karbonatreiches, seit dem Mittelalter auch oberflächennah der Tiefenlinie lateral zuströmendes Grundwasser hat damit die zuvor bei eindeutig tieferen Grundwasserständen entkalkten und verbraunten Bodenhorizonte wieder aufgekalkt.

4.2.7   Folgen der landnutzungsbedingt veränderten Wasserbilanzen

Vorgestellt wurden einfache, auf konstanten Klimaverhältnissen fußende Berechnungen zur landnutzungsbedingten Dynamik der Wasserbilanzgrößen und der Grundwasserflurabstände in den vergangenen 14 Jahrhunderten. Die Modellergebnisse belegen gemeinsam mit den detaillierten bodenkundlichen Befunden den starken Einfluß großräumiger Veränderungen der Landnutzung auf die Raten der Wasserhaushaltskomponenten, vor allem auf Transpiration, Abfluß auf der Bodenoberfläche, Grundwasserneubildung und Gesamtabfluß (Tab. 4.7).

Der Wandel von den Waldlandschaften der Völkerwanderungzeit zu den Agrarlandschaften des frühen und hohen Mittelalters führte mit dem wachsenden Ausmaß der Rodungen zur Vernässung von Talauen und konkaven Unterhangstandorten und damit

- dort zu extensiveren Landnutzungformen, somit zur Aufgabe der zumeist noch nicht lange währenden intensiven agrarischen Nutzung,
- bei nunmehr in den weiten Talauen Norddeutschlands hohen Grundwasserständen zum verstärkten Wachstum der Niedermoore,
- zu beträchtlichem Meliorationsbedarf und planmäßigen Veränderungen der Landschaftsstruktur, im hohen Mittelalter u.a. durch die Zisterzienser, die z.B. die Umgebung des Klosters Chorin im Nordosten Brandenburgs umgestalteten und Binnenentwässerungsgebiete an das Einzugsgebiet der Oder anschlossen (DRIESCHER 1983, ENDTMANN 1993) sowie mehr als 160 000 Morgen Land in Schlesien unter den Pflug nahmen (THOMA 1894, S. 87)

sowie zur Bildung von Abfluß auf der Bodenoberfläche sowie zu schleichender Bodenerosion und erstmals seit der Eisenzeit bzw. der Römischen Kaiserzeit wieder zu einer signifikanten Akkumulation von Auensedimenten, zur verstärkten Schüttung existenter Quellen sowie zur Bildung neuer Quellen und damit

- zu höheren Abflußspenden, zu wachsenden Hochwässern und zum Anstieg von Seespiegeln,
- zur Aufgabe bzw. zur Verlagerung dadurch gefährdeter Gebäude und Siedlungen (die Aufgabe und Verlagerung des Klosters vom Pehlitzwerder am Parsteiner See in Nordostbrandenburg im Jahr 1273 nach Chorin ist nach DRIESCHER 1986 wahrscheinlich auf den stetigen Anstieg des Seespiegels zurückzuführen),
- in verstärktem Maße zur Anlage von Mühlenstauen und Wassermühlen sowie
- zu einer bedeutenderen Binnenfischerei.

1. Von naturnahen Waldlandschaften (um 650) über ausgeräumte Agrarlandschaften (um 1310) zu vorwiegend agrarisch genutzten Landschaften (heute)

• Das Einzugsgebiet der Elbe am Pegel Neu Darchau (Fläche 131 950 km²)

	Waldanteil	Niederschlag	Gesamtabfluß	Evapotranspiration
um 650	95 %	620	80	540
um 1310	20 %	620	195	425
heute (1964–1993)	30 %	620	175	445

• Nordostdeutschland: Vorpommern und Nordostbrandenburg (10 000 km²)

	Waldanteil	Niederschlag	Gesamtabfluß	Evapotranspiration
um 650	94 %	595	40	555
um 1310	15 %	595	140	455
heute (1951–1980)	24 %	595	120	475

2. Durchgängige und vollständige Bewaldung

• Der Naturpark Schönbuch (37,6 km²)

	Waldanteil	Niederschlag	Gesamtabfluß	Evapotranspiration
um 650	100 %	742	218	524
um 1310	100 %	742	248	494
1968–1982	100 %	742	183	559

3. Dominanz agrarischer Nutzung seit dem Frühmittelalter

• Das Einzugsgebiet des Ohebaches im nördlichen Harzvorland (0,9 km²)

	Waldanteil	Niederschlag	Gesamtabfluß	Evapotranspiration
um 650	100 %	598	58	540
um 1310	0 %	598	208	390
heute (1980–1984)	0 %	598	178	420

Tab. 4.7: Nutzungsabhängige Entwicklung der Wasserbilanzen während Mittelalter und Neuzeit [mm a⁻¹]

Die verbesserten technischen Möglichkeiten der vergangenen Jahrhunderte und insbesondere der letzten Jahrzehnte hatten landschaftsverändernde Hochwasser-schutz- und Meliorationsmaßnahmen zur Folge. Talauen können seitdem, wie zuletzt bei den tiefen Grundwasserständen im frühen Mittelalter, wieder agrarisch genutzt werden.

Überlagert wird die beschriebene landnutzungsbedingte Dynamik des Wasser-haushaltes von grundsätzlich bekannten, natürlichen klimatischen Variabilitäten und Trends (s. FLOHN 1949/50, 1958, 1967, 1984; FAIRBRIDGE 1967, ANDRES et al. 1993, SCHÖNWIESE 1994, S. 303ff.; 1995). Im Vergleich zum heutigen Klima signifikant kühler und vorwiegend auch feuchter waren nach SCHÖNWIESE (1995, S. 85f.) vor allem die Zeiträume von etwa 1200 bis 600 v. Chr. („Hauptpessimum" im frühen Subatlantikum bzw. in der späten Bronze- und frühen Eisenzeit), von etwa 450 bis 750 n. Chr. („Pessimum der Völkerwanderungszeit") sowie Abschnitte des Spätmit-telalters und der Neuzeit (thermisch vor allem die 2. Hälfte des 14. Jh. und die Jahre um 1600).

Unklar bleibt, welchen zusätzlichen, über den Einfluß der Landnutzung hinausgehenden quantitativen Anteil thermische und hygrische Variabilitäten des Klimas am Wandel der Wasserbilanzen hatten. Ohne eine Behebung dieses bedeutenden Forschungsdefizites durch den Einsatz validierter Wasserhaushaltsmodelle wird eine vollständige Aufklärung der Wechselwirkungen natürlicher und anthropogener bzw. anthropogen induzierter Prozesse und Strukturen nicht möglich sein.

4.3   Die Feststoffbilanzen

Nachdem die Ursachen und Folgen der Bodenbewegungen während Bronze- und Eisenzeit, Mittelalter und Neuzeit im dritten Kapitel exemplarisch behandelt wurden, ist zu klären, wieviel Bodenmaterial in größeren Räumen verlagert und aus diesen ausgetragen wurde.

4.3.1   Zeitlich undifferenzierte Feststoffbilanzen

Die Bilanzierung der gesamten, in historischer Zeit aufgetretenen Bodenerosion war Gegenstand einiger weniger Untersuchungen.

Im oberen Talraum des Ellernbaches (Landkreis Bamberg) ermittelten ABRAHAM DE VASQUEZ, GARLEFF, SCHÄBITZ & SEEMANN (1985, S. 180) aus den Mächtigkeiten von Kolluvien eine mittlere Gesamterosion von mindestens 70 cm, hielten aber eine mittlere Erosion von 100 cm für wahrscheinlicher. Bezogen auf einen Zeitraum von 1 000 Jahren, berechneten ABRAHAM DE VASQUEZ et al. (1985, S. 186) eine mittlere jährliche Tieferlegung von 1 mm.

Den Umfang der Sedimentation während der vergangenen acht Jahrhunderte bilanzierte MACAR (1974) in zwei belgischen Einzugsgebieten. Für ein etwa 15 km westnordwestlich von Lüttich gelegenes Gebiet errechnete MACAR (1974, S. 357ff.) aus den Mächtigkeiten der in Vorfluternähe akkumulierten Kolluvien eine mittlere jährliche Tieferlegung von 0,2 mm a^{-1}, für das zweite, 17 km nordwestlich von Namur gelegene Gebiet einen Betrag von 0,64 mm a^{-1}. Diesen Werten entsprechen mittlere jährliche Bodenerosionsraten von etwa 3 t ha^{-1} a^{-1} bzw. 10 t ha^{-1} a^{-1}.

ZOLITSCHKA & NEGENDANK (1997a, S. 71) geben eine im Vergleich zur Völkerwanderungszeit um das 52fache höhere durchschnittliche mittelalterlich-neuzeitliche Bodenerosionsrate für das mehr als 2 km^2 große Einzugsgebiet des Holzmaares in der Eifel an.

Für das im nördlichen Harzvorland gelegene, nahezu 1 km^2 große, seit dem Mittelalter vollständig ackerbaulich genutzte und vorwiegend nur schwach geneigte Einzugsgebiet des Ohebaches wurde eine jährliche Mindesterosionsrate von wenig mehr als 10 t ha^{-1} a^{-1} gemittelt über das vergangene Jahrtausend bestimmt. Dieser Wert resultiert aus einer aufgrund von mehr als 300 gebietsrepräsentativen Bohrungen bestimmten mittleren Mächtigkeit der mittelalterlichen und neuzeitlichen Kolluvien von 68 cm (BORK et al. 1985a). Da ein geringer Teil des erodierten Materials durch den Ohebach aus seinem Untersuchungsgebiet bei Neuenkirchen ausgetragen wurde, ist mit einer um etwa 10% höheren mittleren jungholozänen Bodenerosionsrate zu rechnen, d.h. mit 11 t ha^{-1} a^{-1}.

In einem 280 km² großen, im Untereichsfeld und im südwestlichen Harzvorland gelegenen Gebiet wurden die jungholozänen Bodenumlagerungen quantifiziert
(Bork 1983c). Grundlage der Bilanzierung bildeten mehr als 800 für dieses Gebiet
flächenrepräsentative Standorte. An jedem dieser Standorte wurde die rezente Rest-
mächtigkeit des vom Altholozän bis zum Frühmittelalter (z. T. mit urgeschichtlichen Nutzungseinflüssen) unter Wald gebildeten Bodens mit der rekonstruierten
Bodenmächtigkeit vor dem Einsetzen der frühmittelalterlichen Bodenerosion verglichen. Die Differenz ergibt die Erosionsbilanz eines Standortes.

Als wichtigste Ergebnisse der Bilanzierung der historischen Bodenerosion im Untereichsfeld und im südwestlichen Harzvorland sind festzuhalten (vgl. Bork 1983c,
S. 73–80): Während des Mittelalters und der Neuzeit, also in wenig mehr als 1 000
Jahren, wurden dort im Mittel die obersten 2,3 m des auf den beackerten Hängen
anstehenden Bodens flächenhaft erodiert. Für das gesamte, 280 km² große Untersuchungsgebiet ergibt sich daraus eine Gesamterosion von fast 500 Mio. m³ oder
800 Megatonnen. Dieses Material wurde nur auf einem Teil der Gesamtfläche
erodiert. Die durchschnittliche Fläche ackerbaulich genutzter Hänge betrug über
Mittelalter und Neuzeit 165 km². Aufgrund der abgeleiteten durchschnittlichen
Dauer der agrarischen Landnutzung von 1 000 Jahren ergibt sich eine für mitteleuropäische Verhältnisse außergewöhnlich hohe mittlere Bodenerosionsrate von
30 m³ ha⁻¹ a⁻¹ bzw. von 48 t ha⁻¹ a⁻¹ beackerter Hangfläche. Wenige katastrophale
Starkregen erodierten einen erheblichen Teil dieser Volumina.

Etwa sieben Achtel des erodierten Materials wurden auf den konkaven Unterhängen und in den Talauen des Untersuchungsgebietes akkumuliert. Davon wurde
der größte Teil als Hangkolluvium, der kleinere als Auensediment abgelagert. Nur
ungefähr ein Achtel des Materials wurde durch die Rhume aus dem untersuchten
Gebiet ausgetragen.

4.3.2   Zeitlich differenzierte Feststoffbilanzen

Südniedersachsen

Besonders aussagekräftige südniedersächsische Standorte erlauben neben zeitlich
undifferenzierten Bilanzen die Quantifizierung der Feststoffumlagerungen für einzelne Phasen der Erosionsgeschichte (Tab. 4.8).

Geht man für die erste mittelalterliche Phase schwacher flächenhafter Bodenerosion (Phase I in Tab. 4.8) davon aus, daß die wenigen rekonstruierten früh- und
hochmittelalterlichen Bodenerosionswerte (vgl. Bork 1987) repräsentativ für das Untereichsfeld und das südwestliche Harzvorland sind, so ist mit einer mittleren jährlichen Hangerosionsrate von ungefähr 10 t ha⁻¹ a⁻¹ im Verlauf dieses Zeitraums zu
rechnen. Viele Standorte, vor allem im südwestlichen Harzvorland, wurden erst im
frühen Hochmittelalter gerodet und ackerbaulich genutzt. Andererseits wurde in
Teilen des Untereichsfeldes spätestens seit dem 8. oder 9. Jh. Landwirtschaft betrieben (Stephan 1985). Wir gehen von einer mittleren Nutzungsdauer von 410 Jahren
vor dem spätmittelalterlichen Kerbenreißen aus (von ca. 900 bis 1310). Bodenerosionsprozesse betrafen in den Jahren 900 bis 1310 im Untersuchungsgebiet im
Mittel etwa 175 km² ackerbaulich genutzter Hangfläche. Umfangreiche Rodungen im

Phase	Zeitraum	Dauer [Jahre]	Gesamtabtrag [Megatonnen]	Beackerte Hang-fläche [km²]	Abtragsrate [t ha⁻¹ a⁻¹]
I	900–1310	410	70	175	10
II	1311–1350	40	400	175	500
III	1351–1740	390	155	155	25
IV	1741–1810	70	125	155	100
V	1811–1980	170	50	145	20

Tab. 4.8: Bilanzierte mittelalterlich-neuzeitliche Bodenerosion auf den beackerten Hängen des Untereichsfeldes und des südwestlichen Harzvorlandes

hohen und im beginnenden späten Mittelalter hatten nach palynologischen, pedologischen und sedimentologischen Untersuchungen an der Wende vom 13. zum 14. Jh. den geringsten Waldanteil des gesamten Holozäns zur Folge.

Aus der Dauer, der betroffenen Hangfläche und der mittleren Bodenerosionsrate berechnet sich die Substratmasse von 70 Megatonnen für die gesamte früh- und hochmittelalterliche Erosion im Untersuchungsgebiet (Tab. 4.8).

In der zweiten Phase schwacher flächenhafter Bodenerosion von der Mitte des 14. bis zur Mitte des 18. Jh. (Phase III in Tab. 4.8) ist die Bodenerosionsrate höher als im Früh- und Hochmittelalter gewesen, da in den Jahrzehnten nach den katastrophalen Erosionsereignissen des frühen 14. Jh. die Bodenerosionsraten auf den besonders stark geschädigten Flächen spürbar höher waren und da sich in der Neuzeit, wie zeitgenössische Schriften belegen (G. 1778a, S. 68f.), die Dreifelderwirtschaft mit Schwarzbrache oder Besömmerung durchgesetzt hatte. Gehen wir von etwa 25 t ha⁻¹ a⁻¹ in diesem 400jährigen Zeitraum und einer (durch das vor allem erosionsbedingte Wüstfallen im Spätmittelalter deutlich verringerten) Ackerfläche auf den Hängen von 155 km² aus, ergibt sich die Gesamtmasse erodierten Substrates von insgesamt etwa 155 Megatonnen.

In der dritten Phase schwacher flächenhafter Bodenerosion (Phase V in Tab. 4.8) wurden von 1810 bis 1980 insgesamt geringere Abträge verzeichnet. Die Beackerung der Gemeinheiten hatte die Bodenerosion zunächst erhöht, die sich durchsetzende Besömmerung der Schwarzbrache ihn danach stark verringert. Anbaufrüchte (z.B. Zuckerrüben) mit geringen Deckungsgraden in den Monaten mit der größten Starkregenhäufigkeit und die Flurbereinigung verstärkten die Bodenerosion. Seit der Mitte des 20. Jh. dürften auch im Untereichsfeld die Abtragsraten signifikant höher als im 19. und frühen 20. Jh. gewesen sein. In den 170 Jahren der Phase V wurden auf einer Fläche von 145 km² beackerter Hangfläche (die im späten 18. Jh. aufgrund des Kerbenreißens wüstgefallenen Flächen wurden abgezogen) durchschnittlich etwa 20 t ha⁻¹ a⁻¹ verzeichnet. Diese Rate entspricht im Gesamtgebiet einer erodierten Bodenmasse von ungefähr 50 Megatonnen.

In den drei erosionsschwachen Phasen (I, III, V in Tab. 4.8) – zusammen fast 1 000 Jahre – wurde insgesamt nur etwa ein Drittel der im gesamten Zeitraum abgetragenen 800 Megatonnen umgelagert. Die verbleibenden zwei Drittel wurden in wenigen Jahren während der ersten Hälfte des 14. und von der Mitte des 18. bis zum frühen 19. Jh. erodiert.

Nach detaillierten Aufschlußanalysen wurden in der zweiten Zerschneidungsphase (Phase IV) an einzelnen Standorten 10–30% des Volumens der ersten Zerschneidungsphase (Phase II) umgelagert. Damit wurden zwischen 1740 und 1810 ungefähr 15% der Gesamtsumme bzw. 125 Megatonnen Boden erodiert, im frühen 14. Jh. waren es 400 Megatonnen – etwa die Hälfte der gesamten Bodenerosion der vergangenen mehr als 1 000 Jahre.

Die Abtragsmenge der zweiten Zerschneidungsphase verteilt sich auf eine Zeit von etwa 70 Jahren und wurde in einem etwa 155 km^2 großen, agrarisch genutzten Gebiet abgetragen. Aus diesen Werten ergibt sich eine mittlere Bodenerosionsrate von über 100 t ha^{-1} a^{-1}.

Offen bleibt, auf wie viele Jahre sich die im frühen 14. Jh. auf einer Fläche von 175 km^2 linien- und flächenhaft erodierten 400 Megatonnen Boden verteilen. Vermutlich wurde der überwiegende Teil dieses Betrages in der zweiten und der vierten Dekade des 14. Jh., also in wenigen Jahren, erodiert. Aus dieser Annahme resultiert eine mittlere Abtragsrate von mehr als 2000 t ha^{-1} a^{-1}. In Tabelle 4.8 wird dieser Betrag auf den vom Beginn der Katastrophenregen in der zweiten Dekade bis zu ihrem Ende in der fünften Dekade währenden, etwa 40jährigen Zeitraum umgelegt.

Wäre die Bodenerosion von 400 Megatonnen Boden in der ersten Hälfte des 14. Jh. allein auf flächenhafte Bodenerosion zurückzuführen, hätten sich die beackerten und von Bodenerosion betroffenen Hänge während Phase II im Mittel um etwa 140 cm tiefer gelegt. Weniger als ein Drittel der Umlagerungen ist auf linienhafte Bodenerosion zurückzuführen; der Hauptteil wurde flächenhaft verlagert.

Die genannten Daten für Phase I basieren auf einer kleinen Stichprobe. Die Abtragsraten gelten nur für das südniedersächsische Untersuchungsgebiet, in dem die Ausgangsdaten erhoben wurden. Hochrechnungen dieser Daten auf größere Räume sind sowohl statistisch als auch aufgrund der spezifischen naturräumlichen Situation (insbesondere wegen der leicht erodierbaren, häufig sandigen und an mäßig stark bis stark geneigten Hängen anstehenden Lösse) nicht zulässig. Vergleichbare detaillierte flächenrepräsentative Angaben liegen – außer für die letzten Jahrzehnte – aus keinem anderen größeren Gebiet vor. Die in Tabelle 4.8 genannten Tendenzen, nicht jedoch die absoluten Werte werden durch Bodenprofilanalysen in den außerhalb von Südniedersachsen untersuchten Landschaftsausschnitten bestätigt.

So liegt die obengenannte mittlere jungholozäne Bodenerosionsrate im Untersuchungsgebiet Neuenkirchen bei weniger als einem Viertel des Mittelwertes für das Untereichsfeld. Auch die spätmittelalterlichen Abtragsraten waren wahrscheinlich weitaus geringer. Einen Hinweis gibt das Ausraumvolumen der spätmittelalterlichen Kerbe des Ohebaches. Die Bodenerosion des 14. Jh. führte zur Einschneidung einer Kerbe mit einem Volumen von 12 100 m^3. Bezogen auf die Fläche des Einzugsgebietes des Ohebaches, ergibt sich eine mittlere Abtragsrate von 125 m^3 ha^{-1} a^{-1} bzw. von 210 t ha^{-1} a^{-1}. Die wahrscheinlich ebenfalls schwächere flächenhafte Bodenerosion in der ersten Hälfte des 14. Jh. führte zur Ablagerung von geringmächtigen Kolluvien.

Ein mittlerer mittelalterlich-neuzeitlicher Gesamtbodenabtrag von etwa 40 bis 70 cm kennzeichnet nach eigenen Untersuchungen die ackerbaulich genutzten Hänge des südlichen Uelzener Beckens in Ostniedersachsen, der Märkischen

Schweiz in Ostbrandenburg und der Umgebung von Glasow in Vorpommern. In diesen Räumen hat die Bodenerosion im 20. Jh. eine beträchtliche Intensivierung erfahren. Die Abtragsraten, die dort nach Flurbereinigung oder Genossenschaftsbildung und seit dem Einsatz von schwerem Gerät erreicht wurden, liegen um ein vielfaches über den mittleren Abtragswerten des 19. und frühen 20. Jh. (s. Kap. 3).

Deutschland

Die nachstehenden Schätzungen von Bodenverlagerungen für den gesamten Zeitraum vom Frühmittelalter bis heute bzw. für die drei markanten Zeiträume – um 650, um 1310 und die zweite Hälfte des 20. Jh. – beruhen auf zahlreichen, mit einer hohen Wahrscheinlichkeit anzunehmenden, überwiegend bereits für den Wasserhaushalt in Kapitel 4.2 mitgeteilten Randbedingungen.

Die für das 7. Jh. geschätzten regionalen Bodenerosionsraten unter weitgehend naturnahem Wald sind nach den vorgestellten Bodenprofiluntersuchungen vernachlässigbar gering. Die niedrigen Ab- und Austragswerte erklären sich einerseits durch die wenigen und kleinen agrarisch genutzen und damit von schwacher Bodenerosion betroffenen Flächen und andererseits durch lokal extrem geringe Infiltrationskapazitäten (z. B. toniger Substrate).

Von der zweiten zur fünften Dekade des 14. Jh. traten die bereits mehrfach erwähnten, für die historische Zeit, ja für die gesamte, mehr als 7 000 Jahre währende Zeit menschlicher Einflußnahme auf mitteleuropäische Landschaften einmalig hohen Bodenerosionsraten auf vielen agrarisch genutzten Hängen auf. Auch im beweideten Dauergrünland müssen an Standorten mit lokalen Trittschäden in der Grasvegetation die Abflußraten zeitweise hoch und die Bodenabträge markant gewesen sein. Zumindest schwache Bodenerosion muß aufgrund z. B. intensiver Waldweide und ausgeprägter Streunutzung in jener starkregenreichen Zeit auch die übernutzten Restwälder gekennzeichnet haben.

Trotz der außergewöhnlichen kurz- und langfristigen Bedeutung der Bodenerosionsprozesse und ihrer vielfältigen, oft irreversiblen Folgen und Schäden liegen exakte Daten zur Prozeßleistung für Deutschland nicht vor. Die Ursache für dieses gravierende wissenschaftliche und gesellschaftliche Kenntnis- und Handlungsdefizit ist in der Komplexität der Erosionsprozesse, der schwierigen meßtechnischen Erfassung (vgl. dazu BORK 1983b) und in allgemeiner Unterschätzung zu sehen. Erst eine gesetzlich geregelte Internalisierung der Kosten von Bodenerosion wird Abhilfe schaffen.

Wir sind daher auf Schätzungen angewiesen. Die nachstehend vorgestellten großräumigen Schätzungen der Feststoffbilanzen beruhen auf

- den hauptsächlich in den Kapiteln 3, 4.1 und 4.2 mitgeteilten Daten sowie den in den Kapiteln 1, 4.1, 4.2 und 4.3 getroffenen Grundannahmen, damit
- den im Gelände an zahlreichen Standorten durch Bodenprofilanalysen rekonstruierten Erosions-Akkumulationsbilanzen,
- Messungen, Kartierungen und Schätzungen des Bodenabtrags in Mitteleuropa sowie Starkregensimulationen insbesondere von GROSSE (1952), SCHULTZE (1952), KURON et al. (1956), KURON & JUNG (1961), RICHTER (1965, 1976, 1979, 1980, 1982, 1983a, b), BARSCH & FLÜGEL (1978), BOLLINNE (1978), SCHMIDT (1979), JUNG & BRECHTEL

(1980), SEILER (1981, 1983), DIKAU (1982, 1983, 1986), AUERSWALD (1983, 1985a, b, 1987), BECHER et al. (1983), Bryan & DE PLOEY (1983), DE PLOEY (1983), SOMMER (1983), GOVERS (1985, 1987), POESEN (1987), FRIELINGHAUS (1988, 1991, 1997, 1998), DEUMLICH (1988, 1991), DEUMLICH & FRIELINGHAUS (1994), ZOLITSCHKA & NEGENDANK (1997a, b),

• eigenen Messungen der aktuellen Bodenerosion und Beregnungsexperimenten u.a. in Niedersachsen (BORK 1980, 1983a, 1987) sowie

• modernen Verfahren der Schätzung von Bodenumlagerungen mit Hilfe von Simulationsmodellen (BORK & SCHRÖDER 1996).

Ausgewählte Resultate der vorgenommenen Schätzungen der aktuellen Bodenerosion für Deutschland sind in Tabelle 4.9 wiedergegeben. Zur Verdeutlichung der Unsicherheiten wurden optimistische, durchschnittliche und pessimistische Berechnungen ausgeführt. Demnach sind heute zwischen 25 und 30% der Fläche Deutschlands – nahezu ausnahmslos ackerbaulich genutzte Hangstandorte – von Bodenerosion betroffen. Unter der Annahme einer auf den eigenen landschaftsgenetischen Arbeiten beruhenden durchschnittlichen vieljährigen Bodenerosionsrate von 0,3 mm a^{-1} (minimal 0,2 mm a^{-1}, maximal 0,6 mm a^{-1}) werden in Deutschland ohne den Alpenraum 50 (minimal 30, maximal 100) Mio. t a^{-1} Boden abgelöst und transportiert. Mehr als ein Zehntel dieses Betrages erreicht die Vorfluter und verursacht dort gravierende und nicht nur vorübergehende Veränderungen der Boden- und Wasserqualität.

Die durchschnittlichen und zugleich wahrscheinlichsten in Tabelle 4.9 wiedergegebenen Schätzwerte sind Grundlage detaillierter Rekonstruktionen des Erosionsgeschehens der vergangenen 14 Jahrhunderte in Deutschland (Tab. 4.10). Die hier aufgeführte, von Erosion betroffene Ackerfläche Deutschlands übersteigt übliche Schätzungen des Anteils aktuell erosionsgefährdeter Flächen erheblich. Die letztgenannten Schätzungen oder Messungen der Dynamik in Normaljahren stellen wir als verläßliche vieljährige Mittel grundsätzlich in Frage, da detaillierte Bodenprofiluntersuchungen der Ausdehnung von Erosions- und Akkmulationsräumen ein völlig andersartiges Bild und Ausmaß geben. Danach sind (aufgrund seltener stark wirksamer Ereignisse) auch dort Böden oftmals stark gekappt, wo Erosion nicht oder nur in unbedeutendem Maß erwartet wird. Die usprünglichen, prärodungszeitlichen Mächtigkeiten holozäner Böden werden oft unterschätzt; die

Art der Schätzung	Von Erosion betroffene Ackerfläche [% der Fläche Deutschlands ohne Alpenraum]	Vieljähriger mittlerer Bodenabtrag auf der von Erosion betroffenen Fläche Deutschlands (ohne Alpen)		
		[mm a^{-1}]	[t ha^{-1} a^{-1}]	[Mio. t a^{-1}]
optimistisch	25	0,2	3	30
durchschnittlich	28	0,3	5	50
pessimistisch	30	0,6	10	100

Tab. 4.9: Schätzungen des Ausmaßes der mittleren vieljährigen aktuellen Bodenerosion in Deutschland

Zeitraum	Ackerfläche	Erosions-gefährdete Hangstandorte	Mittlerer Bodenabtrag		
			auf erosionsge-fährdeten Hang-	in der Gesamtfläche*	
[n. Chr.]	[% der Gesamtfläche]		standorten [mm a⁻¹]	[mm a⁻¹]	[Mio. t a⁻¹]
650–660	5	3	0,05	0,002	0,9
750–759	7	5	0,05	0,003	1
900–909	18	14	0,1	0,01	8
1000–1009	20	16	0,1	0,02	9
1250–1259	51	42	0,3	0,1	70
1313–1318	55	46	7	3,2	1 900
1319–1341	54	45	2	0,9	500
1342	54	45	50	23	13 000
1370–1379	33	28	0,1	0,03	16
1420–1429	28	23	0,1	0,02	13
1520–1529	38	33	0,1	0,03	19
1608–1617	41	35	0,1	0,04	20
1650–1659	32	27	0,1	0,03	16
1780–1789	39	33	1	0,3	200
1870–1879	40	34	0,1	0,03	20
1961–1990	38	28	0,3	0,08	50

* Fläche der Bundesrepublik Deutschland ohne den Alpenraum (340 000 km²).

Tab. 4.10: Ausmaß der mittelalterlich-neuzeitlichen Bodenerosion in Deutschland (ohne Alpenraum)

Volumina von Kolluvien geben zweifelsfreie Daten zu den ursprünglichen Mindestmächtigkeiten (s. Kap. 3.1).

Unter einem sich über Mittelalter und Neuzeit stark wandelnden Anteil der von Bodenerosion erfaßten hängigen Ackerflächen blieben die Abtragsraten im frühen und hohen Mittelalter, in der Zeit von 1350 bis 1740 und im 19. sowie frühen 20. Jh. mit Werten von maximal 0,1 mm a⁻¹ oder 2 t ha⁻¹ a⁻¹ vergleichsweise gering. Lediglich in den starkregenreichen Phasen der spätmittelalterlichen Landschaftsausräumung des 18. Jh. und der letzten Jahrzehnte wurde dieser Umfang z. T. erheblich überschritten.

Vom 8. Jh. bis zum Jahr 1312 wurden 7 Mrd. t Boden erodiert. In den Folgejahren – von 1313 bis 1350 – vollzog sich die Hälfte des gesamten mittelalterlich-neuzeitlichen Bodenabtrags (34 von 67 Mrd. t Bodenerosion). Etwa 7 Mrd. t Boden wurden von der Mitte des 14. bis zur Mitte des 18. Jh. verlagert. In der zweiten Hälfte des 18. Jh. wurden 14 Mrd. t bewegt, im 19. und in der 1. Hälfte des 20. Jh. zusammen 3 Mrd. t und seit 1950 etwa 2,5 Mrd. t.

Die Gesamtmasse der mittelalterlich-neuzeitlichen Bodenverlagerung in Deutschland von 67 Mrd. t entspricht einem Volumen von 40 Mrd. m³. Im Mittel über die vergangenen 12 Jahrhunderte waren 24 % der Fläche Deutschlands von Bodenerosion betroffen. Die erosionsbeeinflußte ackerbaulich genutzte Fläche Deutschlands wurde damit im Mittel um etwa 50 cm tiefer gelegt – ein Wert, der sehr gut mit den eigenen Bodenbefunden aus Vorpommern, Brandenburg, Niedersachsen sowie Hessen übereinstimmt.

Neolithische, bronze- und eisenzeitliche Bodenerosion in Deutschland

Interessant ist der Vergleich der mittelalterlich-neuzeitlichen mit der urgeschichtlichen Feststoffverlagerung, die in der Zeit von über 7 000 bis etwa 1 800 Jahren vor
heute in Deutschland auftrat. Für das Neolithikum, die Bronze- und Eisenzeit wird
eine kumulierte mittlere Gesamtdauer agrarischer Landnutzung von zusammen
500 Jahren angenommen. In dieser Zeitspanne wurden im Mittel 20 % der Landesfläche Deutschlands (in heutigen Grenzen) ackerbaulich genutzt: Erosionsgefährdete Hangstandorte nahmen, da bevorzugt Gunsträume mit vorwiegend schwach
geneigten Hängen beackert wurden, nur etwa 12 % der Landesfläche ein. Eigene
Bodenuntersuchungen belegen einen mittleren Hangabtrag von 0,08 mm a^{-1} in den
urgeschichtlichen Nutzungsphasen. Auf den übersandeten Grundmoränenplatten
des Nordostens wurden mit bis zu 0,35 mm a^{-1} Bodenabtrag höhere (s. die in
Kap. 3.4 vorgestellten Daten des Untersuchungsgebietes Dahmsdorf), im nördlichen
Harzvorland und in den Beckenlandschaften Südniedersachsens sowie Hessens
etwas geringere Werte festgestellt.

Für die kumulierten 500 Jahre urgeschichtlicher Nutzungszeit ergibt sich damit
insgesamt eine Tieferlegung der von Bodenerosion betroffenen Ackerstandorte von
4 cm. Diesen Daten entspricht eine kumulierte mittlere Tieferlegung der Gesamtfläche Deutschlands in heutigen Grenzen (ohne den Alpenraum) um 0,5 cm
während Neolithikum, Bronze- und Eisenzeit.

Einzugsgebiet der Elbe

Auf der Grundlage der in Kapitel 4.2.3 dargestellten Wasserbilanzen für das Einzugsgebiet der Elbe oberhalb des Pegels Neu Darchau werden für diesen 131 950 km^2
umfassenden Raum Feststoffbilanzen für das 7., 14. und 20. Jh. berechnet (Tab. 4.11).

Vernachlässigbar gering waren die Bodenabträge im walddominierten 7. Jh. Geschätzt wird ein Abtrag von weit weniger als 100 000 t a^{-1} im gesamten Einzugs-
biet der Elbe.

Für die zweite bis vierte Dekade des 14. Jh. werden mittlere Bodenerosionsraten
auf den landwirtschaftlich genutzten Hängen des Einzugsgebietes der Elbe von
etwa 90 t ha^{-1}a^{-1} geschätzt. Folgen dieser Witterungskatastrophen waren starke Verluste an organischer Bodensubstanz und Nährstoffen auf den Hängen (Kap. 4.4), der
definitive Verlust stark erosionsgefährdeter Ackerflächen mit geringmächtigen
fruchtbaren Böden über steinreichen Substraten sowie eine erhebliche Nährstoff-
anreicherung in den Talauen. Ausgedehnte Hangflächen fielen wüst und konnten
seit jener Zeit vor allem aufgrund hoher Steingehalte nicht mehr ackerbaulich
genutzt werden. Der Abtrag in der 1. Hälfte des 14. Jh. betraf 44 % der Fläche des Elbeeinzugsgebietes: die landwirtschaftlich genutzte Fläche (77 % der Fläche des Elbeeinzugsgebietes) abzüglich des Grünlandes (21 % der Gesamtfläche) sowie der ackerbaulich genutzten konkaven unteren Hangabschnitte (8 % der Gesamtfläche) und
Auen mit nur sehr geringer Bodenerosion (4 % der Gesamtfläche). Bezogen auf die
gesamte Fläche des Elbeeinzugsgebietes, wurden damit von der zweiten bis zur
vierten Dekade des 14. Jh. im Mittel 40 t ha^{-1}a^{-1} bzw. 520 Mio. t a^{-1} bzw. die oberen
6 cm der Böden erodiert.

Im Mittel wurden und werden in der 2. Hälfte des 20. Jh. pro Hektar landwirtschaftlich genutzter Hangfläche im Einzugsgebiet der Elbe nach eigenen Schätzun-

gen jährlich annähernd 8 t Boden abgetragen. Betroffen waren und sind die 63 % der Fläche des Elbeeinzugsgebietes, die landwirtschaftlich genutzt werden, abzüglich Grünland (18 %) sowie ackerbaulich genutzter konkaver Hangabschnitte (5 %) und Auen (5 %) mit Akkumulation oder vernachlässigbar geringer Bodenerosion. Auf den verbleibenden 35 % der Elbeeinzugsgebietsfläche wurden und werden im Jahresmittel 37 Mio. t Boden verlagert.

Während Mittelalter und Neuzeit wurden insgesamt 32 Mrd. t Boden im Einzugsgebiet der Elbe umgelagert (Tab. 4.11). Die ackerbaulich genutzten Hänge wurden dadurch im Mittel um 38 cm tiefer gelegt. Für das gesamte Einzugsgebiet ergibt sich ein geschätzter kumulativer Abtrag von 14 cm im vergangenen Jahrtausend.

Feststoffausträge über die Elbe in die Nordsee

Im Zeitraum von 1966 bis 1973 wurde am Pegel Neu Darchau ein mittlerer Schwebstoffgehalt von 35,8 g m^{-3} bzw. 6,5 t km^{-2}.a bzw. 65 kg ha^{-1} a^{-1} gemessen. Jährlich wurden damit in jüngster Zeit etwa 860 000 t a^{-1} Boden über die Elbe in die Nordsee ausgetragen. Für die erosionsreichen Jahrzehnte des 14. Jh. gehen wir davon aus, daß die Relationen des Hangabtrags der differenzierten Perioden auf die Vorfluterdynamik grundsätzlich übertragen werden kann. Demnach ist von einem im Vergleich zu heute etwa 14fach höheren Austrag in die Nordsee während der 1. Hälfte des 14. Jh. auszugehen: von 12 Mio. t a^{-1} in einem 30jährigen Zeitraum. In den waldreichen Landschaften des beginnenden Frühmittelalters waren die Feststoffausträge mit weniger als 1 000 t a^{-1} unbedeutend (Tab. 4.11).

Die berechneten mittleren Austräge von 12 Mio. t a^{-1} über 30 Jahre in der 1. Hälfte des 14. Jh., von 860 000 t ha^{-1} in der 2. Hälfte des 20. Jh. und von 400 000 t a^{-1} in den

Feststoffbilanzen für Mittelalter und Neuzeit (Summe über 1 000 Jahre)	
Masse des gesamten in 1000 Jahren	
durch Bodenerosion abgetragenen Bodens	32 Mrd. t
über die Elbe in die Nordsee ausgetragenen Bodens	0,8 Mrd. t
Tieferlegung des Elbeeinzugsgebietes in 1000 Jahren durch	
Bodenerosion	14 cm
Bodenaustrag in die Nordsee	0,3 cm
Feststoffbilanzen für die 1. Hälfte des 14. Jh. (Summe über 30 Jahre)	
Masse des in diesem 30jährigen Zeitraum	
durch Bodenerosion abgetragenen Bodens	15 Mrd. t
über die Elbe in die Nordsee ausgetragenen Bodens	0,4 Mrd. t
Tieferlegung des Elbeeinzugsgebietes in 30 Jahren durch	
Bodenerosion	6 cm
Bodenaustrag in die Nordsee	0,1 cm
Feststoffbilanzen für Zeiträume ohne anthropogene Einflüsse (Summe über 50 Jahre)	
Masse des gesamten in 50 Jahren unter Wald	
durch Bodenerosion abgetragenen Bodens	<0,1 Mrd. t
über die Elbe in die Nordsee ausgetragenen Bodens	<0,001 Mrd. t
Tieferlegung des Elbeeinzugsgebietes in 50 Jahren unter Wald durch	
Bodenerosion	<0,1 cm
Bodenaustrag in die Nordsee	<0,001 cm

Tab. 4.11: Feststoffbilanzen für das Einzugsgebiet der Elbe

übrigen Jahren des vergangenen Jahrtausends summieren sich zu 760 Mio. t, die während Mittelalter und Neuzeit über die Elbe in die Nordsee transportiert wurden. Das Einzugsgebiet der Elbe wurde durch die Schwebstoffausträge nur um 3 mm tiefer gelegt.

Vom gesamten mittelalterlich-neuzeitlichen Abtrag in Höhe von 32 Mrd. t sedimentierten mehr als 97% auf den Unterhängen und in den Talauen des Einzugsgebietes der Elbe oberhalb des Pegels Neu Darchau.

4.4   Die Kohlenstoff-, Stickstoff-, Kalium- und Phosphorbilanzen

4.4.1   Dynamik der Nährstoffflüsse in Land- und Forstwirtschaft

Der in Kapitel 4.1 allgemein beschriebene mittelalterlich-neuzeitliche Landnutzungswandel war mit drastischen Veränderungen des Nährstoffhaushaltes verbunden. Um eine Quantifizierung dieser Veränderungen vornehmen zu können, ist zunächst der Wandel der Landnutzungssysteme zu rekonstruieren. Die Ausweitung der landwirtschaftlichen Nutzflächen zu Lasten der Wälder im frühen und hohen Mittelalter war von einem allmählichen Wandel der Anbausysteme begleitet. Mit Ausnahme der wenigen intensiv genutzten, kulturartenreichen Gartenflächen beherrschten bis ins 18. Jh. Getreidebau und Brache die Agrarlandschaften (Abb. 4.2).

Es ist davon auszugehen, daß die im Gemüsebau gewonnenen Erfahrungen nach und nach auf den Ackerbau übertragen wurden. Der Anbau einer Vielzahl von Nahrungs-, Genußmittel- und Rohstoffpflanzen war, von wenigen Ausnahmen abgesehen, in Deutschland spätestens seit der Römischen Kaiserzeit bekannt. Der Anbau von Körnerleguminosen wie Linsen, Erbsen und Ackerbohnen ist bereits für die Bronzezeit nachweisbar (FISCHER 1929, BERTSCH & BERTSCH 1947, ENNEN & JANSSEN 1979, KÖRBER-GROHNE 1994). Die Eigenschaft von Leguminosen, symbiontisch Stickstoff zu fixieren und so die Bodenfruchtbarkeit zu erhöhen, wurde jedoch erst seit Beginn des 19. Jh. gezielt eingesetzt. Das Potential von Luzerne oder Klee wird seit den 30er Jahren des 20. Jh. voll ausgeschöpft. Da die Mineraldüngung bzw. die Einfuhr von Chilesalpeter erst in der 2. Hälfte des 19. Jh. merklich zunahm, waren die Nährstoffkreisläufe der Agrarlandschaften bis dahin weitgehend regional geschlossen. Für die Bilanzierung der Stoffflüsse ist zu berücksichtigen, daß die pflanzliche Primärproduktion, die im wesentlichen eine Funktion der Verfügbarkeit von Stickstoff ist, durch das Vorhandensein freilebender Stickstoffbinder mit maximal 15 kg ha^{-1} a^{-1} Stickstoff und durch symbiontische Stickstoffixierer der Leguminosen mit maximal 35 kg ha^{-1} a^{-1} Stickstoff limitiert ist (MENGEL & KIRKBY 1982, KAHNT 1986).

Die Kartoffel nahm seit dem ausgehenden 18. Jh. größere Anbauflächen ein. Flächenkulturen wie Ölpflanzen (Raps, Rübsen, Öllein) und Mais, die heute große Räume unserer Agrarlandschaften beherrschen, wurden erst in den 30er Jahren des 20. Jh. in größerem Umfang eingeführt.

Die Entwicklung landwirtschaftlicher Nutzungssysteme
Zur Modellierung der Nährstoffflüsse ist die quantitative Abschätzung der Entwicklung landwirtschaftlicher und forstlicher Nutzungssysteme notwendig. Die

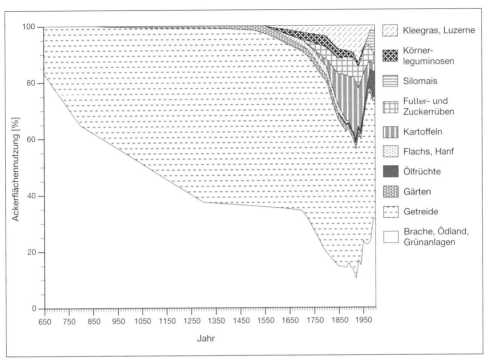

Abb. 4.2: Flächenanteile von Brache (einschließlich Ödland und Grünanlagen) und Kulturpflanzen an den ackerbaulich genutzten Flächen Deutschlands seit dem 7. Jh.

Anteile der genutzten Flächen, Brachen und Grünlandanteile wurden nach einem Schlüssel ermittelt, der auf Angaben von KÖNNECKE (1967), BICK et al. (1983), BORN (1974, 1980), HENNING (1985) und SCHÖNWIESE (1995) beruht. Für den Zeitraum ab 1800 konnte auf Daten von BITTERMANN (1956), HENNING (1985), GANZERT (1995), SEIDL (1995) und AUERSWALD (1997) zurückgegriffen werden. Zwischen den in Abbildung 4.3 dargestellten Stufen der Landnutzung wurden die Flächenanteile interpoliert. Wesentlich war der Übergang von der Urwechselwirtschaft, bei der die Ackerfläche jährlich auf neue, erholte oder urbar gemachte Feldstücke verlagert wird, zur Dreifelderwirtschaft, die nach einem Jahr Brache zwei Anbauperioden Getreide trägt. Die Dreifelderwirtschaft wurde im Verlaufe des Mittelalters zum Hauptnutzungssystem und ging, beginnend um das Jahr 1200, allmählich in die verbesserte Dreifelderwirtschaft über. Im 18. Jh. sorgte der wachsende Einfluß der aufkommenden Agrarwissenschaften für die Einführung von Blattfrüchten, insbesondere bodenverbessernder Leguminosen. Bis zur Etablierung der Stickstoffsammler als Feldkulturen war die Landwirtschaft, da aus Dauerkulturen (Grünland, Wäldern) Nährstoffe ohne Ersatz entnommen worden waren, stets ein System des Raubbaus. Nur die in Grünland- und Waldökosystemen natürlich vorkommenden Leguminosen konnten für einen teilweisen Stickstoffersatz sorgen. Auch auf den Brachflächen wurde keine gezielte Ansaat von Leguminosen vorgenommen. Damit war auch das Brachland von der Besiedlung mit Stickstofflieferanten abhängig. In der

Jahr	Anbausystem	Flächenanteil [%]	Brache innerhalb des Anbausystems [%]	Brache auf der gesamten Anbaufläche [%]
650	Urwechselwirtschaft	30	90	83
	Feldgraswirtschaft	70	80	
800	Urwechselwirtschaft	0	80	65
	Feldgraswirtschaft	70	30	
	Dreifelderwirtschaft	30		
1300	Feldgraswirtschaft	15	80	37,5
	Dreifelderwirtschaft	85	30	
	Feldgraswirtschaft	10	80	
1700	Dreifelderwirtschaft, allmähliche Verbesserung durch Hackfrüchte, Klee, Körnerleguminosen	90	30	35
1800	Schrittweise Einführung von Fruchtfolgesystemen			

Bodennutzungssysteme

Urwechselwirtschaft
Shifting cultivation, Nutzung einer Fläche nach Rodung bis zur Erschöpfung der Nährstoffvorräte, dann Urbarmachung des nächsten Feldstückes oder lange Ruhephase bis zur wiederholten Nutzung.

Feldgraswirtschaft	**Dreifelderwirtschaft**	**Verbesserte Dreifelderwirtschaft**
1 Brache	1 Brache (Unkrautweide)	1 Blattfrucht (Flachs, Wicke,
2 Getreide	2 Winterung (Roggen, Weizen)	Erbse, Ackerbohne, Raps,
3 Getreide	3 Sommerung (Gerste, Hafer, Hirse)	Rübsen, Mohn, Kohlrübe)
4 Getreide		2 Getreide
5–20 Gras		3 Getreide

Fruchtfolgesysteme

Rheinische Fruchtfolge	**Fruchtwechselwirtschaft**
1 Zuckerrüben	1 Kartoffel
2 Weizen	2 Gerste
3 Roggen	3 Klee
4 Klee	4 Weizen
5 Hafer	5 Erbsen
	6 Roggen

Abb. 4.3: Entwicklung der Anbausysteme sowie der Flächenanteile von Brache und Bodennutzungssystemen in Deutschland 650 bis 1800

Viehwirtschaft anfallende Wirtschaftsdünger wurden vornehmlich in den Gärten eingesetzt. Nur hier dürfte eine ausreichende Nährstoffversorgung vorgelegen haben. Eine Konsequenz dieser Wirtschaftsweise war die Plaggenwirtschaft, die auf der Entnahme wertvoller Streuschichten und humusreichen Oberbodens aus benachbarten Wäldern oder nicht genutzten Heideflächen beruhte.

Bedeutende Verbesserungen des Dreifeldersystems vollzogen sich nach 1700 mit verstärktem Feldfutterbau. Jedoch wurden Klee, Luzerne und Esparsette zunächst

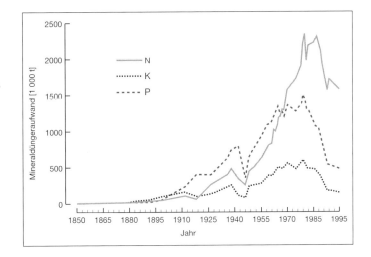

Abb. 4.4:

Mineraldüngereinsatz in
Deutschland von 1850
bis 1995

Qellen: BML (1970 –1996),
REICH (1993) und eigene
Berechnungen

nur vereinzelt angebaut. Zu Beginn des 19. Jh. waren kaum 5 % der Ackerfläche mit
Rotklee bestellt. Im Verlauf des 19. und 20. Jh. setzten sich Leguminosen als wichtige Elemente der Fruchtfolgesysteme durch und sorgten für eine deutliche Ertrags-
verbesserung aller Kulturen. Parallel setzte die Nährstoffversorgung mit Import-
düngemitteln ein, beginnend mit Chilesalpeter und Guano ab 1830 bzw. 1840. Der
Aufbau einer Düngemittelindustrie einschließlich der technischen Gewinnung von
Stickstoffdüngern führte zu einem baldigen Verdrängungswettbewerb zwischen
stickstoffliefernden Leguminosen und Stickstoffdüngern. Spätestens Mitte des
20. Jh. wurden die Leguminosen bis auf wenige Prozentanteile aus dem Anbau ver-
drängt (Abb. 4.4). In den 80er Jahren des 20. Jh. wurden jährlich bis zu 3 Mio. t Stickstoff, 1,8 Mio. t Kalium und 0,6 Mio. t Phosphor als Nährstoffe in Ost- und Westdeutschland den Nährstoffkreisläufen zugeführt.

Biomasseerzeugung und Nährstoffflüsse

Die Nährstoffflüsse wurden über Mittelalter und Neuzeit geprägt von

- dem Zurückdrängen der Wälder und der Entnahme von Nährstoffen zur Versorgung der Ackerflächen und des Viehs,
- der Veränderung der Nutzungssysteme mit einer effektiveren Erschließung der
  Bodennährstoffe,
- dem Wandel des Artenspektrums und der besonderen Bedeutung der Einführung der Leguminosen als Stickstoffsammler und
- der Emanzipation der Landwirtschaft von der natürlichen Nährstoffversorgung
  und der Verwendung großer Mengen systemextern gewonnener Düngemittel.

Die Veränderungen landwirtschaftlicher Nutzungssysteme im Laufe der Jahrhunderte führten zunächst zu Ertragssteigerungen bei einzelnen Kulturen und zur Einführung neuer Kulturpflanzen (Abb. 4.5). Getreide als wichtigste Nahrungspflanze
lieferte bis ins 14. Jh. einen Ertrag von kaum mehr als 4 bis 6 dt h a^{-1}. Erst mit dem
drastischen Bevölkerungsrückgang durch Hungersnöte und Pestepidemien im

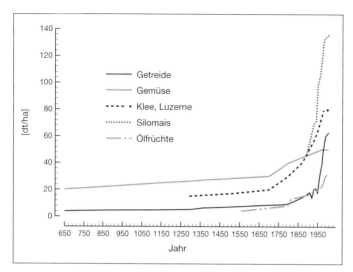

Abb. 4.5:
Ertragsentwicklung von
Nahrungs- und Futter-
pflanzen in Deutschland
seit dem 7. Jh.
Quellen: BITTERMANN (1953),
HENNING (1985), KÖRBER-
GROHNE (1994) und eigene
Berechnungen

14. Jh. und der resultierenden Begrünung vormaliger Äcker standen beweidbare Grünlandflächen zur Verfügung. Die Dreifelder-Unkrautbrache profitierte von den längeren Ruhepausen. Zudem kann von einem stärkeren Nährstoffrückfluß durch Kot und Harn der Rinder, Schweine und Schafe ausgegangen werden. Die Tiere wurden auf Grünland und Waldweiden gehütet und in Nachtpferchen auf den Brachflächen gehalten. Die Entwicklung kulminierte in einem außergewöhnlich hohen Fleischkonsum im späten 14. und 15. Jh.

In den folgenden Jahrhunderten wurden die Erträge durch die allmähliche Einführung der verbesserten Dreifelderwirtschaft und die zunehmende Nutzung legumer Feldfutterpflanzen gesteigert. Im 19. Jh. wurden mit der Erhöhung der Leistungsfähigkeit der Sorten durch gezielte Züchtung, der Fruchtwechselwirtschaft mit einer deutlichen Ausweitung des Leguminosenanteils sowie der Düngung merkliche Ertragszunahmen erreicht. Seit Mitte des 20. Jh. vervierfachte sich der Getreideertrag annähernd, wozu verbesserte Düngung und Pflanzenschutz beigetragen haben. Die Fruchtfolge hat in dieser jüngsten Entwicklungsphase für Getreide bei weitem nicht mehr die frühere Bedeutung. Getreidemonokulturen mit der Zufuhr aller notwendigen Hauptnährstoffe sind heute verbreitet.

Die Wurzel der Ackerkultur lag in den hausnahen Gärten. Sie bildeten die Keimzelle der Entwicklung des Kulturpflanzenanbaus. Viele der späteren Ackerkulturen wurden zunächst in Gemüsegärten angebaut und dort durch Auslese nach und nach verbessert. Belegbar ist diese Entwicklung für die Körnerleguminosen Ackerbohne, Erbsen und Linsen sowie für Rüben, Faser- und Färberpflanzen. Obgleich schon früh nahezu alle uns heute bekannten Kulturpflanzen in Gärten vertreten waren, herrschte der Anbau von Grobgemüse wie Kohl und Rüben vor. Dieses Hauptartenspektrum und die relativ günstige Nährstoffversorgung der Gärten, in denen vornehmlich die organischen Dünger eingesetzt wurden, führten zu hohen Trockenmasseerträgen. Sie lagen nach unseren Schätzungen im Gemüseanbau schon im 7. Jh. bei 20 dt ha^{-1} Trockenmasse.

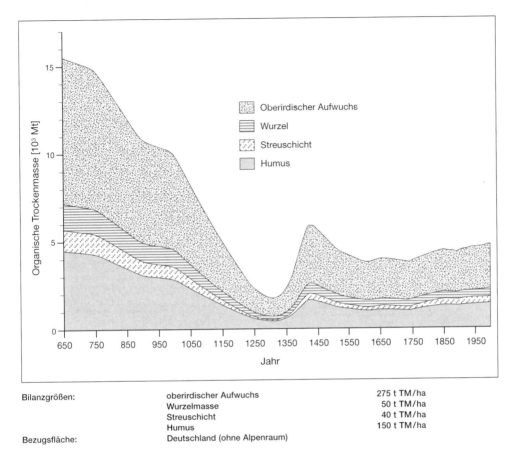

Abb. 4.6: Organische Substanz im Humus, in der Streuschicht und in den Bäumen 100jähriger Waldbestände Deutschlands seit dem 7. Jh.

Bilanzgrößen:	oberirdischer Aufwuchs	275 t TM/ha
	Wurzelmasse	50 t TM/ha
	Streuschicht	40 t TM/ha
	Humus	150 t TM/ha
Bezugsfläche:	Deutschland (ohne Alpenraum)	

Die Ertragssituation der Feldfutterleguminosen Klee und Luzerne ist aufgrund der Möglichkeit der Stickstoffixierung günstig (MARSCHNER 1986). Mais wurde im 20. Jh. bedeutsam für die Nährstoffakkumulation. Aufgrund seiner Massenleistung stellt Mais eine wichtige, (verwendungsabhängig) vorübergehende CO_2-Senke dar.

Zur Ermittlung der Phytomassebildung unterschiedlicher Ökosysteme ist zunächst der Trockenmasseaufwuchs verschiedener Pflanzenbestände zu bilanzieren. Abbildung 4.6 veranschaulicht die mittelalterlich-neuzeitliche Dynamik der Trockenmasseentwicklung von Waldbeständen, wie sie bei einem Durchschnittsbaumalter von 100 Jahren angenommen werden kann. In die Bilanzierung wurden die unter- und oberirdische Baumphytomasse, die Streuschicht und die organische Bodensubstanz einbezogen. Um die Übernutzung der Wälder durch Plaggenwirtschaft und Waldweide zu berücksichtigen, wurde ein Streßfaktor für die Waldnutzung entwickelt. Er basiert auf den Anteilen der Ackerflächen an der gesamten Nutzfläche und berücksichtigt die zunehmenden Waldschutzmaßnahmen mit einer fortschreitenden Entlastung der Wälder.

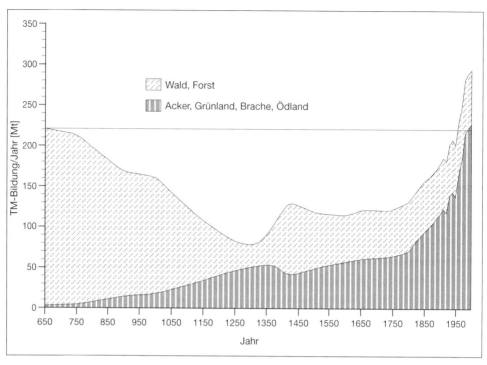

Abb. 4.7: Jährliche pflanzliche Wachstumsleistung in Deutschland (ohne Alpenraum) seit dem 7. Jh.

Die Bewaldung im 7. Jh. war mit einer der höchsten Akkumulationen an organischer Substanz verbunden, die über natürliche Ökosysteme unter den humiden Klimabedingungen des jüngeren Holozäns in Deutschland (heutige Grenzen) zu erreichen ist. Über 16 000 Mt Phytomasse waren zu jener Zeit in der Baummasse, der Streuschicht und dem Humusvorrat im Boden Deutschlands angereichert. Die gewaltigen Massenverluste, die mit der Rodung der Wälder einhergingen, beliefen sich auf über 14 000 Mt organische Substanz (Abb. 4.6, 4.7).

Einen bedeutsamen Wandel erfuhr auch die jährliche Bildungsrate der Phytomasse. Im 7. Jh. bildeten die Wälder über 220 Mt a^{-1} Phytomasse in Deutschland (heutige Grenzen, ohne Alpenraum). Die zunehmende landwirtschaftliche Produktion konnte mit ihrer schwachen Produktionsleistung die Verluste an Assimilationsleistung, die durch Rodungen verlorengegangen waren, bei weitem nicht kompensieren. Bis zur Mitte des 14. Jh. reduzierte sich die jährliche Trockenmassebildung auf 78 Mt a^{-1}. Trotz der größeren Ausdehnung und der vorübergehenden Erholung der Waldflächen sowie der allmählichen Steigerung der landwirtschaftlichen Erträge während der folgenden Jahrhunderte wurde die Assimilationsleistung der Ökosysteme des 7. Jh. erst wieder in den 50er Jahren des 20. Jh. erreicht und ca. 1960 übertroffen. Seit etwa 1980 wird mit der landwirtschaftlichen Erzeugung allein, einschließlich der Brachen, Ödländer und Grünanlagen, das Massenwachstum der Wälder des 7. Jh. übertroffen – vereinfachend gleichbleibende klimatische Verhältnisse während Mittelalter und Neuzeit vorausgesetzt.

Zur Analyse der Stoffflüsse ist weiterhin die Funktion der Wald- und Agrarökosysteme als dauerhafte Senken bzw. Quellen von Nährstoffen zu erfassen (MARSCHNER 1986, HABER 1996, 1997; PFADENHAUER 1997). Der wesentliche Unterschied zwischen der Stoffbildung in landwirtschaftlichen Nutzsystemen und in Wäldern ist der annuelle Aufbau und rasche Verbrauch in Form von Nahrungs- und Futtermitteln. Auf- und Abbauprozesse in landwirtschaftlichen Nährstoffzyklen erfolgen im wesentlichen im Ablauf eines Jahres. Innerhalb dieser Zeit werden Nahrungs- und Futtermittel verbraucht, und ein großer Teil der enthaltenen Nährstoffe wird in Form von Kot und Harn wieder in den Stoffzyklus eingeschleust oder belastet benachbarte Ökosysteme. Lokale Belastungen z.B. von Oberflächengewässern dürften seit der Urgeschichte aufgetreten sein. Spätestens seit der ersten Anlage dörflicher Strukturen suchten Menschen nach hygienischen Entsorgungsmöglichkeiten für Fäkalien. Dörfer wurden an Bächen und Flüssen errichtet, um im Oberlauf Trinkwasser zu gewinnen und den Unterlauf als entsorgenden Vorfluter zu nutzen. Menschliche Fäkalien wurden ansonsten kaum geregelt entsorgt, kompostiert oder wiederverwertet. Eine geregelte Stallmistwirtschaft ist erst ab dem 15. Jh. in Deutschland nachzuweisen. Die römische Agrarkultur, die bereits eine Dungwirtschaft kannte, wurde nicht übernommen. Stallmist wurde hauptsächlich im Gartenbau eingesetzt.

Die großflächige Entnahme von Nährstoffen aus Wald- und Grünlandökosystemen und ihre Konzentration auf sehr begrenzten, intensiv genutzten Flächen währte bis zum 18. Jh. (BEESE 1997, HABER 1997, PFADENHAUER 1997). Nährstoffe gingen den regionalen Kreisläufen durch gasförmigen oder flüssigen Export verloren, wobei die Fäkalienentsorgung über Vorfluter lokal bedeutend war.

Nährstoffimporte wurden in der vorgenommenen Bilanzierung nicht berücksichtigt. Bereits um 1200 wurde aus Osteuropa Getreide nach Deutschland und in die heutigen Beneluxländer importiert. Zur Mitte des 16. Jh. beliefen sich die Importe nach Deutschland auf etwa 100 000 t a⁻¹. Vom späten 15. Jh. an nahmen die Schlachtvieheinfuhren nach Deutschland zu. Bis zum Ende des 16. Jh. wurden jährlich 250 000 bis 300 000 Ochsen aus Dänemark, Polen und Ungarn nach Deutschland getrieben. Insbesondere die städtische Bevölkerung wurde mit Importfleisch versorgt. Um 1600 sicherten die Einfuhren die Fleischversorgung von etwa 1 Mio. Menschen (HENNING 1985).

Die Nährstoffimporte haben bis in die heutige Zeit eine hohe Bedeutung für die Stoffzyklen. Das komplexe System der Handelsbeziehungen mit Im- und Exporten erschwert quantitative Analysen erheblich. Am Beispiel der Stoffbilanzen in der Landwirtschaft lassen sich die Nährstoffe erfassen, die in der landwirtschaftlichen Produkion eingesetzt werden, sowie der Entzug duch pflanzliche und tierische Produkte (Tab. 4.12). Die heutige Situation ist trotz sinkender Mineraldüngeraufwendungen durch Nährstoffüberschüsse gekennzeichnet, die bei Stickstoff in Deutschland im Mittel annähernd 100 kg ha⁻¹ a⁻¹ betragen. Auf der gesamten landwirtschaftlichen Nutzfläche Deutschlands werden demnach annähernd 1,9 Mio. t Stickstoff, 0,22 Mio. t Phosphor und 0,55 Mio. t Kalium jährlich mehr gedüngt, als mit Ernteprodukten oder tierischen Erzeugnissen entzogen werden (Tab. 4.12; BACH et al. 1997).

Im Vergleich zur heutigen Überschuß- und Belastungssituation standen in früheren Epochen nur Wälder als zentrale Nährstofflieferanten zur Verfügung. Die Be-

	Gesamtzufuhr	Entzug	Überschuß
Stickstoff	2 751 600 t	856 700 t	1 895 000 t
Phosphor	398 000 t	174 400 t	222 900 t
Kalium	832 000 t	282 100 t	549 900 t

Zufuhr einschließlich Mineraldünger, Futtermittelimporten, Wirtschaftsdünger, N-Fixierung durch Leguminosen;
Deutschland in heutigen Grenzen

Tab. 4.12: Jahresbilanzen der Zufuhr und des Entzuges von Nährstoffen durch tierische und pflanzliche Produkte in der Landwirtschaft Deutschlands (Mittelwert 1990–1995); Quelle: BACH et al. (1997)

deutung von Wäldern wurde in der Bilanzierung akkumulierter Nährstoffe erfaßt. Zugrunde gelegt wurden im Mittel 100jährige Waldbestände. In die Bilanz gehen Nährstoffquellen für die Landwirtschaft, den Hausbau und als Brennholz ein. Die Streuschicht wurde für die Plaggenwirtschaft abgebaut, diente als Viehfutter in der Waldweide oder als Einstreu im Stall. Oberirdischer Aufwuchs und Wurzeln wurden als Brennholz gewonnen, Asche in den Gärten als Dünger verwertet. Ein weiterer Teil des Holzes wurde in der Bauwirtschaft eingesetzt. Über 47 Mt Stickstoff, 0,8 Mt Phosphor und 15 Mt Kalium waren im 7. Jh. in der Biomasse der Wälder auf der Fläche des heutigen Deutschland gebunden (Abb. 4.8). In der Extrem-

Abb. 4.8: Nährstoffakkumulation in Streuschicht und Bäumen (oberirdischer Aufwuchs und Wurzeln) 100jähriger Waldbestände in Deutschland seit dem 7. Jh.

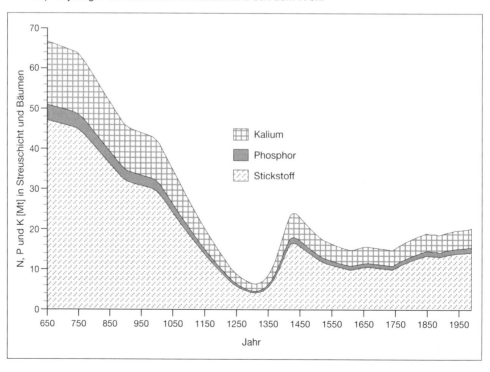

situation des späten 13. und frühen 14. Jh. reduzierte sich der Stickstoffpool auf
weniger als 5 Mt Stickstoff. Heute sind etwa 14 Mt Stickstoff in den Wäldern
Deutschlands gebunden.

Der Vergleich mit den Entzügen durch landwirtschaftliche Produktion läßt Rückschlüsse auf den Verbleib der Nährstoffe zu (Abb. 4.9; MARSCHNER 1986). Die Bilanzierung der Stoffflüsse aus den Waldökosystemen in die Landwirtschaft bedarf
dynamischer Ansätze, da die Regenerationsfähigkeit der Wälder und die Stoffakku-
mulation in der Phase nach 1350 zu berücksichtigen sind. Weiterhin ist die
Betrachtung um den Aspekt der jährlichen Substanzbildung in den einzelnen Öko-
systemtypen zu erweitern. Hier ist die Stickstoffixierung durch freilebende Stickstoffbinder und Leguminosen abzuschätzen, um die Stickstoffkreisläufe besser
abbilden zu können. Bis zum 19. Jh. dominierten regionale Nährstoffflüsse. Die Verluste an Nährstoffen waren überwiegend durch erosive Feststoffverlagerungen und
die Fäkalienentsorgung über Vorfluter bedingt. Unter diesen Bedingungen erscheint es plausibel, daß die geringen Nährstoffmengen in der landwirtschaftlichen
Produktion über Jahrhunderte aus den Ressourcen der Wälder gedeckt werden
konnten. Beginnend im 18. Jh., nahmen die Nährstoffentzüge durch die Ausweitung
der Anbauareale allmählich zu. Zugleich erhöhte sich die Zufuhr an Stickstoff
durch den Anbau von Leguminosen und die intensivere Bodenbearbeitung, die für
eine höhere Mineralisierungsleistung des Bodens sorgte. Mit Beginn der Mine-

Abb. 4.9: Nährstoffgehalte landwirtschaftlicher Ernteprodukte (Getreide einschließlich Korn und
Stroh; Rüben einschließlich Rübenkörper und Blatt)

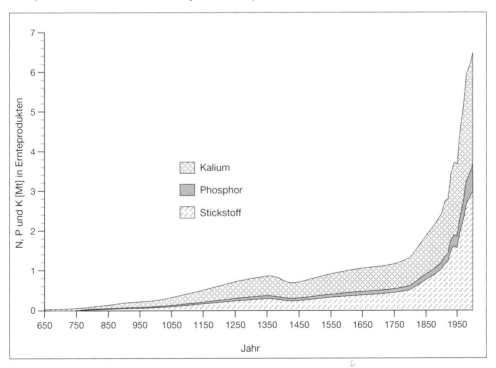

raldüngung um 1850 setzte eine weitere Steigerung der Nährstoffentzüge ein, die ihren bisherigen Höhepunkt in der 2. Hälfte des 20. Jh. fand.

Mit der pflanzlichen Stoffbildung wird CO_2 gebunden – ein weiteres Kriterium für die Abschätzung des Einflusses der Landnutzung auf den Landschaftsstoffhaushalt. Um das unterschiedliche Resorptionsvermögen der Kulturarten als Element der Stoffflußanalyse vorzustellen, wird die Kohlendioxidassimilation landwirtschaftlicher Kulturpflanzen untersucht. In die Analyse wurde die gesamte Pflanzenmasse mit Wurzel, Blatt, Stroh und Korn sowie allen Ernteprodukten wie Rüben und Kartoffelknollen einbezogen. Zur Erfassung der Wurzelmasse und der Ernterückstände wurde auf der Basis von Köhnlein & Vetter (1953), Lieberoth (1983) und Faustzahlen (1983) ein Index für das Verhältnis des oberirdischen Aufwuchses bzw. der Erntemenge zu den Ernte- und Wurzelrückständen gebildet. Berücksichtigt wurden die bedeutenden Kulturartengruppen und nicht genutzte Grünflächen:

• Brache, Ödland, Grünanlagen, Friedhöfe, Industriebrachen, nicht versiegelte urbane Flächen, begrünte Straßenränder etc.,
• Grünland (Weide, Wiesen),
• Getreide (gemittelt über alle Getreidearten einschließlich Körnermais),
• Gärten, Gemüsebau, Obstkulturen,
• Kartoffeln,
• Klee, Luzerne,
• Körnerleguminosen (Erbsen, Ackerbohnen, Linsen, Lupinen),
• Rüben (Futterrüben, Zuckerrüben, Steckrüben),
• Silomais,
• Ölfrüchte (Öllein, Mohn, Raps, Rübsen, Sonnenblumen),
• Faserpflanzen (Lein, Hanf).

Der abgebildete Beginn der Kultivierung von Ackerkulturen ist nicht als absoluter Wert zu sehen. Er markiert nur den Zeitraum, ab dem Gartenkulturen auf Ackerflächen angebaut wurden. Regional sehr unterschiedlich vollzog sich dieser Nutzungswandel teils über mehrere Jahrhunderte, in der Regel gelenkt durch politische Strukturen. Der bis ins 19. Jh. reichende Flurzwang verpflichtete die Bauern zur Einhaltung einer bestimmten Bewirtschaftungsordnung. Allgemeine Nutzungsrechte auf abgeernteten Feldern verhinderten die Einführung der Blattfrüchte auf den Weidebrachen. Die Agrarreformen des 18. Jh. brachten erhebliche Veränderungen der Bewirtschaftungsformen und damit eine (vorübergehende) Erhöhung der Vielfalt in vielen Ackerfluren (Bick et al. 1983, Henning 1985).

Das CO_2-Bindungspotential der Acker-, Grünland- und Brachekulturen wird bis ins 19. Jahrhundert vom Grünland, von der Brache und dem Getreide dominiert (Abb. 4.10). Die Diversifizierung der Fruchtfolgen ab etwa 1800 führte zu einer Erhöhung der CO_2-Assimilation durch Kartoffeln, Klee, Luzerne und Rüben. In der jüngeren Entwicklung stehen Getreide, Grünland, Silomais und Ölfrüchte hinsichtlich dieses klimarelevanten Parameters im Vordergrund. Bedeutsam bleibt aber auch die Brachfläche, deren Einfluß allerdings im Vergleich zu früheren Epochen heute nicht mehr vorrangig durch Ackerbrachen, sondern durch die Flächenanteile an urbanen Ödlandflächen, Tagebauen und Industriebrachen geprägt ist.

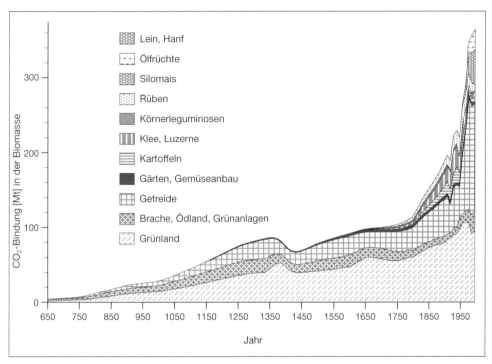

Abb. 4.10: CO_2-Bindung in der ober- und unterirdischen Pflanzenmasse von landwirtschaftlichen Kulturpflanzen, Brachen, Ödland und Grünanlagen in Deutschland seit dem 7. Jh.

4.4.2 Erosionsbedingte Kohlenstoff- und Phosphorverlagerung

Die Bildung organischer Substanz, wie sie in Kapitel 4.4.1 beschrieben wurde, ist mit einer Vielzahl von Wechselwirkungen in den verschiedenen Ökosystemen verknüpft. Wesentlich sind die Stoffaufnahme durch Pflanzen und die Absterbeprozesse mit der anschließenden Zersetzung und Mineralisierung des pflanzlichen Gewebes. Beide Prozesse sind parallel mit Bodenbildung und Mobilisierung oder Festlegung von Nährstoffen verbunden. Die durch die Assimilationsfähigkeit der Pflanze geschaffene organische Substanz bildet mit ihren Nährstoffen die Ernährungsgrundlage von Mikroorganismen und wird nach weiterer Mineralisierung wieder von den Pflanzen aufgenommen. Zur Kompensation des Abbaus von organischer Substanz mit dem enthaltenen Kohlenstoff, Stickstoff und Phosphor durch die Entnahme von Kulturpflanzen wurde schon im frühen Mittelalter organischer Dünger auf Böden aufgebracht – zunächst durch Beweidung vor allem der Brache, in den letzten Jahrhunderten zunehmend auch durch die Verwendung von Dünger aus der Stallhaltung. Eine Düngeempfehlung für Betriebe im nördlichen Harzvorland gibt ein anonymer Autor („G.") im Hannoverischen Magazin des Jahres 1778: „Auf einen jeden ordentlichen Morgen, der 120 Ruthen enthält, gehören acht Fuder mit drey Pferden gezogen, oder welches einerley ist, sechs vierspännige Fuder, und dieses ist das geringste Theil von Nahrungssäften, was Sie Ihrem Lande geben können, wenn es im Stande bleiben soll, seine Früchte zu tragen. [...] Außer diesem aufgefahrenen Dünger, kann auch dem Lande durch die Schaafhürden die Düngung gegeben werden. Im Sommer und Herbste werden nemlich am Abend die Schaafe in die Hürden eingelassen, welche auf einem Theile des Ackers aufgeschlagen sind, und hernach weiter fortgerückt werden, bis das ganze Stück Landes mit denselben überzogen gewesen ist. Dasjenige, was diese Thiere des Nachts, indem sie sich ausleeren, dahin fallen lassen, ist der schöne Dünger, und für jede Nacht, in welcher die Schaafe auf dem Acker herbergen, bezahlt man gewöhnlich 30 Mgr." (G. 1778b, S. 450f.).

Ein Teil des aufgebrachten Düngers wurde und wird ebenso wie die organische Bodensubstanz mit dem Abfluß auf der Bodenoberfläche als Bodenabtrag – zumeist als Ton-Humuskomplexe – hangabwärts verlagert; dadurch geht vor allem den Ober- und Mittelhängen organischer Kohlenstoff verloren (s. PREUSS 1977). Er wird auf den Unterhängen und in den Talauen als Kolluvium oder Auensediment angereichert.

Häufig fand in Kolluvien und Auensedimenten nach ihrer Ablagerung während Mittelalter und Neuzeit keine im Bodenprofil heute noch nachweisbare Anreicherung von organischer Substanz und damit keine Bildung von Humushorizonten statt. (Da seit der Ablagerung der Bodensedimente vielmehr ein Teil der organischen Substanz abgebaut wurde, ist von etwa 10–30% höheren tatsächlichen C-Umlagerungs- und Verlustraten auszugehen.) Derartige Standorte waren wahrscheinlich durchgängig ackerbaulich genutzt. Die heute in mittelalterlichen und neuzeitlichen Kolluvien und Auensedimenten nachweisbare organische Substanz wurde damit ganz überwiegend bodenerosiv als Teil der Sedimente umgelagert.

Im dritten Kapitel wurde das Ausmaß der Verlagerung an organischem Kohlenstoff in den nordostdeutschen Untersuchungsgebieten Randowbucht bei Glasow und Dahmsdorf analysiert und berechnet. Demnach wurden in der Bronze- und Eisenzeit weniger als 14 kg ha^{-1} a^{-1} organischer Kohlenstoff und höchstens 2 kg ha^{-1} a^{-1} Phosphor an agrarisch genutzten Hängen erodiert. Während Mittelalter und Frühneuzeit lagen die Werte in 2- bis 3facher Höhe. Heute wird im Vergleich zur urgeschichtlichen Landnutzungsphase aufgrund der weitaus höheren Abträge, Humusgehalte und Düngergaben das 7- bis 25fache an organischem Kohlenstoff und Phosphor bei Glasow und Dahmsdorf verlagert (Tab. 4.13, 4.14). Einen signifikanten Humusabbau vorausgesetzt, dürften das Ausmaß urgeschichtlicher und heutiger erosionsbedingter Verlagerung von organischem Kohlenstoff immer noch um den Faktor 5 bis 20 verschieden sein.

Nach Untersuchungen von W. BRANDTNER (frdl. mündl. Mitt. 1986) und eigenen Messungen weisen Kolluvien im Untereichsfeld unterhalb des rezenten Pflughorizontes heute mittlere Gehalte an organischem Kohlenstoff von etwa 0,5% auf. Demnach wurden im Untereichsfeld und im südwestlichen Harzvorland während Mittelalter und Neuzeit 4 Megatonnen organischer Kohlenstoff durch Bodenerosion umgelagert. Geht man von diesem Wert, einer mittleren Nutzungsdauer von 1 000 Jahren sowie einer von Erosionsprozessen direkt betroffenen Fläche von 165 km^2 im Untersuchungsraum Untereichsfeld aus (Kap. 4.3), resultiert eine mittlere Umlagerungsrate von fast 250 kg ha^{-1} a^{-1} organischer Kohlenstoff. Bezogen auf die 280 km^2 umfassende Gesamtfläche des Untersuchungsgebietes Untereichsfeld, wurden über 140 kg ha^{-1} a^{-1} organischer Kohlenstoff bewegt.

Kohlenstoffbilanzen	Mittlere vieljährige Gebietsraten [kg ha^{-1} a^{-1}]
Die Catena Dahmsdorf in Ostbrandenburg	
Kohlenstoffbilanzen für die Bronze- und Eisenzeit	
Masse des erosionsbedingt abgetragenen org. Kohlenstoffs	14
Kohlenstoffbilanzen für Mittelalter und Neuzeit (bis 1910)	
Masse des erosionsbedingt abgetragenen org. Kohlenstoffs	34
Kohlenstoffbilanzen für den Zeitraum 1911–1986	
Masse des erosionsbedingt abgetragenen org. Kohlenstoffs	270
Das Einzugsgebiet der Randowbucht bei Glasow (2,5 ha)	
Kohlenstoffbilanzen für die Eisenzeit	
Masse des erosionsbedingt abgetragenen org. Kohlenstoffs	8
Kohlenstoffbilanzen für Mittelalter und Neuzeit (bis 1934)	
Masse des erosionsbedingt abgetragenen org. Kohlenstoffs	14
Kohlenstoffbilanzen für den Zeitraum 1935–1985	
Masse des erosionsbedingt abgetragenen org. Kohlenstoffs	110
(Kohlenstoff wurde in keiner der drei Nutzungsphasen ausgetragen)	
Das Untereichsfeld (280 km²)	
Kohlenstoffbilanzen für Mittelalter und Neuzeit	
Masse des erosionsbedingt abgetragenen org. Kohlenstoffs	140
Masse des über die Rhume ausgetragenen org. Kohlenstoffs	18
Das Einzugsgebiet der Elbe (131 950 km²)	
Kohlenstoffbilanzen für Mittelalter und Neuzeit	
Masse des erosionsbedingt abgetragenen org. Kohlenstoffs	7
Masse des in die Nordsee ausgetragenen org. Kohlenstoffs	0,2
Kohlenstoffbilanzen für Zeiträume ohne anthropogene Einflüsse	
Masse des erosionsbedingt abgetragenen org. Kohlenstoffs	<0,001
Masse des in die Nordsee ausgetragenen Kohlenstoffs	<0,0001

Tab. 4.13: Kohlenstoffbilanzen

Etwa 500 000 t organischer Kohlenstoff wurden im vergangenen Jahrtausend aus dem Untersuchungsgebiet Untereichsfeld durch die Rhume in das Leinetal ausgetragen – ein jährlicher Verlust von ungefähr 18 kg ha^{-1} a^{-1} im 280 km² umfassenden südniedersächsischen Untersuchungsgebiet.

Nach Modellrechnungen verlagerte Bodenerosion um das Jahr 650 im Einzugsgebiet der Elbe jährlich weniger als 300 t organischen Kohlenstoff sowie unter 25 t Phosphor. Einen mittleren Gehalt an organischem Kohlenstoff von 0,3 % in den mittelalterlich-neuzeitlichen Kolluvien vorausgesetzt, wurden in der 2. bis 4. Dekade des 14. Jh. 1,5 Mio. t C_{org} a^{-1} umgelagert. Heute werden bei einem mittleren Gehalt an organischer Substanz um 0,7 % Jahresraten von 260 000 t a^{-1} erosiv bewegt. Diese Daten summieren sich über Mittelalter und Neuzeit für das gesamte Elbeeinzugsgebiet auf 96 Mio. t insgesamt transportierten organischen Kohlenstoffs. Von diesem Betrag wurden 3 % über die Elbe in die Nordsee ausgetragen.

In den erosionsreichen Dekaden der 1. Hälfte des 14. Jh. wurden auf den ackerbaulich genutzten Hängen des Einzugsgebiet der Elbe nach Modellrechnungen etwa 125 000 t a^{-1} Phosphor erodiert, in der 2. Hälfte des 20. Jh. aufgrund etwa 10fach höherer Phosphorgehalte in den Oberböden immerhin 115 000 t a^{-1}.

Phosphorbilanzen	Mittlere vieljährige Gebietsraten [kg ha^{-1} a^{-1}]
Die Catena Dahmsdorf in Ostbrandenburg	
Phosphorbilanzen für die Bronze- und Eisenzeit	
Masse des erosionsbedingt abgetragenen Phosphors	2
Phosphorbilanzen für Mittelalter und Neuzeit (bis 1910)	
Masse des erosionsbedingt abgetragenen Phosphors	3
Phosphorbilanzen für den Zeitraum 1911–1986	
Masse des erosionsbedingt abgetragenen Phosphors	14
Das Einzugsgebiet der Randowbucht bei Glasow (2,5 ha)	
Phosphorbilanzen für die Eisenzeit	
Masse des erosionsbedingt abgetragenen Phosphors	0,3
Phosphorbilanzen für Mittelalter und Neuzeit (bis 1934)	
Masse des erosionsbedingt abgetragenen Phosphors	1
Phosphorbilanzen für den Zeitraum 1935–1985	
Masse des erosionsbedingt abgetragenen Phosphors	7
(Phosphor wurde in keiner der drei Nutzungsphasen ausgetragen)	
Das Einzugsgebiet der Elbe (131 950 km²)	
Phosphorbilanzen für Mittelalter und Neuzeit	
Masse des erosionsbedingt abgetragenen Phosphors	0,9
Masse des in die Nordsee ausgetragenen Phosphors	0,02
Phosphorbilanzen für Zeiträume ohne anthropogene Einflüsse	
Masse des erosionsbedingt abgetragenen Phosphors	<0,0001
Masse des in die Nordsee ausgetragenen Phosphors	<0,00001

Tab. 4.14: Phosphorbilanzen

Insgesamt wurden in den vergangenen 1 000 Jahren mehr als 11 Mio. t Phosphor durch Erosion auf den Hangstandorten abgelöst (0,9 kg ha^{-1}a^{-1}); allerdings gelangten insgesamt nur ca. 210 000 t über Mittelalter und Neuzeit bzw. im vieljährigen Mittel weniger als 0,02 kg ha^{-1}a^{-1} in die Nordsee.

Die für das Einzugsgebiet der Elbe berechneten Daten zum erosionsbedingten Kohlenstoff- und Phosphoraustrag sind nach ersten Abschätzungen in der Größenordnung auf Deutschland bzw. Mitteleuropa übertragbar (s. NOLTE & WERNER 1991, AUERSWALD 1997, S. 129ff.).

Die vorgestellten Kohlenstoff- und Phosphorbilanzen geben nur erste Anhaltspunkte über das mögliche regionale Ausmaß und die zeitliche Differenzierung bedeutender landschaftsverändernder Stofftransporte. Die vorgestellten Daten mögen intensive kritische Fachdiskussionen und prüfende Forschungsarbeiten initiieren.

5 Chronologie des Mittelalters und der Neuzeit – ist die Natur dem Menschen oder der Mensch der Natur untertan?

Erwartet wurde:	Die Formen, Strukturen und Funktionen mitteleuropäischer Landschaften wurden zuletzt in der Weichselkaltzeit gravierend verändert. Menschen beeinflussen erst seit wenigen Jahrzehnten in starkem Maße die großräumige Klima- und Landschaftsentwicklung.
Gefunden wurde:	Intensive Zerschluchtung verändert im 14. Jh. Mitteleuropa. Rasche und vollkommene Abtragung der geringmächtigen, fruchtbaren Bodendecken bewirkt Nutzungsaufgabe, Wüstfallen und Wiederbewaldung. Allmählicher Wandel von der Wald- zur Agrarlandschaft verursacht deutlich ansteigende Grundwasserspiegel und Landschaftsabflüsse.
Wahrscheinlich ist:	Seit Jahrhunderten beeinflußt der Mensch über Art und Intensität der Landnutzung das lokale und das regionale Klima.

Wie detailliert und exakt die Geschichte einzelner Landschaftsausschnitte mit naturwissenschaftlichen Methoden heute rekonstruiert und mit Hilfe geschichtswissenschaftlicher Daten interpretiert werden kann, verdeutlicht Kapitel 3. Die gravierenden, vor allem langfristigen Einflüsse menschlichen Handelns auf die Wasser- und Stoffbilanzen zeigt Kapitel 4. Können die zahlreichen Einzelbefunde zu einer konsistenten holozänen Landschaftsgeschichte Mitteleuropas zusammengefügt werden? Die Antwort gibt Kapitel 5. Im Fokus stehen die Wechselbeziehungen zwischen dem Menschen, der die Landschaft nutzt, und den Strukturen oder Prozessen in Landschaften.

5.1 Vormittelalterliche holozäne Landschaftsentwicklung

Die holozäne Entwicklung mitteleuropäischer Landschaften, insbesondere der Böden und der Bodenerosion, wurde entscheidend vom Vegetationszustand, seit dem Eintreffen der ersten Ackerbauern vor allem von Landnutzung und landeskulturellen Maßnahmen bestimmt. Wichtige Grundlagen für die Rekonstruktion der Landschaftsgeschichte bilden Kenntnisse zur jeweiligen Vegetation, Landnutzung und Landeskultur. Besonders wichtig ist die Unterscheidung in klimabedingte und landnutzungs- oder landeskulturell bedingte, auf den Menschen zurückzuführende Strukturen und Prozesse in Landschaften.

Das Altholozän – Stabilität und Bodenbildung

In der ersten holozänen Klimaepoche, dem Präboreal, etablierten sich über verschiedene Sukzessionsstadien dichte Wälder bei – im Vergleich zu heute – ähnlich warmen Sommern und kälteren Wintern. In der Übergangsphase konnten auf den noch unvollständig vegetationsbedeckten Oberflächen Feststoffe verlagert werden

(BROSE 1988). Im Sinne der eingangs formulierten Regeln ist die Phase des Wandels von der kaltzeitlichen geomorphodynamischen Aktivität zur warmzeitlichen Stabilität noch nicht der altholozänen Stabilitätsphase zuzurechnen.

Palynologische und dendrologische Untersuchungen zahlreicher Autoren (z. B. FIRBAS 1949, 1952; SUKOPP & BRANDE 1984/85, BEUG 1992, KAISER 1993, KÜSTER 1995, ELLENBERG 1996, LÜNING 1997) zeigen, daß seit dem Ende des Präboreals eine geschlossene Walddecke Mitteleuropa einnahm. Vor allem auf den südwestexponierten Hangstandorten niederschlagsarmer Beckenlandschaften dominierten lichte, kraut- und strauchreiche Wälder. Lediglich Moore, Hochgebirgslagen und die Überschwemmungsräume jener Flüsse, die waldfreie Hochgebirgslagen entwässern, waren waldfrei. Im Gegensatz zum heutigen, von der forstlichen Nutzung in Mitteleuropa nahezu vollkommen geprägten Waldbild, enthielten die altholozänen Wälder Bäume unterschiedlichen Alters, sterbende Bäume und um abgestorbene Bäume kleine Lichtungen. Dort begann mit dem Lichterwerden der Krone eines absterbenden Baumes die neue Sukzession zunächst mit einer dichten Gras- und Krautschicht, gefolgt von Sträuchern und später von jungen, um Licht, Wasser und Nährstoffe konkurrierenden Bäumen.

In den altholozänen, kontinuierlich und vollständig bewaldeten Einzugsgebieten Mitteleuropas herrschte nach Untersuchungen der Boden- und Vegetationsverhältnisse intensive Bodenbildung in den vielerorts (noch) kalkhaltigen Substraten an der Bodenoberfläche vor. In nahezu allen Substraten entwickelten sich durch die Prozesse der Humifizierung und der Bioturbation wenige Zentimeter bis mehrere Dezimeter mächtige Humushorizonte. In lößbedeckten Beckenlandschaften bildeten sich Pararendzinen oder Schwarzerden mit bis zu 45 cm mächtigen Mullhorizonten, an nicht vermoorten Auenstandorten Pararendzinen oder Feuchtschwarzerden oder in kalkfreien Substraten an den Hängen Ranker (ROHDENBURG et al. 1962, 1975; ROHDENBURG & MEYER 1968, BORK 1983c, SCHÖNHALS 1996).

Die schützende Wirkung der mitteleuropäischen Waldvegetation verhinderte nahezu vollständig, daß sich Abfluß auf der Bodenoberfläche und Bodenerosionsprozesse durch Wasser auf den Hängen einstellen konnten. Mehrere Faktoren unterbanden die Prozesse: hohe Interzeptionsverluste, die verzögernde Wirkung der Baum- und Strauchvegetation, hohe Infiltrationskapazitäten, fehlende Oberflächenverdichtung und ausbleibende Regentropfenerosion. Der Vegetationsschutz verhinderte Wasser- und Winderosion. Das wird direkt durch die sehr geringe oder gar völlig fehlende Zufuhr allochthoner mineralischer Bestandteile in die tiefenliniennahen Akkumulationsbereiche bestätigt (STREIF 1970, STARKEL 1983, 1995; WOLTER 1990, BORK 1991, 1993c; ZOLITSCHKA 1992, 1996; SCHÖNFELDER 1997, ZOLITSCHKA & NEGENDANK 1997a u. b). Indirekte Belege sind auch die raren, sehr wahrscheinlich nur frühe Sukzessionsstadien um abgestorbene Bäume anzeigenden Graspollen in den altholozänen Sedimenten – z. B. in südniedersächsischen Subrosionssenken, nordostdeutschen Mooren oder Seesedimenten (STEINBERG 1944, BEUG 1992, KÜSTER 1995). Das sehr hohe Wasseraufnahmevermögen unterschiedlicher Böden mit Laub- und Nadelwaldvegetation zeigten Simulationen von Starkregen mit Intensitäten um 150 mm h^{-1} (BORK 1980, 1983a u. b).

Signifikante großflächige Wasser- und Winderosionsereignisse wurden unter der flächendeckenden natürlichen Waldvegetation verhindert. Höhenlage und Zustand der Bodenoberfläche blieben auf den Hängen und in den Talauen nahezu unverändert. In den natürlichen Kiefernwäldern des östlichen Mitteleuropa sind Brände durch Blitzschlag nicht auszuschließen. In der Folge könnte im Altholozän lokal sehr schwache Winderosion stattgefunden haben (DE BOER 1995). Lediglich lokal sehr geringe Seiten- und Tiefenerosionsprozesse der Vorfluter veränderten das Relief.

Da in den untersuchten Böden keine Spuren gefunden wurden, die Rückschlüsse auf Häufigkeit und Intensität einzelner extremer Witterungsereignisse zulassen, müssen ihre Einflüsse auf die Landschaften gering gewesen sein. In den mitteleuropäischen Talauen, deren Einzugsgebiete im Altholozän vollständig bewaldet waren, finden sich aus der Zeit, wie erwähnt, fast keine minerogenen Sedimente.

Das Mittelholozän – erstmals gestalten Menschen Landschaften

Die neolithisch-bronze-eisenzeitliche Landnutzungsperiode

LÜNING, JOCKENHÖVEL, BENDER & CAPELLE (1997) haben den aktuellen Forschungsstand der urgeschichtlichen deutschen Agrargeschichte vorzüglich dargestellt, so daß hier darauf verzichtet werden kann, die frühe Landnutzung ausführlich zu behandeln.

Mit der Einwanderung der Linienbandkeramiker zunächst nach Österreich und Süddeutschland endete vielerorts die altholozäne geomorphodynamische Stabilitätszeit. Die frühneolithischen Ackerbauern rodeten erstmals im frühen Atlantikum – dem warmen, zunächst noch niederschlagsarmen holozänen Klimaoptimum – meist kleinere Areale mit fruchtbaren Böden in österreichischen oder süddeutschen und bald danach in tschechischen oder mitteldeutschen Beckenlandschaften (z.B. GRINGMUTH-DALLMER & ALTERMANN 1985, SAILE 1993, SEMMEL 1995). Im unverändert warmen, nunmehr jedoch weitaus feuchteren mittleren Atlantikum erreicht die Kolonisation das nordmitteleuropäische Tiefland (z.B. BEUG 1992, LÜNING et al. 1997, KREUZ 1988, SCHÖNWIESE 1995). Auf den neolithischen Rodungsinseln ging der Vegetationsschutz zeitweise verloren; schwache bis lokal mäßig starke flächenhafte Bodenerosionsprozesse führten auf häufig ackerbaulich genutzten Standorten im Verlauf des Neolithikums zur Abtragung der obersten Zentimeter der altholozänen Humushorizonte (BORK 1981, 1983c, SAILE 1993, SEMMEL 1995).

Dadurch entstanden die ersten holozänen Auensedimente. In den Tälern von Beckenlandschaften mit mächtigen humosen Böden – z.B. im Leinetalgraben bei Göttingen, in der Wetterau und im Amöneburger Becken – waren die neolithischen Auensedimente vorzüglich dunkel und reich an organischer Substanz (WILDHAGEN & MEYER 1972a, BORK 1981, 1983c; THIEMEYER 1988, HÖNSCHEIDT 1997, HOUBEN 1997, RITTWEGER 1997). Im Gelände ist es oft schwierig, autochthone Schwarzerden von dunklen Auensedimenten zu unterscheiden, da ihre Farben fast identisch sind. Eindeutige Unterscheidungskriterien bieten mikroskopische Gefügeanalysen an Dünnschliffen oder bodenphysikalische Untersuchungen der Porenverteilungen (BORK 1983c).

In der Bronze- und Eisenzeit sowie der Römischen Kaiserzeit nahmen die landwirtschaftlich genutzten Areale in vielen mitteleuropäischen Landschaften zu (WOLTER 1990, LEUBE 1996, SCHULZ 1996, SCHLULTZE 1996). Dort setzte sich die beschriebene Entwicklung – flächenhafte Bodenerosion im hängigen Ackerland und Bildung von Kolluvien sowie Auensedimenten – teilweise verstärkt fort (Rohdenburg et al. 1975, Brose 1988). In einigen Regionen werden hohe Dichten urgeschichtlicher Funde erreicht. Doch selbst wenn die Relikte aus ein und derselben Kultur und Epoche stammen, ist nicht nachgewiesen, daß die Besiedlung, die zugehörige landwirtschaftliche Tätigkeit und damit die großflächige Entwaldung gleichzeitig stattfanden. Ursache ist die oft nur einige Jahrzehnte währende Existenz vieler Orte.

Bronze-eisenzeitliche Kolluvien und Auensedimente sind nach Brose (1988) und Untersuchungen der Verfasser im Osten Brandenburgs und im südlichen Vorpommern weit verbreitet. Nahezu in jedem untersuchten Profil konnte Ackerbau für jene Epochen nachgewiesen werden.

An Standorten mit erhaltenen urgeschichtlichen Kolluvien und Bodenresten wurden nur wenige Bodenpartikel flächenhaft verlagert. Die mittleren vieljährigen Raten der Bodenerosion durch Wasser schwanken häufig um $1-1,5$ t $ha^{-1} a^{-1}$. Der mit 6 t $ha^{-1} a^{-1}$ berechnete Abtragswert für die Catena bei Dahmsdorf in Ostbrandenburg liegt im Bereich der Maxima. Zolitschka & Negendank (1997a, S. 71) berechneten mittlere vieljährige eisen- und römerzeitliche Erosionsraten um 0,15 t $ha^{-1} a^{-1}$ für ein mehr als 2 km^2 großes Einzugsgebiet in der Eifel. Die Rekonstruktionen beruhen auf Untersuchungen der Sedimentfalle Holzmaar. Zolitschka & Negendank (1997a, S. 70) nahmen an, daß 31 % des Bodenabtrages den See erreichten. Dieser Wert ist nach eigenen Untersuchungen zu hoch (Kap. 4). Daher ist von höheren als den angegebenen eisen- und römerzeitlichen Bodenerosionswerten im Einzugsgebiet des Holzmaares auszugehen. Hingegen ist der mittlere altholozäne Bodenabtragswert von 0,01 t $ha^{-1} a^{-1}$ in der Umgebung des Holzmaares realistisch.

Dauer oder Ausdehnung agrarischer Landnutzung lassen sich meist nicht exakt fassen. Urgeschichtliche Bodenerosionsraten beruhen daher auf groben Annahmen oder ungefähren archäologischen bzw. naturwissenschaftlichen Interpretationen zur Nutzungsdauer. Dieses Forschungsdefizit sollte bald beseitigt werden.

Zu bedenken ist des weiteren, daß spätere starke linien- und flächenhafte Bodenerosionsereignisse viele urgeschichtliche Siedlungsrelikte beseitigt haben. Nur so ist die geringe urgeschichtliche Funddichte beispielsweise im fruchtbaren Untereichsfeld zu erklären (Bork 1988, Stephan 1985).

Urgeschichtliche Winderosion war in einigen ausgeräumten Landschaften des mitteleuropäischen Tieflandes mit weichselzeitlichen Sanddecken bedeutend (Alisch 1995, S. 12ff.). Im nördlichen Oderbruch wurden während Bronze- und Eisenzeit wiederholt in Leepositionen mehrere Dezimeter mächtige, mit dem Wind transportierte Sande abgelagert (s. Kap. 3.2 und Schatz 1998). Brose (1988), Buck (1992), Schlaak (1993) und vor allem De Boer (1995) kommen für mehrere ost- und südostbrandenburgische Landschaften zu ähnlichen qualitativen Ergebnissen. In der Lausitz wurde während der Eisenzeit wiederholt ein Acker mit zentimetermächtigen Sanden überweht. Eine Siedlung mit Gräberfeld und Ackerflächen wurde unter bis zu 3 m mächtigen Dünen begraben. Außerdem wurde ein siedlungsnaher kleiner See verschüttet (Buck 1992).

Fehlende oder unzureichende Kenntnisse zur genauen Größe und Nutzung und besonders zum Grad der Vegetationsbedeckung der Schläge in den Abwehungsgebieten verhindern, daß die urgeschichtliche Winderosion exakt und flächenbezogen quantifiziert werden kann.

Für Deutschland in den heutigen Grenzen ohne den Alpenraum wurde in Kapitel 4.3 die Gesamtbilanz der urgeschichtlichen Bodenerosion berechnet. Grundlagen der Bilanzierungen sind aufgrund gravierender Forschungsdefizite lediglich einfache Annahmen zu Ausdehnung und Dauer der agrarischen Landnutzung. Die mittlere kumulierte urgeschichtliche Nutzungsdauer der von Bodenerosion betroffenen Ackerstandorte Deutschlands – etwa ein Achtel der Gesamtfläche – wird auf 500 Jahre geschätzt. Rekonstruiert wurde eine durchschnittliche vieljährige Bodenerosionsrate von 0,08 mm ha^{-1} a^{-1} auf ackerbaulich genutzten Hangstandorten. Aus diesen Daten resultiert ein kumulierter neolithisch-bronzeeisenzeitlicher Hangabtrag auf den hängigen Ackerflächen von durchschnittlich 4 cm (s. Kap. 4.3). Der bei unseren quantitativen Aufschlußanalysen ermittelte Maximalwert kumulierter, hier eineinhalb Jahrtausende während er urgeschichtlicher Bodenerosion beläuft sich an einem kurzen, stark geneigten Hang in Ostbrandenburg auf 54 cm (Catena Dahmsdorf, s. Kap. 3.6).

Ackerbau dauerte auf den urgeschichtlichen Nutzungsparzellen jeweils nur wenige Jahre. Nach den auf Nährstoffmangel zurückzuführenden Nutzungsaufgaben erfolgten nach jeder Ackerbauphase rasche Wiederbewaldungen. Auf den wiederbewaldeten Äckern und auf den kontinuierlich vom Wald eingenommenen Flächen fand keine Bodenerosion statt. Die Bodenbildung setzte sich hier fort und degradierte die humosen Oberböden. In niederschlagsreichen Landschaften waren die obersten Dezimeter zuvor schwach kalkhaltiger Sedimente schon in der Bronze- oder Eisenzeit entkalkt und verbraunt. In den schluffigen, schwach bis stark kalkhaltigen Sedimenten der niederschlagsarmen mitteleuropäischen Beckenlandschaften wurden die Oberböden nur ausnahmsweise vollständig entkalkt.

Die Völkerwanderungszeit – letzte Periode weitgehend geschlossener Bewaldung

Palynologische und archäologische Forschungen (z. B. FIRBAS 1949, 1952; LANGE 1971, STEPHAN 1985, BEUG 1992, LEUBE 1992, POTT 1992, ELLENBERG 1996, BENDER 1997) belegen, „daß am Ende der römischen Kaiserzeit im freien Germanien eine Epoche riesiger Wiederbewaldungen begann, die bis ins frühe Mittelalter, teilweise sogar bis in die hochmittelalterlichen Rodungsperioden andauerte" (ENNEN & JANSSEN 1979, S. 112). Spätestens vom 3. Jh. an wandelten sich die mitteleuropäischen Kultur- zu Naturlandschaften – der Zustand großflächiger, weitgehender Unberührtheit trat im 7. Jh. das letzte Mal im westlichen Mitteleuropa auf.

Der gewaltige Hercynische Wald erstreckte sich vom Rhein über Donau, Elbe und Oder zur Weichsel. „Der Hercynische Wald war unvorstellbar alt, buchstäblich vorhistorisch; so schreibt Tacitus' Freund Plinius: Hercyniae silvae roborum vastitas intacta aevis et congenita mundo prope inmortali sorte miracula excedit (,[Es] übertrifft die ungeheure Größe der Eichen im Hercynischen Wald, seit Jahrhunderten unberührt und zugleich mit der Welt entstanden, durch ihre fast unsterbliche Beschaffenheit [aller] Wunder)'" (SCHAMA 1995, S. 99).

JÄGER (1963a), BEHRE, MENKE & STREIF (1979), STREIF & HINZE (1980), STEPHAN (1985) und POTT (1992) bestätigen die Aussagen regional differenziert für Niedersachsen und Westfalen sowie LANGE (1971), GRINGMUTH-DALLMER (1983, 1989) und LEUBE (1992) für ostdeutsche Landschaften. Im 6. und 7. Jh. verursachten Hungersnöte und Infektionskrankheiten, die sich seuchenartig ausbreiteten, in weiten Teilen Europas außergewöhnlich starke Bevölkerungsrückgänge (SLICHER VAN BATH 1963, RUSSELL 1983, GRUPE 1986, KEIL 1986, MONTANARI 1993, BERGDOLT 1994). Andere Bewohner der nördlichen und zentralen Räume Mitteleuropas waren nach Süden migriert (Kap. 4.1; GRINGMUTH-DALLMER 1983, RUSSELL 1983). Die geringsten Bevölkerungs-dichten seit dem beginnenden Neolithikum, völlig oder halbverlassene Landschaf-ten, ausgedehnte Wälder, aufgegebene und nicht abgeerntete Felder und Wein-gärten kennzeichneten im späten 6. und frühen 7. Jh. die Situation südlich und nördlich der Alpen. In Mitteleuropa hauptsächlich, in Skandinavien fast aus-schließlich ernährten sich die wenigen verbliebenen Menschen von Milch, Käse und Fleisch. MONTANARI (1993, S. 14ff., 25) führt weiterhin aus, daß nach dem 5. Jh. in Italien erschienene Diätbücher dem Fleisch die mit Abstand größte Aufmerk-samkeit widmeten.

In der Biomasse der Wälder, die im 7. Jh. die Fläche Deutschlands (in heutigen Grenzen) einnahmen, waren mehr als 47 Mt Stickstoff, 0,8 Mt Phosphor und 15 Mt Kalium gebunden – die höchsten Werte seit den neolithischen Rodungen.

Für den Zeitabschnitt von der späten Römischen Kaiserzeit bis zum Frühmittel-alter belegen die organischen Mudden in den südniedersächsischen Subrosions-senken oder in den Niedermooren und Seesedimenten Nordostdeutschlands, daß auf den benachbarten bewaldeten Hängen kaum oder keine Bodenerosion statt-fand. Im Lutteranger (Landkreis Göttingen) wurden für die Völkerwanderungszeit weder Getreidepollen noch andere Siedlungszeiger nachgewiesen (STEINBERG 1944, CHEN 1982, BEUG 1992).

Das kühle und niederschlagsreiche Klima förderte die weitere Bodendegradie-rung. Während in den Jahrtausenden zuvor oft nur die obersten Dezimeter ent-kalkten und verbraunten, setzte mit der weitaus höheren, bevorzugt vertikalen Bodenwasserbewegung die starke Tiefenentwicklung vieler Böden ein. Nachweise gelangen den Autoren hauptsächlich in Hessen, Niedersachsen und Ostwestfalen, Brandenburg und Vorpommern (Kap. 3 und BORK 1983c). Bis zu den Rodungen im frühen Mittelalter wurden die holozänen, auf bewaldeten Hängen, z.B. in Lössen, Sanden oder Geschiebemergeln, entwickelten Böden degradiert. Dabei entstanden 1–2 m, in Ausnahmefällen wie dem südwestlichen Harzvorland bis zu 4 m mäch-tige Böden – häufig Braunerden, Parabraunerden und Pseudogleye.

Während des 7. und 8. Jh. verbreitete sich von Norditalien über Frankreich und Deutschland bis England eine neue Maßeinheit, mit der die Flächen von Wäldern beschrieben wurden. An die Stelle abstrakter Flächenmaße trat als Einheit die Zahl der Schweine, die sich im und vom Wald ernährten (MONTANARI 1993, S. 23) – ein Hinweis auf intensivierte Waldweide.

Nur auf den wenigen Ackerflächen und in überweideten Wäldern kam es zu geringen Bodenverlagerungen. Auensedimente wurden in kaum nachweisbarem Umfang abgelagert. Für das Einzugsgebiet des Holzmaares rekonstruierten ZO-LITSCHKA & NEGENDANK (1997a, S. 71) im Zeitraum von 330 bis 960 n. Chr. mittlere vieljährige Bodenerosionsraten um $0,01$ t ha^{-1} a^{-1}. Ähnlich niedrige Werte wurden für Gebiete in Südniedersachsen und Nordostdeutschland berechnet (Kap. 3.).

Die Erosionsraten lagen in Deutschland nach den in Kapitel 4.3 vorgestellten Schätzungen bei weniger als 1 Mio. t a^{-1}. Mit diesen Abträgen war die Verlagerung von weniger als 800 t a^{-1} organischen Kohlenstoffs und etwa 50 t a^{-1} Phosphor verbunden. Etwa 3 % des Abtrages an Feststoffen, organischem Kohlenstoff und Phosphor erreichten das Schwarze Meer, Nord- und Ostsee. Die nutzungs- und erosionsbedingte Belastung dieser Meere war in der Völkerwanderungszeit nicht signifikant.

5.2 Die früh- und hochmittelalterliche Landnutzungsphase – allmählich wachsender Nutzungsdruck

Naturwissenschaftliche Befunde

Die geomorphodynamische Stabilitätsphase, die von der späten Römischen Kaiserzeit bis zum Frühmittelalter in weiten Teilen Mitteleuropas herrschte, endete mit den ersten großen Eingriffen in die weitgehend intakten, vorwiegend naturnahen und nur lokal intensiv genutzten Waldökosysteme (Abb. 5.1). Die frühmittelalterlichen Rodungsmaßnahmen leiteten eine Bodenerosionsphase ein (Abb 5.2, 5.3). Die Rodungen und die folgende landwirtschaftliche Nutzung lösten die Bodenumlagerungen nicht unmittelbar aus. Sie sind eine notwendige, aber nicht hinreichende Bedingung für Bodenerosionsprozesse.

Bis zum hohen Mittelalter wurde Mitteleuropa in mehreren räumlich und zeitlich differenzierten Schüben weitgehend gerodet und landwirtschaftlich, in einigen

Abb. 5.1: Hauptnutzungstypen in Deutschland seit dem 7. Jh.

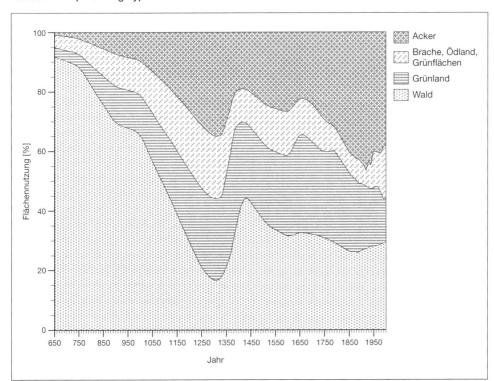

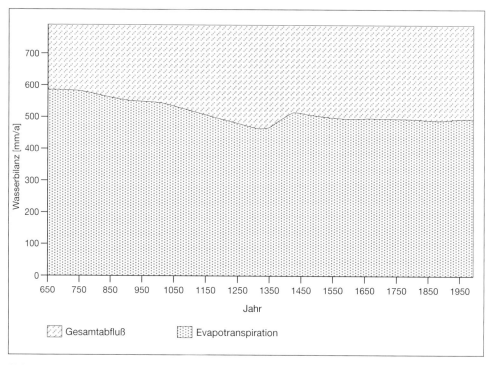

Abb. 5.2: Dynamik des Wasserhaushaltes Deutschlands seit dem 7. Jh.

Mittelgebirgsregionen auch bergbaulich genutzt (Kap. 4.1). Bodenprofilanalysen belegen Nutzungsdauer und Ausdehnung von Ackerflächen besser als alle anderen Methoden. Im südlichen und mittleren Deutschland währte die Maximalausdehnung vom 12. bis zum beginnenden 14. Jh., im Nordosten vom 13. bis zum beginnenden 14. Jh. Nahezu alle heutigen Wälder stocken auf mittelalterlichen Kolluvien. Palynologische Untersuchungen deuten ebenfalls auf vollständige Rodung vieler Standorte – nicht nur auf Löß – hin (FIRBAS 1949, 1952; LANGE 1971, 1979; BEUG 1992, KÜSTER 1989, 1995). Landwirtschaftliche Nutzflächen waren im hohen Mittelalter weiter ausgedehnt als jemals davor oder danach (Abb. 5.1; HILLEBRECHT 1986).

Exakte Angaben zum Ausmaß der früh- und hochmittelalterlichen Bodenerosion können an mehreren hessischen, niedersächsischen und nordostdeutschen Aufschlüssen abgelesen werden:

• Die Hänge südlich der Suhle zwischen Landolfshausen und Seulingen im Untereichsfeld wurden spätestens um 800 n. Chr. gerodet. Das Dorf Drudevenshusen und seine Ackerflur entstanden. Bis zur ersten Hälfte des 13. Jh. wurden am Hang östlich des Dorfes Drudevenshusen die obersten 35 cm der dort anstehenden Parabraunerde erodiert. Das entspricht einem mittleren Bodenabtrag von 14 t ha^{-1} a^{-1}. Das kleine Einzugsgebiet südlich Drudevenshusen erfuhr im frühen und hohen Mittelalter einen durchschnittlichen vieljährigen Abtrag von wohl weniger als 10 t ha^{-1} a^{-1} (Kap. 3.4).

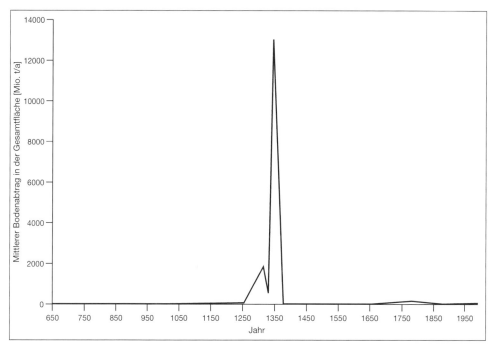

Abb. 5.3: Dynamik der Feststoffbilanzen Deutschlands seit dem 7. Jh.

- Für die südniedersächsischen Profile Rüdershausen (Kap. 3.5.2), Coppengrave (Landkreis Hildesheim; s. BORK 1985a) und Wendeleveshusen (östlicher Landkreis Göttingen; s. BORK 1983c) wurden mittlere vieljährige früh- und hochmittelalterliche Hangabtragsraten zwischen etwa 8 und 20 t ha^{-1}a^{-1} ermittelt. Im später von exzessiver Bodenerosion betroffenen Untereichsfeld – im Durchschnitt des letzten Jahrtausends wurden hier 48 t ha^{-1}a^{-1} erodiert (!) – überwogen im Früh- und Hochmittelalter geringe bis mäßig hohe Bodenabtragsraten.
- Nordostdeutsche Untersuchungsstandorte waren noch weitaus schwächer von flächenhaften Bodenerosionsprozessen zwischen dem Einsetzen hochmittelalterlicher Waldrodungen und dem beginnenden 14. Jh. betroffen (Kap. 3). Abtragsraten von wenigen Tonnen pro Hektar und Jahr dominierten.

Früh- und hochmittelalterliche linienhafte Bodenerosionsprozesse konnten nur an einem einzigen Standort nachgewiesen werden. Die Ausnahme, ein Hohlweg bei Wendeleveshusen im Untereichsfeld, ist wahrscheinlich vorwiegend auf die spezifische Nutzung zurückzuführen. Phasen frühmittelalterlicher Zerschneidung können nicht völlig ausgeschlossen werden, da spätere Prozesse alle Spuren vernichtet haben könnten. Alle untersuchten früh- und hochmittelalterlichen Kolluvien waren ungeschichtet. Es ist daher sicher, daß die Mächtigkeit der Sedimentation von Kolluvien zwischen zwei aufeinanderfolgenden Bodenbearbeitungen an den untersuchten Flächen in keinem Fall höher war als die Bodenbearbeitungstiefe. Aus diesen Informationen und den ermittelten vergleichsweise geringen Abtragswerten folgt, daß in den untersuchten mitteleuropäischen Landschaften während des Früh- und Hochmittelalters nur schwach erosive Niederschläge und kaum (keine?) Extremereignisse auftraten.

An der Leine bei Göttingen und an der Elze, an der Lahn unweit von Gießen, am Obermain und an zahlreichen weiteren mitteleuropäischen Flüssen wurden früh- (bis hoch-) mittelalterliche Niveaus oder Sedimente ausgegliedert (z. B. LÜTTIG 1960, MÄCKEL 1969, WILDHAGEN & MEYER 1972b, SCHIRMER 1978, 1981, 1983; SCHRÖDER 1983, STARKEL 1983, GERLACH 1990). Die schwache flächenhafte Bodenerosion auf den Hängen hatte zur Ablagerung von Hochflutsedimenten geführt.

Historische Quellen

Schriftquellen zur Landnutzungs- und Witterungsgeschichte können die Ursachen der früh- und hochmittelalterlichen Landschaftsveränderungen klären.

Mit dem Christentum breiteten sich Brot als Hauptnahrungsmittel und Wein aus. Damit gingen im Frühmittelalter ausgedehnte Rodungen zunächst der fruchtbaren Landschaften des südlichen Mitteleuropas einher. Initiatoren der Rodung und Kultivierung waren nicht selten Mönche. Später wurden große Teile der Mittelgebirge, die weniger boden- als klimabedingt benachteiligt waren, und der nordostdeutschen Grundmoränenplatten in Kultur genommen (Abb. 5.1; LANGE 1971, 1979; KRENZLIN 1979, SCHULZE 1979, GRINGMUTH-DALLMER 1983, ENDERS 1987).

Vornehmlich stillten die Menschen ihren Durst mit Wein, dessen Anbau schließlich bis in ungewöhnliche Höhenlagen und nach Mittelengland ausgedehnt wurde, und Bier. Das Konzil von Aix legt fest, daß die Kanoniker jeden Tag fünf Pfund Wein zu erhalten haben, „wenn es die Gegend hergibt. Wenn sie davon wenig erzeugt, erhalten sie drei Pfund Wein und drei Pfund Cervisia. Erzeugt sie überhaupt nichts, so erhalten sie ein Pfund Wein und fünf Pfund Cervisia" (MONTANARI 1993, S. 31).

Im frühen Mittelalter blieben Getreide- und Gartenbau eng mit Jagd, Tierzucht in Freiheit und dem Sammeln wildwachsender Früchte verbunden. Das günstige Verhältnis von Bevölkerungsdichte und Ressourcen gestattete in allen sozialen Schichten das Entstehen eines Ernährungssystems, das pflanzliche und tierische Produkte kombinierte. Die Grenzen zwischen „gezähmten" (kultivierten) und „wilden" (unkultivierten) Flächen waren beweglich (MONTANARI 1993, S. 39ff.).

Im 9. Jh. bewirkten das Bevölkerungswachstum und der resultierende Nahrungsmittelbedarf zunächst in Italien und bald in anderen Teilen Süd-, West- und Mitteleuropas, daß die Ressource Wald knapp wurde. Der unterschiedliche Energiebedarf zur Erzeugung tierischer und pflanzlicher Produkte limitierte nunmehr Jagd und Viehzucht – Fleischkonsum wurde zu Privileg und Statussymbol. Während in den Jahrhunderten zuvor Rodungen gepriesen worden waren, rang man sich jetzt zum Fällen von Bäumen durch. In Kultur genommen wurden hauptsächlich Wälder, die weder Eicheln noch anderes Viehfutter hervorbrachten. Die Waldnutzungen wurden strikt limitiert, Rechte zur Nutzung unkultivierter Flächen eingeschränkt oder gar abgeschafft (MONTANARI 1993, S. 52ff.). Anhaltend niederschlagsreiche Zeiten, Überschwemmungen und Hungersnöte prägten das 9. und das 11. Jh. Vom späten 11. bis zum ausklingenden 13. Jh. blieben Katastrophen aus. Starkes Bevölkerungswachstum ermöglichte den letzten umfassenden mittelalterlichen Rodungsschub, dem die meisten Wälder vieler mitteleuropäischer Landschaften zum Opfer fielen. Die wenigen Restwälder wurden extrem intensiv genutzt (KÜSTER 1989, HEINE 1989). Mitteleuropa wird zum Getreide- und Brotland. Mit dem Ende des 13. Jh. kam der seit dem späten 11. Jh. nur kurzzeitig und lokal aufgetretene Hunger mit Macht zurück.

In der hochmittelalterlichen Ausbauphase entstanden vielerorts aus den frühmittelalterlichen Block- und Streifenfluren Gewannfluren. Sie wurden im Rhythmus der Dreifelderwirtschaft bestellt; Getreideanbau wurde dominant (KRENZLIN 1952, ENNEN & JANSSEN 1979, RÖSENER 1985, BEHRE 1986, LANGE 1989). „In den verschiedenen Teilen Europas vollzogen sich diese Veränderungen zu verschiedenen Zeiten, z. B. in Südwestdeutschland im hohen Mittelalter, in der Wetterau vielleicht schon im 11. Jh., im deutschen Osten erst im späten Mittelalter oder überhaupt nicht" (ENNEN & JANSSEN 1979, S. 153; OBST 1961, 1963; ABEL 1978). Die einschneidenden Änderungen mußten sich auf das Bodenerosionsgeschehen auswirken. Aufgrund der naturwissenschaftlich belegten geringen Abträge sind gravierende Folgen des Nutzungswandels ausgeschlossen. Kennzeichen der Drei- und Zweifelderwirtschaft ist das Brachjahr. Brachflächen waren während des Mittelalters und der beginnenden Neuzeit ganz offensichtlich begrünt, die Erosionsgefahr daher minimal. Dies geht aus zeitgenössischen Berichten über das häufige Beweiden der Brache hervor (ENNEN & JANSSEN 1979, S. 170; ABEL 1978, S. 90). Bleiben Gegenmaßnahmen – wie das später praktizierte mehrmalige Pflügen – aus, begrünen sich die Brachen rasch. Beobachtungen auf brachfallenden Schlägen bestätigen die Hypothese eindringlich. Nur an stark erosionsbelasteten Standorten und auf extrem nährstoffarmen Substraten dauert es oft Monate, bis sich ausreichende Begrünung einstellen kann.

Die dominierende Anbaufrucht bestimmt Grad und Geschwindigkeit der Bedeckung der Bodenoberfläche – Faktoren, die neben den Bodeneigenschaften die Erodierbarkeit eines Standortes wesentlich determinieren (BORK 1980, 1988; FRIELINGHAUS 1997). In den fruchtbaren Lößlandschaften dominierte im Hochmittelalter der Getreideanbau. Das Hauptbrotgetreide war Roggen; daneben wurden vor allem Weizen, Gerste und Hafer angebaut (ENNEN & JANSSEN 1979, S. 155; BEHRE 1986, S. 76, 80; WILLERDING 1986, S. 246f.). Getreide bietet – vor allem im Vergleich zu den in den letzten zwei Jahrhunderten verbreiteten Anbaufrüchten Mais, Zucker- und Runkelrüben – guten Bodenerosionsschutz, da zur Zeit der sommerlichen Starkniederschläge der Boden weitgehend bedeckt ist. Auf Getreideschlägen wachsende Wildkräuter haben den Bedeckungsgrad wahrscheinlich weiter verbessert. Für das frühe und hohe Mittelalter kann aus den Schriftquellen zur Landnutzung – mit der aus der dürftigen Quellenlage resultierenden Vorsicht – geschlossen werden, daß die Nutzung keine außergewöhnlich hohen Bodenerosionsraten verursacht haben kann. Die Archivdaten bestätigen die aus Bodenanalysen gewonnenen, geringen Abtragswerte.

Wie stark hat damals das Witterungsgeschehen geschwankt? Schriftliche Angaben über die Häufigkeit und die Intensität von erosiven Starkregen fehlen. Den einzigen indirekten Hinweis geben die u. a. von WEIKINN (1958) und ALEXANDRE (1987) mitgeteilten zeitgenössischen Erwähnungen von Flußüberschwemmungen in Mitteleuropa. Im späten 13. Jh. schädigten Überschwemmungen Äcker im schlesischen Kerpena, weshalb Herzog BOLELAUS von Oppeln Mönchen des Klosters Leubus Steuerfreiheit gewährte (THOMA 1894, S. 68).

Für das frühe und hohe Mittelalter fehlen Erwähnungen ganz ungewöhnlicher Überschwemmungen – was „man nicht a priori als Beleg für ihr Nicht-Vorkommen werten" kann (FLOHN 1967, S. 83). Die genauen Abläufe der erosiven Witterungsereignisse jener Zeit müssen daher weitgehend im dunkeln bleiben. Aufgrund der oben beschriebenen Bodenanalysen ist das Auftreten außergewöhnlicher Ereignisse wenig wahrscheinlich. Vielmehr waren zahlreiche schwach erosive Niederschläge für den früh- und hochmittelalterlichen Bodenabtrag verantwortlich.

5.3   Die dramatischen Ereignisse der ersten Hälfte des 14. Jh. – starke witterungsbedingte Landschaftsveränderungen

> „Verschiedene Fragen, so zur Erforschung der Natur des Schweizerlands angesehen. 174. Frage: Ob nicht hin und wieder angetroffen werden einige Reliquien oder Überbleibseln von der Sündflut oder anderen dergleichen Überschwemmungen, gleich Baptista Fulgosus Collect. S. Dictor. & Factor. 1.1.c.6. zeuget, daß Anno 1460 nicht weit von Bern seie hundert Klafter tief herausgegraben worden ein Schiff mit gebrochnen Rudern, Segelbäumen und Ankern, nebst 40 Menschenkörperen?" (SCHEUCHZER 1699 / 1997, S. 17, 30).

Naturwissenschaftliche Befunde

Zu Beginn des 14. Jh. wurde die früh- und hochmittelalterliche Phase schwacher flächenhafter Bodenerosion von einer Phase der Relief- und Substratgenese abgelöst, die hinsichtlich der Art und der Intensität der linien- und flächenhaften Bodenerosion im gesamten Holozän einmalig ist (Abb. 5.3).

Ein System subparalleler Kerben wurde – wahrscheinlich während des frühen Spätmittelalters – in den Furchen der Rüdershäuser Wölbackerflur bis über 10 m tief in die weichselzeitlichen Lösse eingeschnitten. Auslösend waren katastrophale Starkniederschläge. Die Struktur der Wölbackerflur mit langen hangabwärts verlaufenden, gewölbten schmalen Schlägen begünstigte die Konzentration des Abflusses auf der Bodenoberfläche der Furchen und verstärkte die erosive Leistung der Starkregen erheblich. Nach dem wahrscheinlich auf einen einzigen starkerosiven Niederschlag zurückzuführenden Kerbenreißen wurden die entstandenen Hohlformen rasch mit großen und kleinen Blöcken verfüllt, die an den steilen Wänden abrutschten (Kap. 3.5.2).

Für die Rüdershäuser Wölbackerflur war es nicht möglich, die Zerschluchtung exakt zu datieren. Daher wurden gemeinsam mit dem Seminar für Ur- und Frühgeschichte der Universität Göttingen fundreiche Umgebungen von Wüstungen untersucht. Ein verfülltes Kerbtal östlich der Wüstung Drudevenshusen konnte in die Zeit zwischen 1310 und 1340 datiert werden (Kap. 3.4). Ein Kerbtal bei Coppengrave wies das gleiche Alter auf (BORK 1985a; zur Lage s. Tab. 3.1).

Neben den Kerbenfüllungen bei Rüdershausen, Drudevenshusen und Coppengrave wurden in den folgenden Gebieten zahlreiche, meist mächtige Sedimentkör-

per untersucht und datiert: südliches und östliches Niedersachsen, Oberhessen, Wetterau, Rheinpfalz, Kraichgau, Unterfranken und Oberbayern. Die Sedimente plombieren oder überdecken völlig verschiedene Formen:
- V-förmige, Sohlen- oder mehrphasige Kerbtäler,
- schwach und stark ausgeprägte Dellen,
- Talboden- oder Hangpedimente,
- konkave Unterhänge oder
- flache Talauen.

Tabelle 5.1 listet Resultate der archäologischen und physikalischen Datierungen der Sedimente auf. Bestimmt wurden die Alter von ungestörten Sedimentproben nach der IRSL-Methode (LANG 1995), von Hunderten von Keramikfragmenten archäo-

Untersuchungsgebiet (zur Lage s. Tab.3.1)	Verfüllte oder über- deckte Form	Erosionshauptphase(n) der Erosion und Sedimentation
Adelshofen	Kerbe	Neuzeit
Antreff	Kerbe	Spätmittelalter
Attackewäldchen	Hohlweg	1850/80–1987
Bottenbach	Kerbe	Neuzeit
Coppengrave	Kerbe	1. Hälfte 14. Jh.
Dahmsdorf	Delle	Bronze-Eisenzeit
		14. Jh.
		ca. 1910–1996
Desingerode	Pediment	14./15. Jh.
Drudevenshusen	Kerbe	1. Hälfte 14. Jh.
		15. Jh.
Glasow	Delle mit	Eisenzeit
	Schwemm-	14. Jh.
	fächer	spätes 18. Jh.
		1935–1995
Hinterreit	Kerbe	17.–19. Jh.
Lützellinden-Cleebach	Talauenrand	Mitte 13.–14. Jh.
Lützellinden-Zechbach	Kerbe	14.–16. Jh.
Mörsbach, 2-m-Terrasse	Kerbe	frühe Neuzeit
Mordmühle	Pediment	Spätmittelalter
Neuenhagen	Unterhang	Bronze-Eisenzeit
Neuenkirchen	Kerbe	Spätmittelalter
Nienwohlde	Kerbe	18. Jh.
		1974–1988
Rüdershausen	Kerbe	13. bis 1. Hälfte 15. Jh.
		spätes 17. und 18. Jh.
Sälgebach	Kerbe	Spätmittelalter
Thiershausen	Kerbe	Spätmittelalter
Tiefes Tal	Pediment	14./15. Jh.
Weckesheim	Hangdelle	Spätmittelalter
Welschbach	Kerbe	Spätmittelalter
Wolfsschlucht	Schwemmfächer	14. Jh.
	unterhalb Kerbe	18. Jh.
Wollbach	Kerbe	17. bis 19. Jh.

Tab. 5.1: Datierungen von Phasen mit starker Erosion und Akkumulation

logisch bzw. nach der TL-Methode und von organischer Substanz (Holzkohle, Torf) nach der ^{14}C-Methode. Demnach konnten die untersten Teile der Sedimentfolgen fast ausnahmslos in das Spätmittelalter eingeordnet werden. Frühneuzeitliche Sedimente bilden häufig den Abschluß der allmählich verfüllten und nicht im Spätmittelalter wüstgefallenen Kerben.

Die unmittelbar auf der Erosionsdiskordanz akkumulierten untersten Sedimente sind sehr wahrscheinlich in die erste Hälfte des 14. Jh. zu stellen. Dies gilt analog für die wesentlichen Teile der Schwemmfächer der Wolfsschlucht (Ostbrandenburg) und der Glasower Randowbucht (Vorpommern) sowie die Kerbenfüllungen bei Drudevenshusen und Coppengrave (beide Südniedersachsen). Nach Detailanalysen der Sedimente unter und über den Erosionsdiskordanzen vollzogen sich das Kerbenreißen und die starke Seitenerosion im selben Zeitraum. Die Veränderungen in der ersten Hälfte des 14. Jh. waren vielerorts dramatisch:

- Fruchtbare Ackerfluren wurden tief und manchmal engständig zerkerbt und zu Badlands degradiert.
- Ackerflächen, von denen die geringmächtigen, aber ertragreichen Bodendecken vollständig abgetragen worden waren, fielen definitiv wüst.
- In kleineren Talauen führte exzessive Seitenerosion zur Pedimentation.
- Die Heterogenität der Bodendecke nahm durch Bodenerosionsprozesse stark zu.
- Über Jahrhunderte gewachsene Kulturlandschaften erhielten völlig veränderte Strukturen.

Die mehrfach angesprochenen detaillierten Sedimentanalysen weisen eindeutig auf wenige, die Veränderungen direkt auslösende katastrophale Starkniederschläge (Kap. 3) hin. Möglicherweise löste nur ein Starkregen die beschriebene Entwicklung aus.

Für mehrere Untersuchungsräume konnte die Wirksamkeit der spätmittelalterlichen linien- und flächenhaften Bodenerosionsprozesse berechnet werden. Auf der Basis mehrerer Dutzend Aufschlüsse und zahlreicher Bohrungen wurde das Volumen der Sohlenkerbe des Tiefen Tals östlich von Obernfeld bestimmt. Nach Keramikdatierungen schnitt sich im 13. oder 14. Jh. eine Kerbe auf mehr als 1 300 m Länge fast 6 m tief ein. Starke Seitenerosion weitete den Talboden auf eine mittlere Breite von 16 m. Aus den Vermessungen errechnet sich ein auf Tiefen- und Seitenerosionsprozesse (möglicherweise durch einen oder wenige Starkregen) zurückzuführendes Ausraumvolumen von 155 000 m^3. Zeitgleich mit und in den ersten Jahren nach der Tiefen- und Seitenerosion im Tiefenbereich vollzog sich an den Hängen starke flächenhafte Bodenerosion. Sie kann für das Einzugsgebiet des Tiefen Tals quantifiziert werden und hat auf den Hängen im Mittel mindestens 30 cm oder 4 800 t ha^{-1} abgetragen. Am genauer untersuchten Abschnitt des südexponierten Hangs erreichte der Abtrag mehr als das Doppelte (Kap. 3.3). Der weit überwiegende Teil des flächenhaften Bodenabtrages muß sich während des Kerbenreißens und unmittelbar danach auf den geschädigten Schlägen vollzogen haben.

Im Kerbensystem bei Drudevenshusen wurden in der ersten Hälfte des 14. Jh. 31 000 m^3 Material ausgeräumt. Ein nahezu identisches Volumen wurde im Spätmittelalter in einer Kerbe bei Thiershausen im westlichen Untereichsfeld erodiert. Für die spätmittelalterliche, im zentralen Teil des Aufschlusses gelegene Kerbe bei Rüdershausen wurde ein Ausraumvolumen von 1 900 m^3 ermittelt. Die Daten

Untersuchungsgebiet (zur Lage s. Tab. 3.1)	Größe des Einzugsgebietes [ha]	Abtragsform	Ausraum im Spätmittelalter	
			[m³]	[m³ ha⁻¹]
Rüdershausen	0,1	Kerbe	1 900	19 000
Glasow	2,5	Delle	2 650	1 060
Wolfsschlucht	7	Kerbe	5 000	710
Desingerode	31	Pediment	115 000	3 700
Thiershausen	64	Kerbe	31 000	480
Drudevenshusen	65	Kerbe	31 000	480
Neuenkirchen	98	Kerbe	12 000	120
Tiefes Tal	100	Pediment	155 000	1 550
Welschbach	140	Kerbe	30 000	210

Tab. 5.2: Bilanzierung der spätmittelalterlichen Bodenerosion

wurden an ca. 260 m² Aufschlußwand und über 300 Bohrmetern erhoben. Da das zwischen zwei Wölbäckern gelegene Einzugsgebiet der Kerbe sehr klein war, ergibt sich ein außergewöhnlich hoher flächenbezogener linienhafter Abtrag von 16 000 m³ ha⁻¹. Die Lage unmittelbar am Prallhang der Rhume und das resultierende starke Gefälle haben die rückschreitende Erosion hier entscheidend gefördert und erklären den extremen Wert.

Weitere Beispiele mögen die Intensität der spätmittelalterlichen linienhaften Bodenerosion im nördlichen Harzvorland, in Oberhessen und in Nordostdeutschland verdeutlichen (Tab. 5.2). Im Untersuchungsgebiet Neuenkirchen (Landkreis Goslar; zur Lage s. Tab. 3.1) wurde die heute vollständig plombierte Talkerbe des Ohebaches analysiert. Das Volumen des spätmittelalterlichen Ausraums betrug im vergleichsweise schwach reliefierten Gebiet etwa 12 000 m³. Das entspricht einem flächenbezogenen Abtrag von ungefähr 125 m³ ha⁻¹. Die spätmittelalterliche Talkerbe des Welschbaches südöstlich von Wetzlar-Büblingshausen (zur Lage s. Tab. 3.1) weist ein flächenbezogenes Abtragsvolumen von etwa 210 m³ ha⁻¹ auf (Tab. 5.2). Mit mehr als 600 m³ ha⁻¹ resultiert ein deutlich höherer Wert für die Nebentalkerbe des nordwestlich von Gießen gelegenen Sälgebaches (zur Lage s. Tab. 3.1).

Rückschreitende Erosion verlagerte in der ostbrandenburgischen Wolfsschlucht im 14. Jh. 5 000 m³, bezogen auf die Größe des Einzugsgebietes mehr als 700 m³ ha⁻¹. Zwei katastrophale Niederschläge und mehrere weitere stark wirksame Ereignisse erodierten während des 14. Jh. im Einzugsgebiet der Randowbucht bei Glasow in Vorpommern flächenhaft 2 650 m³ oder 1 060 m³ ha⁻¹ und im Mittel die oberen 14 cm der Hänge. Der heftigste Niederschlag erodierte als einzelnes Ereignis im Mittel die oberen ca. 5 cm der Böden – die höchsten bisher außerhalb des von Bodenabtrag extrem stark betroffenen Untereichsfeldes festgestellten Werte.

Die von WILDHAGEN & MEYER (1972b) in das 10. bis 15. Jh. datierten jüngeren Bachschwemmzungen sind ähnlich entstanden wie die von uns untersuchten Erosionsund Akkumulationsformen des 14. Jh. Nach WILDHAGEN & MEYER (1972b, S. 124) haben die Seitenbäche der mittleren Leine Schotter und Sande transportiert, ihre Rinnen vertieft und anschließend die mächtigen Bachschwemmzungen sedimentiert. In den Einzugsgebieten der Nebentäler der Leine wurde demnach (wahrscheinlich im 14. Jh.) sehr viel Material erodiert und bei nachlassender Transportkraft infolge geringeren Gefälles in den Unterläufen der Seitenbäche und den Rand-

bereichen der Leineaue in ausgedehnten Schwemmfächern abgelagert. Diese
Befunde stimmen mit den in der vorliegenden Arbeit mitgeteilten Ergebnissen sehr
gut überein.

Das in der ersten Hälfte des 14. Jh. erodierte Bodenmaterial wurde ganz überwiegend als Kolluvium oder Auensediment in kleineren Talauen akkumuliert, nur
unbedeutende Mengen erreichten die größeren Talauen. Auensedimente des
13./14. Jh. fanden HÄSER & KAHLER (1998) im ostbrandenburgischen Oderbruch.
Im Zentrum größerer Talauen sind die Ablagerungen des frühen 14. Jh. meist geringmächtig.

**Das Ausmaß der Veränderungen des Wasser- und Feststoffhaushaltes in Deutsch-
land und Mitteleuropa.** Ein zeitlicher Vergleich der Wasserhaushaltskomponenten
verdeutlicht die nutzungsbedingten Entwicklungen. Werden die klimatischen Verhältnisse konstant gehalten, verdoppelt der Nutzungswandel von den Waldlandschaften der Völkerwanderungszeit zu den ausgeräumten Agrarlandschaften des
frühen 14. Jh. in etwa den Gesamtabfluß aus Mitteleuropa (Abb. 5.2 und Kap. 4.2.1.).
Die Evapotranspiration Mitteleuropas war im frühen 14. Jh. – verglichen mit den Wäldern der Völkerwanderungszeit – um annähernd 100 km^3 a^{-1} geringer, die Grundwasserneubildung und der Gebietsabfluß um den gleichen Betrag höher. Folgen des
veränderten Gebietswasserhaushaltes waren höhere Grundwasserspiegel in den Talauen (wenige Dezimeter bis mehrere Meter) und an den Hängen (viele Meter).

Im frühen 14. Jh. war der Stickstoffpool in den wenigen verbliebenen Wäldern
Deutschlands (in heutigen Grenzen) auf weniger als 5 Mt Stickstoff reduziert. Das
holozäne Minimum wurde damit erreicht.

Eine hohe Zahl von Erosionsstandorten in Österreich, der nördlichen Schweiz,
in allen deutschen Flächenländern, in Polen und in der Tschechischen Republik
sind hinsichtlich der mittelalterlich-neuzeitlichen Entwicklung den in der vorliegenden Monographie beschriebenen Hängen und Einzugsgebieten sehr ähnlich.
Die Phasen von Nutzung und Bodenerosion folgen in diesen Räumen sehr
wahrscheinlich einem ähnlichen Rhythmus und weisen – abgesehen vom Extrem
Rüdershausen – ähnliche Größenordnungen des spätmittelalterlichen Abtrages auf.

Die geringen Bodenerosionsraten des frühen und hohen Mittelalters vervielfachten sich im Mitteleuropa des frühen 14. Jh. Nach den in Kapitel 4.3 vorgenommenen
Schätzungen wurden in den sechs Katastrophenjahren der zweiten Dekade des
14. Jh. in Deutschland jährlich 1,9 Mrd. t Boden abgetragen, im Jahr 1342 allein etwa
13 Mrd. t (Abb. 5.3). Von 1313 bis 1348 wurden in Deutschland zusammen 34 Mrd. t
Boden erodiert – etwa die Hälfte des gesamten mittelalterlich-neuzeitlichen Bodenabtrags! Die ackerbaulich genutzten, von Bodenerosion betroffenen Flächen
Deutschlands wurden von 1310 bis 1350 im Mittel um etwa 25 cm tiefer gelegt.
Mit der Feststoffdynamik verbunden war in jener Zeit die Verlagerung von mehr als
100 Mio. t organischem Kohlenstoff und von annähernd 10 Mio. t Phosphor. Etwa
3 % dieser Stoffe erreichten Nord- und Ostsee sowie das Schwarze Meer und lösten
dort vermutlich bedeutende Veränderungen aus.

Die spätmittelalterliche Erosionsdiskordanz. Die untersten der in verschiedenen
Landschaften Deutschlands untersuchten jungholozänen Kolluvien stammen über-

wiegend aus dem frühen Spätmittelalter (1310–1350). Sie lagern diskordant auf schwach bis stark erodierten Böden, die vom Altholozän bis zum Frühmittelalter in sehr verschiedenen Ausgangsgesteinen entstanden, oder auf unterschiedlichen, nicht pedogen überprägten Lockersedimenten. Die in die Hänge eingeschnittene Erosionsfläche, die Diskordanz an der Kolluviumbasis, ist bei sämtlichen untersuchten Bodenprofilen in das Spätmittelalter zu stellen. Die Fläche entstand durch die Tieferlegung der Hänge im Verlauf der Zerkerbungsphase der ersten Hälfte des 14. Jh. Die Bodenerosionsprozesse schufen Kerben entlang der Tiefenlinien und Pedimente durch die fast gleichzeitige Zurückverlegung der Hänge. Nahezu alle untersuchten, von der Wasserscheide bis zur Tiefenlinie verlaufenden Hangprofile bestätigen die Hypothese aufgrund der Lagerungsverhältnisse über und unter der Erosionsfläche und ihrer Verbindung vom Hang zu der an ihrem Fuß liegenden Kerbe (s. Kap. 3).

Welche Abtragungs- und Ablagerungsprozesse haben die ausgedehnten, heute teilweise kolluvial überdeckten Erosionsflächen am Hang gebildet? Vier nach der Kombination der auslösenden Prozesse verschiedene Genesetypen der Erosionsflächen sind grundsätzlich möglich:

1. Im frühen 14. Jh. wurde zunächst die gesamte Fläche auf Ober-, Mittel- und Unterhang abgetragen und freigelegt. Anschließend wurden Böden auf den Ober- und oberen Mittelhängen erodiert und auf unteren Mittel- und Unterhängen als Kolluvien akkumuliert.

2. Die Sedimente wurden durch Menschenhand von anderen, vergleichsweise fruchtbaren (weniger stark erodierten oder mit Lößkolluvien bedeckten) Standorten abgetragen und dann auf die Abtragungsfläche gebracht (ähnlich der Plaggenwirtschaft), nachdem zuvor durch natürliche Abtragungsprozesse die Fläche in der ersten Hälfte des 14. Jh. angelegt worden war.

3. Die Fläche entstand durch anthropogene Bodenbearbeitung und nicht durch natürliche Formungsprozesse. Hier ist vor allem das Aufpflügen von Wölbäckern durch den Einsatz von schollenwendenden Streichbrettpflügen und die Anlage von Terrassenäckern zu nennen.

4. Die Anlage der Abtragungsfläche und die Akkumulation der Kolluvien erfolgte fast gleichzeitig durch einen einzigen geomorphodynamischen Prozeß. Extrem starker Abfluß auf der Bodenoberfläche legte Stufen unterschiedlicher Genese (z.B. eine Kerbenwand im Tiefenbereich oder eine Pedimentationsstufe) hangwärts zurück. Das an der Stufe abgetragene Material wurde unterhalb der Stufe nach kurzer Transportstrecke auf der durch das Zurückweichen der Stufe entstandenen Abtragungsfläche sedimentiert.

Zum Typ 1 der Entstehung von Erosionsflächen. Die zeitliche Trennung in eine Abtragungs- und eine anschließende Akkumulationsphase wird postuliert. Die Trennung setzt voraus, daß das in der Abtragungsphase erodierte Material die Erosionsfläche vollständig verläßt und später, in der Akkumulationsphase, erneut Material erodiert wird, das diesmal aber auf dem Unterhang abgelagert wird.

Keine der für südniedersächsische und nordostdeutsche Untersuchungsgebiete berechneten und in Kapitel 3 sowie 4.3 erläuterten Massenbilanzen zeigt die Trennung. In dem etwa 280 km² umfassenden südniedersächsischen Raum wurden im

Spätmittelalter und in der Neuzeit etwa 500 Mio. m³ Boden erodiert. Durchschnittlich mehr als 65% der gesamten an einem Hang erodierten Substrate liegen noch heute auf den Unterhängen oder ziehen als kolluviale Schleppen in die unmittelbar den Hängen vorgelagerten Talauen. Dieses Volumen hätte im Falle eines zeitlich getrennten Ablaufs in die Talauen transportiert werden müssen. Nur ungefähr 20% des gesamten Bodenabtrags am Hang wurden von Vorflutern transportiert und innerhalb des südniedersächsischen Untersuchungsgebietes als Hochflutsediment akkumuliert.

Genesetyp 1 fordert, daß alle Hänge großflächig erosiv entblößt und später – durch an den Oberhängen schwach erosiv wirkende Abflußereignisse – mit Kolluvien bedeckt wurden. Das steht im Widerspruch zu den Beobachtungen an vielen Standorten.

Zum Typ 2 der Entstehung von Erosionsflächen. Kann das genannte Bodenvolumen, das durch Abflußereignisse an den Hängen erodiert wurde, von Menschenhand zurück auf die Hänge oder an andere Standorte gebracht worden sein, wie von B. MEYER (frdl. mündl. Mitt. 1984) vermutet wurde?

v. SCHWERZ empfiehlt 1837 in der „Anleitung zum practischen Ackerbau" nachdrücklich, daß der betroffene Landwirt den abgetragenen Boden auf den Hang zurückbringt: „Was hat das Gespann, was haben die Hände eines so indolenten Wirthes in manchen Tagen zu thun, daß er nicht Fanggruben anlegt, um den ihm geraubten Boden wenigstens auf den Gränzen seiner Besitzung anzuhalten und ihn wieder an Ort und Stelle zurückzubringen? [...] In allen unebenen, zumal in Gebirgsgegenden sucht jeder des Wohls seiner Felder beflissene Landwirth Gräben und Gruben anzulegen, um die herabströmende Dammerde aufzufangen und der Höhe wiederzugeben, oder sie anderweitig zu benützen. Auf seinem Kopfe oder Rücken trägt der arme, aber fleißige Bewohner des Herzogthums Westphalen die verlorne Erde wieder nach der steilen Anhöhe zurück. Wie versündiget sich also der, welcher sie mit seinen Ochsen hinschaffen kann und es nicht thut!" (v. SCHWERZ 1837a², S. 254). In einigen Landschaften war der mühsame Rücktransport erodierten Bodens auf die eigenen Felder (nicht unbedingt an den Ort der Abtragung) offenbar üblich. Abgetragenes und in aufgegrabenen Löchern abgesetztes, schluff- und tonreiches Kolluvium wurde als Dünger verwendet: „Man verwendet diese Schlammerde entweder auf die Brache oder auf den Klee. Sie wirkt ganz vorzüglich auf Lein und Gerste. [...] ‚Man kennt', sagt SCHMALZ in seiner interessanten Beschreibung der Altenburgischen Wirthschaft, ‚genau an den Früchten diejenigen Felder, welche einen fleißigen Erdfahrer zum Eigenthümer haben. [...] Mancher Acker wurde durch zweckmäßiges Erdefahren auf mehrere Jahre dauernd, vielleicht auf immer verbessert. Ich selbst habe viele Erde fahren lassen und dadurch manchem Felde zwei bis drei Körner mehr abgewonnen. Ich kenne daher den hohen Werth des zweckmäßigen Verfahrens aus eigener Erfahrung ganz genau, und bin sehr überzeugt, daß man in vielen Gegenden, wo dieses Erdefahren noch gar nicht angewendet wird, in dieser Hinsicht die Altenburger zum Muster nehmen könnte'" (v. SCHWERZ 1837a², S. 254f.).

HEUSINGER beklagt 1815 die Untätigkeit vieler Bauern: „Denn selten findet sich bei Besitzern von Bergfeldern jener Danaiden-Fleiß, der immer wieder durch mühsam hinaufgetragene Erde den Verlust ersetzt, oder neue Dammerde durch kostbare Mittel bereitet, die immer wieder abgeschwemmt wird."

THAER (1798, S. 36f.) verweist jedoch zu Recht darauf, daß es notwendig ist, recht-zeitig zu prüfen, ob das Aufbringen von Bodenmaterial zur Verbesserung der Bo-denfruchtbarkeit rentabel ist: „Die künstliche Erschaffung eines fruchtbaren Bodens durch das Auffahren und Vermischung mit Erdarten, die ihm fehlen, ist wohl immer möglich, und oft, jedoch nicht jedesmal, wirthschaftlich. Mehrentheils wird man die erforderlichen Erdarten in der Nähe und Tiefe finden, daß die Kosten des Ausgrabens und Anfahrens den erhöhten Werth des Ackers nicht übersteigen. Aber nur selten darf man erwarten, das angewandte Capital in wenigen Jahren wie-der herauszuziehen. [...] So leicht, wie manche landwirthschaftliche Schriftsteller die Sache machen, ist sie bey weitem nicht; und sie erfordert, ehe man sie unter-nimmt, eine genaue Berechnung."

Geht man von einer Bevölkerungsdichte von 15 Einw./km² im unteren Eichsfeld um das Jahr 1300 aus, dann hätten zu dieser Zeit etwa 5 000 Menschen im unter-suchten Raum gewohnt. Für den Rücktransport des insgesamt abgetragenen Ma-terials hätte jeder arbeitsfähige Bewohner sechs Tage in der Woche 300 Jahre lang täglich mehr als 2 t Boden hunderte Meter weit die Hänge hinauftragen müs-sen – ein unmögliches Unterfangen. Neben der Zahl sprechen die Lagerungsverhält-nisse oftmals eindeutig gegen bedeutende anthropogene Transporte. Vor allem die unteren 0,2–0,4 m der spätmittelalterlichen Kolluvien sind häufig geschichtet. Detailuntersuchungen dieses Materials erbrachten den eindeutigen Nachweis flu-vialer Akkumulation. Ein weiterer Befund, der gegen großräumige und bedeutende Rücktransporte spricht, ist die Korngrößenzusammensetzung der Kolluvien. Wäh-rend die untersten spätmittelalterlichen Kolluvien vorwiegend aus umgelagertem Löß bestehen, setzen sich die oberen Kolluvien an vielen Standorten aus wenig fruchtbarem Material zusammen. Letzteres wäre aber in keinem Falle auf die fruchtbaren Kolluvien aufgebracht worden. Schließlich lagern die Kolluvien in Be-reichen mit mächtigen Lößdecken, wie im Untereichsfelder Becken, zumeist auf kalkhaltigem Löß oder schwach bis stark erodierten Bt-Horizonten in Löß. Alle Be-funde sprechen gegen bedeutenden Rücktransport des zuvor durch Bodenerosion hangabwärts verlagerten Bodenmaterials.

In einigen Regionen ist ein relevanter Rücktransport jedoch durchaus wahr-scheinlich. In Westfalen und im Altenburgischen war es um 1800 offenbar üblich, erodiertes Bodenmaterial großflächig auf die Hänge zurückzubringen (v. SCHWERZ 1837a², S. 254f.).

Zum Typ 3 der Entstehung von Erosionsflächen. Kann anthropogene Bodenbearbei-tung zum großflächigen „Aufwachsen" von Material am Hang führen, das danach ein-geebnet wurde und das wir jetzt vielleicht fälschlicherweise als Kolluvium ansprechen?

Vielfach sind die u. a. durch Keramikbruch in das Spätmittelalter datierten Mate-rialien zu Wölbäckern aufgepflügt (zur Wölbackergenese s. JÄGER 1958, KITTLER 1963, ABEL 1978, S. 90f.; BORK & ROHDENBURG 1979). Bodenbearbeitung kann also über kurze Distanzen größere Mengen an Bodenmaterial verlagern. Welches Material wurde aufgepflügt? Waren es Kolluvien, autochthone Bodenrelikte oder präholozä-ne Sedimente (Lösse, Gelisolifluktionsdecken usw.)?

Hätte das Aufpflügen von Wölbäckern zur Bildung der Erosionsflächen geführt, dürften die Flächen nicht eben sein. Die Basisflächen von Wölbäckern müssen, be-

dingt durch das langjährige Aufpflügen, etwas schwächer als die Geländeoberflächen gewölbt sein. Die Grenzflächen unter den untersuchten Wölbäckern sind
aber weitgehend eben, was für eine Abtragungsfläche und gegen eine bearbeitungsbedingt entstandene Oberfläche spricht. Häufig wurden Mehrschichtprofile, z.B.
geringmächtige Lößderivate über Gelisolifluktionsdecken aus umlagertem Buntsandsteinmaterial, zu Wölbäckern aufgepflügt. Das Aufpflügen hat in den Fällen
die Schichten durchmischt. Die über der Erosionsfläche aufgeschlossenen Teile der
untersuchten Wölbäcker, z.B. westlich von Thiershausen (Landkreis Göttingen), sind
oft fluvial geschichtet. Die auch an anderen, nicht zu Wölbäckern aufgepflügten
Standorten beobachtete fluviale Schichtung beweist dort die natürliche und
zweifelsfrei nicht anthropogene Ablagerung zumindest der tieferen kolluvialen
Schichten. Die hohe Akkumulationsgeschwindigkeit wird durch die Erhaltung der
Schichtung auf landwirtschaftlich intensiv genutzten Standorten belegt. Sind die Sedimente eines Transportereignisses weniger als pflugtief, muß die Bodenbearbeitung im jeweils folgenden Jahr die Schichtung durchmischen und zerstören.

Da die Materialien vorwiegend in der ersten Hälfte des 14. Jh. aufgeschüttet wurden, müßte ein erheblicher Teil der Wölbäcker während weniger Jahre aufgepflügt
worden sein. Aus der Landnutzungsgeschichte ist diese Genese nicht ableitbar.

Im Zusammenhang mit der Genese der Abtragungsfläche sind außer den Einflüssen der Wölbäckerentstehung die der Terrassenäcker zu diskutieren. Einige der
im Untereichsfeld untersuchten Hänge (z.B. südlich von Bilshausen) mit heute
wenig gegliederten, relativ geraden Geländeoberflächen weisen terrassenförmige
Kolluviumbasisflächen auf. Die Anlage und spätere Überschüttung von Ackerterrassen ist dort wahrscheinlich. Die Bodenbearbeitung verursacht beim Terrassenbau Bodenumlagerungen. Die häufig zu findende Schichtung im Kolluvium belegt, daß fluviale Prozesse die Terrassen später überdeckt haben.

Die untersuchten Abtragungsflächen waren auf dem weit überwiegenden Teil
der Hänge in Gefällsrichtung und parallel zu den Höhenlinien kaum gegliedert. Der
Terrassenbau scheidet daher bei diesen Flächen als Entstehungsursache aus. Er
hätte im Gegenteil die fluvialen Prozesse unterbunden.

Zum Typ 4 der Entstehung von Erosionsflächen. Die spätmittelalterlichen Kolluvi-
en nehmen häufig selbst steile Mittelhangpartien ein. Wie ist die Akkumulation zu
erklären, nachdem der Mensch an vielen Standorten als direkter Verursacher aus
den genannten Gründen ausscheidet? Während der extremen Bodenerosionsereignisse liefen verschiedene Prozesse raumzeitlich differenziert ab, die im Rück-
blick wegen der kurzen Ereignisdauer synchron wirken: Die Eintiefung von Kerben
und starke Seitenerosion schufen sehr steile Stufen. Dann wurden sie von dem extrem starken Abfluß auf der Bodenoberfläche rasch hangaufwärts verlegt. Die Erosion vollzog sich überwiegend an der Stufe, die dadurch weiter in Richtung
Wasserscheide wanderte. Das erodierte Material wurde, bedingt durch das geringe
Gefälle, unterhalb der Stufe sedimentiert.

Die Geschwindigkeit der Rückverlegung kann zur Zeit noch nicht sicher abge-
schätzt werden. War der Vorgang auf die Ereignisse beschränkt, die die Anlage von
Kerben und Pedimenten verursachten? Oder setzte sich die Rückverlegung in den
Folgejahren während etwas schwächerer Abtragsereignisse fort? Wurde das abge-

tragene Material dann aufgrund extensiver Nutzung (z. B. Grünland) unterhalb der
Stufe akkumuliert? Immer wenn die Nutzung oberhalb der Stufen von Ackerland zu
Grünland oder Wald wechselte, kam die Wanderung der Stufe zum Stillstand. An
Nutzungsgrenzen blieben daher bis zur nächsten Nutzungsänderung Stufen erhalten (Grünlandrandstufen, Waldrandstufen; zur Genese s. z. B. SCHMITHÜSEN 1958,
SCHOTT-MÜLLER 1961, S. 35f.; HARD 1967, S. 186ff.). Die bewaldeten Hangabschnitte
wurden im ausklingenden Spätmittelalter oder in der Neuzeit vielerorts wieder
gerodet und ackerbaulich genutzt. Das Grünland wurde häufig umgebrochen und
ebenfalls wieder intensiver genutzt. Dadurch wurden diese Bereiche wieder boden-
erosiven Prozessen ausgesetzt. Im Verlauf mehrerer Jahrzehnte bis weniger Jahrhunderte wurden die Stufen teilweise abgetragen. Die Flächen unterhalb der Stufen
wurden mit Kolluvien plombiert. Daher sind die spätmittelalterlichen Stufen heute
nur noch sehr selten im Oberflächenbild zu erkennen und meist nur noch durch
Bohrungen und Grabungen nachzuweisen.

Viele der heute an Nutzungsgrenzen oder Wegrändern sichtbaren Stufen entstanden allerdings durch andere Prozesse. Bodenprofilanalysen ergaben, daß sich
zahlreiche Stufen in der jüngeren Neuzeit durch das oberhalb stattfindende Aufwachsen von Material zu Ackerterrassen und nicht durch die rückschreitende Bodenerosion unterhalb der Stufen bildeten (z. B. am Schwemmfächer der Wolfsschlucht, s. Kap. 3.5.1). Die Stufen verdanken ihre Entstehung der Tätigkeit des
Pfluges und vor allem der am Hang oberhalb der Stufe stattfindenden flächenhaften Bodenerosions- und -akkumulationsprozesse (zur Genese von Ackerterrassen
s. RICHTER 1965, S. 151ff.).

Die Diskussion der vier Flächengenesetypen verdeutlicht ihre standörtlich differenzierte und regional unterschiedliche Relevanz. Die hangwärtige Rückverlegung
von Stufen – z. B. von Kerbenwänden (Genesetyp 4) – ist in Gebieten mit sehr starker
flächenhafter Bodenerosion in der ersten Hälfte des 14. Jh. und gleich alten, wenig
fruchtbaren Kolluvien wahrscheinlich. Bearbeitungsbedingte Bodenverlagerungen
(Genesetyp 3) konnten erhebliche Volumina und Raten erreichen, wo hangparalle-
le oder in der Bilanz überwiegend hangaufwärts gerichtete Bodenbearbeitungen
nicht üblich waren. In einigen Landschaften könnte bereits im Spätmittelalter der
Rücktransport von Boden oder Sediment durch die Bewirtschafter (Genesetyp 2)
üblich und quantitativ bedeutend gewesen sein. Die Relikte der Ereignisse und Prozesse von 1310 bis 1350 zeigen, daß Genesetyp 1 im Gegensatz zu den vorausgegangenen und nachfolgenden Zeiträumen selten auftrat.

Spätmittelalterliche und rezente linienhafte Bodenerosion im Vergleich. Die
außerordentlich rasche Plombierung der Kerben beispielsweise im Profil Rüdershausen weist sehr eindringlich darauf hin, daß die Einschneidungsprozesse auf
heute kaum vorstellbar extreme Abflußereignisse zurückgeführt werden müssen.
Sie können aus den genannten Gründen nicht auf Agrarstrukturänderungen
zurückgeführt werden. Die Wirksamkeit der extremsten Starkregen der letzten Jahrzehnte (mit Niederschlagswerten von über 100 mm in zwei Tagen) blieb um
Größenordnungen hinter der der spätmittelalterlichen Katastrophenregen zurück – ein weiterer Beleg für ihre Einzigartigkeit im mitteleuropäischen Raum. Auf

flurbereinigten und mit Rüben bewachsenen (also mit bis in das späte Frühjahr hinein geringen Deckungsgraden), großen, in Gefällsrichtung bearbeiteten Schlägen hatten die jüngsten Starkregen schwache flächenhafte und sehr selten geringe linienhafte Bodenerosion zur Folge. Bei ausgedehnten eigenen Kartierungen in Südniedersachsen wurden nach den Starkregen der Jahre 1978 bis 1987 nicht mehr als 30 mindestens 10 und höchstens 30 cm tiefe Rillen aufgenommen. In der Kartierungsdekade trat ein bis viermal schwächerer linienhafter Abtrag auf. Im späten Mittelalter rissen im selben Raum viele tiefe Kerben ein.

Stärkere rezente linienhafte Bodenerosionsprozesse wurden auf geneigten, flurbereinigten Standorten mit wenig kohäsiven Sanden in der südlichen Lüneburger Heide und in Nordostdeutschland beobachtet. Am 24. Mai 1984 riß unmittelbar südlich der Ortschaft Nienwohlde (im südlichen Uelzener Becken, zur Lage s. Tab. 3.1) eine über 100 m lange, bis zu 70 cm tiefe und 2 m breite Kerbe ein. Vor der Flurbereinigung wurde der Tiefenbereich von Dauergrünland und einem Weg eingenommen. Mitte der 90er Jahre riß einige Kilometer nordnordwestlich von Prenzlau in der Uckermark eine über 90 m lange, bis zu 3,9 m tiefe und 5 m breite Kerbe ein. Quelle des Abflusses auf der Bodenoberfläche war ein mehrere hundert Meter langer, mit Mais bestellter Hang. Zunächst wurden leicht erodierbare Decksande, danach mäßig kohäsive sandige Geschiebemergel abgetragen.

Auf Hangstandorten, die im Mittelalter zerkerbt wurden und die heute wieder ackerbaulich genutzt werden, z.B. der Bereich oberhalb des Profils Rüdershausen, wurde in den vergangenen 20 Jahren kaum linienhafte Bodenerosion registriert – außer einigen, meist auf agrarstrukturelle Maßnahmen in den 60er und 70er Jahren des 20. Jh. zurückführbaren Fällen. Vor allem auf Flächen, die dauerhaft vegetationsfrei gehalten werden (z.B. auf dem Meßhang Huldenberg, Belgien; s. GOVERS 1987, POESEN 1987) oder die stark verdichtet sind (z.B. auf Oberflächen, die von Panzern verdichtet wurden; s. SCHROEDER-LANZ 1963), können auch heute kleinere Kerben einreißen.

Nur wenige bewaldete Tiefenbereiche, z.B. das Tiefe Tal östlich von Obernfeld, verzeichneten während der vergangenen zwei Jahrzehnte schwachen Abtrag und schwache Akkumulation. Das Relief wurde dabei jedoch kaum verändert. Im Tiefen Tal entstand episodisch Abfluß auf den beackerten Hängen des Einzugsgebietes, der sich neben einem wegbegleitenden höhenlinienparallelen Graben sammelte und konzentriert durch ein Rohr zum bewaldeten Tiefenbereich geleitet wurde. Zwar trat an einzelnen Abschnitten des Tiefenbereichs Ab- oder Auftrag von bis zu 50 cm auf, doch auf die gesamte Länge des Haupttals von 1 300 m gesehen, ist die Bilanz annähernd ausgeglichen. Begehungen anderer mitteleuropäischer Landschaften bestätigen die Beobachtungen. Abweichende Befunde sind ausnahmslos auf direkte Eingriffe des Menschen zurückzuführen (BORK 1988).

In vollständig bewaldeten Einzugsgebieten kann unter bestimmten Bedingungen Abfluß auf der Bodenoberfläche auftreten. Hier sind vor allem Standorte mit Stauhorizonten oder Stauschichten in geringer Tiefe zu nennen. Stauende Substrate mit sehr geringen Wasserleitfähigkeiten verursachen während niederschlagsreicher Zeiten starke laterale Wasserflüsse. Manchmal wird der Wasserleiter vollständig aufgesättigt. Der resultierende Abfluß auf der Bodenoberfläche kann, wenn er reliefbedingt konzentriert wird, sogar unter Wald erodieren (BORK 1988).

Als Beispiel können die luxemburgischen Keupergebiete angeführt werden. Hier führten A. IMESON, P. JUNGERIUS und Mitarbeiter über mehr als ein Jahrzehnt detaillierte Untersuchungen zur Bodenerosion unter Wald durch (IMESON & JUNGERIUS 1977, IMESON & V. ZON 1979, IMESON et al. 1980, JUNGERIUS & V. ZON 1982, IMESON & VIS 1984, DUIJSINGS 1985). Bedingt durch Bodenerosionsprozesse, die sehr wahrscheinlich im Mittelalter und in der frühen Neuzeit während der ackerbaulichen Nutzung dieser Gebiete abliefen, sind die Böden heute gekappt. Der pedogen überprägte, stark stauende Steinmergelkeuper steht daher heute bereits in Tiefen von wenigen Dezimetern an. Wäre der mittelalterlich-frühneuzeitliche Abtrag nicht aufgetreten, würden heute flache trockene Dellen die Tiefenbereiche einnehmen.

Vor allem nach ergiebigen Niederschlägen im Winter, nach Schneeschmelzen und kurzzeitig nach sommerlichen Starkregen entsteht ungespanntes Bodenwasser (DUIJSINGS 1985). Es fließt auf dem Stauhorizont lateral ab und tritt auf konvexen Unterhängen oder in den Tiefenbereichen oberflächlich aus, wird konzentriert und fließt in den Kerben ab. Die wahrscheinlich jungneuzeitlichen luxemburgischen Kerben sind nach eigenen Beobachtungen in mittelalterliche oder frühneuzeitliche Sedimente eingeschnitten. In einer der Kerben am Schrondweilerbach beobachtete DUIJSINGS (1985) Seitenerosion unter Wald. Sie wurde erst durch die auf den Hängen flächenhaften und im Tiefenbereich linienhaften historischen Bodenerosionsereignisse im Ackerland möglich (s. BLAIKIE & BROOKFIELD 1987, S. 126). Ohne diese Erosionsereignisse würden weitaus mächtigere und durchlässigere Bodenhorizonte die Hänge und flache Dellen die Tiefenbereiche einnehmen. Das Stauwasser könnte dann im Boden abfließen.

In vielen Kerben haben in der ersten Hälfte des 14. Jh. Prozesse der Tiefenerosion die oberen Bereiche der Grundwasserkörper angeschnitten. Das seit dem Spätmittelalter austretende Quellwasser löst bei starker Schüttung an den Wänden oder Sohlen der heute meist bewaldeten Kerben schwache linienhafte Bodenerosionsprozesse aus. Sie hätten ohne die vorausgegangene, linien- und flächenhafte Bodenerosion im Ackerland meist nicht ablaufen können.

Historische Quellen

Die für das hohe Mittelalter beschriebene Landnutzung änderte sich in Mitteleuropa bis etwa 1310 nicht wesentlich. „Über die angebauten Getreidearten ist nichts Neues zu berichten. Roggen beherrschte im Norden und Osten die Felder Deutschlands und, wenn auch mit abgeschwächter Stärke, im Süden dort, wo nicht der Dinkel die Hauptfrucht bildete. Das dritte Jahr lag der Acker im großen Bereich der Dreifelderwirtschaft brach. Er diente den Tieren zur Weide" (ABEL 1978, S. 93). „Mit der Brachweide waren gewichtige Interessen wirtschaftlich-sozialer Art verbunden, die vielerorts bis weit in die Neuzeit hinein die ackerbauliche Nutzung der Brache unterbanden" (ABEL 1978, S. 97). Vereinzelt ist in Deutschland bereits für das 13. Jh. die Besömmerung der Brache sicher belegt (ABEL 1978, S. 97).

Bedeutung der Bodenbearbeitung. Die spätmittelalterliche Bodenbearbeitung beschreibt ABEL (1978, S. 90) wie folgt: „Die Brache wurde meist am Johannistag umgebrochen; im September folgte die Furche zur Wintersaat und im März oder Anfang April die Furche zur Sommersaat. Dazwischen schob sich hier und da noch ein ‚Ruren‘, das heißt eine Bearbeitung des Brachfeldes Ende Juli oder Anfang August. Aber allzu häufig war eine solche Bearbeitung der Brache im hohen Mittelalter noch nicht.“ Nach ABEL (1978, S. 90) wurden die Stoppeln meist nicht vor Johannis umgebrochen, da sie den Tieren zur Weide dienten. In Ausnahmefällen wurde die Vegetation im Brachfeld durch mehrfaches Pflügen und Eggen zerstört und dadurch die Schwarzbrache erhalten (ABEL 1978, S. 91). Sie kann demnach – allerdings nur auf wenigen Schlägen – die für das frühe und hohe Mittelalter bezeichnende schwache flächenhafte Bodenerosion verstärkt haben. Keinesfalls können Schwarzbrachen das Kerbenreißen in dem beschriebenen Ausmaß ausgelöst haben.

Hungersnöte häufen sich. In den Jahren 1313 bis 1318 trafen wiederholt Nahrungskatastrophen Deutschland, Frankreich, die Niederlande und England. Über die Ursachen wird noch zu berichten sein. Die Folgen waren für die Bevölkerung dieser Staaten fatal. Getreidemangel führte in den Jahren 1303, 1306, 1311, 1323 und 1340 in Florenz zu Preisanstiegen und Hungersnöten, Südfrankreich war zwischen 1340 und 1347 betroffen, Spanien und Portugal 1333/34. Über Jahrzehnte war durchschnittlich jedes zweite Jahr für die Florentiner ein Hungerjahr (MONTANARI 1993, S. 86). „Der fortwährende Ernährungsstreß, dem die europäische Bevölkerung in der ersten Hälfte des 14. Jh. unterworfen war, führte zu einem Zustand verbreiteter Fehlernährung und körperlicher Schwäche, wodurch der Pestpandemie, die den Kontinent von 1347 bis 1351 heimsuchte, der Boden bereitet wurde“ (MONTANARI 1993, S. 87). 25–35% der Bevölkerung wurden von der Pestpandemie ausgelöscht.

Rascher spätmittelalterlicher Wandel der Landbewirtschaftung – vom brot- zum fleischverzehrenden Mitteleuropa. Im Verlauf hauptsächlich der zweiten Hälfte des 14. und des frühen 15. Jh. änderte der demographische Zusammenbruch die Landnutzung dramatisch. Der Getreideanbau ging zugunsten der Weidewirtschaft stark zurück (z.B. ABEL 1967, S. 9; Achilles 1983, S. 15f.; LE ROY LADURIE 1985, S. 23ff.). Der Trend ist vielfach, z.B. für das Dorf Königshagen im südlichen Harzvorland, belegt (ENNEN & JANSSEN 1979, S. 154). Das Konstanzer Urbar aus dem Jahre 1383 enthält den Satz: „Hof und Äcker verfielen und wurden zur Weide für das Vieh“ (ABEL 1978, S. 124). Vergleichbare Bemerkungen finden sich in zahlreichen Quellen aus ganz Deutschland (ABEL 1978, S. 124). „Im dänischen Århus sowie an einigen ungarischen Fundplätzen nimmt der Rinderanteil zum späten Mittelalter hin erheblich zu bei gleichzeitigem Rückgang des Schweineanteils.“ (ENNEN & JANSSEN 1979, S. 156). Der Fleischverbrauch war im späten Mittelalter sehr hoch, es „war die Zeit des ‚fleischessenden‘ Europa [...]“ (MONTANARI 1993, S. 91). ABEL (1978, S. 124) schätzt den Fleischverbrauch auf mehr als 100 kg je Kopf und Jahr – „ein ‚wahres und echtes physiologisches Maximum‘ (R. MANDROU), das – wenn wir die von den kirchlichen Richtlinien auferlegten Tage der Abstinenz in Betracht ziehen – um die 400–500 g Fleisch täglich bedeuten würde, bei 200–220 Tagen effektiven Konsums. [...] Das hohe deutsche Niveau beim Fleischkonsum wird auch durch Polen, Schweden, England und die Niederlande bestätigt“ (MONTANARI 1993, S. 91). Die Daten ABELS zum spätmittelalterlichen Fleischverzehr sind nach den Einschätzungen von WURM (1986, S. 105) und MONTANARI (1993, S. 91) zumindest für Adel, Patrizier und reiche Handwerker realistisch.

Dauergrünland und (beweideter) Wald dehnten sich auf Kosten der Agrarflächen aus (z. B. JÄGER 1954, 1963a; KÜHLHORN 1969). Eines der zahlreichen Literaturbeispiele mag als Beleg für den – auch durch Pollenanalysen bestätigten – Trend genügen: „Im Diemel-Weser-Winkel des Kreises Hofgeismar, wo der Wald Ende des 13. Jh. bis auf die Kerne des heutigen Reinhardswaldes zurückgedrängt war, verdoppelte die Waldfläche wieder ihr Areal, und dies zwischen den Jahren 1290 und 1430" (ABEL 1978, S. 121).

Bedeutung der Bodenbearbeitungsgeräte. Die Schläge wurden an vielen Standorten mit schollenwendenden Streichbrettpflügen (Beetpflügen) bearbeitet (ENNEN & JANSSEN 1979, S. 156; RÖSENER 1985, S. 121). Wahrscheinlich ermöglichten Streichbrettpflüge erstmals das Aufpflügen von Wölbäckern (RÖSENER 1985, S. 121). WILLERDING (1986, S. 249) führt die Bodenerosion unmittelbar auf den Einsatz dieses Pflugtyps zurück. Dem widerspricht, daß in den Aufschlüssen mit Bearbeitungsspuren von Hakenpflügen extrem starke Bodenerosionsprozesse nachgewiesen werden konnten. Die kurzzeitig außerordentlich starke Bodenerosion des frühen 14. Jh. kann nicht durch ein vielerorts seit langer Zeit im Einsatz befindliches Gerät ausgelöst worden sein, zumal damit häufig hangaufwärts oder konturparallel bearbeitet wurde.

Bodenverarmung. Vielfach wird die folgende Hypothesenkette angeführt: Vor allem seien Grenzertragsböden gerodet worden. Der zunehmende Bevölkerungsdruck in der zweiten Hälfte des 13. Jh. hätte die Nutzung weiter intensiviert. Ausbeutung der Böden hätte die Bodenerosionsprozesse und ihre Folgen verstärkt. Im Spätmittelalter wären die Böden aufgrund der jahrhundertelangen Nutzung „ermüdet". Das Sinken der Bodenfruchtbarkeit wäre die Folge gewesen. Die resultierenden, verminderten Erträge hätten Hungersnöte befördert (s. ABEL 1966, RÖSENER 1985, S. 41ff.).

Sicherlich kann Bodenverarmung zur Verschlechterung der Bodenstruktur, zu geringeren Infiltrationskapazitäten, erhöhten Abflüssen auf der Bodenoberfläche und zur Zunahme der Bodenerosion führen. WILLERDING (1986, S. 248) stellt fest, daß einige als Verarmungsanzeiger anzusehende Arten im Mittelalter sogar auf Lößböden zahlreich waren. Angaben über starke Zunahmen von Säureanzeigern im frühen 14. Jh. fehlen. Weshalb aber sollten die Böden Mitteleuropas unabhängig von der verschiedenartigen Intensität und Dauer der vorausgegangenen agrarischen Landnutzung in der ersten Hälfte des 14. Jh. plötzlich verarmen und genau zu dem Zeitpunkt die Erosion auf geradezu atemberaubende Art und Weise fördern? Viele Standorte wurden schon seit mehr als einem halben Jahrtausend bewirtschaftet; andere – meist Standorte mit Grenzertragsböden, seltener hochwertige und entlegene – wurden erst wenige Jahrzehnte landwirtschaftlich genutzt.

Viele weitere Befunde sprechen eindeutig gegen die Bodenverarmung als Erosionsauslöser. Bereits im hohen Mittelalter wurden Bodenverbesserer eingesetzt. Auf vielen Schlägen wurden Viehdung oder Kompost aufgebracht. Schon vor 1300 häuften sich Nachrichten über den Einsatz von Mergeldüngern. Die Düngerpflichten des Pächters wurden in Pachtverträgen vereinbart (ABEL 1978, S. 92f.; vgl. auch SCHERZER 1983, S. 116). Datierungen von Scherbenschleiern auf Oberflächen bei Göttingen ergaben, daß seit dem 12. Jh. Keramikbruch mit dem Dünger auf die Äcker aufgebracht worden war (CRAMER et al. 1981, S. 294). Da es sich hierbei nicht um Einzelfälle handelt und erhöhte Aggregatinstabilitäten und dadurch reduzierte Infiltrationskapazitäten keinesfalls die beschriebene singuläre linienhafte Bodenerosion auszulösen vermögen, ist die Hypothese der bodenverarmungsbedingten Bodenerosionskatastrophe falsifiziert.

Nutzungsabhängige Bodenerosion. Die Erosionsschäden waren im Weideland gering, im Winterfeld mäßig hoch und im Sommerfeld stark. Die Erosionsgefährdung der Brachflächen hing von ihrer Bewirtschaftung ab. Bearbeitete, schwarzbrache Flächen – im 14. Jh. die Ausnahme – waren extrem stark erosionsgefährdet, Grünbrachen hingegen gut geschützt. Die wenigen, intensiv genutzten Restwälder blieben wahrscheinlich weitgehend von der spätmittelalterlichen linienhaften Bodenerosion verschont. Waldweide und Streunutzung (s. WILLERDING 1986, SCHENK 1996) können die Bodenstruktur signifikant verschlechtern, Infiltrationskapazitäten vermindern, Abfluß auf der Bodenoberfläche erhöhen und schwache Bodenerosion auslösen (Kap. 4.1).

Schriftquellen zu den hygrischen Witterungsverhältnissen. Über Bodenprofilanalysen rekonstruierte Geschwindigkeiten und Intensitäten des Kerbenreißens im 14. Jh. und die heute an den Standorten bei Starkniederschlägen ausbleibende linienhafte Bodenerosion weisen auf wenige katastrophale spätmittelalterliche Niederschläge mit kurzzeitig außerordentlich hohen Intensitäten hin. Archivalien könnten Hinweise zu den Ereignissen enthalten.

Studien von FLOHN (1967), LAMB (1977, 1982, 1989) und anderen belegen ungewöhnliche hygrische Witterungsextrema für die erste Hälfte des 14. Jh. LAMB (1977, S. 145) berichtet, daß in den Jahren nach 1300 in den meisten Teilen Europas das bei weitem häufigste Auftreten von feuchten Jahren und Hochwasserkatastrophen der letzten 2 000 Jahre verzeichnet wurde. FLOHN (1967, S. 87) beschreibt den Abschnitt von 1310 bis 1350 als ungewöhnlich regenreich, nicht nur in Mittel- und Westeuropa, sondern ebenso in Osteuropa, wo der Kaspisee seinen jungholozänen Höchststand erreichte.

Die Durchsicht der von WEIKINN (1958) und ALEXANDRE (1987) zitierten Erwähnungen spätmittelalterlicher Flußüberschwemmungen in Mitteleuropa ergab, daß viele Schriftquellen Extremereignisse im Jahre 1342 erwähnen. CHRISTIAN GOTTLIEB PÖTZSCH (1732–1805) ließ im Herbst 1774 ein Wasserhöhenmaß in die Elbbrücke der Stadt Meißen hauen und nahm zum 1.1.1776 regelmäßige Beobachtungen des Elbpegels in Dresden auf (FÜGNER 1995). PÖTZSCH (1784, 1786) erwähnt für mehrere Jahre der ersten Hälfte des 14. Jh. Hochwässer in Mitteleuropa:

1301   in welchem Jahr das Wasser großen Schaden getan (PÖTZSCH 1786, S. 17).
1306   Wasserfluten und Eisfahrten an Unstrut, Saale, Elbe und Mulde mit Schäden an Brücken und Mühlen (PÖTZSCH 1784, S. 18). Geschichtsschreiber des Bistums Würzburg merken an, daß „[...] bey allen Strömen durch ganz Deutschland ein so hoher Wasserwuchs erfolget, wodurch alle zunächst gelegenen Städte, Dörfer und Fluren ganz unter Wasser gesetzt worden, und daher allenthalben nicht nur überhaupt sehr großer Schaden geschehen ist,

sondern noch darzu viele Menschen und Vieh umgekommen sind" (Pötzsch 1786, S. 17 f.).

1311 Schäden an Äckern und Weinbergen durch Überschwemmung der Elbe (Pötzsch 1784, S. 18f.).

1312 trockener Sommer in Böhmen; hingegen in Sachsen und Thüringen starke Überschwemmungen, „wodurch viele Dörfer mit Menschen und Vieh ersäuft worden, darauf unter beyden ein groß Sterben entstanden sey" (Pötzsch 1786, S. 18).

1315 22.–25. Juli, nach vorhergehender Dürre haben sich die Flüsse in Böhmen, Mähren, Sachsen und an anderen Orten, hauptsächlich aber die Elbe, „stark ergossen" (Pötzsch 1784, S. 19).

1316 Hochwasser der Mulde reißt in Eilenburg ein Stück der Stadtmauer heraus und mehrere Häuser ein. 30 Menschen ertrinken (Pötzsch 1786, S. 18f.).

1318 Eisgang der Elbe, Schäden an der Elbbrücke in Dresden (Pötzsch 1784, S. 19).

1330 Regen verdirbt in Böhmen das meiste Getreide; starke Überschwemmungen (Pötzsch 1784, S. 19).

1336 Flut der Elbe und anderer Flüsse im Februar; Brücken wurden in Prag, Dresden und anderen Orten beschädigt (Pötzsch 1786, S. 19).

1342 zwei sehr große Fluten (Pötzsch 1786, S. 19); harter Winter mit viel Schnee bis Ende Januar. Ein starker Wärmeeinbruch taut, begleitet von Regenfällen, rasch den Schnee und führt zu Überschwemmungen. Eisgang zerstörte Moldaubrücke in Prag. Zahlreiche Mühlen und Wehre, Dörfer samt Menschen und Vieh werden zerstört (Pötzsch 1784, S. 20).

Sommerhochwasser im Juli oder August. Brücken in Dresden und Meißen sowie außerhalb Sachsens werden „ruinirt" (Pötzsch 1784, S. 20 f.).

Zahlreiche Erwähnungen der großen Überschwemmungen des Jahres 1342, „dahero sich abermals ganz sicher vermuthen läßt, daß sie sehr groß und schrecklich gewesen sein müssen. In Meißen soll das Wasser in der Franciskaner Kirche daselbst die Altäre weit überstiegen, und zwey Joch an der Brücke weggerissen haben" (Pötzsch 1784, S. 21.).

„Wie schrecklich damals die Werra in Thüringen, besonders zu Meiningen, gewütet, erzählt [...] Güthe. Er sagt: Am 21sten Jul. kam gar schnell ein großes Wasser, welches noch vor der Nacht so groß ward, daß es durch die ganze Stadt lief und alle Keller erfüllte, auch an vielen Orten in die Häuser und Stuben drang, alte Leute sammt den Kindern ersäufte; die Aecker, Wiesen, Gärten und alles verwüstete, in und außerhalb der Stadt an Vieh, Gebäuden, Bäumen und Getraide unsäglich großen Schaden that" (Pötzsch 1786, S. 20).

1343 am 11. und 12. März Überschwemmung der Elbe mit Eisgang (Pötzsch 1784, S. 21).

1345 Elbeüberschwemmung (Pötzsch 1784, S. 21 f.).

Waren die Ereignisse lokal oder überregional wirksam? Lassen die schriftlichen Quellen Rückschlüsse auf die Art, die Intensität und den zeitlichen Verlauf der Ereignisse zu?

Wenden wir uns zunächst dem Extremjahr 1342 zu: Anfang Februar traten infolge einer Schneeschmelze Hochwässer auf. Ende Juli und Anfang August verursachten anhaltende, heftige Niederschläge verheerende Überschwemmungen. Vier von 32 zeitgenössischen Schriftquellen, die ALEXANDRE (1987, S. 467–470) zitiert und die Ereignisse im Jahr 1342 erwähnen, beschreiben die Überschwemmungen im Februar, 19 erwähnen diejenigen im Sommer; die übrigen enthalten keine exakte Angaben zu Tag, Monat oder Jahreszeit.

Im Sommer 1342 überschwemmte Orte, die anhand der bei ALEXANDRE (1987, S. 467–470) genannten Angaben lokalisiert werden konnten, liegen vor allem an Main, Neckar, Rhein (unterhalb von Mainz), Werra, Fulda, Elbe und Donau.

Der Verlauf des Ereignisses kann nach Angaben von WEIKINN (1958) und ALEXANDRE (1987) rekonstruiert werden. Am 19. und 20. Juli 1342 (27. und 28. 7. 1342 des Gregorianischen Kalenders (GrKa); ALEXANDRE 1987, S. 312) werden katastrophale Schäden in Mittel- und Oberfranken gemeldet. Die Hochwässer erreichen am 20. Juli (28. 7. GrKa) Frankfurt a. M., am 21. Juli (29. 7. GrKa) Mainz und am 24. Juli (1. 8. GrKa) die Niederlande. In Frankfurt a. M. dauern die Überschwemmungen bis zum 24. Juli (1. 8. GrKa) an. „Das Wasser war [...] so groß in Mainz, daß es im Dom 3 Meter hoch stand" (WEIKINN 1958, S. 204). In Thüringen und Sachsen werden am 21. Juli (29. 7. GrKa) Katastrophenregen registriert. Die resultierenden Hochwässer erreichen am selben Tag die Elbe bei Meißen, am darauffolgenden Tag die untere Werra und die Weser. Auch in anderen Gebieten wurden starke Schäden registriert. Die Hochwässer zerstören die berühmten festen Brücken von Regensburg, Würzburg, Frankfurt/M. und Dresden (FLOHN 1967, S. 81). Die simultanen Überschwemmungen in großen Flußgebieten beweisen, daß die Starkregen großräumig und nicht lokal waren.

Nach ROTH (1996, S. 244) erfaßten die Starkregen im Juli 1342 den Raum vom Einzugsgebiet der Donau bis zur norddeutschen Küste. Offenbar nahm eine Tiefdruckrinne den Raum von der Adria bis nach Südskandinavien ein. Die archivalisch nachweisbare Trockenheit vor dem 19. 7. 1342 in Teilen Westdeutschlands „muß man sicherlich im Zusammenhang mit einem Hochdruckgebiet im Raum von Südengland sehen. Damit wird dann auch die Heranführung von kühlerer Luft aus Nordwesten erklärbar, die für das Aufgleiten der Warmluft erforderlich ist. Außerdem ist aber auch ein ausgeprägtes Hoch östlich der Tiefdruckrinne erforderlich. Damit kann einmal in der Höhe relativ feuchte Mittelmeerluft herangezogen werden, zum anderen kann es in diesem Gebiet zu einer relativ hohen Verdunstung kommen. Dazu ist es erforderlich, daß es auch in den Gebieten östlich der Tiefdruckrinne in der Zeit vor dem großen Ereignis ausreichend geregnet hat. Diese Verdunstung führt dann unterhalb der Absinkinversion in dem Hochdruckgebiet zu einer Anfeuchtung der Luft in der planetaren Grenzschicht. [...] Damit die absolute Feuchte dieser Luft die erforderlichen hohen Beträge erreichen kann, ist es außerdem erforderlich, daß es im Bereich des Hochdruckgebietes sehr warm ist. Damit die Verdunstung nicht rasch zur Austrocknung der oberen Bodenschichten führt, ist sicherlich auch erforderlich, daß zu diesem Zeitpunkt des Ereignisses die Vegetation noch voll verdunsten konnte" (ROTH 1996, S. 244). Entscheidend ist, „wo und unter welchen Bedingungen die Warmluft, die letztlich Quelle der Niederschläge ist, geprägt wurde. Das bedeutet, daß die Verhältnisse östlich des Tiefdruckgebiets im benachbarten Hochdruckgebiet für das Niederschlagsereignis von großer Bedeutung sind" (ROTH 1996, S. 244f.).

Zeitraum	Zitat (betroffene Gebiete; Quelle)
Sommer 1342	„In diesem Sommer war eine so große Überschwemmung der Gewässer durch den ganzen Erdkreis unserer Zone, die nicht durch Regengüsse entstand, sondern es schien, als ob das Wasser von überall her hervorsprudelte, sogar an den Gipfeln der Berge, so daß [das Wasser] Gegenden bedeckte, wo es ungewöhnlich war" (West- und Süddeutschland, Frankreich; „Vitae papar. Avenionensium" und „Corp. hist. Med. aevi", WEIKINN 1958, S. 202, verändert von DÄMMGEN).
Sommer 1342	„[...] ereignete sich eine große Überschwemmung, nicht nur infolge der außergewöhnlich starken Regengüsse, sondern [das Wasser] brach aus verborgenen Strömen in den Bergen, Tälern und dem ganzen Lande hervor, breitete sich übermäßig stark aus, so daß [...] besonders in den Rhein- und Maingegenden und andernwärts es alles an Feld- und Baumfrüchten, Heu, Gebäuden, Vieh und leider zahlreichen Menschen vielfältig und elendiglich vernichtete" („Cronica de episcopus Maguntinus", WEIKINN 1958, S. 203 f., verändert von DÄMMGEN).
21.7.1342 (29.7. GrKa)	„Tatsächlich waren auch in anderen Teilen der Welt unerhörte Überschwemmungen der Gewässer. So brachen fast alle unterirdischen Wasserquellen hervor und die Schleusen des Himmels waren weit offen, und es fiel Regen auf die Erde wie im 600. Jahre von Noahs Leben" (Würzburg; „Michaelis de Leone Canonici Herbipolensis annotata historica", WEIKINN 1958, S. 210, verändert von DÄMMGEN).
22.7.1342 (30.7. GrKa)	„Es ergossen sich nämlich vom Himmel Regenmassen, Wasser brach aus der Erde hervor, Flüsse zerstörten die Dämme, Quellen und Gießbäche strömten aus der Erde, die Flüsse erhoben ihre Wasser, so daß sie über ihre Ufer traten, nicht nur die Saaten und viele Pflanzen auf den Feldern, sondern auch die Äcker selbst und die Wege vernichteten [...]" (Westdeutschland; „De origine et abbatibus monasterii Luccensis" und „Geschichte des Klosters Loccum", WEIKINN 1958, S. 212f., verändert von DÄMMGEN).
25.7.1342 (2.8. GrKa)	„Item in der selben zit unde jare uf sente Jacobs dag des heiligen apostolen gelegen in dem erne da was große flut unde waßer uf erden, daz großer unseglicher jamer und schaide geschah von der flut. Unde hatte nit sere geregnet oder waßer gefallen zu der zit, alsa daz es von wunderlicher godesgewalt was unde quam, daz die waßer also groß waren" (Limburg; „Limburger Chronik", WEIKINN 1958, S. 216).

Tab. 5.3: Schriftliche Erwähnungen von spätsommerlichem Hangabfluß und Hangerosion
Quelle: WEIKINN (1958), mit Übersetzungskorrekturen von U. DÄMMGEN; s. BORK (1988)

Die geschilderte, durchaus nicht seltene mitteleuropäische Großwetterlage, die im Juli 1342 und z.B. in den Julimonaten der Jahre 1897, 1927 und 1997 auftrat, brachte verheerende Hochwässer (s. Kap. 3.8.5, FÜGNER 1995, ROTH 1996). Die Wetterlage wird nicht primär vom Witterungsgeschehen über dem Nordatlantik oder der Nordsee gesteuert; vielmehr sind regionale Einflüsse entscheidend. ROTH hat zeitgenössische Quellen mit heutigen Kenntnissen zu derartigen Wetterlagen verbunden und plausibel interpretiert. Danach verändert die Landnutzung die Witterungsereignisse einer Region und vor allem die Energie und Häufigkeit von Stark-

regen im Sommer. Diese wichtige Schlußfolgerung bestätigt die in Kapitel 2 vorgestellte Mensch-Umwelt-Spirale und klärt den einzigen Unsicherheitspunkt in ihrer
Kausalkette (s. u.).

Das Hochwasser im Juli 1342 übertraf alle anderen Überschwemmungen des Mittelalters und der Neuzeit an Ausmaß und Bedeutung (FLOHN 1967, S. 81). WEIKINN
(1958, S. 202–216; Tab. 5.3) zitiert zahlreiche Quellen, welche die für die gesamte
historische Zeit einmaligen Auswirkungen des Juliniederschlages 1342 in weiten Teilen Mitteleuropas beschreiben. Der Main erreichte in Frankfurt mit 7,85 m über dem
Nullpunkt des städtischen Pegels den höchsten bekannten Wasserstand (WEIKINN
1958, S. 204). Der zweithöchste Stand wurde um mehr als 2 m übertroffen (FLOHN
1967, S. 81). RODIER & ROCHE (1984, S. 72) schätzen die maximale Abflußrate des Mains
am Frankfurter Osthafen auf $4\,000 \pm 300$ m³ s^{-1}. Dies entspricht einer Abflußspende
von etwa 160 l s^{-1} km^{-2}. Geht man von einer mittleren Abflußspende des Mains von
80 l s^{-1} km^{-2} während der mindestens fünftägigen Überschwemmungen aus, dann
trug jeder Quadratmeter des Einzugsgebietes im Mittel mit etwa 35 l Wasser zum Abfluß in Frankfurt bei. Da ein erheblicher Teil des Abflusses auf der Bodenoberfläche
vor Erreichen des Frankfurter Pegels in die Böden infiltrierte, dürfte der Wert – bezogen auf die abflußwirksamen Flächen – noch weitaus höher gewesen sein. Der
kumulierte mittlere Abfluß auf sämtlichen agrarisch genutzten Bodenoberflächen
des Maineinzugsgebietes wird 100 mm im Juli 1342 wohl deutlich überschritten
haben. Heute treten in mitteleuropäischen Einzugsgebieten während extremer
Starkniederschläge auf ackerbaulich genutzten Hängen nur sehr selten Abflüsse auf
der Bodenoberfläche von mehr als 3 mm auf. Der Vergleich veranschaulicht die Dra-
matik des Jahres 1342.

Fünf von WEIKINN (1958) genannte mittelalterliche Schriftquellen beschreiben im
Sommer 1342 überregional auf den Hängen aufgetretenen Abfluß auf der Bodenoberfläche und Bodenabtrag (Tab. 5.3). Die Formulierungen (z.B. „es schien, als ob
das Wasser von überall her hervorsprudelte, sogar an den Gipfeln der Berge", „so
daß [das Wasser] Gegenden bedeckte, wo es ungewöhnlich war", „Wasser brach aus
verborgenen Strömen in den Bergen [...] hervor", und „Gießbäche strömten aus der
Erde"; s. Tab. 5.3) weisen auf ganz ungewöhnlich starken Abfluß auf der Bodenoberfläche hin und bestätigen die Bodenbefunde eindrucksvoll. Die Bemerkung,
daß fast alle unterirdischen Wasserquellen hervorbrachen (Tab. 5.3), bestätigt eindrucksvoll den auf Bodenprofilanalysen beruhenden Befund, daß viele Dellen,
Quellbereiche und Vorfluter durch exzessive Bodenerosionsprozesse zerkerbt wurden. Hangabfluß und Bodenerosion sind im 14. Jh. durch Schriftquellen für einen
großen Raum belegt – für West- und Süddeutschland sowie Frankreich.

Das Ereignis im Juli 1342 beendete eine längere Dürrezeit, die Starkniederschläge fielen auf eine ausgetrocknete Bodenoberfläche (WEIKINN 1958, S. 215). Unklar
ist, ob die Trockenheit die Vegetation schädigte. Unbekannt bleibt, wie stark die
Bodenoberfläche vor den Niederschlägen im Juli verschlämmt war. Möglicherweise
hatte bereits die von heftigen Niederschlägen begleitete Schneeschmelze um den
2. Februar 1342 (10. 2. GrKa) flächenhafte Bodenerosionsprozesse hervorgerufen,
die Oberfläche stark verschlämmt und die Winterfrucht geschädigt. Es ist gut
möglich, daß die Februarereignisse die Infiltrationskapazitäten und Vegetations-
dichten bis weit in die folgende Vegetationsperiode erheblich verringert haben. Die

Folgen des Februarereignisses können die Verheerungen im Juli 1342 deutlich akzentuiert haben.

Die Jahre nach 1342 waren durch extreme Witterungsereignisse geprägt. PFISTER (1985c, S. 192) erwähnt sehr hohe Niederschlagsmengen im Sommer 1342 und die „einzigartige Serie von drei naßkalten Sommern, von welchen der letzte, 1347, mit einiger Wahrscheinlichkeit kälter war als jener von 1816." Die Periode ungünstiger Witterung von 1342 bis 1347 bezeichnet PFISTER (1985c, S. 194) als „die vielleicht härteste ökologische Belastungsprobe des letzten Jahrtausends".

Witterungskatastrophen in der zweiten Dekade des 14. Jh. Neben den 40er Jahren war vor allem das zweite Jahrzehnt des 14. Jh. von ungewöhnlicher Witterung betroffen. Anormal nasse Sommer mit Überschwemmungen, insbesondere von 1313 bis 1318, verursachten in vielen Gebieten Europas Mißernten und Hungersnöte (LAMB 1977, S. 451; 1982, S. 187f.). ABEL (1976, S. 87) berichtet, daß lange und harte Winter, regnerische Sommer, Hagel und Überschwemmungen eine Hungersnot einleiteten, „die durch ihre Schwere, Dauer und Verbreitung eine Sonderstellung unter den Hungersnöten des hohen Mittelalters einnimmt." ABEL (1976, S. 87f.) schreibt weiter: „Sie begann in den Jahren 1309/11 in Süd-, Mittel- und Westdeutschland, breitete sich in den folgenden Jahren aus, und um 1315, dem Höhepunkt der Krisis in Deutschland, war außer Italien kaum noch ein Land oder eine Landschaft Mitteleuropas frei: Von England und Frankreich aus erstreckte sich das Notgebiet über Belgien, Holland, das Rheinland, Westfalen, Süddeutschland, Brandenburg und die Ostseeküsten bis tief nach Livland und Estland hinein. Die Preise für Brotgetreide stiegen in schwindelnde Höhen." SPANGENBERG (zit. in ABEL 1966, S. 45f., und ABEL 1976, S. 88) teilt uns in der Mansfeldischen Chronik mit, daß in Thüringen viele Äcker sieben Jahre lang nicht bewirtschaftet wurden und mit Unkraut bewachsen waren. Die außergewöhnliche Humidität in der zweiten Dekade des 14. Jh. hatte extrem starkes Baumwachstum zur Folge. Die Flüsse schwollen stark an, und die Ernten wurden zerstört und verrotteten (LE ROY LADURIE 1971, S. 45). Der umfassenden Studie von LE ROY LADURIE (1971, S. 16f.) ist weiterhin zu entnehmen, daß die Verheerungen von ungewöhnlich schweren Regenfällen ausgelöst wurden. Im Jahr 1341 werden in England Flurwüstungen erwähnt und auf die Hungersnöte im frühen 14. Jh. sowie auf Bodenverarmung zurückgeführt (LAMB 1982, S. 189f.).

Eine Fallstudie des englischen Historikers TITON (zit. in LE ROY LADURIE 1971, S. 45f.) ergab, daß in der Zeit von 1313 bis 1320 – mit Ausnahme des Jahres 1318 – keine trockene Jahreszeit verzeichnet wurde: Winter und Herbst des Jahres 1313, der Herbst 1314, der Winter, Sommer und Herbst der Jahre 1315 und 1316, zumindest eine Jahreszeit im Jahr 1317, der Herbst 1318, der Winter, Sommer und Herbst im Jahr 1319 und der Herbst im Jahr 1320 waren wahrscheinlich (in drei Fällen) oder mit Sicherheit (in allen anderen Fällen) naß bis extrem naß.

In den Jahren 1315 und 1316 verursachten verheerende Überschwemmungen in England, Nordfrankreich, Belgien, Süd-, Mittel- und Nordostdeutschland, Österreich, Ungarn und Polen riesige Schäden (WEIKINN 1958, S. 175–179; ALEXANDRE 1987, S. 436–439). Einer detaillierten, von HOFFMANN (1981, S. 189f., 253) durchgeführten Analyse des Verlaufs der spätmittelalterlichen Agrarkrise in der Umgebung von

Braunschweig ist zu entnehmen, daß aufgrund der katastrophalen Mißernte das Braunschweiger Domstift St. Blasii im Jahre 1316 nur von einem Teil seiner Besitzungen Geldeinkünfte erhielt. „Und vielleicht ist es ebenso als Folge der Erntekatastrophe zu bewerten, daß das Kapitel im August 1317 seine Güter in Sottrum veräußerte" (HOFFMANN 1981, S. 206).

Die Zahl der Todesfälle verdoppelte sich vielerorts. In einigen Gebieten starben mehr als 10 % der Bevölkerung, in Speyer angeblich mehr als 9 000 Menschen und in Mainz zwei Drittel der Einwohner (ABEL 1966, S. 45; 1978, S. 117; s. GRUPE 1986, S. 28f. und Abb. 1). In Schweden und Dänemark wurde um 1330, vielleicht schon um 1320 ein Bevölkerungsrückgang verzeichnet (ABEL 1966, S. 95) – lange vor den dramatischen Seuchenzügen, die ab 1348 zu drastischen Bevölkerungsverlusten in weiten Teilen Europas führten (KEIL 1986).

Auf anormale Witterung als wesentlichen Auslöser von Mißernten, Hungersnöten und des Wüstfallens vieler Orte und Fluren hat FLOHN bereits 1949/50 eindringlich hingewiesen.

Für die Zeit um und nach 1300 sind zahlreiche Vorstöße und Hochstände alpiner Gletscher belegt. Viele Gletscher erreichten in der Zeit besonders große Ausdehnungen (z. B. der Glacier de Brenay, der Schwarzberg-, Allalin- und große Aletschgletscher; BIRCHER 1982, FURRER et al. 1980, HOLZHAUSER 1982, RÖTHLISBERGER et al. 1980). Ein Zusammenhang zwischen Gletscherdynamik und extremen Starkregen ist allerdings nicht zwingend.

Die wesentlichen Aussagen der mittelalterlichen Schriftquellen zur Witterungsgeschichte ergeben folgendes Bild: Die schriftlichen Überlieferungen bestätigen die Resultate der Bodenprofilanalysen völlig. Die Katastrophenregen verursachten im Sommer 1342 Abfluß auf der Bodenoberfläche, Hochwässer und Bodenerosion, die in ihrem Ausmaß und in ihrer Ausdehnung für die gesamte historische Zeit einmalig waren und die in den letzten eineinhalb tausend Jahren nicht annähernd ein zweites Mal erreicht wurden.

Möglicherweise wurde die katastrophale spätmittelalterliche Bodenerosion nicht nur durch die exzessiven Ereignisse im Jahr 1342 verursacht, sondern von den Starkniederschlägen im zweiten Jahrzehnt des 14. Jh. entscheidend vorbereitet. Die ersten Befunde müssen noch mit Spezialuntersuchungen, vor allem von Historikern, überprüft werden.

Die beschriebenen, in weiten Teilen Mitteleuropas verbreiteten spätmittelalterlichen Bodenerosionsformen haben sich in einem kurzen, höchstens wenige Jahre umfassenden Zeitraum infolge großflächig wirksamer, extremer Witterungsereignisse gebildet.

Folgen der starkregenbedingten Bodenerosion. Als wesentliche Veränderungen der Landnutzung im 14. Jh. wurden bereits die Ausdehnung von Viehweide und Wald sowie der Rückgang des Getreideanbaus genannt (Abb. 5.1). Erläutert wurde, warum der Umschwung nicht die Ursache für die katastrophale Bodenerosion zwischen 1310 und 1350 gewesen sein kann. Kann umgekehrt Bodenerosion diese Veränderungen ausgelöst haben?

Zunächst ist nach den vorliegenden, ausgewerteten Schriftquellen zu klären, wann der erwähnte Umschwung genau einsetzte. Der umfangreichen Wüstungsliteratur ist zu entnehmen, daß Wüstungen während aller Abschnitte des Mittelalters und der Neuzeit entstanden. Das Wüstfallen von Orten trat als Folge von Siedlungskonzentrationen selbst in Phasen der Siedlungsexpansion auf (ENNEN & JANSSEN 1979, S. 177; SCHULZE 1979, S. 141f.; MANGELSDORF 1994, S. 92; NEKUDA 1994, S. 105). Die Siedlungskonzentration ist vom spätmittelalterlichen Wüstfallen von Orten und Fluren zu trennen. Die eigentliche spätmittelalterliche Wüstungsphase setzt nach verschiedenen Autoren (ABEL 1966, 1976; ENNEN & JANSSEN 1979) um 1300 oder im frühen 14. Jh. ein. ENNEN & JANSSEN (1979, S. 187) sind mit ABEL (1966) der Ansicht, daß der Bevölkerungsrückgang und somit die Agrarkrise statt kriegerischer Ereignisse oder Naturkatastrophen die Hauptursache des Wüstfallens waren. Auf Fehden und Kriege als weitere Ursachen des Wüstfallens von Orten haben ABEL (1976, S. 98ff.), NITZ (1983) und HABOVSTIAK (1994) hingewiesen.

Eine detaillierte Kausalanalyse erfordert, die spätmittelalterliche Wüstungsphase in die Zeit bis 1347 und den sich anschließenden Zeitraum der großen Seuchenzüge zu differenzieren. Der durch die Pestpandemie in der Mitte und weitere Pestepidemien in der zweiten Hälfte des 14. Jh. ausgelöste Bevölkerungsrückgang (KEIL 1986) und die resultierende Agrarkrise werden neben Fehden zu Recht als wesentliche Ursache des zweiten Teils des Wüstungsvorganges angesehen.

Zahlreiche Orte fielen jedoch bereits vor der ersten Pestwelle wüst, die Mitteleuropa in den Jahren 1348 bis 1350 heimsuchte. In den Bamberger Urbaren A und B der Jahre 1323/28 und 1348 werden wüste Fluren erwähnt (JAKOB 1968, SCHERZER 1983, S. 111f.). Von 324 im Bamberger Urbar B aus dem Jahr 1348 erwähnten Siedlungen sind nach Auswertungen von JAKOB (1968, S. 252) 50 oder 15,4% als wüst bezeichnet. Einige Orte werden bereits 1323/28 im Urbar A durch den Begriff „desolatum" charakterisiert, in anderen, erst 1348 vollständig verlassenen Orten werden einige wüste Lehen erwähnt (JAKOB 1968, S. 255). Der Wüstungsprozeß vollzog sich langsam über mehrere Jahrzehnte. Zeitgenössische Nachrichten belegen, daß im Frankenwald in den Jahren 1315 bis 1317 mehrere Dörfer wüst wurden (ABEL 1976, S. 88).

Welche Vorgänge haben die Entwicklung verursacht? Schriftquellen zu den Vorgängen in der zweiten Dekade des 14. Jh., wie die in JAKOB (1968, S. 254f.) zitierte Würzburger Chronik aus dem Jahr 1546, berichten von verheerenden Überschwemmungen, Hungersnöten, Teuerungen, Seuchen und Auswanderung: „Das Jahr 1312 brachte ungewöhnlich viel Regen und Ungewitter, allenthalben traten Ströme und Bäche aus ihren Betten und überschwemmten die Fluren. Die Folge dieses Mißjahres war eine große Teuerung und die furchtbarste Pest, welche seit langer Zeit in Deutschland gewütet. Viele Tausende wanderten aus und an manchen Orten fand sich niemand, der die Toten beerdigt hätte [...]. Die Teuerung des folgenden Jahres wurde noch größer und die von der Pest Verschonten wurden nun vom Hunger aufgerieben. Diese Jammerzeit währte noch lange an. [...] Aus Sizilien bezog man Getreide nach Deutschland, eine vordem nie erhörte Erscheinung."

Neben der zeitlichen kann die räumliche Differenzierung des Wüstungsvorganges helfen, die Ursachen zu klären. Der umfassenden Studie von ABEL (1976, S. 20f.) über die spätmittelalterliche Wüstungsphase ist zu entnehmen, daß die Wüstungsquotienten besonders hohe Werte in stärker reliefierten Landschaften erreichen. Vergleichsweise wenige Orte und Fluren fielen im nordwestdeutschen Flachland

wüst (Abel 1976, S. 21 und Abb. 2), obgleich Böden mit niedrigen Ackerzahlen weite
Flächen einnehmen. Im Leinetal entstanden nur wenige Wüstungen (Abel 1976,
S. 101). Nach Ennen & Janssen (1979, S. 188) sind krisenbedingte Dauerwüstungen
vor allem in Gebieten mit schlechten Böden oder jungen Orten festzustellen. Im
südwestlichen Harzvorland und in Thüringen verschwanden zunächst die zuletzt
gegründeten Dörfer. Die Befunde weisen auf die Relief- und Bodenabhängigkeit des
Wüstfallens.

Die verheerenden Einflüsse der spätmittelalterlichen linien- und flächenhaften
Bodenerosionsprozesse auf die Agrarstruktur sind durch die obengenannten Bodenprofilanalysen vielerorts nachweisbar. Zahlreiche an Kerben grenzende Äcker
fielen wüst und blieben bis heute bewaldet, z. B. in Niedersachsen und Hessen.
Viele durch die flächenhafte Bodenerosion von den fruchtbaren Böden entblößte
Äcker ereilte dasselbe Schicksal. Die flächenhafte Bodenerosion hat während der
ersten Hälfte des 14. Jh. auf zahllosen Hängen (z. B. in Hessen, Niedersachsen, Brandenburg und Mecklenburg-Vorpommern) zur vollständigen Abtragung der ertragreichen Böden geführt. Die korrelaten Sedimente der Bodenerosion – auf den Unterhängen und in den Talauen akkumulierte Kolluvien – belegen die Entwicklung.

Zum Ende der exzessiven flächenhaften Bodenerosion war um 1350 in Mitteleuropa auf den Unterhängen und an den Talrändern folgender Sediment- und
Bodenaufbau häufig:

• Kolluvium aus umgelagerten periglazialen oder glazialen Sedimenten (sandiges,
  lehmig-toniges oder steiniges Material) über
• Kolluvium aus umgelagerten holozänen Böden (z. B. in Löß, Sand oder Geschiebemergel entwickelte Ap-, Bv-, Al- und Bt-, Sw- und Sd-Horizonte) über
• periglazialen und glazialen Sedimenten (Geschiebedecksand, Geschiebelehm, Gelisolifluktionsdecke aus umgelagertem lehmig-tonigem oder steinigem Material).

Auf den betroffenen Hängen wurden zunächst die relativ fruchtbaren Böden und
dann die liegenden Sedimente mit geringer Bodengüte erodiert. Dadurch entstand
an den Akkumulationsstandorten eine Inversion der Substrate. Der gesamte Hang
oder zumindest der überwiegende Teil war nicht mehr zu bearbeiten oder zum
Grenzertragsboden geworden und daher zum Wüstfallen verurteilt. Zweifelsfreie
Belege gibt exemplarisch Kapitel 3.

Die naturwissenschaftlichen Befunde zeigen, daß Fehlsiedlungen auf a priori
wenig fruchtbaren Böden das Wüstfallen ausgedehnter Flächen in Mitteleuropa nicht
ausgelöst haben. Vielmehr haben extrem starke flächenhafte Bodenerosionsprozesse
die geringmächtigen, aber ackerbaulich sehr gut nutzbaren Lockersedimentdecken
weitgehend oder vollständig abgetragen. Die große Bedeutung erosionsbedingt redu-
zierter Bodenfruchtbarkeit als unmittelbare Ursache des Wüstfallens von Fluren
wurde bislang verkannt (z. B. Gringmuth-Dallmer & Altermann 1985).

Die Umgestaltung des Reliefs in der ersten Hälfte des 14. Jh. führte zu weiteren
Landschaftsveränderungen. Aus ehemaligen Trockentälern wurden, da die linien-
hafte Bodenerosion das Grundwasser anschnitt, wasserführende Tiefenlinien.
Durch die bessere Verfügbarkeit von Wasser und Holzkohle (z. B. durch Köhlerei auf
den wiederbewaldeten Flächen) wurde die Metallverarbeitung erleichtert (auf dem
Boden der spätmittelalterlichen Kerbe im Tiefen Tal fand sich eine Schlackenhalde).

In den Bamberger Urbaren der Jahre 1323/28 und 1348 sind neben Wüstungen umfangreiche Rodungen aufgeführt (SCHERZER 1983, S. 117). Wahrscheinlich wurden bis dahin bewaldete und daher nicht durch flächenhafte Bodenerosionsprozesse zerstörte Flächen mit minderwertigen Böden aufgrund des durch die katastrophale Bodenerosion entstandenen (vorübergehenden) Landmangels zur Ackernutzung herangezogen.

Aufgrund der dargelegten Zusammenhänge stellen wir – zumindest für die Zeit vor den Pestpandemien – die Bodenerosionstheorie neben die (insbesondere von ABEL 1976, S. 84ff., diskutierten) das Wüstfallen von Orten und Fluren erklärenden Agrarkrisen-, Kriegs-, Fehlsiedlungs-, Seuchen- und Klimatheorien.

Die Bodenerosionstheorie weist auf die besondere gesellschaftliche Bedeutung der Bodenumlagerungen, vor allem in der ersten Hälfte des 14. Jh. hin. Damit erlangt die von ABEL (1976, S. 85) später verworfene Klimatheorie wieder einen größeren Stellenwert. Allerdings sind, anders als in der Wüstungsliteratur dargelegt, nicht die thermischen, sondern die hygrischen Klimaverhältnisse ausschlaggebend für das beschriebene Geschehen.

Viele temporäre und permanente Flur- und Ortswüstungen sind auf Fehden, Kriege und Seuchenzüge in der Mitte und der zweiten Hälfte des 14. Jh. zurückzuführen (ABEL 1966, S. 48 ff.; 1976, S. 103ff.; ACHILLES 1983, KEIL 1986, BERGDOLT 1994). Für viele dieser Wüstungen war das Witterungs- und Erosionsgeschehen wahrscheinlich unwichtig. Dagegen stehen – aus den genannten Gründen – die Agrarkrisen- und die Fehlsiedlungstheorie in engem Kausalzusammenhang mit dem Erosionsgeschehen des 14. Jh. Die Feststellung von ENNEN & JANSSEN (1979, S. 187), daß Naturkatastrophen für die spätmittelalterliche Wüstungsphase unbedeutend waren, ist nach dieser räumlich und zeitlich differenzierten Analyse widerlegt.

Die mittelalterliche Kausalkette als Teil der Mensch-Umwelt-Spirale

Der Landnutzungswandel von der völkerwanderungszeitlichen Wald- zur ausgeräumten hochmittelalterlichen Agrarlandschaft veränderte den Energie- und Wasserhaushalt, rief Klimaänderungen mit der Zunahme von Witterungsextremen und exzessiver Bodenerosion hervor, bewirkte Mißernten, Hungersnöte, Seuchen und Massensterben, das Wüstfallen von Fluren und Orten und schließlich veränderte Ernährungsgewohnheiten.

War, naturwissenschaftlich gefragt, die exzessive, Boden und Relief, Landschaftsstruktur und Landnutzung, Gesundheitszustand und Ernährungsgewohnheiten der Bevölkerung drastisch beeinflussende Bodenerosion des 14. Jh.
- das Resultat singulärer Witterungsereignisse, d.h. eines kurzen, für das mittelalterliche Klima atypischen Ausschlages,
- Folge des erwartbaren tausendjährigen Niederschlagsereignisses, d.h. Teil des normalen mitteleuropäischen Klimageschehens oder
- Teil der Mensch-Umwelt-Spirale und damit ein Element in der klimamodifizierenden Kausalkette, die vom Landnutzungswandel und damit dem Menschen gesteuert wird?

Oder war, gesellschaftswissenschaftlich gefragt,

- eine Folge mehrerer Mangeljahre, die die Preise für das Grundnahrungsmittel Getreide explodieren ließen, Ursache von Hungersnöten, Massensterben und Wüstfallen,
- um 1300 die Bevölkerungskapazität in weiten Teilen Mitteleuropas erreicht und der verfügbare Siedlungsraum aufgebraucht, wie RÖSENER (1985, S. 40f.) und GRUPE (1986, S. 28) annehmen,
- Mitteleuropa gar überbevölkert, so daß „normale" Mißernten verheerende Folgen hervorrufen konnten (ABEL 1966, S. 46ff.; RÖSENER 1985, S. 40ff.) oder
- die auf extreme Witterung zurückzuführende exzessive Bodenerosion (mit) für den Systemkollaps und das Wüstfallen zwischen 1310 und 1347 verantwortlich?

Die Agrarkrise der zweiten Dekade des 14. Jh. war mit Abstand die schlimmste des frühen und hohen Mittelalters (ABEL 1966). Die zeitgenössischen Berichte belegen, daß es sich im frühen 14. Jh. nicht um für jene Zeit „normale", sondern vielmehr um ganz außergewöhnliche Hungersnöte gehandelt hat. Kaum ein mittel-, west-, nord- oder osteuropäischer Staat blieb von den Nöten verschont.

Frühere Auffassungen, daß die Gleichzeitigkeit der extremen Witterungsereignisse in der ersten Hälfte des 14. Jh. in vielen Staaten Europas Bevölkerungsdruck und Nutzungsausmaß als Teilursache ausschließe und daß ausschließlich natürliche Faktoren dafür verantwortlich seien (BORK 1988), sind nach neuen Erkenntnissen zu den Wechselwirkungen von Klima, Wasserkreislauf und Landnutzung zu revidieren (s. o.).

Im frühen und hohen Mittelalter wurden riesige Wälder durch Acker- und Grünlandflächen ersetzt. Der starke Nutzungswandel war klimarelevant und ist in weiten Teilen Mittel- und Westeuropas nachgewiesen. Dadurch wurden, wie in Kapitel 4.2 dargelegt, die Wasserbilanzen allmählich und in erheblichem Maße lokal und regional verändert. Die Transpirationsraten nahmen in den vorwiegend ackerbaulich genutzten Landschaften stark ab, die Grundwasserneubildungsraten deutlich und die Raten der Evaporation geringfügig zu. Abfluß auf der Bodenoberfläche trat erstmals seit der Eisenzeit wieder in feststellbarem Maße auf (Abb. 5.2).

Der veränderte regionale Energie- und Wasserhaushalt beeinflußte im 14. Jh. bestimmte Großwetterlagen und die Witterungsextreme in Mitteleuropa signifikant. Vor allem die Dynamik von Vb-Zyklonen, die, vom Mediterranraum kommend, östlich der Alpen nach Mitteleuropa strömten, hatte sich verstärkt und ungewöhnlich viel Niederschlag gebracht (ROTH 1996). Diese Großwetterlagen treten nicht selten in Mitteleuropa auf. Sie bringen vor allem im Juli ergiebige Niederschläge. Das Verhalten der Tröge bzw. Tiefdruckgebiete wurde demzufolge von der Flächennutzung erheblich verändert.

Die in Kapitel 2 als Konzept vorgestellte und hier für das Mittelalter belegte Wirkungskette, die sich mehrfach wiederholte und zur Mensch-Umwelt-Spirale aufbaute, ist wahrscheinlich prägend für die gesamte jungholozäne, für die derzeit ablaufende und für die zukünftig erwartbare Landschaftsentwicklung.

Neben den anthropogen induzierten Witterungsextremen und Wirkungsketten traten im Spätmittelalter weltweit bedeutende natürliche Klimaänderungen auf. Die quantitative Differenzierung beider Effekte – aktueller und vorzeitlicher anthropogen ermöglichter und natürlicher Klimaentwicklungen – ist heute die erklärte Forschungsaufgabe bedeutender wissenschaftlicher Einrichtungen (z. B. des Potsdam-Instituts für Klimafolgenforschung, des Geoforschungszentrums in Potsdam und des Max-Planck-Instituts für Meteorologie in Hamburg). Extreme Witterungssituationen treten – nicht zuletzt ausgelöst durch die Rhein- und Oderhochwässer der 90er Jahre unseres Jahrhunderts – zunehmend in den Fokus der Forschung.

5.4 Mitte 14. Jh. bis frühes 18. Jh. – Wüstfallen, Restabilisierung, Rodung, erneut allmählich wachsender Nutzungsdruck

Naturwissenschaftliche Befunde

Unmittelbar nach den für das gesamte Holozän einmalig leistungsstarken und wirkungsvollen Bodenerosionsereignissen des frühen 14. Jh. und ihren unmittelbaren Folgen für die Bewohner Mitteleuropas wurden die stärksten der neu entstandenen Reliefunterschiede durch Rutschungen rasch egalisiert. Badlands verbuschten oder wurden extensiv als Dauergrünland genutzt. Die durch starke Reliefenergie hervorgerufene extensivere Nutzung linienhafter Erosionsformen ermöglichte und förderte die Akkumulation. Vor allem Grünlandvegetation förderte das Auskämmen von Sediment aus dem Abfluß auf der Bodenoberfläche und führte schließlich vielerorts zur totalen Verfüllung von Kerben und Pedimenten. Dadurch sind viele der Formen im heutigen Oberflächenbild nicht mehr zu erkennen. Aus den Ausführungen wird erneut deutlich, daß Ablösung, Transport und Akkumulation von Bodenpartikeln und Landnutzung in einem engen gegenseitigen Abhängigkeitsverhältnis gesehen werden müssen.

Schwache flächenhafte Bodenerosion auf den in ackerbaulicher Nutzung verbliebenen Flächen kennzeichnete das weitere Spätmittelalter und die frühe Neuzeit (Abb. 5.3). Überregional bedeutende Starkregen und Überschwemmungen, wahrscheinlich begleitet von mäßig starker linienhafter Bodenerosion, traten in den Jahren 1374, 1432 und 1480 auf (ALEXANDRE 1987). Die Vielfalt der spätmittelalterlichen und frühneuzeitlichen Sedimentationsprozesse veranschaulichen die Kerbenfüllungen der Rüdershäuser Wölbackerflur. Hier waren neben Rutschmasse – von unten nach oben – aufgeschlossen: kleinflächig homogene, schwach humose, schluffige Kolluvien, gradiert geschichtete Sedimente, kleine Rillen, eine 2 m tiefe Kerbe, ein Humushorizont und ausgedehnte, mehr als 4 m mächtige, nicht geschichtete, nach oben zunehmend humosere Kolluvien (Kap. 3.5.2). Mehrfache Nutzungswechsel führten zur vielfältigen Entwicklung des Tiefenbereichs östlich von Drudevenshusen (im Untereichsfeld, s. Kap. 3.4).

Meliorationsmaßnahmen, die im späten 17. und frühen 18. Jh. auf dem Schwemmfächer der Wolfsschlucht und im Becken des Kleinen Tornowsees (Ostbrandenburg) vorgenommen worden waren, ermöglichten die Einschneidung eines 2–3 m tiefen Kerbtals (Kap. 3.5.1). Ohne die Tieferlegung der Erosionsbasis durch die Anlage eines Wasserableitgrabens wäre die linienhafte Erosion ausgeblieben.

An manchen zuvor fruchtbaren Hängen wurde noch im Spätmittelalter versucht, das in der ersten Hälfte des 14. Jh. entblößte oder abgelagerte steinige Sediment zu Wölbäckern aufzupflügen. Anderenorts wurden Ackerterrassen in tonig-steinigem Material angelegt. Jedoch war die Bodengüte erosionsbedingt so gering, daß die Bemühungen um die Wiederaufnahme des Ackerbaus scheitern mußten und nurmehr extensive Landbewirtschaftung möglich war. Derartige Situationen finden sich – mit Ausnahme ausgedehnter ebener Flächen (z. B. am Oberrhein) – in allen Landschaften Mitteleuropas, die im Spätmittelalter (zeitweise) ackerbaulich genutzt wurden.

Bodenerosionsbedingtes Wüstfallen erzwang also häufig die Wiederbewaldung. Nun dominierte Bodenbildung unter Wald an den untersuchten Profilen bei Glasow in Vorpommern, im Tiefen Tal und bei Thiershausen (beide Untereichsfeld).

Die Nutzung der neuen, auf hochmittelalterlichen Ackerflächen stockenden Wälder wurde allmählich intensiviert (Schenk 1996, Beese 1997). Bereits im 15. und 16. Jh. bestand vereinzelt Bedarf, die Waldnutzung zu regeln. Mit wachsender Intensität von Waldweide und Streunutzung traten neben Bodenbildung unter Wald lokal sehr schwache flächenhafte Bodenerosionsprozesse auf (s. Kap. 3.4, 3.6.2).

Manchmal blieb der spätmittelalterliche Landschaftszustand bis heute annähernd unverändert erhalten – hauptsächlich in Einzugsgebieten, die aufgrund der flächenhaften Bodenerosion vollständig wüstfielen und die seitdem gänzlich und ununterbrochen bewaldet sind (z. B. im Seulinger Wald oberhalb von Drudevenshusen).

Historische Quellen

Nach dem Desaster der Jahre 1310 – 1350 erholte sich die Bevölkerung nur langsam. Die Viehhaltung und der Fleischverbrauch der Bevölkerung nahmen nicht zuletzt aufgrund des beendeten Flächendrucks, wie bereits diskutiert, nach 1350 rasch stark zu. Die Bewirtschaftungssysteme wurden zunächst beibehalten. Hinweise auf extreme Niederschlagsereignisse im 15. Jh. sind selten.

Von der Viehzucht zum Ackerbau, vom Fleischkonsum zum Brotverzehr. Ungefähr ab der Mitte des 16. Jh. veränderten sich Landnutzung und Ernährungsgewohnheiten. Auslöser waren Bevölkerungswachstum, abnehmende Reallöhne, Verbote der Viehzucht in Städten und reduzierte Importe aus dem südöstlichen Mitteleuropa nach der Eroberung Ungarns durch die Türken. Der Fleischverbrauch ging bis zum 18. Jh. stark zurück. Ausnahmen waren Mittelgebirgsräume mit ausgeprägter Schafhaltung. Die tägliche Ration Brot rückt in den Mittelpunkt der Ernährung. Der Brotverbrauch nimmt zu; vereinzelt verschlechtert sich die Brotqualität. Weißes Weizenbrot blieb den reichen Städtern vorbehalten, die Mittelschicht aß helles Weizen-Roggen-Mischbrot, für die ärmsten Städter und viele Bauern war dunkles Brot mit Gerste und Hafer, Hülsenfrüchten oder Kastanien bestimmt. Mehlspeisen und Suppen spielten eine wichtige Rolle in der Ernährung der bäuerlichen Bevölkerung. Schließlich waren Auseinandersetzungen um Nahrung – Aufstände, Plünderungen von Bäckereien – vom 16. bis 18. Jh. in etlichen Staaten Europas nicht selten (Montanari 1993, S. 126ff.).

Berichte über Starkregen und Überschwemmungen nehmen im 16. und 17. Jh. wieder zu (PÖTZSCH 1784, 1786, 1800; VOGT 1958b, GLASER 1991). Landschaftsprägende Bodenverlagerungen werden jedoch nur sehr selten verzeichnet (z. B. VOGT 1982). In den Talauen lagerten sich während zahlreicher schwach wirksamer Erosionsereignisse Hochflutsedimente ab.

Die Intensivierung von Plaggenhieb, Schafweide, Rodungen und Ackerbau, exzessiver Holzentnahme, Streuharken und Sandabgrabungen führte im Verlauf der frühen Neuzeit im mitteleuropäischen Tiefland vielerorts zur Zerstörung oder Auflockerung der Vegetationsdecke (ALISCH 1995). Die vielfältigen, von ALISCH (1995) in der sandreichen ostniedersächsischen Allerniederung untersuchten anthropogenen Eingriffe ermöglichten die Verwehung von Flugsanden und machten Maßnahmen zur Bekämpfung der Wehsande erforderlich.

5.5 Mitte 18. Jh. bis frühes 19. Jh. – erneute starke witterungsbedingte Landschaftsveränderungen

Naturwissenschaftliche Befunde

Die spätmittelalterliche und frühneuzeitliche Phase schwacher flächenhafter Bodenerosion wurde Ende des 17. oder im 18. Jh. von starker linienhafter Bodenerosion beendet (Abb. 5.3). Im Verlauf des späten 17., 18. und vereinzelt des frühen 19. Jh. schnitten sich in vielen mitteleuropäischen Landschaften an den Tiefenbereichen und Hängen mehrere Meter tiefe Kerben ein (Tab. 5.2). Im Aufschluß Rüdershausen erreichte die kleine Schlucht eine Tiefe von 4,6 m. Gradierte geschichtete Sedimente und Rutschmassen verfüllten rasch die Hohlform. Das Volumen der Rüdershäuser Kerbe umfaßte mit 300 m³ nur 15 % desjenigen der benachbarten spätmittelalterlichen Kerben (Tab. 5.2). Im Tiefen Tal führte die Zerkerbung zum Ausraum von 43 000 m³ Boden – im Vergleich zu 155 000 m³ im frühen 14. Jh. Die anschließende Wiederbewaldung der tiefenliniennahen Bereiche ermöglichte die weitgehende Erhaltung der Oberflächenformen des 18. Jh. Lediglich der Kerbenboden wurde durch jüngere Ereignisse etwas verändert. Südlich Drudevenshusen trat keine linienhafte Bodenerosion im 18. Jh. auf, da der seit dem Spätmittelalter bewaldete Teil des Einzugsgebietes keinen Abfluß auf der Bodenoberfläche liefern konnte und das verbleibende ackerbaulich genutzte Gebiet relativ klein und schwach geneigt ist. Die märkische Wolfsschlucht dagegen wurde signifikant erweitert. Unweit des vorpommerschen Glasow wurden in der Randowbucht nach etwa 1780 im Gefolge eines heftigen Niederschlages mächtige Sande akkumuliert (Kap. 3). Erodiert wurden im Verlauf dieses Starkregens im Mittel die oberen 45 mm des Einzugsgebietes zusammen mit 1 770 kg ha⁻¹ organischem Kohlenstoff und 160 kg ha⁻¹ Phosphor.

Die Ausraumvolumina der neuzeitlichen Zerschneidungsphase erreichten selten mehr als 20 % der spätmittelalterlichen Maximalwerte. Die ackerbaulich genutzten und von Bodenerosion betroffenen Flächen Mitteleuropas wurden in der zweiten Hälfte des 18. Jh. während einiger erosionsreicher Jahre im Durchschnitt um

0,3 mm a^{-1} tiefer gelegt. In den Extremjahren (z.B. 1765, 1785) wurden in Deutschland bis zu 200 Mio. t und in Mitteleuropa bis zu etwa 1 Mrd. t Boden auf ackerbaulich genutzten Flächen abgetragen. Auf den Hängen und in den Talauen wurden 97% der Bodenmasse als Kolluvium oder Auensediment flächenhaft akkumuliert. Der Rest erreichte das Schwarze Meer, Ost- und Nordsee.

Aufgrund nur schwacher bis mäßig starker flächenhafter Bodenerosionsprozesse auf den Hängen wurde die im frühen 14. Jh. entstandene und anschließend mit Kolluvien überdeckte Abtragungsfläche im 18. Jh. häufig nicht flächenhaft zerstört. Die spätmittelalterlichen und frühneuzeitlichen Kolluvien wurden nur in geringem Maße umgelagert.

Im Vergleich zu den vorausgegangenen annähernd 300 Jahren war die Rate der Auensedimentation in der zweiten Hälfte des 18. Jh. nicht erhöht. Wie schon zuvor in der ersten Hälfte des 14. Jh. wurde der weit überwiegende Teil des erodierten Materials vorwiegend auf den Unterhängen, in den kleineren Tälern und seltener in den Randbereichen der größeren Talauen als Schwemmfächer abgelagert. Da die Sedimente nicht in die größeren Täler gelangten, ist, analog zum 14. Jh., die verstärkte Ablagerung von Hochflutsedimenten ausgeblieben. Die beschriebene Lage der Sedimente des 18. Jh. an den Unterläufen erklärt, warum WILDHAGEN & MEYER (1972b) diese Generation von Bachschwemmzungen in der Leineaue bei Göttingen nicht nachweisen konnten. Für einige Seitentälchen der Hahle im Untereichsfeld, für die Randowbucht bei Glasow und die Wolfsschlucht bei Buckow (beide in Nordostdeutschland) ist die Sedimentation von Schwemmfächern im 18. Jh. bewiesen.

Die Erosionsformen und die Ursachen des Kerbenreißens hauptsächlich vom späten 17. bis frühen 19. Jh. wurden von zahlreichen Autoren durch Archivstudien oder im Gelände untersucht und eingehend beschrieben (KÄUBLER 1938, VOGT 1953, 1957a u. b, 1958a u. b, 1960, 1966/74, 1970a u. b, 1972, 1975, 1977, 1982; HEMPEL 1957, 1976; SEMMEL 1961, SPERLING 1962, LINKE 1963, SCHULTZE 1965, RICHTER & SPERLING 1967, HARD 1976, GIESSÜBEL 1977, BORK & ROHDENBURG 1979, BLAIKIE & BROOKFIELD 1987, THIEMEYER 1988).

ALISCH (1995) untersuchte mit integrativer Methodik Bodenprofile und Schriftquellen, um Ausmaß, Ursachen und Folgen starker Winderosion zu rekonstruieren. Er identifizierte für das östliche Niedersachsen eine hauptsächlich auf die ausgedehnte und zugleich extrem intensive Nutzung und die resultierende Flugsandreaktivierung zurückzuführende agrarökonomische Krise im 18. Jh. – eine weitere Bestätigung der Mensch-Umwelt-Spirale.

Historische Quellen

Das Jahrhundert des Hungers. Die Bevölkerung Europas nahm zunächst langsam von vielleicht 90 Mio. im späten 14. Jh. auf 125 Mio. um 1700 und dann rasch auf annähernd 200 Mio. zum Ende des 18. Jh. zu. Auf die gesteigerte Nahrungsmittelnachfrage antwortete man in Süddeutschland, Frankreich, England und Osteuropa mit der Rodung von Wäldern, in Norddeutschland, Irland und Italien vornehmlich mit der Inkulturnahme von Feuchtgebieten (MONTANARI 1993, S. 155; MEYER 1996, S. 64). In Brandenburg wurden durch die Urbarmachung von Oderbruch, Rhin-

und Havelluch sowie zahlreicher kleiner Luch- und Bruchflächen ausgedehnte landwirtschaftlich nutzbare Flächen gewonnen (FISCHER 1936, SCHMOOK 1997).

Trotz bedeutender wissenschaftlicher Erkenntnisse, neuer Agrartechniken, aus der Neuen Welt importierter oder wiederentdeckter, früher in Europa bekannter Kulturfrüchte (Kartoffel in Mitteleuropa, Mais in Südeuropa, Buchweizen), veränderter Fruchtfolgen und anderer Nutzungen der Brache (u. a. Anbau von Hülsenfrüchten) waren Mißernten nicht zu vermeiden. Die Innovationen verbreiteten sich im 18. Jh. sehr langsam. Sie setzten sich, gefördert durch die noch zu schildernden Katastrophen des 18. Jh., erst im 19. Jh. wirksam durch.

Nach vergleichsweise spärlichen schriftlichen Überlieferungen in der frühen Neuzeit häuften sich im 18. Jh. nahezu überall in Europa Meldungen über extreme Starkregen, Mißernten, Hungersnöte, starke Hochwasserschäden oder intensive linien- und flächenhafte Bodenerosion. Die Nachrichten bestätigen, vor allem für Mitteleuropa, die Resultate der Bodenprofilanalysen, die z.B. mit Hilfe der steilen Kerbenwände und Rutschmassen nachweisen, daß die Kerben des 18. Jh. rasch entstanden sind.

Landschaftsmaler stellten im 17., 18. und frühen 19. Jh. häufig Überschwemmungen und Erosionsschäden dar (MAKOWSKI & BUDERATH 1983, SCHAMA 1995, PFADENHAUER 1997, S. 68).

Mehr als die Hälfte der von VOGT (1953, 1958a, 1958b, 1960, 1966/74, 1970a, 1982) zitierten zeitgenössischen deutschen und französischen Schriftquellen aus dem 16. bis 19. Jh., die Erosionsereignisse und resultierende Schäden erwähnen, datieren in die Jahre 1750 bis 1790. In den Zeitraum fallen die Erwähnungen der verheerendsten Erosionsschäden (vgl. Tab. 5.4).

Nach HARD (1976, S. 204) lag der Höhepunkt des Kerbenreißens in der Westpfalz und in den angrenzenden Gebieten zwischen etwa 1760 und 1850. Auf die Ursachen der in dem Raum bis zur Mitte des 19. Jh. anhaltend starken linienhaften Bodenerosion wird noch näher einzugehen sein.

Die zeitliche Einordnung der Kerbensysteme ist auch durch historische Karten belegbar. Die Ämterkarte von Vielliers aus dem Jahr 1706 enthält trotz des großen Maßstabs (1 : 11 200, wiedergegeben bei KOST 1977, S. 253) und der genauen Wiedergabe der Flurstruktur in der Umgebung von Polle (Landkreis Holzminden) keine Hinweise auf Formen linienhafter Bodenerosionsprozesse. Wären zu diesem Zeitpunkt bereits Kerben vorhanden gewesen, hätten sie zumindest eine veränderte und damit den jüngeren Karten vergleichbare Flureinteilung hervorgerufen. In der Ämterkarte verlaufen aber die Äcker völlig ungestört, und zwar in einem Bereich, der in jüngeren Karten zerkerbt, von völlig andersartigen Wegesystemen durchzogen und durch eine andere Feldeinteilung gekennzeichnet ist. In einer Karte der Kurhannoverschen Landesaufnahme aus dem Jahr 1783 (Maßstab 1 : 21 333, reproduziert bei KOST 1977, S. 255) sind dagegen südlich von Polle durch Schummerung und Schraffur zahlreiche linienhafte Elemente enthalten, die als relativ frische Kerben gedeutet werden können. Darüber hinaus weisen mehrere Flurbezeichnungen (z.B. „Hagengrund", „Galgen Grund") auf derartige Formen hin. Der überwiegende Teil der Kerben ist, wie der bei KOST (1977, S. 257) abgebildete Ausschnitt der TK25 aus dem Jahr 1975 veranschaulicht, noch heute im Oberflächenbild zu erkennen.

Die Gemarkungskarte von Lütgenhausen (Landkreis Göttingen) aus dem Jahr 1768 zeigt das in der Nähe der Rhumequelle gelegene Kerbensystem des Heyliedgrabens (HEMPEL 1957, Karte IV). Die Bezeichnung „verflossen", die in der Karte auf der Nordseite des Heyliedgrabens zweimal eingetragen ist, weist auf Abspülungsprozesse in den Jahren vor 1768 hin. Der steile, südexponierte Hang „auf der Heylied" nördlich der Kerbe mit dem Namen „Heyliedgraben" ist durch mehr als 20, manchmal mehr als 120 m lange Seitenkerben zerschnitten (Abb. 5.4 gibt die von HEMPEL 1957 kopierte Karte vereinfacht wieder). Die größeren Seitenkerben münden sohlengleich in den bis zu 10 m tief eingerissenen Heyliedgraben (HEMPEL 1957, S. 20). Das Kleinrelief unmittelbar vor dem Kerbenreißen bestimmte die Lage der Seitenkerben. Sie schnitten sich stets in den Furchen zwischen den Wölbäckern ein. Dies ist nicht weiter verwunderlich, da die in Gefällsrichtung verlaufenden Furchen mit ihrem starken Sohlengefälle die Abflußkonzentration nicht nur ermöglichten, sondern erzwangen und dadurch das Kerbenreißen ungemein förderten. Substrat- und Nutzungsunterschiede dürften die Zerrunsung sämtlicher Furchen verhindert haben. Vergleichbare, an der Flurstruktur orientierte Kerbensysteme fand HARD (1976, S. 199ff., Abb. 1, 2) in seinem pfälzisch-lothringischen Untersuchungsgebiet.

Welche mitteleuropäischen Landschaften waren vom Kerbenreißen besonders stark, wenig oder nicht betroffen?

In Tabelle 5.4 wiedergegebene zeitgenössische Berichte belegen das Einreißen von Kerben in Thüringen und Sachsen, im Harzvorland, in Hessen, im Hunsrück, in der Westpfalz, im Saarland, in Baden-Württemberg und im Elsaß etwa von 1760 bis 1800. Die Schriftquellen weisen auf die Intensität der linienhaften Bodenerosion hin. Eine Tiefenangabe wird für die Gemarkung Mobschatz bei Dresden mitgeteilt (VOGT 1958b, S. 200). Hier rissen 1768 bis dreieinhalb Ellen tiefe Kerben ein (in Abhängigkeit von der verwendeten Elle 1,7–2,7 m). Vielerorts sind die im 18. Jh. entstandenen linienhaften Bodenerosionsformen noch heute im Gelände sichtbar, da die extrem stark betroffenen Standorte wüstfielen. Einen Eindruck von der Energie der Transportprozesse während der zweiten jungholozänen Zerkerbungsphase vermitteln die bis heute unter Wald oder Dauergrünland erhaltenen Kerben. Sie sind im Topographischen Kartenwerk im Maßstab 1:25 000 durch braune oder schwarze, einander gegenüberliegende, scharfe Böschungskantenlinien mit Keilschraffen dargestellt. BORK (1988, Abb. 11–14) untersuchte durch Geländebegehungen und Kartenvergleiche das Ausmaß des Kerbenreißens in drei für den reliefierten mitteleuropäischen Raum typischen Landschaftsausschnitten (Odenwald nordöstlich von Bad König, Untereichsfeld nördlich von Duderstadt und die Umgebung von Lützellinden bei Gießen). Zahlreiche Kerben wurden vor allem in den 60er und 70er Jahren des 20. Jh. mit Bauschutt verfüllt. Sie sind in den jüngsten Ausgaben der TK25 nicht mehr dargestellt.

Auf den Hängen schnitten sich im Odenwald und im Untereichsfeld – oft in den Furchen zwischen Wölbäckern – wenige Zehner von Metern kurze, tiefe Kerben ein. Diese stets auf den Hängen gelegenen Kerben münden sohlengleich in etwas breitere, wenige hundert Meter lange, tiefe Kerben (z. B. die Seitentälchen im Tiefen Tal). Letztere gehen wiederum direkt und gleichsöhlig in breite und tiefe, häufig mehr als 1 km lange Kerben über (z. B. das Tiefe Tal und der Herzengelsgraben öst-

Tab. 5.4: Ausmaß, Ursachen und Folgen der katastrophalen Überschwemmungen und Bodenerosion im 18. Jh. nach zeitgenössischen Berichten

Jahr	Zitat (betroffene Gebiete; Quelle)
1760	Es werden „zu beiden Seiten der Furchen tiefe Gräben, so man nicht überschreiten kann, gerissen" (Aschara in Thüringen; Dresden, Kammerarchiv Tonna 710, zit. in VOGT 1958b, S. 200).
1765	Äcker sind „durch tiefe Graben, die das Wasser zu beyden Seiten gerissen, dergestalt beengt worden, daß nur noch die Hälfte davon geackert werden kann. Man suchte dieses anfänglich mit Zäunen und Dämmen zu verhüten, allein ein heftiges Donnerwetter mit dem heftigsten Platzregen vereitelte die Arbeit von vielen Jahren in einer einzigen halben Stunde auf ewig" (Harzvorland und Hessen; JACOBI 1765, zit. in HEMPEL 1957, S. 12).
1766	„In der Brachflur [...] durch das große Gewässer an vielen Orten solche Gräben eingerissen [...], dass der Schaden hier höher als bei dem Korn zu aestimieren ist, weil viele Land wohl in fünf bis sechs Jahren nicht mehr in Stand kommen kann" (Gemarkung Michelbach im Hunsrück; Staatsarchiv Speyer, Zweibrücken II2523, zit. in VOGT 1953, S. 180).
1768	Es bilden sich 2 bis 3,5 Ellen tiefe Risse (Gemarkung Mobschatz bei Dresden; Dresden, Fürstenschule Meißen 515, zit. in VOGT 1958b, S. 200).
1768	„Das Brachfeld [...] so ruiniert ist durch Gewitter und tiefe Grabenrisse, daß wir nicht wissen, wie wir solches in etlichen Jahren wieder ebnen können" (Gemarkung Gossel in Thüringen; Dresden, Kammeramt Ichtershausen 1437, zit. in VOGT 1958b, S. 200).
1770	„Wo die [...] kahlen Berge eine große Öffnung und runden Kessel in das Gebirge [...] formieren, in dessen Mitte, weil die sothanen Kessel umgebenden kahlen Berge von allem Gehölz und sonstigen, das Erdreich zusammenhaltenden Gewächsen entblößt und daneben in vorigen Zeiten durch Anbauung (von) Früchten aufgezakkert und aufgelockert worden, sind durch unzählige daran bei Regengüssen entstandene Wassergräben, wodurch das Wasser von beiden Seiten heruntergefallen, ein ungeheurer Flutgraben entstanden, welcher, da er seinen Lauf in recta linea gegen die gegenüber dem Weg gelegenen Wiesen und Äcker gerichtet, seit einigen Jahren einen Schaden von vielen Tausend darin verursacht und über 20 und mehr Morgen des besten Wiesen- und Ackerlandes mit Sand und Steinen überschüttet hat" (Webenheim im Saarland; Staatsarchiv Speyer, Zweibrücken II 996, zit. in VOGT 1953, S. 180).
1770	„[...] nun aber alldorten, wo es ganz eben gewesen, eine grosse Klamm sich befinde" (um Hunspach und Hoffen im nördlichen Elsaß; Arch. dep. Bas-Rhin, B 372, zit. in VOGT 1970a, S. 54).
1776	„In der Winterflur auf welchem das Gewässer wegen dem starken und buschigen Samen nicht so angreifen konnte, hat es weiter keinen Schaden getan, als daß nur hier und da tiefe Gräben und Löcher eingerissen und auf einige Bodenäcker Steine geflößt worden. Die mehresten Äcker der Sommerflur sind sehr zerflößt; der Hafer kann sich hier und da zum Teil wieder erholen, aber die Schotenfrüchte, welche erst gesät worden, haben den meisten Schaden erlitten; die obere Erde mit dem Dünger und Schafpferch wurde sehr stark weggespült [...] In der Brachflur hat der Wolkenbruch die Erde um so leichter wegspülen können [...]" (Wenkheim bei Tauberbischofsheim; Löwenstein-Wertheim-Rosenberg-Archiv B1434, zit. in VOGT 1953, S. 183).
1782	„[…] das übrige Ackerfeld [...] sei durch öfters einfallende schwere Platzregen mit unzähligen Gräben durchwühlt, der gute Bau abgespült und nur ein nichts taugender Schiefer am Tag liegt, er trägt kaum die Saatfrüchte [...]" (Winterthaler Hof im Nordpfälzer Bergland; Staatsarchiv Speyer, Geistliche Güteradministration 530, zit. in VOGT 1953, S. 181).

29.2.1784	Hochwasser beschädigte oder zerstörte etwa 1/3 der Häuser (Bonn; GRUNERT & HARDENBICKER 1993, S. 332).
März 1784	„Wiederum am rechten Elbufer, aber auch in das Stift Wurzen gehörig, traf die wüthende Fluth eben so hart das Ritterguth und Dorf Tauschwitz, wo nur ersteres einen gar gewaltigen Schaden angiebt, als:

2 006 Rthl.	zu Wiederherstellung 16 Dammbrüche [...],
15 "	an verlornen 10 Schock Faschinen,
1 485 "	an 14 1/8 Acker ganz verlohren Feld,
2 142 "	an verlorner Aerndte,
453 "	an Huthung,
70 "	an 7 Schock Bäumen,
360 "	an 72 Schock Stroh,
487 "	an 97 Schock ungedroschen Getraide, Weizen, Korn und Gerste, auch
257 "	an ertrunkenem Viehe" (Elbe; PÖTZSCH 1784, S. 170).

1785	„Als endlich die Atmosphäre auf einmal warm wurde, Regen mit Gewittern einfiel, und die durch den Frost in der Erde eingeschlossene Luft ihren Ausgang mit Gewalt nach der wärmeren atmosphärischen Luft suchte, so konnte dieses nicht anders als Aufreißen und Einstürzen der Erde verursachen, welches leztere die Menge des Regenwassers durch seine Gewalt noch mehr bewirkte. Wir dürfen also eben so wenig die Ursachen von den diesjährigen häufigen Erdfällen innerhalb der Erde suchen, als es bisher bey minder beträchtlichen geschehen ist, da sie sich in der ausserordentlichen Witterung dieses Jahres sehr leichte auffinden lassen" (Einzugsgebiet der Elbe; PÖTZSCH 1786, S. 121f.).
1785	„Nochmals traf in den Bayerischen Landen zu Altenrandsberg – im Rentamte Straubingen, am 10ten Sept. ein Wolkenbruch, der von Nachmittags 3 bis halb 6 U. anhielt, und solche Verwüstungen anrichtete, daß kaum den Einwohnern selber die ganze Gegend nachher mehr kennbar war" (PÖTZSCH 1786, S. 123).
Juni 1785	„So hoch war das Wasser in so kurzer Zeit bey doch nur mäßigem Regen angeschwollen, der das Erdreich noch lange nicht gesättiget hatte. Diese so schleunig große Anschwellung des Wassers war also unmöglich von dem Regen herzuleiten, und doch wußte man sich solche Erscheinung nicht zu erklären. [...] Sobald die gefallenen Wasser die Wege nur in so weit wieder eröffneten, daß man von einem Orte zu dem andern kommen konnte, so giengen auch die fürchterlichsten Nachrichten von unerhörten Erdfällen und Erderschütterungen, die sich im höhern Gebirge ereignet hatten, ein, bey denen, wie es allemal anfänglich zu geschehen pflegt, freylich viel Unwahres mit unterlief. Obgleich das Wasser fiel, so war es doch nicht möglich, bald fortzukommen, theils weil dasselbe sich dem ungeachtet noch zu sehr verbreitete, theils weil es die mehresten Brücken und Stege weggerissen, und endlich die Straßen so ruiniret hatte, daß man an manchen Orten kaum unterscheiden konnte, wo die Straßen und Wasserläufe gewesen waren" (Elbe; PÖTZSCH 1786, S. 120).
Sommer 1785	„Demungeachtet war dieser [der Schaden], der jetzt durch die Eisfluth bei der Spree geschah, noch nicht so beträchtlich, als derjenige, den dieser Fluß hernach in den nassen Sommermonaten [...] durch seine Ueberschwemmungen veranlaßte, zu welcher Zeit, bis gegen den Herbst, fast der ganze Ober- und Niederspreewald völlig unter Wasser stand, daß alles Gras und andere Früchte darinnen, und in der Gegend verderben mußten, und beynahe gar nichts davon eingeärndtet werden konnte. Denn da das Wasser in der dasigen Gegend fast unmerklich fließet, so stauet solches schon durch das hohe Gras auf, und verbreitet sich weit mehr, als zu einer andern Zeit, wo der-

	gleichen nicht vorhanden ist. Es hatten also die Einwohner in den dasigen Orten nicht nur die Beschwernisse des Wassers zu erdulden, sondern verlohren durch das Gras und ihre andern Früchte, dahero ein großer Theil derselben in Mangel, besonders an Futter für das Vieh verfiel" (Spreetal; PÖTZSCH 1786, S. 118f.).
Sommer 1785	„Solche Erdfälle fanden sich nachgehends in den Gebirgsgegenden um Schweidnitz allerdings häufig, nämlich solche, wenn sich das Erdreich entweder an der Böschung eines Berges ablöst, und bis in das Thal stürzt, oder am Fusse desselben einsinkt. Dergleichen Erdfälle sind daselbst gar nicht so gar selten, aber auch nicht so häufig, daß sie sich alle Jahre ereigneten. Sie geschehen gemeiniglich nach anhaltendem Regen. Mehrentheils stürzt ihnen eine Fluth Wasser nach, die eine halbe, eine ganze, ja bis zwo Stunden anhält, sich dann mäßiget, in einigen Tagen verliert, aber auch wohl Jahre dauert, und an manchen Orten sogar beständig bleibt.
	Diejenigen Erdfälle, welche man diesmal, nach dem großen Wasser antraf, waren nicht in den hohen Bergen, sondern nur an den Böschungen der niedern Bergrücken, in einer senkrechten Höhe, etwa 60 Ell. höher und niedriger. Die Veranlassung zu diesen sogenannten Erdfällen findet ein einsichtsvoller Beobachter der Natur allda, lediglich in der vorhergegangenen Winterwitterung, ohne daß Erderschütterungen dabey gewirkt haben. Er schließt ganz richtig, und sagt: ‚Da dergleichen Erdfälle nicht so gar selten im Gebirge sind, so zeichnet sich dieses Jahr von den vorhergehenden blos durch die Menge derselben aus, die Ursachen davon bleiben aber immer dieselben, und lassen uns daher weder ausserordentliche, noch traurige Folgen für die Zukunft befürchten'" (Einzugsgebiet der Elbe; PÖTZSCH 1786, S. 120f.).
Sommer 1785	„Das anhaltende viele Regenwetter, mit oftmaligen Ausbrüchen eines verheerenden Hagels, schien in diesem Sommer fast allen Ländern von Europa gemein zu seyn. Von allen Seiten, z. E. aus Pohlen, aus Podolien, Vollhinien und der Ukraine, ja sogar aus Ober-Italien von Mantua und der Gegend umher, erhielt man ähnliche traurige Berichte" (PÖTZSCH 1786, S. 123).
7.7.1785	Niederschlag in Dresden 8 2/3 Lin., in Wittenberg 9 2/3 Lin. (PÖTZSCH 1786, S. 125).
12.9.1785	Niederschlag in Dresden 10 3/4 Lin. (PÖTZSCH 1786, S. 125).
1787	„Vermehrt wird der Schaden durch den flurweisen Bau, wonach große Feldabteilungen und ganze Hänge einen Schlag bilden, der jeweilig in seiner ganzen Ausdehnung mit der gleichen Fruchtgattung angeblumt ist [...] Man hat dabei auch bemerken müssen, daß die Felder besonders zerrissen werden, wenn sie zur Brache liegen" (Zweibrücker Westrich; Landesökonomiekommission im Herzogtum Zweibrücken, zit. in HARD 1976, S. 212).
13.7.1788	Ein Hagelsturm verursacht starke Schäden in Frankreich; Getreide und Weingärten werden vielerorts zerstört (NEUMANN 1977).
1790	„Sehr oft hat es mich gewundert, dass die nächst am Gebirge [...] liegenden Städte und Ortschaften nicht längst vereinigte Klagen gegen diesen schädlichen Anbau der Erde geführt um dessen gänzliche Abstellung gebeten haben. Allein sie kennen wohl den Ursprung und die Ursache ihres Schadens nicht; sie [...] wundern sich sehr, dass diese Übel erst seit vierzig Jahren bestehen und alle Jahre sich vergrößern [...]. Sie bedenken nicht, dass dazumal lauter Waldung war und daß die Wurzeln der Bäume den Boden zusammenhalten, den Lauf des Wassers hemmen, die Flut verhindern und also weder Einrisse noch Überschwemmungen gestatten" (Elsaß; FRANCK 1790, zit. in VOGT 1960, S. 203).
1790	„Sollten sie doch wenigstens alle leichtbödigen Bergseiten und besonders wenn sie dem Anreissen einer Flut ausgesetzt sind, [...] ohne Unterschied solchen Rottbüschen widmen [...]. Durch den Rottbuschbau wird [...] das grosse Übel, das die Flözungen nach sich ziehen, verhindert, da die Erde mit Wurzeln

	befangen ist und diese dem Gewässer keinen Einriss oder Sammlung gestattet" (Elsaß; FRANCK 1790, zit. in VOGT 1960, S. 203).
1791	Die „Einwohner von Althornbach seien 'durch das Verflözen der Felder durch Regenfluten recht arme, verderbliche Leute geworden' und es seien 'ihrer nicht wenige deshalb außer Landes gegangen'" (Zweibrücker Westrich; HARD 1976, S. 225, unter Verwendung eines Protokolls der Landesökonomiekommission im Herzogtum Zweibrücken).
1794	„Fluthen von dergleichen Höhe sind eigentlich nicht außerordentlich, sondern fallen öfters vor. Und da gegenwärtige ohne Eisgang vorüber ging, schadete sie auch an wenig Orten, sondern stiftete im Ganzen vielmehr Nutzen, besonders in den Wiesen, die in den vorhergehenden zu wenig Wasser habenden Jahren sehr ausgetrocknet, dabey von den sich eben daher gewaltig vermehrenden Maulwürfen Mäusen und Ameisen durchwühlt waren, so, daß fast gar kein Gras darauf wachsen konnte. Durch das ausgetretene Wasser aber wurden diese schädlichen Thiere größtentheils getötet, und von dem hinterlassenen Schlamme die Wiesen aufs neue gedüngt, daß man sich Hofnung zu einem künftigen besseren Ertrag derselben machte" (Elbe; PÖTZSCH 1800, S. 18).
Februar 1799	„Weiter herunter betraf das Uebel noch drey auf dieser Seite am Fuße der Sandsteinfelsen bis Pirna liegende Dörfer. Zu Pötzscha 7 Einwohner, deren Felder, Wiesen und Gärten sehr verändert und zerrissen, auch die Obstbäume, Vermachungen, steinerne Haaben und verschiedene Schiffgefäße ruiniert, zudem steinerne Säulen und 8 Scheffel Uferwiesen mit fortgerissen wurden. Auch litten unter diesen Einwohnern 6 gar sehr an ihren Gebäuden" (Wasserflut der Elbe mit starkem Eisgang; PÖTZSCH 1800, S. 38).

Abb. 5.4: Flurstruktur und Kerbensystem im „Grund Riß der Amts Herzberger Schenkflure vor Lütgenhausen wie selbige bey der in dem Jahre 1768 vollstreckten Vermessung von den Zehentziehern angewiesen und befunden worden von JOHANN HEINRICH KALTENBACH" (verändert nach HEMPEL 1957, Karte IV)

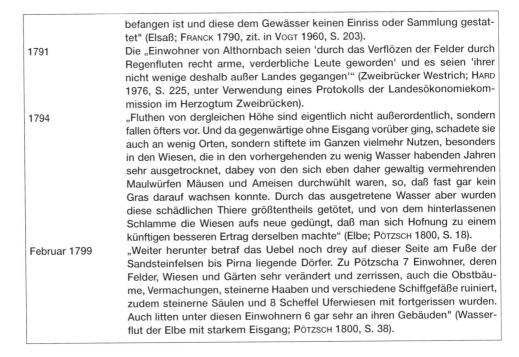
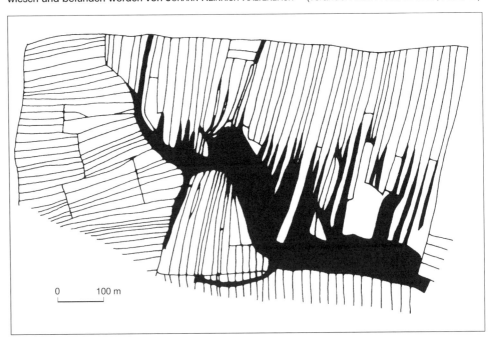

0   100 m

lich von Obernfeld, der Heyliedgraben unweit der Rhumequelle, der Spielbretts-graben und der Bernhardsgraben bei Bad König), die sich in die Täler einschnitten. Die Kerben liegen heute ausnahmslos unter Wald oder in Dauergrünland. Karten-vergleiche ergaben, daß sich die Grundrisse der Kerben seit dem frühen 18. Jh. nicht mehr signifikant verändert haben. Lediglich eine unterschiedlich starke Ver-füllung ist in vielen Kerben nachzuweisen.

Die Veränderungen linienhafter Erosionsformen seit dem frühen 18. Jh. wurden im vergleichsweise kerbenarmen Oberhessen untersucht. Etwa ein Dutzend Hang-und Talkerben wurden 1818 auf dem 35 km² umfassenden Ausschnitt des Blattes Lützellinden (Oberhessen) durch Tranchot und v. Müffling aufgenommen. Ab-gesehen von einer Ausnahme im Nordwesten des Kartenausschnittes, die unter Wald ungenau vermessen worden war, ist keine Kerbe zwischen 1818 und 1980 erweitert worden. Abfallbeseitigung und Flurbereinigung zerstörten im 20. Jh. mehrere Kerben.

Keine oder nur sehr wenige Kerben der zweiten Generation (18. Jh.) finden sich in den am schwächsten geneigten Bereichen des nordmitteleuropäischen Tief-landes und der Oberrheinischen Tiefebene. Die in einigen Lößlandschaften, wie dem zentralen Untereichsfelder Becken und in Teilen des Kraichgaus, heute sehr geringe Kerbendichte beruht nach Bodenprofiluntersuchungen auf der Plombie-rung der im 18. Jh. entstandenen Kerben während der vergangenen zwei Jahrhun-derte. Mächtige Lösse haben hier ein Wüstfallen verhindern können.

Mit wachsender Reliefenergie, abnehmender Abtragungsresistenz der an der Ge-ländeoberfläche anstehenden Gesteine oder Böden und zunehmender Nutzungs-intensität erhöht sich die Dichte der im 18. Jh. eingerissenen Kerben und kann schließlich landschaftsbestimmend werden.

Die genannten Beispiele mögen als Beleg für die zeitliche Einordnung der zweiten Zerkerbungsphase sowie den Verlauf und die Leistung ihrer Transportpro-zesse genügen. Der weit überwiegende Teil der Erosionsformen datiert in die zwei-te Hälfte des 18. Jh., andererseits sind Kerben aus dem späten 17. Jh. und den ersten Hälften des 18. und 19. Jh. nachweisbar.

Welche Faktoren haben die Entwicklung vor allem in der zweiten Hälfte des 18. Jh. verursacht? Löste – wie im 14. Jh. – eine anthropogen induzierte Häufung von Starkniederschlägen die Kerbenbildung aus? War das Kerbenreißen Folge eines Agrarstrukturwandels? Oder hat sich das Klima ohne menschlichen Einfluß geändert?

Witterungsverhältnisse. Mit Hilfe der ersten in Mitteleuropa vorgenommenen Niederschlagsmessungen kann das hygrische Witterungsgeschehen in der zweiten Hälfte des 18. Jh. geschildert werden. Leider können die ältesten Niederschlags-meßreihen aufgrund der geringen Stationsdichte, der oft längeren Unterbrechun-gen der Meßreihen, der vielen Ausfälle, der unterschiedlichen Meßgenauigkeiten der Pluviometer (Unkenntnis der Bauweise, der Höhe über dem Boden, der Baum-und Gebäudehöhen in der Umgebung) und der unterschiedlichen Sorgfalt der Beobachter keine zuverlässige Auskunft über die Intensität einzelner Starknieder-schläge geben (Pfister 1985a, Garnier 1974a u. b). Die Niederschlagsverhältnisse die-ser Zeit werden daher von Klimahistorikern vorwiegend durch mehrjährige – feste, gleitende oder gewichtete – Mittelwerte (Flohn 1984, Pfister 1985a, Glaser 1991,

1995), in der höchsten zeitlichen Auflösung durch Monatssummen (GARNIER 1974a u. b), charakterisiert. Die Mittel- und Summenwerte erlauben keine gesicherten Aussagen über einzelne Niederschläge. Monatssummen können in Verbindung mit der Zahl der Regentage Hinweise auf höhere Tagessummen geben.

Die Augustmonate waren nach detaillierten Untersuchungen von PFISTER (1985a, S. 130) zwischen 1756 und 1765 um fast 25% feuchter als im langjährigen Mittel. PFISTER (1985a, S. 76) schätzt, daß in Basel im außergewöhnlich nassen Juli des Jahres 1758 zwischen 200 und 250 mm Niederschlag fielen. Der feuchteste Sommer der gesamten englischen und walisischen Meßreihen (181% des langjährigen Mittels) datiert nach LAMB (1984, S. 55) in das Jahr 1763. Im August 1764 erreichten in der Westschweiz gemessene Niederschlagsmengen die Größenordnung der absoluten Maxima des Monats (PFISTER 1985a, S. 76). PFISTER (1975, S. 81ff.; 1980, S. 188) erwähnt Witterungskatastrophen in den Jahren 1768–1771 im Schweizer Mittelland, um 1770 verzeichneten nach FLOHN (1984) viele mittel- und westeuropäische Meßstationen außergewöhnlich hohe Sommerniederschläge. Mehr als das Vierfache des mittleren Monatsniederschlages erbrachten sintflutartige Regenfälle im Oktober 1778 in der Schweiz (PFISTER 1985a, S. 130). Im elsässischen Mühlhausen wurden im selben Monat 182 mm Niederschlag gemessen, im Juni 1781 waren es 157 mm und im August desselben Jahres 170 mm (GARNIER 1974b, S. 52). Im nördlichen und nordwestlichen Frankreich folgten auf einen gewitterreichen Sommer im Jahr 1783 schwere Hagelwetter im Frühjahr 1784 (BLAIKIE & BROOKFIELD 1987, S. 133; SUTHERLAND 1981, S. 436). Im August 1784 fielen in Paris (Meßstation am Observatoire astronomique) an 11 Regentagen insgesamt 175 mm Niederschlag (GARNIER 1974a, S. 50, 94). Im Jahr 1789 wurden in der Bretagne Starkregen verzeichnet (SUTHERLAND 1981, S. 436). V. RUDLOFF (1967, S. 134ff.) berichtet von vermehrten Hochwassermeldungen im Dezennium 1784–1793 in Deutschland und von einem Rheinhochwasser, das alle späteren Überschwemmungen um 2–3 m übertraf. Von PFISTER (1985a, S. 125) für Basel berechnete elfjährige gewichtete gleitende Mittelwerte zeigen, daß in den Jahren um 1790 der Monat Juni besonders naß war. Die genannten Daten weisen auf überdurchschnittlich hohe Niederschläge in der zweiten Hälfte des 18. Jh. in Mittel- und Westeuropa hin.

Gelegentlich finden sich anstelle von Meßwerten Beschreibungen extremer Ereignisse, z.B. eines Hagelwetters vom 13. Juli 1788 in der Picardie, das mehr als 1 000 Ortschaften zerstörte (LE ROY LADURIE 1971, S. 76; LE ROY LADURIE & DESAIVE 1972, S. 63f.). Den Einfluß der Niederschlagsenergie auf das Abtragsgeschehen verdeutlicht ein Schriftstück aus den 20er Jahren des 19. Jh.: „Bey starken Regengüssen ist die Gewalt und Menge des auf die Felder stürzenden Wassers die Ursache von dem starken Abfließen und Einreißen der Berg-Aecker. Oft sieht man [...] tiefe Schluchten, besonders gegen das untere Ende; oft rutschen ganze Strecken gebauten Landes herunter in die Tiefe" (Akademie der Wissenschaften in Göttingen, Scient. 196, Vol VIII, Fasz. 94, 13/14, zitiert in HEMPEL 1976, S. 185f.). Weitere Belege können Tabelle 5.4 entnommen werden. Danach zerstörte im Jahr 1765 ein einziges, halbstündiges Gewitter die im Verlauf von vielen Jahren errichteten Erosionsschutzvorrichtungen.

Nach den zitierten Messungen und Meldungen traten in der zweiten Hälfte des 18. Jh. Starkregen gehäuft auf. Da die Nachrichten hauptsächlich den lokalen Charakter einzelner Starkregen ansprechen, dürfte – im Gegensatz zum frühen 14. Jh. – eine Vielzahl kleinräumig erosiv wirksamer Niederschläge das Kerbenreißen aus- gelöst haben. Die linienhaften Erosionsprozesse liefen in verschiedenen Räumen zu unterschiedlichen Zeitintervallen ab. Die im Vergleich zur ersten Zerkerbungs- phase weitaus geringeren Ausraumvolumina bezeugen eine niedrigere Intensität der einzelnen Niederschlagsereignisse im 18. Jh.

Wirksamer Erosionsschutz war aufgrund der ungeheuren Gewalt der Abflüsse auf der Bodenoberfläche und der Kürze der Ereignisse in der ersten Hälfte des 14. Jh. sehr wahrscheinlich nicht realisierbar. Hingegen war es im 18. Jh. stellen- weise möglich, durch geschickte Landnutzung und andere Vorkehrungen, wie die dauerhafte Begrünung gefährdeter Standorte, die Hänge erfolgreich vor extremer linienhafter Erosion zu schützen. Die Erfordernisse und Möglichkeiten des Boden- schutzes wurden im 18. und frühen 19. Jh. vielerorts unabhängig voneinander grundsätzlich erkannt.

Sehr eindringlich weist FRANCK (zitiert in VOGT 1960, S. 203) seine Zeitgenossen im Jahr 1790 darauf hin, daß durch den Rottbuschbau der Abtrag verhindert werden kann (Tab. 5.4). Die Königliche Societät der Wissenschaften zu Göttingen stellte im Jahr 1815 die Preisfrage: „Welches sind in gebirgigen Gegenden die zweckmäßigsten Vorkehrungen, das Abfließen der Äcker bey Regengüssen zu verhüten, ohne in den Grabenbetten, bey starkem Falle der Graben, das Ausreißen des Bodens zu sehr zu befördern?" (Akademie der Wissenschaften in Göttingen, Scient. 196, Vol. VIII, Fasz. 94, Nr. 13 / 14, zitiert in HEMPEL 1957, S. 13, und 1976, S. 181). Die elf daraufhin eingereichten Schriften zeugen von der weitreichenden Kenntnis der Boden- erosionsprozesse und der erforderlichen Gegenmaßnahmen. Die Autoren schlagen z.B. die Anlage von Terrassen oder höhenlinienparallelen Grasstreifen, Bodenbe- arbeitung quer zum Gefälle, Buschanpflanzungen oder Änderungen der Flurstruk- tur (Umlegen der Schläge), aber auch die Anlage von Wölbäckern und Abzugs- gräben vor (HEMPEL 1957, S. 13). Die Ausschreibung der Preisfrage zeugt von dem dringenden Bedürfnis, erosionsmindernde Maßnahmen von berufener Seite analy- sieren und empfehlen zu lassen.

FRIEDRICH HEUSINGER, Prediger zu Eicha bei Römhild im Meiningischen, vorzügli- cher Beobachter und Zeuge der letzten Phase intensiver Zerschluchtung in Deutsch- land, verstand wie kaum ein anderer Zeitgenosse Ursachen und Wirkungen von extremen Bodenerosionsereignissen. Er empfahl Maßnahmen zur Verhütung von Schäden und entwickelte eine wissenschaftliche Bodenschutzkonzeption, die bis heute nicht an Aktualität verloren hat. Sein Werk „Ueber das Abfließen der Aecker, und Ausreißen der Grabenbetten", das die obengenannte Frage beantwortet, wurde von der Königlichen Societät der Wissenschaften zu Göttingen mit einem Preis ge- ehrt und 1815 im Hannoverschen Magazin veröffentlicht. Der mit dem preis- gekrönten Titel überschriebene Exkurs 5.1 vermittelt einen umfassenden Eindruck von der Beobachtungsgabe HEUSINGERS und der Qualität der ersten bedeutenden Publikation zum Bodenschutz in Deutschland. HEUSINGER (1815) verweist auf die schützende Wirkung von Vegetation und die Folgen von Rodungen, die erosions- bedingte Hangversteilung, die negativen Folgen der Sedimentation in Talauen und die Vergeudung wertvoller Böden in mächtigen Akkumulationen, die Gefahr der langfristig vollkommenen Bodenabtragung, ja des Unfruchtbarwerdens weiter

Teile Deutschlands, die verkannten Ursachen von Bodenerosion, die Nachteile des Wölbackerbaus, die vergeblichen Versuche, mit Verbauungen das Schluchtenreißen zu verhindern, und den meliorationsbedingt beschleunigten Landschaftsabfluß.

Exkurs 5.1:

„Ueber das Abfließen der Aecker und Ausreißen der Grabenbetten" – Auszüge aus der von der Königlichen Societät der Wissenschaften zu Göttingen 1815 gekrönten Preisschrift von FRIEDRICH HEUSINGER, Prediger zu Eicha im Meiningischen (HEUSINGER 1815)

Vegetation schützt den Boden vor Erosion. Hätte der Mensch nicht hier gearbeitet, so würde die Erde unter den bindenden Wurzeln der Gewächse Jahrhunderte hindurch liegen gebliebem seyn. Dieses alles findet seine Bestätigung in der Bemerkung, daß selten auf einer hügelichen Fläche, die noch mit Gewächsen überzogen oder beraset ist, ein Regenguß, sei er auch noch so heftig und schleunig, Gewalt genug hat, die Erde aufzureißen und auszuhölen.

Bodenerosion reduziert die Bodenfruchtbarkeit und verstärkt die Steilheit der Hänge. Woher die Armuth der Bergdörfer, und die elende Beschaffenheit alles dessen was denselben angehört? [...] Woher die vielen kahlen Erdrücken, die überall dem Blicke des Reisenden begegnen? Woher die Magerkeit und Dürftigkeit des Getreides an den Seiten der Berge [...]? Woher die vielen durchaus todten, mit Kies und Steinen überdeckten Bergwände, die vormals noch angebaut zu werden pflegten [...]? [...] Woher dieses Alles, als von dem Abschwemmen des besten Erdreichs durch Schnee- und Regenwasser. Nach und nach müssen die Abhänge der Berge immer steiler werden, zumal da, wo die oberste Fläche mit Wald bewachsen ist, und also den Seiten des Berges keine abgeschwemmte Erde abliefert [...]. Während dem aber jene abgedachten Bergseiten steiler werden, müssen die Steinschichten und die unfruchtbare Erde immer mehr hervortreten [...].

Rodungen ermöglichen Bodenerosion; Talauen verschlammen; Mühlenbetrieb wird behindert. In vielen gebirgigen Gegenden veranlaßt, außer den jetzt angegebenen Nachtheilen für die Berge, das überhand nehmende Urbarmachen der Hügel und Berge, und das gewöhnliche Verfahren dabei die runde und abgedachte Oberfläche unverändert beizubehalten, die mannigfaltigsten Unordnungen in der Tiefe. Seitdem alle Hügel wund gemacht werden, versanden und verschlemmen sich die Bäche und Flüsse immer mehr, die Betten derselben werden immer seichter, und da der Fleiß der Müller und der Bewohner der Dörfer, durch deren Flurmarkung die Gewässer ihren Weg nehmen, mit dieser Verschlammung nicht gleichen Schritt in der Erhöhung der Ufer hält, noch auch die Flußbette gehörig austieft; so treten bei jedem Gußregen diese Gewässer über auf Wiesen und Felder und richten vielfältigen Schaden an; die Müller selbst leiden am meisten dabei [...], auch da, wo es in voriger Zeit nicht der Fall war.

Flächenhafte Bodenerosion führt langfristig zur vollständigen Abtragung geringmächtiger Böden und daher zur Aufgabe von Ackerbau. So traurig nun auch das Bild ist, welches uns jetzt die gebirgigen Gegenden unsers Vaterlandes darbieten, so wird die Gestalt derselben doch viel trauriger seyn nach Jahrzehnten und Jahrhunderten, wenn die Behandlung derselben auch in der Zukunft die nämliche bleibt, und sich die Volksmenge eher vermehrt als vermindert. Bis jetzt nämlich haben sich, wenn die seit einiger Zeit angebauten Bergäcker so unfruchtbar wurden, daß man sie gleichsam abandonnirte, immer noch neue Bezirke gefunden, welche durch die Vertilgung der Wälder auf denselben urbar gemacht werden konnten, um auf ihrem frischen, noch nie von den Regenfluthen angetasteten Boden dem Bedürfnisse auf eine Zeit lang abzuhelfen. Wenn aber dieses so fortgeht, immer mehr angebaut, immer fleißiger an der Oberfläche der Erde und deren Auflockerung gearbeitet, und dann dieselbe durch das Wasser abgeschwemmt wird, so wird die Noth späterhin sehr fühlbar werden.

Fruchtbarer Boden wird in mächtigen Kolluvien vergeudet. Die Höhen müssen immer ärmer werden, je emsiger der Mensch dieselben anbaut; die Tiefen hingegen immer reicher. Allein der Reichthum der Thäler vergräbt sich selbst, in sofern zehn der fruchtbarsten Erdschichten über einander nicht mehr und nicht weniger Getreide-Pflanzen tragen und ernähren können, als eine einzige.

Nur Bodenschutz kann das Unfruchtbarwerden großer Teile Deutschlands verhindern. Nach einigen Generationen müßte folglich ein großer Theil von Deutschland, in sofern dasselbe so viele gebirgige und hügelige Erdstriche hat, sehr unfruchtbar werden, wenn nicht ein unerhörter Fleiß der Gebirgsbewohner das Uebel verzögert.

Aufforstungen sind nicht möglich, daher andere Bodenschutzmaßnahmen zu treffen. Denn, da es nicht möglich seyn möchte, die Wälder in diejenigen Landschaften zurück zu rufen, wo das beste Erdreich seit Jahrhunderten abgeschwemmt ist, so bleibt nichts anderes übrig, als, andere künstliche Vorkehrungen zu treffen, durch welche das Wasser auf längere Zeit aufbewahrt werden kann.

Die tatsächlichen Ursachen von Bodenerosion werden gerne verkannt. [...] vielmehr machen sich die Menschen von einer Unfruchtbarkeit dieser Art eine solche Erklärung, welche sie einer sorgfältigen Arbeit und neuer Mühwaltungen überhebt, schreiben die schlechten Erndten an den Bergen einem veränderten Stande der Sonne, oder der Erde, oder einer Veraltung und Erschöpfung der Kräfte der Natur oder wenigstens des Bodens zu.

Die Nachteile beschleunigten Landschaftsabflusses infolge Melioration. Anstatt jedoch mittelbar oder unmittelbar etwas für die Aufsammlung des Regenwassers zu thun, hat man im Gegentheil Alles darauf angelegt, sich desselben so schnell als möglich zu entledigen, indem man bei dem Verdruß, den dasselbe bisweilen anrichtete, mit einseitigem Eifer nur allein darauf hin arbeitete, demselben so viele Ausgänge zu verschaffen als möglich war. Während dem man aber dasselbe schnell entfernte, entfernte man auch seinen Segen: man hat das Kind mit dem Bade ausgeschüttet.

Anbau von Zwischenfrüchten zur Vermeidung von Bodenerosion. Um diesen Uebeln der Abschwemmung eines frischgepflügten Ackers zu entgehen, säete man hie und da Futterkräuter, die kein oftmaliges Umlegen des Ackers erfordern und selbst vermittelst ihrer Wurzel den Boden festhalten. Man kann diese Maaßregel als die erste unter denen, mit welchen man das Abfließen der Aecker verhüten will, betrachten; auch hat sie allerdings den Vorzug, daß der Boden, so lange er gehörig mit jenen Gewächsen vernarbt ist, einen festen Rasenboden nachahmt, auf welchen das Wasser wenig oder nicht zu seinem Naachtheil einwirkt [...].

Wölbackerbau begünstigt das Schluchtenreißen. Das übrige Verfahren gegen das Regenwasser erstreckt sich hauptsächlich auf die Anstalten, wodurch dem Regenwasser der möglich schnellste Abfluß verschaft werden soll. Dazu gehören die sehr hohen abgerundeten Ackerbeete, oder Sättel, von denen allerdings das Wasser schnell in die tiefen Furchen auf den beiden Seiten abfließt. Dann glaubte man jene Absicht auch noch durch Wassergräben in den Aeckern zu erreichen, und wirklich scheint ein solcher Wassergraben auf den ersten flüchtigen Blick die ersprießlichsten Dienste zu thun; das Wasser hat nicht Zeit, den Boden aufzulösen [...]. Da aber bei einer sehr ansehnlichen Höhe, und in dem Falle, daß sich einige Wassergräben von mehreren abgedachten Bergseiten in einer Vertiefung oder in einem Fluthgraben vereinigten, die Gewalt des niederstürzenden Wassers verderblich für die tiefer liegenden Acker-Felder wurde und ihren Flächenraum beschränkte, indem größere Strecken derselben ausgehölt und untergraben wurden, wodurch Löcher entstanden, deren Ränder bald nachstürzten und in den folgenden Jahren ebenfalls mit fortgerissen wurden, worauf denn nach einer Reihe von Jahren großmächtige Schluchten entstanden, und das Uebel, wie ein Krebsschaden immer weiter um sich fraß [...].

Mit der Verbauung von Kerben sucht man das fortgesetzte Schluchtenreißen zu beenden. [...] so verfiel man auf den Gedanken, diesen Fluthgräben Gränzen zu setzen, und dieselben mit Buschwerk einzufassen; dessen Wurzeln die Erde an den Seiten durchflochten und gegen die Fluth sichern sollten. Um der Erweiterung solcher Schluchten nicht allein Gränzen zu setzen, sondern dieselben wohl selbst noch in Ackerfeld zu verwandeln, machte man hie und da, quer durch dieselbigen in verschiedenen Richtungen Verzäunungen mit fest eingeschlagenen Stäben, und dazwischen eingezogenem Flechtwerk, eingeworfenem Dorngebüsche und Aesten von Bäumen, oder man befestigte, ebenfalls quer durch das Grabenbett oder längs demselben, große rohe Baumstämme mit ihrem ganzen Walde, das ist, mit der ganzen Menge ihrer Aeste und Zweige, damit in diesen Aesten so wie in jenen Fluthzäunen, die herabgeführten Steine und Erdmassen hängen bleiben und somit einen natürlichen Damm bilden mögt; hie und da führte man auch wohl ein muldenförmiges oder auch ebenes Pflaster an denjenigen Stellen, wo sich die wilde Fluth vorzüglich zerstörend zu beweisen pflegte, wälzte große Felsenmassen in die Tiefe, warf alle abgelesenen Feldsteine in die Schluchten, und glaubte damit dem Uebel auf die beste Art vorgebeugt zu haben.

Steine, in Schluchten zur Stabilisierung gefüllt, werden auf Unterliegerflächen gespült. Derartige Maßnahmen sind zu verbieten. Was nun die rohere Art, die Fluthgräben mit Feldsteinen und Felsklötzen auszufüllen, betrifft; so ist dieses Verfahren ein wahres Verbrechen gegen die Besitzer der tiefer liegenden Ländereien, wohin sich die Fluthgräben eröffnen, denn alle diese Steinmassen können von einer recht kräftigen Fluth gehoben, und zum vieljährigen Verderben der tiefern Aecker und Wiesen in das Thal geführt werden. Daher sollte jenes Verfahren durch ein Gesetz verboten, oder der Thäter gehalten seyn, nach einer großen Fluth die Steine von den überschwemmten und überdeckten Feldern abzulesen und wegzuschaffen.

Landnutzungsverhältnisse. Welche Fruchtfolgen und welche Bodenbearbeitung erforderten im 18. Jh. in Mitteleuropa derartige Erosionsschutzmaßnahmen? Die im 17. und frühen 18. Jh. in Deutschland verbreiteten Bodennutzungssysteme beschreibt ABEL (1978, S. 226ff.). In Teilen des Hunsrücks und der Eifel wurde vornehmlich Feldwaldwirtschaft betrieben. Auf der Schleswig-Holsteinischen Geest, im Schleswig-Holsteinischen Hügelland, Harz, Bergisch-Sauerländischen Gebirge, Niederrheinischen Tiefland, in Teilen des Spessarts und Odenwalds, im Schwarzwald, auf Teilen der Schwäbischen Alb, im Oberpfälzer und Bayerischen Wald, im voralpinen Hügelland und im Schwäbisch-Oberbayerischen Alpenvorland herrschte Feldgraswirtschaft vor. In anderen deutschen Landschaften dominierten die Einfelderwirtschaft (insbesondere im Norddeutschen Tiefland), die Zweifelderwirtschaft (in der Oberrheinischen Tiefebene, im Neuwieder Becken und in der Niederrheinischen Bucht) oder Mehrfelderwirtschaften (in Teilen der Westfälischen Tieflandsbucht und in den Marschen). Am weitesten verbreitet war die Dreifelderwirtschaft, die auf etwa zwei Drittel der gesamten deutschen Ackerfläche betrieben wurde.

Welche erosionsmehrenden oder erosionsmindernden Veränderungen der Agrarstruktur vollzogen sich im 18. Jh.? Die Gemeinheiten hatten bis dahin die intensivere Bewirtschaftung und Umsetzung des agrartechnischen Fortschritts behindert. Mit der Aufhebung und Aufteilung der Allmenden wurden vielerorts die Felder zusammengelegt (ABEL 1978, S. 30ff.). Im Gegensatz dazu setzte sich in Gebieten mit Realerbteilung die Zersplitterung der Fluren fort. In einigen Landschaften wurden Wälder gerodet, z.B. in Schleswig-Holstein, Kursachsen und im Elsaß (ABEL 1978, S. 305; VOGT 1960, S. 203). Nach den verheerenden Kriegen des 17. Jh. wurde die Westpfalz wieder besiedelt, ein Vorgang, den HARD (1963, 1964a u. b) detailliert untersucht hat. Mennonitische Siedler führten in diesem Gebiet, in dem traditionell eine ungeregelte, stark viehzuchtbetonte Feld-Weide-Wechselwirtschaft betrieben wurde, großflächig Dreifelderwirtschaft ein (HARD 1963).

Auch die Felderwirtschaft änderte sich. JUSTI (zit. in ABEL 1978, S. 226) stellte im Jahr 1755 fest, daß die Besömmerung der Brache – also der Anbau z.B. von Klee, Luzerne, Esparsette, Rüben, Erbsen, Linsen, Futterwicken, Hanf, Flachs und Hopfen auf den Brachfeldern – in vielen Teilen Deutschlands betrieben wurde. Der Kleeanbau ist, z.B. im Eichsfeld, seit der Mitte des 18. Jh. belegt (RIESE 1980, S. 79). Doch dürfte der Anteil an der gesamten Anbaufläche wenige Prozent nicht überschritten haben (ABEL 1978, S. 317). Aus Amerika schon vor vielen Jahrzehnten eingeführte Kulturpflanzen, wie Kartoffel, Mais und Tabak, wurden jetzt verstärkt angebaut und verdrängten dadurch Brachen und Weiden. Bemerkenswert ist der agrartechnische Fortschritt in der zweiten Hälfte des 18. Jh.

Zugleich wird in der zeitgenössischen Literatur die geringe Innovationsfreudigkeit der Landwirte beschrieben. G. (1778b, S. 452f.) bemerkt zur Einführung der ganzjährigen Stalltierhaltung und zur Aufgabe der Allmende im nördlichen Harzvorland: „Denn wider seinen Willen wird der Landmann zu dieser Stallfutterung und zu der Theilung der gemeinschaftlichen Weideplätze nicht füglich gezwungen werden können. Ihn aber durch Überzeugung zur Einwilligung zu bewegen, das würde ungemein schwer halten, weil er vor allen Neuerungen eine Furcht hat, und an manchen Orten gewisser Umständen wegen sehr mißtrauisch ist. Und daher müssen wir in der Hoffnung besserer Zeiten einen günstigen Vorfall abwarten, da der Nutzen von dieser Sache allgemein einleuchtend werden wird."

Der beschriebene Wandel der Agrarwirtschaft, der sich in jener Zeit dennoch in vielen Landschaften Mitteleuropas vollzog, hat sicher das Erosionsgeschehen geändert. Zu unterscheiden sind erosionsfördernde und erosionsmindernde Maßnahmen.

Die Waldrodung, die Aufteilung und Beackerung von gemeinem Grünland sowie die Umstellung von extensiven Feldgraswirtschaften auf zelgengebundene Felderwirtschaften haben die Bodenerosionsprozesse erst ermöglicht. Zeitgenössische Berichte (s. Anmerkungen zu den Jahren 1770 und 1790 in Tab. 5.4) und die Forschungsergebnisse von HARD (1976) über das pfälzisch-saarländische Muschelkalkgebiet bestätigen die Aussage. Zu berücksichtigen ist, daß die schluffig-lehmigen Böden und die liegenden Mergel in dem von HARD (1976) untersuchten, stark reliefierten Raum aufgrund sehr geringer Infiltrationskapazitäten und Aggregatstabilitäten ausgesprochen erosionsanfällig waren und sind. Dagegen hat die Besömmerung der Schwarzbrache durch Hülsenfrüchte, Kartoffeln und Klee die Erosion merklich reduziert.

Gebiete mit jahrhundertelanger traditioneller zelgengebundener Dreifelderwirtschaft können helfen, die Ursachen der exzessiven Bodenerosion des 18. Jh. zu beurteilen. In zwei Räumen, in denen Dreifelderwirtschaft und – seit Mitte des 18. Jh. – Besömmerung auf Teilen der Brache vorherrschten, dem unteren Eichsfeld und dem Kraichgau, wurde für das 18. Jh. starkes Kerbenreißen nachgewiesen (s. o.). Bei gleichbleibender Erosivität der Niederschläge, unveränderter Landbewirtschaftung und Landschaftsstruktur wäre in diesen Gebieten wie in den vorausgegangenen Jahrhunderten keine Zerkerbung aufgetreten. Erosionshemmende Kulturmaßnahmen, wie die Besömmerung der Brache, kennzeichneten vielerorts die Entwicklung der Agrarlandschaften in der zweiten Hälfte des 18. Jh. Eine Zerkerbung, die auf erosionsfördernden Nutzungsänderungen beruht, ist unwahrscheinlich. Diese und die in Kapitel 3 und 4 mitgeteilten Befunde beweisen, daß vermehrte erosive Starkregen das Kerbenreißen ausgelöst haben müssen, da sich andere Faktoren (z. B. die Substrateigenschaften) nicht verändert haben können.

In Landschaften mit umfangreichen Neurodungen oder dem Übergang von Feldgras- oder Feldwaldwirtschaft zu reiner Felderwirtschaft, wie in der von HARD (1976) untersuchten Westpfalz, ist der Nachweis nicht zu führen. Hier drängt sich der (falsche) Eindruck eines ausschließlich nutzungsabhängigen Prozesses auf.

Nachdem hygrische Extremereignisse als wesentliche Ursachen der Zerkerbung im 18. Jh. diagnostiziert wurden, ist nach dem Grund für die doch erheblichen regionalen Unterschiede des Kerbenreißens zu fragen. Auf Reliefunterschiede wurde bereits hingewiesen. Rasche starke Zerkerbung war nur auf Flächen mit Schwarzbrache möglich, aber auch das Sommerfeld war gefährdet. Im Winterfeld waren die Schäden am geringsten. Zeitgenössische Berichte, wie die in Tabelle 5.4 mitgeteilten, und die Arbeiten von VOGT (u. a. 1953, 1957a u. b, 1958a u. b, 1966 / 74), HEMPEL (1954, 1957, 1976), HARD (1976) sowie BLAIKIE & BROOKFIELD (1987, S. 129ff.) belegen die Aussagen. Von Bodenerosion verschont blieben Wiesen und Wälder, wenn sie durch die Nutzung nicht stark degradiert waren. Allerdings dominierten in vielen mitteleuropäischen Wäldern intensive Weide, Streu- und Humusentnahme (SCHENK 1996) und damit kaum geschützte Oberflächen. Stark beweidete Standorte waren erosionsgefährdet, da die Grasnarbe durch Viehtritt aufgerissen war.

Fehlende Zugtiere, dadurch verringerte Pflugtiefen und oberflächennähere verdichtete Pflugsohlen sind nach BLAIKIE & BROOKFIELD (1987, S. 131) eine Ursache der zunehmenden Bodenerosion in der zweiten Hälfte des 18. Jh. Die heutigen Pflugsohlenverdichtungen sind vor allem durch die schwere Technik und die große Kraft der Zugmaschinen bedingt, die Bodenbearbeitungen auch bei ungünstigen Bodenfeuchteverhältnissen ermöglichen (EDWARDS et al. 1980). Bodenprofiluntersuchungen zeigen, daß mittelalterliche und frühneuzeitliche Pflugsohlen vergleichsweise gering verdichtet waren. Ihre Stauwirkung wird also oft überschätzt. Verdichtungen an der Oberfläche (z. B. durch die Aufprallwirkung von Regentropfen) reduzieren die Infiltrationskapazität weitaus stärker (s. BOLLINNE 1978, BORK 1988, HENK 1988, MARXEN 1988). Die Änderungen der Bodenbearbeitung im 18. Jh. können auch aus diesem Grund das Verbreitungsmuster der Formen linienhafter Bodenerosion nicht wesentlich beeinflußt haben.

Die unterschiedliche Erodierbarkeit von Böden und Gesteinen hat zur regionalen und kleinräumigen Differenzierung des Kerbenreißens in Mitteleuropa beigetragen. In hohem Maße erosionsgefährdet sind wenig permeable Gesteine mit geringer Aggregatstabilität. Stehen die sehr leicht erodierbaren Gesteine oder die darin entwickelten Böden an steilen, nur spärlich mit Vegetation bedeckten Hängen an, können – wie SCHULTZE (1952, S. 44) formulierte – „höchst eindrucksvolle badlands" entstehen. Unter den stark gefährdeten, zu außergewöhnlich starker und dichter Zerkerbung neigenden Gesteinen sind die Tone und Mergel des Keupers, die z. B. im Lippischen Hügelland, im Thüringer Becken, in Franken, Luxemburg und Lothringen anstehen, die Mergel des Muschelkalks sowie die Tone und Letten des Buntsandsteins zu nennen (s. TROLL 1958). Leicht erodierbar sind die in weiten Teilen Norddeutschlands verbreiteten fluvioglazialen, wenig kohäsiven Sande (s. Kap. 3.5.1). Kalkhaltiger Löß, Lößlehm, Geschiebelehme und andere Gesteine mit Grobschluff- und Sanddominanz sind mäßig leicht erodierbar. Grobmaterialreiche Substrate weisen die geringste Erosionsanfälligkeit auf. Die Einflüsse von Substrateigenschaften auf die Erodierbarkeit hat SCHULTZE (1952) am Beispiel thüringischer Böden ausführlich beschrieben.

Gebiete, in denen das Kerbenreißen in historischer Zeit Landschaften prägte, waren in den letzten Jahrzehnten häufig Gegenstand von Felduntersuchungen und Aktenstudien. Vorzügliche Beispiele sind die Untersuchungen von VOGT (1958a) in den lippischen Keupergebieten und von HARD (1976) im pfälzisch-saarländischen Muschelkalkgebiet. Mit TROLL (1958) sind wir der Auffassung, daß die in diesen Gebieten erzielten Ergebnisse aufgrund der besonderen Substratverhältnisse nur begrenzt auf andere Räume übertragen werden können. Stehen auf steilen Hängen derartige, sehr stark erosionsgefährdete Böden und Gesteine an, können auch heute, nachdem die dort meist aus Erosionsschutzgründen wachsende dichte Vegetation beseitigt ist, linienhafte Bodenerosionsprozesse stattfinden. An diesen Standorten konnten in zerkerbungsarmen Zeiten, wie dem 17. Jh., dem frühen 18. Jh. und dem 19. Jh., Kerben einreißen. Die ungewöhnlich lange, bis zur Mitte des 19. Jh. andauernde, von HARD (1976) nachgewiesene Kerbenbildung in der Westpfalz und benachbarten Gebieten ist so zu erklären. Von HARD (frdl. schriftl. Mitt. vom 13.2. und 20.3.1985) analysierte zeitgenössische Schilderungen aus dem von ihm untersuchten Raum belegen ein langsames Kerbenwachstum. Das Verhalten kann durch die Substratverhältnisse (geringe Aggregatstabilitäten) erklärt werden. In der ersten Hälfte des 19. Jh. war die Intensität der Niederschlagsereignisse für ein stärkeres Kerbenreißen meist unzureichend. HARD (1976) führt die sich langsam während vieler Ereignisse vollziehende linienhafte Bodenerosion in der Westpfalz auf agrarstrukturelle Veränderungen zurück und sieht in der gleichzeitigen Häufung von Starkregen bestenfalls einen erosionsverstärkenden Faktor. HARD (1976, S. 217f.) führt an, daß das Ausmaß der Bodenerosion bei gleicher Niederschlagsintensität von den Parametern Bodenart, Parzellengröße, Feldfrucht und Bodenbearbeitung bestimmt wird. Diese Parameter und Abhängigkeiten besagen damit lediglich, daß die Höhe der Schäden unter anderem von der agrarischen Nutzung abhängt. Die von VOGT (1953, 1957b, 1960, 1972) und BLAIKIE & BROOKFIELD (1987, S. 138f.) postulierte, durch den Wandel der Agrarstruktur hervorgerufene Verstärkung der Bodenerosion im späten 18. Jh. ist aufgrund der genannten Befunde weitgehend widerlegt. Unmittelbare Ursache des Kerbenreißens sind extreme Starkregen, die die Intensität der Bodenerosionsprozesse wesentlich beeinflußten.

Aus der ausführlichen Diskussion des Verlaufs und der Ursachen der Bodenerosion in der zweiten Hälfte des 18. Jh. ergibt sich, daß das Ausmaß des Kerbenreißens von der Häufigkeit, der Intensität und der Dauer der Extremniederschläge abhing.

Durch die Landnutzung, vor allem durch den Wölbacker- und Terrassenbau, wird die Geländeoberfläche häufig stark verändert. Das anthropogen umgestaltete Kleinrelief bestimmt dann die Lage der Kerben.

Das Ausmaß des Kerbenreißens wird von mehreren Faktoren determiniert: Niederschlagsenergie und -dauer, Landnutzung (Deckungsgrad und Höhe der Vegetation, Wuchsform, Haltevermögen des Wurzelwerkes), Reliefeigenschaften (Hangneigung, Wölbung, Größe des Einzugsgebietes) und Substrateigenschaften (Aggregatinstabilität, Infiltrationskapazität, Horizontierung und Schichtung). Zwischen der räumlichen Differenzierung der rezenten Starkregenhäufigkeit und der Verbreitung historischer Formen linienhafter Bodenerosion in Mitteleuropa besteht kein Zusammenhang. Dies ist nicht weiter verwunderlich, da die Verteilung der Starkregen in vergangenen Jahrhunderten sich nicht mit der heutigen decken muß und da das Ausmaß des Kerbenreißens außerdem von den Relief-, Substrat- und Landnutzungsverhältnissen beeinflußt wurde.

Die Folgen der Starkniederschläge, der resultierenden Überschwemmungen und Bodenumlagerungen im 18. Jh. waren schwerwiegend. Ein Teil des Ackerlandes fiel wüst, wodurch viele Kerben bis heute unter Wald erhalten blieben. Wiesen und Weiden, die unterhalb von Kerben lagen, wurden häufig mit Sedimenten überschüttet (s. Erläuterung zum Jahr 1770 in Tab. 5.4). Vereinzelt wurden die Lockersedimentdecken vollständig abgetragen. Am Winterthaler Hof im Nordpfälzer Bergland gelangten Schiefer an die Oberfläche (VOGT 1953, S. 181; Jahr 1782). Im Landkreis Göttingen wurde das Dorf Lütgenhausen „erst 1773/77 wegen ständiger Überschwemmungen an seinen heutigen Standort verlegt" (KÜHLHORN 1969, S. 68). v. ENGEL (1798, zit. in ABEL 1966, S. 24) schildert die Folgen der verheerenden Mißernten und der großen Teuerung der Jahre 1771/72: „Wem sind nicht jene schrecklichen teueren Jahre bekannt, die zu Anfang der siebzigerjahre [des 18. Jh.] fast die ganze europäische Welt [...] so hart bedrückten?" In der Gemarkung Hilkerode im Untereichsfeld waren im Jahr 1776 etwa 35 % der Oberfläche zerkerbt und nicht mehr landwirtschaftlich nutzbar, worauf ein Teil zur Aufforstung bestimmt wurde (HEMPEL 1957, S. 14). Wegen der Bodenerosion verarmten manche Bewohner im Westrich so sehr, daß sie emigrieren mußten (HARD 1976, S. 225; Jahr 1791).

Einen nicht unerheblichen Einfluß hatten – zusammen mit einem starken Bevölkerungsdruck – die Witterungsverhältnisse, Überschwemmungen und Bodenerosion in den Jahren vor 1789, namentlich das Unwetter am 13. Juli 1788, auf die Mißernten und Agrarkrisen dieser Zeit und damit zumindest auf den Zeitpunkt der Französischen Revolution (FORSTER 1970, MORINEAU 1970, LE ROY LADURIE 1971, S. 76f.; NEUMANN 1977, S. 163, 166f.; BLAIKIE & BROOKFIELD 1987, S. 132ff.; SUTHERLAND 1981).

Das 18. Jh. in der Mensch-Umwelt-Spirale – Ursachen von Starkregenhäufung und verheerender Bodenerosion. Mit dem beschriebenen starken Bevölkerungswachstum nahmen die Ausdehnung der Ackerflächen, die Intensität der Nutzung von Acker-, Grünland- und Waldflächen zu. Erste Nutzungsverordnungen für Wälder traten in Deutschland, England und Frankreich in Kraft (WEBER 1927, S. 47; MEYER 1996, S. 63). Die geregelte Nutzung der Wälder sollte den erheblich angewachsenen Holzverbrauch und die hohe Beweidungsintensität verringern (RADKAU & SCHÄFER 1987). Die Wasser- und Stoffbilanzen Mitteleuropas wurden durch die ungünstige Steigerung der Nutzungsintensität qualitativ, so wie zuletzt im hohen Mittelalter, verändert.

Die geringe Biomasse in den ausgeräumten Landschaften des 18. Jh. veränderte die Variabilität der Witterung und ließ ihre Extreme häufiger und stärker werden. Hungersnöte, Mißernten und gesellschaftliche Konflikte waren die vordergründige Folge. Die Stoffausträge erreichten in der Neuzeit bisher unbekannte Raten. Die gehäuften Witterungsextreme verursachten in vielen ausgeräumten mitteleuropäischen Landschaften Zerschluchtung, Nutzungsaufgabe und Auswanderung. Flächenhafte Bodenerosion reduzierte die Bodenfruchtbarkeit an manchen Standorten so stark, daß die Nutzungsaufgabe unausweichlich war. Die unmittelbaren Ursachen der Bodenerosion wurden lediglich lokal wahrgenommen. Die überregionale Tragweite blieb den meisten Menschen verborgen. Die Quellenanalyse verdeutlicht das dramatische Ausmaß der Zerstörungen in Mitteleuropa (Tab. 5.4).

Die außergewöhnlichen Ereignisse initiierten Forschungsarbeiten zur Landnutzung und zum Landschaftsschutz. Sie ermöglichten und förderten die Begründung der Agrar- und Forstwissenschaften (s. KLEMM 1997). Empfehlungen zum Bodenschutz, wie sie F. HEUSINGER im Jahr 1815 gab (Exkurs 5.1), blieben jedoch singulär und langfristig unbeachtet.

In anderen Regionen der Erde vollzogen sich – häufig zeitgleich – ähnliche Entwicklungen wie in Mitteleuropa. MEYER (1996, S. 64) führt die Häufung von Fluten, Rutschungen und Bodenerosion in der südchinesischen Provinz Hunan zum Ende des 18. Jh. auf die Ausräumung der zuvor waldreichen Landschaften zurück, da sich die Bevölkerung in nur einem Jahrhundert vervierfacht hatte.

Wir gehen für die zweite Phase der Zerschluchtung in Mitteleuropa davon aus, daß die Ausräumung der Landschaften im 17. und 18. Jh. Wetterlagen mit Niederschlagsextremen begünstigte. Hierin sehen wir die primäre Ursache der dramatischen linienhaften Bodenerosion jener Zeit mit all ihren Folgen für Ernten, Ernährung, Bevölkerungsentwicklung und verschiedene gesellschaftliche Vorgänge.

5.6 Frühes 19. Jh. bis spätes 20. Jh. – Entwicklung moderner Landwirtschaft und neuartige Landschaftsveränderungen

Im Laufe des 19. Jh. setzten sich die im vorigen Kapitel erwähnten Agrarstrukturänderungen mehr und mehr durch. Die Besömmerung der Brache mit neuen Anbaufrüchten, der Einsatz neuer Bodenbearbeitungsgeräte, verbesserte Düngung und die endgültige Aufteilung der Gemeinheiten kennzeichneten die Zeit. Der allmähliche Wandel kann nicht der Grund für das abrupte und räumlich gleichzeitige Abbrechen des Kerbenreißens Ende des 18. oder Anfang des 19. Jh. sein, da die Neuerungen in einigen Gebieten Mittel- und Westeuropas weitaus schneller aufgegriffen wurden als in anderen.

Naturwissenschaftliche Befunde

Die Bodenerosion des 19. und der ersten Hälfte des 20. Jh. vollzog sich auf Oberhängen und Teilen der Mittelhänge in den Relikten der holozänen Böden und den liegenden präholozänen Gesteinen. Auf Teilen der Mittel- und den Unterhängen wurde in den spätmittelalterlichen und frühneuzeitlichen Kolluvien erodiert, die weite Teile der Geländeoberfläche einnahmen und heute noch einnehmen. Die Leistung der Bodenerosionsprozesse war geringer als die heutigen Abtragsraten selbst in nicht flurbereinigten Gebieten. Schwach erosive Niederschläge lösten schwache flächenhafte Bodenumlagerungen aus (Abb. 5.3).

Hohlwege. Während des 19. und 20. Jh. bildeten sich – wie schon in den früheren Phasen der Landnutzung – vielerorts Hohlwege. Das Befahren verdichtet die Oberflächen unbefestigter Wege stark, reduziert das Wasseraufnahmevermögen drastisch und verursacht bereits bei mäßig starken Niederschlägen Abflüsse auf den Wegoberflächen. Je stärker die Wege geneigt und in Gefällsrichtung orientiert sind, je häufiger sie befahren werden und je größer der aufgebrachte Druck ist, desto schneller konnten sich – in allen Phasen der Landnutzung und der Fahrzeugentwicklung – Hohlwege bilden. Die genannten Voraussetzungen der Hohlwegbildung erklären, weshalb ein Wassereinzugsgebiet außerhalb des Weges nicht erforderlich und, wenn es existiert, kaum wirksam ist. Hohlwege können daher sogar auf den Wasserscheiden von Rücken entstehen. Unbedeutend ist der direkte Transport von Bodenmaterial durch Fahrzeuge (BORK 1988).

Manche Schilderungen des 19. und 20. Jh. beschreiben die Geschwindigkeit, mit der Hohlwege vertieft wurden. Nach WAGNER (1961, S. 140) wurden Hohlwege in der Zeit von 1841 bis 1969 im Einzugsgebiet der Tauber um maximal 6 cm a^{-1} tiefer. SCHOTTMÜLLER (1961, S. 55) nennt für einen stark geneigten Hohlweg im Kraichgau Eintiefungsbeträge von 8 – 10 cm a^{-1}. Eigene Untersuchungen der Genese von Hohlwegen bestätigen die Daten. Am Attackewäldchen (bei Zeutern im Kraichgau) wurden mehr als 4 m mächtige Sedimente in einer älteren, bis zu 10 m tiefen Hohlform abgelagert. Etwa 2,7 m unter der Oberfläche der Füllung wurden Keramikbruch und Metallteile gefunden, darunter ein Löffel aus modernem Weißblech. Da dieser Blechtyp erst seit der Mitte des vergangenen Jahrhunderts hergestellt wird, ist die Fundschicht maximal 140 Jahre alt. Nach Abschluß der Akkumulation tiefte sich ein Hohlweg über 2,8 m in diese Sedimente ein. Im oberen Teil der Hohlwegwand wächst in den Sedimenten eine gut 100jährige Eiche. Maximales Alter der Funde und minimales Baumalter belegen die Hohlwegbildung zwischen ca. 1850 und 1880 und damit einen mittleren jährlichen Abtrag von etwa 2,5 cm. Die Sohlen des Hohlweges am Attackewäldchen und anderer, im Kraichgau, im Kaiserstuhl und im Untereichsfeld untersuchter Hohlwege beweisen, daß Abspülung die Ursache der Eintiefung ist. In heute noch befahrenen Hohlwegen finden sich unmittelbar nach stärkeren Niederschlägen zahlreiche kleine Rillen. In aufgelassenen Wegen wurden die Schäden nicht beseitigt, weshalb hier oft mehrere Dezimeter tiefe Rinnen entstehen konnten.

Kerben des 18. Jh. blieben häufig unter Wald erhalten. Die bewaldeten Kerben werden heute vereinzelt durch Fremdwasser aus dem Ackerland oder durch an die Oberfläche austretendes Grund- oder Hangwasser aufgefrischt. Das Fremdwasser kann Kerben geringfügig erweitern. Die dadurch entstandenen frischen Kerbenwände täuschen oftmals starken Abtrag und damit heftige Niederschläge vor, obgleich die Wände meist nur um wenige Zentimeter zurückverlegt wurden. In manchen Fließabschnitten dominiert Abtragung (s. HEMPEL 1957, Bilder 8, 15, 23), in anderen Sedimentation (s. HEMPEL 1957, Bild 22) – z.B. aufgrund quer zur Fließrichtung liegender Äste und Stämme. Die Gesamtbilanz der Kerben ist heute etwa ausgeglichen. Fremdwasser kann zur geringfügigen Tieferlegung der Sohlen und Wände von Kerben führen (s. HEMPEL 1957).

Die jüngste Erosionsverstärkung. Nach den Flurbereinigungen und Genossenschaftsbildungen der 60er und 70er Jahre des 20. Jh. erhöhte sich die Bodenerosion in erheblichem Maße (Abb. 5.3).

Veränderte Agrartechnik führte in den letzten Jahrzehnten zu starken Oberflächenverdichtungen auf den (abhängig von der jeweiligen Kulturfrucht unter-

schiedlich oft befahrenen und verschieden dichten) Fahrspuren (MARTIN 1979, FRIE-
LINGHAUS 1997). Waren die Fahrspuren gefällsorientiert, traten schon bei schwach
wirksamen Niederschlägen erhebliche Bodenerosionsprozesse auf. Oftmals entstehen kleine Rillen, die durch die nächstfolgende Bodenbearbeitung beseitigt
werden. Da von Kulturfrucht zu Kulturfrucht, von Jahr zu Jahr die Fahrspuren unterschiedliche Lagen aufweisen, bewirkt die schwache linienhafte Bodenerosion
mit der nachfolgenden bearbeitungsbedingten Glättung im Verlauf vieler Jahre die
allmähliche, flächenhafte Tieferlegung der Geländeoberfläche.

In den 60er und 70er Jahren des 20. Jh. durch Flurbereinigung bzw. Kollektivierung veränderte Flurstrukturen vergrößerten die Einzugsgebiete der Abflüsse
auf der Bodenoberfläche häufig stark. Abflußbremsende und versickerungs-
fördernde Landschaftselemente (z. B. Hecken, Ackerterrassen) wurden beseitigt.
Kleine und häufig im späten 18. oder frühen 19. Jh. gezielt zum Schutz der Böden
vor Bodenerosion angelegte Grünlandflächen wurden nunmehr ackerbaulich genutzt.

Als erstes Beispiel für diese Entwicklung wird ein kleines Einzugsgebiet unmittelbar südlich des Sportplatzes von Nienwohlde im südlichen Uelzener Becken
herangezogen (zur Lage s. Tab. 3.1). Es umfaßt eine waldfreie Fläche von etwa 15 ha.
Der Abtrag der vergangenen Jahrzehnte kann dort genau abgeschätzt werden, da
Mitte der 30er Jahre in der Tiefenlinie des Einzugsgebietes ein Drainagerohr verlegt
wurde. Das Rohr und die Oberfläche des Rohrleitungsgrabens waren in einer am
südlichen Rand des Sportplatzes in der Tiefenlinie angelegten, etwa 3 m tiefen und
7 m breiten Profilgrube sehr gut zu erkennen. Die Oberfläche des Rohrleitungsgrabens (d.h. die Geländeoberfläche von 1935) lag 72 cm unter der Oberfläche von
1986. Ein zweites Rohr wurde im Rahmen der Flurbereinigung im Jahr 1974 verlegt.
Die Oberfläche beiderseits des jüngeren Rohrleitungsgrabens (d.h. die Geländeoberfläche von 1974) lag 66 cm unter der heutigen Geländeoberfläche. Demnach
wurde in 39 Jahren – von 1935 bis 1974 – ein nur 6 cm mächtiges Bodensediment,
von 1974 bis 1986 dagegen ein 66 cm mächtiges Kolluvium mit sandigen und humosen lehmig-sandigen Bändern sedimentiert (Abb. 5.5). Aufschluß- und Bohrprofil-
aufnahmen ergaben, daß im untersuchten Einzugsgebiet in den 39 Jahren vor
1974 weniger als 50 m³ oder 0,1 t ha^{-1} a^{-1} und in den 12 Jahren nach 1974 etwa 700 m³
oder 5 t ha^{-1} a^{-1} Kolluvium abgetragen wurden. Flurbereinigungsmaßnahmen
haben demnach im Einzugsgebiet die Bodenerosionsraten um etwa das Fünfzig-
fache erhöht. So wurden 1974 Ackerterrassen planiert, Schlaggrößen drastisch erhöht und Dauergrünland, das seit dem frühen 19. Jh. die besonders erosionsge-
fährdeten Standorte schützte, beseitigt. Der Boden wird seitdem in Gefällsrichtung
bearbeitet. Dieses Vorgehen verstärkte nicht nur die flächenhaften Bodenerosionsprozesse am Hang, sondern ermöglichte linienhaften Abtrag im nunmehr
beackerten Tiefenbereich. Am 24. Mai 1984 fielen gegen 18.00 Uhr während eines
kurzen, heftigen Starkregens ca. 15 mm Niederschlag in 10 min (SCHWERDTFEGER
1984, S. 154f.). Dabei riß eine Rinne von über 200 m Länge maximal 2 m breit und
bis zu 0,8 m tief ein. Dort wurden innerhalb weniger Minuten ungefähr 100 m³
Boden ausgeräumt. Im unteren Teil des Einzugsgebietes wechselte die Nutzung von
Ackerland zu Dauergrünland. Die Grasdecke verhinderte linienhafte Bodenerosionsprozesse und verursachte die Sedimentation des oberhalb erodierten Ma-

Abb. 5.5: Grabung Nienwohlde im Uelzener Becken. Die hellen Sande sedimentierten von 1974
bis 1986 nach Flurbereinigungsmaßnahmen in einer Mächtigkeit von 66 cm.

terials. Die Rinne wurde im folgenden Winter von den Bewirtschaftern mit Schotter und darüber mit humosen Sanden aufgefüllt.

Am ostbrandenburgischen Untersuchungshang Dahmsdorf erhöhten sich die Bodenerosionsraten vom mittelalterlich-neuzeitlichen Mittel (8 t ha^{-1}a^{-1}) auf 33 t ha^{-1}a^{-1} in der Zeit seit 1910. Die Verlagerungen organischen Kohlenstoffs wuchsen von 34 auf 273 kg ha^{-1}a^{-1}, die Phosphorausträge von 3 auf 14 kg ha^{-1}a^{-1} an.

In der Randowbucht bei Glasow wurden vom frühen 19. Jh. bis 1934 im Mittel 1,5 t ha^{-1}a^{-1} Boden mit 8 kg ha^{-1}a^{-1} organischem Kohlenstoff und 0,5 kg ha^{-1}a^{-1} festem Phosphor abgetragen. In der Folgezeit, von 1935 bis 1995, vervielfachten sich die Abträge von Bodenpartikeln (auf 24 t ha^{-1}a^{-1}), organischem Kohlenstoff (auf 110 kg h^{-1}a^{-1}) und festem Phosphor (auf 7 kg ha^{-1}a^{-1}).

Weitere Beispiele für starke, auf Witterungsextreme zurückzuführende rezente Geomorphodynamik u.a. in Mitteleuropa gibt STARKEL (1976).

Geänderte Schlaggrößen, Schlagformen, Fruchtfolgen und Agrartechnik, versiegelte Wege und ausgeräumte Landschaften veränderten das Abfluß- und Abtragsverhalten. Bodenerosion wurde mit den einhergehenden Nährstoffverlusten und der resultierenden Belastung der stehenden und fließenden Gewässer trotz etwa gleich gebliebener Starkregen- und Sturmhäufigkeiten drastisch erhöht. Nicht nur auf den Agrarflächen Mitteleuropas vervielfachten sich in den vergangenen Jahrzehnten struktur- und nutzungsbedingt die Stoffausträge. Ähnliche Entwicklungen vollziehen sich heute in allen Gebieten der Erde, in denen die Nutzung ausgedehnt und intensiviert wird (MEYER 1996, S. 83). Geeignete agrarpolitische Maßnahmen können diese Fehlentwicklungen beenden und die Bewirtschaftung an eine nachhaltige Landschaftsnutzung annähern.

Die Summe der Ausführungen in dieser Monographie bestätigt erstmals grundsätzlich die eingangs aufgestellten Regeln oder Thesen und das Konzept der Mensch-Umwelt-Spirale. Der Einfluß menschlichen Handelns auf den Wasserkreislauf, auf die Feststoff- und Nährstoffdynamik wurde in einem zuvor noch nicht erreichten zeitlichen und prozessualen Detaillierungsgrad für verschiedene mitteleuropäische Landschaften quantifiziert. Entgegen bisherigen Auffassungen, daß die jungholozäne Landschaftsentwicklung weitgehend klimabestimmt sei, wurde die große Bedeutung der Landnutzung für Wasser- und Stoffbilanzen und das Klima belegt. Anhand zu validierender regionaler Stoffdynamikmodelle sollten die empirisch gefundenen qualitativen und quantitativen Zusammenhänge geprüft werden.

Gerade in Anbetracht der modernen menschlichen Einflußmöglichkeiten ist festzustellen, daß eine dauerhaft umweltgerechte Landschaftsnutzung weitere Deregulationen der Wasser- und Stoffkreisläufe und damit des Klimas stark zu vermindern vermag.

Dank

Die vorliegende Monographie faßt 20 Jahre Forschung der Autoren zur Entwicklung mitteleuropäischer Landschaften zusammen. Dank gilt den nachstehend aufgeführten Persönlichkeiten und Institutionen für die Förderung von Forschungsprojekten, die Mitwirkung in diesen Vorhaben, die vorzügliche Kooperation, die konstruktiven Diskussionen, die Ausführung von Datierungen und Laborarbeiten und die Fertigstellung des Manuskriptes.

Im einzelnen danken wir sehr herzlich für die vorzügliche fachliche Zusammenarbeit:

Herrn J. BELLSTEDT, Braunschweig und Leipzig
Herrn Prof. Dr. H.-J. BEUG, Institut für Palynologie und Quartärwissenschaften der Universität Göttingen
Herrn W. BRANDTNER, Thüringer Landesanstalt für Geologie, Weimar
Herrn Dr. F. BROSE, Landesamt für Geowissenschaften und Rohstoffe des Landes Brandenburg, Frankfurt (O.)
Frau R. CARLS, Geographisches Institut der Humboldt-Universität zu Berlin
Herrn Prof. Dr. U. DÄMMGEN, Institut für Agrarrelevante Klimaforschung der FAL, Müncheberg
Herrn M. DOTTERWEICH, Institut für Geoökologie der Universität Potsdam
Frau Dr. R. ELLERBROCK, ZALF, Institut für Bodenlandschaftsforschung, Müncheberg
Frau U. FISCHER-ZUIKOV, Fachhochschule Eberswalde
Herrn Prof. Dr. MA. FRIELINGHAUS, Fachhochschule Eberswalde
Frau Prof. Dr. MO. FRIELINGHAUS, ZALF, Institut für Bodenlandschaftsforschung, Müncheberg
Herrn K. GELDMACHER, Institut für Geoökologie der Universität Potsdam
Herrn Dr. E. GRINGMUTH-DALLMER, Deutsches Archäologisches Institut, Berlin
Herrn Dr. G. GRÜTZMACHER, Naturparkverwaltung Märkische Schweiz, Waldsieversdorf
Frau U. GRÜTZMACHER, Naturparkverwaltung Märkische Schweiz, Waldsieversdorf
Herrn Dr. H. HENSEL, Wedel
Herrn A. JANDER, Leiter der Oberförsterei Müncheberg
Herrn Dr. H. JOOSTEN, Botanisches Institut der Universität Greifswald
Herrn Prof. Dr. B. MEYER, Institut für Bodenwissenschaften der Universität Göttingen, und Mitarbeitern
Herrn Prof. Dr. B. NITZ, Geographisches Institut der Humboldt-Universität zu Berlin
Herrn Prof. Dr. R. ROTH, Institut für Meteorologie und Klimatologie der Universität Hannover
Herrn F. SCHLÜTZ, Institut für Palynologie und Quartärwissenschaften der Universität Göttingen
Herrn Prof. Dr. R. SCHMIDT, Fachhochschule Eberswalde
Frau Dr. E. SCHULTZE, Deutsches Archäologisches Institut, Berlin

Frau G. SCHMIDTCHEN, Institut für Geoökologie der
  Universität Potsdam
Herrn Prof. Dr. H.-G. STEPHAN, Seminar für Ur- und Frühgeschichte der Universität
  Göttingen
Herrn Prof. Dr. M. SUCCOW, Botanisches Institut der Universität Greifswald

• für die Förderung von Forschungsvorhaben:
  dem Bundesministerium für Ernährung, Landwirtschaft und Forsten, Bonn
  der Deutschen Forschungsgemeinschaft, Bonn
  dem Ministerium für Landwirtschaft und Forsten des Landes Brandenburg,
    Potsdam
  der Universität Potsdam
  dem Zentrum für Agrarlandschafts- und Landnutzungsforschung (ZALF) e.V.,
    Müncheberg

• für die Datierung von Keramikfragmenten, Holzkohlen, Torf- und Bodenproben:
  Herrn Dr. CH. GOEDICKE, Rathgen-Forschungslabor, Berlin (TL)
  Herrn Dr. J. GÖRSDORF, Deutsches Archäologisches Institut in Berlin (^{14}C)
  Herrn Dr. E. GRINGMUTH-DALLMER, Deutsches Archäologisches Institut
    in Berlin (Keramik)
  Herrn Prof. Dr. P. M. GROOTES, Leibniz-Labor für Altersbestimmung und
    Isotopenforschung, Kiel (^{14}C)
  Herrn Dr. B. KROMER, Forschungsstelle Archäometrie der Heidelberger Akademie
    der Wissenschaften, Heidelberg (^{14}C)
  Herrn Dr. A. LANG, Forschungsstelle Archäometrie der Heidelberger Akademie
    der Wissenschaften, Heidelberg (OSL)
  Herrn Prof. Dr. H.-G. STEPHAN, Seminar für Ur- und Frühgeschichte der
    Universität Göttingen (Keramik)

• für umfangreiche Laborarbeiten bzw. für die Auswertung der Labormeßdaten:
  Frau Dr. R. ELLERBROCK, ZALF, Institut für Bodenlandschaftsforschung, Müncheberg
  Herrn Dr. A. HÖHN, ZALF, Forschungsstation Müncheberg, Müncheberg
  Frau D. SCHULTZ, ZALF, Zentrallabor, Müncheberg, und Mitarbeiterinnen

• für Grabungsgenehmigungen:
  Frau G. BORK, Lützellinden
  Herrn K. CURDT, Trudelshäuser Mühle bei Landolfshausen, Landkreis Göttingen
  dem Forstamt Müncheberg
  der Naturparkverwaltung Märkische Schweiz
  Herrn Dr. E. GRINGMUTH-DALLMER für den Grabungsbereich Neuenhagen
  der Ratiborschen Generalverwaltung, insbesondere Herrn Dr. C. SEIDEL, Corvey
  Herrn Forstdirektor K. SCHWARZ, Hessisches Forstamt, Gießen
  Herrn Prof. Dr. H.-G. STEPHAN für zahlreiche südniedersächsische und
    ostwestfälische Grabungsstandorte
  der Universität Göttingen für den Bereich Schloß Nienover
  der Unteren Naturschutzbehörde des Kreises Märkisch Oderland, Seelow

Frau L. und Herrn W. WELLER, Lützellinden
Herrn G. ZWEIGLER, Agrargenossenschaft Glasow

• für die Durchführung arbeitsintensiver Grabungsarbeiten:
  der Verwaltung und der Forschungsstation Müncheberg des ZALF
  sowie Mitarbeitern verschiedener kommunaler Bauhöfe bzw. Hoch- und
    Tiefbaufirmen

• für die Mitwirkung bei der Aufnahme von komplexen Aufschlüssen und Bohrprofilen:
  zahlreichen Studenten der TU Braunschweig, der TU Berlin, der Universität
    Potsdam und der Universität Salzburg
  Herrn S. BORK und Frau T. BORK, Müncheberg

• für die konstruktiv-kritische Durchsicht (von Teilen) des Manuskriptes:
  Frau G. BORK, Lützellinden
  Herrn Dr. R. DANNOWSKI, ZALF, Institut für Hydrologie, Müncheberg
  Herrn Dr. D. DEUMLICH, ZALF, Institut für Bodenlandschaftsforschung, Müncheberg
  Herrn Dr. F. EULENSTEIN, ZALF, Institut für Landnutzungssysteme und
    Landschaftsökologie, Müncheberg
  Herrn Dr. J. STEIDL, ZALF, Institut für Hydrologie, Müncheberg
  Herrn Dr. M. WEGEHENKEL, ZALF, Institut für Landschaftsmodellierung, Müncheberg

• für das Schreiben von Texten und das Anfertigen von Zeichnungen:
  Frau S. SCHMIDT, ZALF, Direktorat, Müncheberg
  Frau B. STIETZEL, Universität Potsdam
  Frau C. VOIGT, ZALF, Abt. Landschaftsentwicklung, Müncheberg
  Frau H. WELS, ZALF, Abt. Forschungskoordination, Müncheberg

• für Literaturrecherchen:
  Frau R. STEINKE, ZALF, Zentralbibliothek, und Mitarbeiterinnen
  Frau G. MIRSCHEL, ZALF, AG Managementsysteme für Fachinformationen, und
    Mitarbeiterinnen

• für die Aufnahme in das Verlagsprogramm, die attraktive Ausstattung und die
  gute Zusammenarbeit:
  Herrn Dr. E. BENSER, Klett-Perthes, Gotha
  Herrn S. FRISCH, Klett-Perthes, Gotha.

Wir widmen dieses Buch in großer Dankbarkeit dem akademischen Lehrer von
HANS-RUDOLF BORK, HELGA BORK und CLAUS DALCHOW:

Herrn Prof. Dr. HEINER ROHDENBURG,
der 1987 im Alter von nur 50 Jahren starb.

Literaturverzeichnis

ABEL, W. (1966²):
Agrarkrisen und Agrarkonjunktur. Eine
Geschichte der Land- und Ernährungswirt-
schaft Mitteleuropas seit dem hohen Mittelalter. Hamburg, Berlin, 301 S.

ABEL, W. (1967):
Wüstungen in historischer Sicht. In:
ABEL, W.: Wüstungen in Deutschland.
Frankfurt/M., 1 – 15. = Zeitschr. Agrargesch.
u. Agrarsoziologie, Sonderh. 2.

ABEL, W. (1976³):
Die Wüstungen des ausgehenden Mittel-
alters. Stuttgart, 186 S. = Quellen u.
Forschungen z. Agrargeschichte, 1.

ABEL, W. (1978³):
Geschichte der deutschen Landwirtschaft
vom frühen Mittelalter bis zum 19. Jahrhundert. Stuttgart, 370 S. =
Deutsche Agrargeschichte, II.

ABEL, W. (1986³):
Massenarmut und Hungerkrisen im vor-
industriellen Deutschland. Göttingen, 83 S.

ABRAHAM DE VASQUEZ, E. M., GARLEFF, K.,
SCHÄBITZ, F., & G. SEEMANN (1985):
Untersuchungen zur vorzeitlichen Bodenero-
sion im Einzugsgebiet des Ellernbaches öst-
lich Bamberg. Naturforschende Gesellschaft
Bamberg, Ber., LX: 173 – 190.

ACHILLES, W. (1983):
Überlegungen zum Einkommen der Bauern
im späten Mittelalter. Zeitschr. f. Agrargesch.
u. Agrarsoziologie, 31 (1): 5 – 26.

ACHILLES, W. (1991):
Landwirtschaft in der frühen Neuzeit.
München, 141 S. = Enzyklopädie Deutscher
Geschichte, 10.

AGSTER, G. (1986):
Wasser- und Grundwasserhaushalt der Einzugsgebiete des Schönbuchs in Abhängigkeit
von Waldbestand und Untergrund. In:
EINSELE G. [Hrsg.]: Das landschaftsökologische Forschungsprojekt Naturpark
Schönbuch: Wasser- und Stoffhaushalt, bio-,
geo- und forstwirtschaftliche Studien in
Südwestdeutschland. Weinheim, 85 – 112. =
Forschungsbericht Deutsche Forschungsgemeinschaft.

AITKEN, M. J. (1990):
Science Based Dating in Archaeology.
London, New York, 274 S.

ALEXANDRE, P. (1976):
Le climat au moyen age en Belgique et dans
les régions voisines (Rhénanie, Nord de la
France). Recherches critiques d'après les
sources narratives et essai d'interprétation.
Liège-Leuven, 130 S. = Centre Belge
d'Histoire Rurale Publication, 50.

ALEXANDRE, P. (1987):
Le climat en Europe au Moyen Age.
Contribution a l'histoire des variations cli-
matiques de 1000 a 1425, d'après les sources
narratives de l'Europe occidentale.
Paris, 828 S. = Recherches d'histoire et de
sciences sociales, 24.

ALISCH, M. (1995):
Das äolische Relief der mittleren Oberen
Allerniederung (Ostniedersachsen) –
spät- und postglaziale Morphogenese,
Ausdehnung und Festlegung historischer
Wehsande, Sandabgrabungen und
Schutzaspekte. Köln, 176 S. =
Kölner Geogr. Arb., 62.

ANDRES, W., OESCHGER, H., PATZELT, G.,
SCHÖNWIESE, C. D., & M. WINIGER (1993):
Klima im Wandel. In: BARSCH, D., &
H. KARRASCH [Hrsg.]: Geographie und
Umwelt. Stuttgart, 85 – 96. = Verh. d. Deut-
schen Geographentages in Basel, 48.

ARNING, M. (1994):
Lösung des Inversproblems von partiellen
Differentialgleichungen beim Wassertrans-
port im Boden. Diss. Naturwiss. Fak. Techn.
Univ. Braunschweig, 136 S.

ARNOLD, W. (1986):
Der Wald im Naturpark Schönbuch. In:
EINSELE, G. [Hrsg.]: Das landschaftsökologische Forschungsprojekt Naturpark Schönbuch: Wasser- und Stoffhaushalt, bio-, geo-

und forstwirtschaftliche Studien in Südwestdeutschland. Weinheim, 67 – 74. =
Forschungsbericht Deutsche Forschungsgemeinschaft.

AUERSWALD, K. (1983):
Bestimmung der relativen Bodenabträge
mit Hilfe der Regensimulation.
Mitt. Dtsch. Bodenkundl. Gesellsch.,
38: 635 – 636.

AUERSWALD, K. (1985 a):
Beurteilung der Erosionsfälligkeit von Mais
bei unterschiedlichen Anbauverfahren.
Zeitschr. Acker- u. Pflanzenbau, **154**: 15 – 55.

AUERSWALD, K. (1985 b):
Erosionsgefährdung unter Zuckerrüben und
Sommergerste.
Zeitschr. Acker- u. Pflanzenbau, **155**: 34 – 42.

AUERSWALD, K. (1987):
Problematik und Prognosekarten; dargestellt
am Beispiel von Übersichtskarten der
Erosionsgefährdung in Bayern.
Mitt. Dtsch. Bodenkundl. Gesellsch.,
53: 13 – 19.

AUERSWALD, K. (1997):
Emissionen von N und P aus der Pflanzen-
und Tierproduktion in die Gewässer. Landwirtschaft im Konfliktfeld Ökologie – Ökonomie. Bayerische Akademie d. Wiss. Rundgespräche der Kommission für Ökologie,
13: 127 – 135.

BACH, M., FREDE, H.-G., & G. LANG (1997):
Entwicklung der Stickstoff-, Phosphor- und
Kalium-Bilanz der Landwirtschaft in der
Bundesrepublik Deutschland. Studie im
Auftrag des Bundesarbeitskreises Düngung
(BAD) von der Gesellschaft für Boden- und
Gewässerschutz. Wettenberg, 77 S.

BARGON, E. (1962):
Bodenerosion. Ihr Auftreten, ihre Erkennung
und Darstellung. Geol. Jahrb., **79**: 482 – 489.

BARSCH, D., & W. A. FLÜGEL (1978):
Das hydrologisch-geomorphologische Versuchsgebiet Hollmuth des Geographischen
Instituts der Univ. Heidelberg. Erdkunde,
32: 61 – 70.

BECHER, H. H., AUERSWALD, K., & M. BERNARD (1983):
Erfahrungen mit einem Laborregner und
erste Ergebnisse von Erodibilitätsbestim-
mungen (K-Faktor). Mitt. Dtsch. Bodenkundl.
Gesellsch., **38**: 637 – 638.

BECKER, A., & H. BEHRENDT (1998):
Auswirkungen der Landnutzung auf den
Wasser- und Stoffhaushalt der Elbe und ihres
Einzugsgebietes. Unveröffentl. Zwischenbe-
richt. Potsdam, Berlin, 68 S. (Potsdam-Institut für Klimafolgenforschung und Institut
für Gewässerökologie und Binnenfischerei).

BECKER, B. (1983):
Postglaziale Auwaldentwicklung im
mittleren und oberen Maintal anhand
dendrochronologischer Untersuchungen
subfossiler Baumstammablagerungen.
Geol. Jahrb., **A71**: 45 – 59.

BEESE, F. (1997):
Landwirtschaft und Wald – eine ambivalente
Beziehung. Landwirtschaft im Konfliktfeld
Ökologie – Ökonomie. Bayerische Akademie
d. Wiss. Rundgespräche der Kommission für
Ökologie, **13**: 91 – 100.

BEHRE, K.-E. (1986):
Die Ernährung im Mittelalter. In:
HERRMANN, B. [Hrsg.]: Mensch und Umwelt
im Mittelalter. Darmstadt, 74 - 87.

BEHRE, K.-E., MENKE, B., & H. STREIF (1979):
The Quaternary geological development of
the German part of the North Sea. In:
OELE et al. [Eds.]: The Quaternary history of
the North Sea. Acta Univ. Ups. Symp. Univ.
Ups. Annum Quingentesimum Celebrantis,
2: 85 – 113.

BENDER, H. (1997):
Agrargeschichte Deutschlands in der römi-
schen Kaiserzeit innerhalb der Grenzen des
Imperium Romanum. In: LÜNING, J., JOCKEN-
HÖVEL, A., BENDER, H., & T. CAPELLE [Hrsg.]:
Vor- und Frühgeschichte. Deutsche Agrarge-
schichte. Stuttgart, 263 – 374.

BERGDOLT, K. (1994):
Der Schwarze Tod in Europa. Die Große
Pest und das Ende des Mittelalters.
München, 267 S.

BERTSCH, K., & F. BERTSCH (1947):
Geschichte unserer Kulturpflanzen.
Stuttgart, 268 S.

BEUG, H.-J. (1992):
Vegetationsgeschichtliche Untersuchungen
über die Besiedlung im Unteren Eichsfeld,
Landkreis Göttingen, vom frühen Neolithikum bis zum Mittelalter. Neue Ausgrabungen und Forschungen in Niedersachsen,
20: 261 – 339.

BFG – Bundesanstalt für Gewässerkunde (1993):
Jahrbuch der Bundesrepublik Deutschland.
Koblenz – Berlin.

BIBUS, E. (1986):
Die Rutschung am Hirschkopf bei Mössingen
(Schwäbische Alb). Geowissenschaftliche
Rahmenbedingungen – geoökologische Fol-
gen. Geoökodynamik, **7**: 333 – 360.

BICK, H., GALL, C., PLARRE, W., RIES, E., &
P. URBAN (1983):
Bevölkerungsentwicklung und Welternäh-
rung II. In: METZNER, H. [Hrsg.]: Ökologie
und ihre biologischen Grundlagen.
Tübingen. = Fernlehrgang des Institutes für
Chemische Pflanzenphysiologie der Univer-
sität Tübingen, **7 b**.

BIRCHER, W. (1982):
Zur Gletscher- und Klimageschichte des
Saastales. Zürich, IX+233 S. = Schriftenr.
Phys. Geogr. Univ. Zürich, **9**.

BITTERMANN, E. (1956):
Die landwirtschaftliche Produktion in
Deutschland: 1800 – 1950. Ein methodischer
Beitrag zur Ermittlung der Veränderungen
des Umfangs der landwirtschaftlichen Produktion und der Ertragssteigerung in den
letzten 150 Jahren. Halle / S., 149 S.

BLAIKIE, P., & H. BROOKFIELD (1987):
Land degradation and society.
London, New York, 296 S.

BLUME, H.-P. (1961):
Die Tonverlagerung als profilprägender
Prozeß in Böden aus jungpleistozänem
Geschiebemergel.
Dissertation, Landwirtschaftl. Fakultät der
Universität Kiel.

BML (1970 – 1996):
Statistisches Jahrbuch über Ernährung,
Landwirtschaft und Forsten.
Bd. 1970 – 1996. Münster-Hiltrup.

BOLLINNE, A. (1978):
Study of the importance of splash and wash
on cultivated loamy soils of Hesbaye
(Belgium). Earth Surface Processes, **3**: 71 – 84.

BORK, H.-R. (1980):
Oberflächenabfluß und Infiltration –
Qualitative und quantitative Analysen von
50 Starkregensimulationen in der Südheide
(Ostniedersachsen). Braunschweig, 104 S. =
Landschaftsgenese u. Landschaftsökologie, **6**.

BORK, H.-R. (1981):
Die holozäne Relief- und Bodenentwicklung
im unteren Rhume- und Sösetal. Göttinger
Jahrbuch, **29**: 7 – 22.

BORK, H.-R. (1983 a):
Oberflächenabfluß und Infiltration –
Ergebnisse von Starkregensimulationen in
der Südheide (Ostniedersachsen) und in
Südost-Spanien. In: HAGEDORN, H., &
K. GIESSNER [Hrsg.]: 43. Deutscher Geogra-
phentag Mannheim, Tagungsber. u. wiss.
Abh. Wiesbaden, 159 – 163.

BORK, H.-R. (1983 b):
Die quantitative Untersuchung des Ober-
flächenabflusses und der Bodenerosion.
Eine Diskussion der an der Abteilung für
Physische Geographie und Landschafts-
ökologie der TU Braunschweig entwickelten
Meßverfahren und Meßeinrichtungen.
Geomethodica, **8**: 117 – 147.

BORK, H.-R. (1983 c):
Die holozäne Relief- und Bodenentwicklung
in Lößgebieten - Beispiele aus dem südöstli-
chen Niedersachsen.
In: BORK, H.-R., & W. RICKEN [Hrsg.]:
Bodenerosion, holozäne und pleistozäne
Bodenentwicklung. Braunschweig, 1 – 93. =
Catena Suppl. **3**.

BORK, H.-R. (1985 a):
Mittelalterliche und neuzeitliche lineare
Bodenerosion in Südniedersachsen.
Hercynia, N. F., **22** (3): 259 – 279.

BORK, H.-R. (1985b):
   Untersuchungen zur nacheiszeitlichen Relief-
   und Bodenentwicklung im Bereich der
   Wüstung Drudevenshusen bei Landolfshausen, Ldkr. Göttingen. Nachr. Nieders. Urgeschichte, **54**: 59 – 75.

BORK, H.-R., & H. BORK (1987):
   Extreme jungholozäne hygrische Klimaschwankungen in Mitteleuropa und ihre Folgen. Eiszeitalter und Gegenwart, **37**: 109 – 118.

BORK, H.-R. (1988):
   Bodenerosion und Umwelt. Braunschweig
   (Inst. f. Geogr. u. Geoökologie der Techn.
   Univ. Braunschweig), 249 S. = Landschafts-
   genese und Landschaftsökologie, **13**.

BORK, H.-R., DALCHOW, C., KÄCHELE, H., PIORR,
   H.-P., & K.-O. WENKEL (1995):
   Agrarlandschaftswandel in Nordost-Deutsch-
   land. Berlin, 418 S.

BORK, H.-R., DALCHOW, C., & TH. SCHATZ (1997a):
   Bodenkundlich-landschaftsökologischer For-
   schungsbericht zur archäologischen Grabung
   Glasow in Mecklenburg-Vorpommern. Berlin
   (Römisch-Germanische Kommission des Deut-
   schen Archäologischen Instituts), 27 – 38. =
   Beiträge zum Oder-Projekt, **2**.

BORK, H.-R., DALCHOW, C., SCHATZ TH., FRIELING-
   HAUS, MO., HÖHN, A., & R. SCHMIDT (1997b):
   The Soil and Sediment Profile Bäckerweg in
   the Natural Reserve „Märkische Schweiz",
   East-Brandenburg, Germany. Mitt. Dtsch.
   Bodenkundl. Gesellsch., **84**: 327 – 330.

BORK, H.-R., DORSTEN, P. V., ERBER, A., &
   R. KORBMACHER (1997c):
   Wirkungen des Menschen auf die Land-
   schaftsentwicklung an der Stadtwüstung
   Nienover im Solling. Gött. Jb., **45**: 230 – 235.

BORK, H.-R., & MO. FRIELINGHAUS (1997):
   Zur Tolerierbarkeit von Bodenabtrag. Mitt.
   Dtsch. Bodenkundl. Gesellsch., **83**: 83 – 86.

BORK, H.-R., HENSEL, H., & H. ROHDENBURG (1985a):
   Die Rekonstruktion der jungquartären Relief-
   und Substratgenese als Voraussetzung für die
   Analyse der rezenten Wasser- und Stoffdyna-
   mik im Versuchsgebiet Neuenkirchen. Mitt.
   Dtsch. Bodenkundl. Gesellsch., **42**: 253 – 258.

BORK, H.-R., HENK, U. H., & H. ROHDENBURG
   (1985b):
   Untersuchungen zur rezenten Bodenerosion
   im Untersuchungsgebiet Neuenkirchen.
   Mitt. Dtsch. Bodenkundl. Gesellsch.,
   42: 269 – 275.

BORK, H.-R., & H. ROHDENBURG (1979):
   Beispiele für jungholozäne Bodenerosion
   und Bodenbildung im Untereichsfeld und
   Randgebieten.
   Landschaftsgenese und Landschaftsökologie,
   3: 115 – 134.

BORN, M. (1974):
   Die Entwicklung der deutschen Agrarland-
   schaft. Darmstadt, 185 S. =
   Erträge der Forschung, **29**.

BORN, M. [Hrsg.] (1980):
   Siedlungsgenese und Kulturlandschafts-
   entwicklung in Mitteleuropa. Gesammelte
   Beiträge, herausgegeben von K. FEHN.
   Wiesbaden, 528 S. = Geogr. Zeitschr.,
   Beihefte. = Erdkundl. Wissen, **53**.

BRAUDEL, F. (1985):
   Sozialgeschichte des 15. – 18. Jahrhunderts.
   Der Alltag. München, 671 S.

BRAUDEL, F. (1990):
   Frankreich. 3 Bde. Stuttgart.

BRÁZDIL, R. (1996):
   Reconstructions of past climate from
   historical sources in the Czech Lands.
   In: JONES, P. D., BRADLEY, R. S., & J. JOUZEL
   [Eds.]: Climatic variations and forcing
   mechanisms of the last 2000 years. Berlin,
   Heidelberg, 409 – 429. =
   NATO ASI Series, I, 41.

BRITTON, C. E. (1937):
   A meteorological chronology to A. D. 1450.
   London, 177 S. = Geophysical Memoirs, **70**.

BROSE, F. (1988):
   Weichselspätglaziale und holozäne Fluß-
   genese im Bereich der nordeuropäischen
   Vereisung und ihre Wechselbeziehungen zur
   Entwicklung der menschlichen Gesellschaft
   unter besonderer Berücksichtigung der Aue
   der unteren Oder. Greifswald, 147 S. (Diss.
   Dr. sc. nat., Ernst-Moritz-Arndt-Univ.).

BROSE, F. (1994):
  Das Untere Odertal: Talentwicklung, Nutzung, Wasserbau. In: SCHRÖDER, J. H. [Hrsg.]: Führer zur Geologie von Berlin und Brandenburg. 2: Bad Freienwalde – Parsteiner See. Berlin, 152 – 157.

BROWN, A. G. (1997):
  Alluvial geoarchaeology. Floodplain archaeology and environmental change. Cambridge, 377 S.

BRYAN, R. B. (1971):
  The efficiency of aggregation indices in the comparison of some English and Canadian soils. Journal of Soil Science, **22**: 166 – 178.

BRYAN, R. B. (1976):
  Considerations on soil erodibility indices and sheetwash. Catena, **3**: 99 – 111.

BRYAN, R. B. (1987):
  Processes and significance of rill development. Catena Suppl. **8**: 1 – 15.

BRYAN, R. B., & J. DE PLOEY (1983):
  Comparability of soil erosion measurements with different laboratory rainfall simulators. Catena Suppl. **4**: 33 – 56.

BRYANT, J. C. (1948):
  Measurement of the water stability of soils. Soll Science, **65**: 341 – 350.

BUCK, D.-W. (1992):
  Archäologische Untersuchungen zum Übergang von der Bronze- zur Eisenzeit in der Lausitzer Gruppe. In: SCHAUER, P. [Hrsg.]: Archäologische Untersuchungen zum Übergang von der Bronze- zur Eisenzeit zwischen Nordsee und Kaukasus. Regensburg, 251 – 262.

CALDER, I. R. (1993):
  Hydrologic effects of land-use change. In: MAIDMENT, R. [Ed.]: Handbook of Hydrology. New York, 13.1 – 13.50.

CARLS, R., & B. NITZ (1997):
  Informationsmaterial zu ausgewählten physisch-geographischen Untersuchungen einer archäologischen Grabung am Nordrand der Neuenhagener Oderinsel. Frdl. schriftl. Mitt. v. 11. 5. 1997, Berlin.

CASPARY, H. J. (1990):
  Auswirkungen neuartiger Waldschäden und der Bodenversauerung auf das Abflußverhalten von Waldgebieten. Karlsruhe, 193 S. = Mitt. Inst. Hydrologie u. Wasserwirtschaft d. Univ. Karlsruhe, **37**.

CASPERS, G. (1993):
  Fluviatile Geomorphodynamik und Vegetationsentwicklung im Tal der Weser seit dem Spätglazial. Ber. Naturhist. Ges. Hannover, **135**: 29 – 48.

CHEN, S. (1982):
  Neue Untersuchungen über die spät- und postglaziale Vegetationsgeschichte im Gebiet zwischen Harz und Leine. Diss. Univ. Göttingen, 102 S.

CIPOLLA, C. M. (1983):
  Die Ursprünge. In: CIPOLLA, C. M., & K. BORCHARDT [Hrsg.]: Europäische Wirtschaftsgeschichte. Bd I: Mittelalter. Stuttgart, New York, 3 – 11.

DALCHOW, C. (1991):
  EDV-gestützte Prognose der Verbreitung und Eigenschaften der quartären Sedimente im Einzugsgebiet des Krummbaches (nördliches Harzvorland). Berlin, 167 S. = Bodenökologie und Bodengenese, **1**.

DANNOWSKI, R. (1995):
  Ökologische und sozioökonomische Analyse der Konsequenzen von Nutzungsänderungen – Landschaftsindikator Klimatische Wasserbilanz. In: BORK, H.-R., DALCHOW, C., KÄCHELE, H., PIORR, H.-P., & K.-O. WENKEL: Agrarlandschaftswandel in Nordost-Deutschland. Berlin, 149 – 165.

DE BOER, W. M. (1995):
  Äolische Prozesse und Landschaftsformen im mittleren Baruther Urstromtal seit dem Hochglazial der Weichselkaltzeit. Berlin, 215 S. = Berliner Geogr. Arb., **84**.

DELFS, J., FRIEDRICH, W., KIESEKAMP, H., & A. WAGENHOFF (1958):
  Der Einfluß des Waldes und des Kahlschlages auf den Abflußvorgang, den Wasserhaushalt und den Bodenabtrag. Ergebnisse der

ersten 5 Jahre der forstlich-hydrologischen Untersuchungen im Oberharz. Hannover, Textband 223 S., Tabellenband 105 S. = Aus dem Walde. Mitt. aus der Niedersächsischen Landesforstverwaltung, **3**.

DENECKE, D. (1969):
Methodische Untersuchungen zur historisch-geographischen Wegeforschung im Raum zwischen Solling und Harz. Ein Beitrag zur Rekonstruktion der mittelalterlichen Kulturlandschaft. Göttinger Geogr. Abh., **54**: 27 – 38.

DE PLOEY, J. (1983):
Runoff and rill generation on sandy and loamy topsoils. Zeitschr. Geomorph., N. F., Suppl. – Bd. **46**: 15 – 23.

DEUMLICH, D. (1988):
Nutzung eines kleinen Feldregensimulators zur Überprüfung der Erodierbarkeit von Böden auf Jungmoränenstandorten. Berlin, 505 – 511. = Tagungsber. Akademie der Landwirtschaftswissenschaften, **269**.

DEUMLICH, D., & MA. FRIELINGHAUS (1994):
Methoden zur Erfassung der Wassererosion auf Ackerschlägen durch natürliche Niederschläge in Nordostdeutschland. Wasser und Boden, **12**: 10 – 13.

DEUMLICH, D., & G. SAUPE (1991):
Komplex von acker- und pflanzenbaulichen sowie flurmeliorativen Maßnahmen zum Schutz des Bodens vor Wassererosion in Vorgebirgslagen. Arch. Naturschutz u. Landschaftsforsch., **31**: 127 – 135.

DIEKKRÜGER, B. (1992):
Standort- und Gebietsmodelle zur Simulation der Wasserbewegung in Agrarökosystemen. Braunschweig, 169 S. = Landschaftsökologie und Umweltforschung, **19**.

DIKAU, R. (1982):
Oberflächenabfluß und Bodenabtrag von Meßparzellen im Versuchsgebiet „Hollmuth" im Vergleich zu natürlichen Standorten. Zeitschr. Geomorph., N. F., Suppl.-Bd. **43**: 55 – 65.

DIKAU, R. (1983):
Der Einfluß von Niederschlag, Vegetationsbedeckung und Hanglänge auf Oberflächenabfluß und Bodenabtrag von Meßparzellen. Geomethodica, **8**: 149 – 177.

DIKAU, R. (1986):
Experimentelle Untersuchungen zu Oberflächenabfluß und Bodenabtrag von Meßparzellen und landwirtschaftlichen Nutzflächen. Heidelberg, 195 S. = Heidelberger Geogr. Arb., **81**.

DOTTERWEICH, M., & G. SCHMIDTCHEN (1997):
Erste Ergebnisse der Bohrungen am südlichen Ende des Schwemmfächers der Wolfsschlucht, Märkische Schweiz. Potsdam, 2 S. (frdl. schriftl. Mitt. vom 19. 11. 1997).

DRIESCHER, E. (1983):
Historisch-geographische Veränderungen von Gewässereinzugsgebieten im Jungmoränengebiet der DDR. Geographische Ber., **28**: 103 – 118.

DRIESCHER, E. (1986):
Historische Schwankungen des Wasserstandes von Seen im Tiefland der DDR. Geographische Ber., **31**: 159 – 171.

DUBY, G. (1983):
Die Landwirtschaft des Mittelalters 900 – 1500. In: CIPOLLA, C. M., & K. BORCHARDT [Hrsg.]: Europäische Wirtschaftsgeschichte. Bd I: Mittelalter. Stuttgart, New York, 111 – 139.

DUIJSINGS, J. J. H. M. (1985):
Streambank contribution to the sediment budget of a forest stream. Amsterdam, 190 S. = Publicatie van het Fysisch-geografisch en Bodemkundig Laboratorium van de Universiteit van Amsterdam, **40**.

DYCK, S. (1987):
Paläohydrologie. Acta hydrophysica, **31**: 25 – 40.

DYCK, S., & W. GOLF (1987):
Klimaschwankungen und mittlerer Wasserhaushalt der DDR. Wiss. Zeitschr. Techn. Univers. Dresden, **36**: 165 – 172.

DYCK, S., & G. PESCHKE (1995):
Grundlagen der Hydrologie. Berlin, 536 S.

EASTON, C. (1928):
Les hivers dans l'Europe occidentale.
Leyden, 210 S.

EDWARDS, W. M., VAN DER PLOEG, R. R., &
W. EHLERS (1980):
Effect of hydraulic properties of crust and
plow layer horizons on infiltration during
heavy rainfall. Zeitschr. Pflanzenernähr. u.
Bodenk., **143**: 84 – 92.

EHLS, H. (1993):
Der „Urwald Sababurg". Seine ursprüngliche
Bedeutung und die vermutliche Weiterent-
wicklung in der Zukunft. In: SCHUMANN, G.:
Der Urwald Sababurg. Hofgeismar, 49 – 54.

EINSELE, G. [Hrsg.] (1986):
Das landschaftsökologische Forschungs-
projekt Naturpark Schönbuch: Wasser- und
Stoffhaushalt, Bio-, Geo- und Forstwirtschaft-
liche Studien in Südwestdeutschland.
Weinheim, 636 S. = Forschungsbericht
Deutsche Forschungsgemeinschaft.

ELLENBERG, H. (1996⁵):
Vegetation Mitteleuropas mit den Alpen.
Stuttgart, 1096 S.

ELLENBERG, H., MAYER, R., & J. SCHAUERMANN (1986):
Ökosystemforschung. Ergebnisse des Solling-
projektes 1966 – 1986. Stuttgart.

ELLERBROCK, R. (1997):
FT-IR-Spektroskopische Untersuchungen an
Bodenproben aus dem Projekt Glasow.
Müncheberg (ZALF), 6 S. (frdl. schriftl. Mitt.
vom 24. 9. 1997).

ENDERS, L. (1987):
Siedlung und Herrschaft in Grenzgebieten
der Mark und Pommerns seit der zweiten
Hälfte des 12. und bis zum Beginn des 14. Jh.
am Beispiel der Uckermark.
Jb. f. Wirtschaftsgeschichte 1987: 73 – 129.

ENDTMANN, K. J. (1993):
Fließ- und Stillgewässer der Choriner Landschaft. Eberswalder Jb.: 32 – 35.

ENNEN, E., & W. JANSSEN (1979):
Deutsche Agrargeschichte. Vom Neolithikum
bis zur Schwelle des Industriezeitalters.
Wiesbaden, IX + 273 S. = Wissenschaftliche
Paperbacks, Sozial- u. Wirtschaftsgesch., 12.

ERNSTBERGER, H. (1987):
Einfluß der Landnutzung auf Verdunstung
und Wasserbilanz. Bestimmung der
aktuellen Evapotranspiration von unterschiedlich genutzten Standorten zur Ermittlung der Wasserbilanz von Einzugsgebieten
in unteren Mittelgebirgslagen Hessens.
Kirchzarten, 189 S.

FAIRBRIDGE, R. W. (1967):
Climatic variations (historical record). New
York, S. 205 – 211. = The Encyclopedia of
Atmospheric Sciences and Astrology,
Encyclopedia of Earth Sciences Series, **2**.

FARRES, P. J. (1980):
Some observations on the stability of soil
aggregates to raindrop impact. Catena,
7: 223 – 231.

Faustzahlen (1983): Faustzahlen für Landwirtschaft und Gartenbau. Münster, 584 S.

FIRBAS, F. (1949):
Spät- und nacheiszeitliche Waldgeschichte
Mitteleuropas nördlich der Alpen. 1. Band:
Allgemeine Waldgeschichte. Jena, 480 S.

FIRBAS, F. (1952):
Spät- und nacheiszeitliche Waldgeschichte
Mitteleuropas nördlich der Alpen. 2. Band:
Waldgeschichte der einzelnen Landschaften.
Jena, 256 S.

FISCHER, G. (1936):
Das Land Lebus. Die Entwicklung des
ländlichen Siedlungsbildes vom Mittelalter
bis zum Beginn des 19. Jahrhunderts.
Frankfurt / Oder, 192 S.

FISCHER, H. (1929):
Mittelalterliche Pflanzenkunde.
München, 326 S.

FLOHN, H. (1949 / 50):
Klimaschwankungen im Mittelalter und ihre
historisch-geographische Bedeutung.
Ber. z. dtsch. Landeskunde, **7**: 347 – 358.

FLOHN, H. (1958):
Klimaschwankungen der letzten 1 000 Jahre
und ihre geophysikalischen Ursachen. Deutscher Geographentag Würzburg, Tagungs-
bericht u. wiss. Abh. Wiesbaden, 201 – 214.

FLOHN, H. (1967):

Klimaschwankungen in historischer Zeit.
In: RUDLOFF, H. V.: Die Schwankungen und
Pendelungen des Klimas seit Beginn der
regelmäßigen Instrumenten-Beobachtung.
Braunschweig, 81 – 90.

FLOHN, H. (1984):

Climate variability and its time changes in
European countries, based on instrumental
observations. In: FLOHN, H., & R. FANTECHI
[Eds.]: The climate of Europe. Past, present
and future. Natural and man-induced
climatic changes. A european perspective.
Dordrecht, Boston, Lancaster, 65 – 117.

FLÜGEL, W.-A. (1979):

Untersuchungen zum Problem des Interflow.
Messungen der Bodenfeuchte, der Hangwas-
serbewegung, der Grundwassererneuerung
und des Abflußverhaltens der Elsenz im Versuchsgebiet Hollmuth / Kleiner Odenwald.
Heidelberg, 170 S. =
Heidelberger Geogr. Arb., **56**.

FONTANE. TH. (1991):

Wanderungen durch die Mark Brandenburg.
Erster Band. Das Oderland. München, Wien,
545 – 1025.

FORSTER, R. (1970):

Obstacles to agricultural growth in
eighteenth-century France.
Americ. Hist. Review, **75**: 600 – 1615.

FRIELINGHAUS, MO. (1988):

Wissenschaftliche Grundlagen für die Bewer-
tung der Wassererosion auf Jungmoränenstandorten und Vorschläge für die Einordnung
des Bodenschutzes. Diss. B, Berlin, 146 S.

FRIELINGHAUS, MO. (1991):

Stand der Erosionsforschung in der ehemaligen DDR. Hamburg, Berlin, 68 – 74. =
Ber. über Landwirtschaft, Sonderheft **205**.

FRIELINGHAUS, MO. (1997):

Merkblätter zur Bodenerosion in Brandenburg. Müncheberg, 51 S. = ZALF-Bericht **27**.

FRIELINGHAUS, MO. (1998):

Das Bodenschutzproblem in Ostdeutschland.
In: RICHTER, G., et al. [Hrsg.]: Bodenerosion
und Bodenschutz. Darmstadt.

FÜGNER, D. (1995):

Hochwasserkatastrophen in Sachsen.
Leipzig, 78 S.

FUNK, R. (1995):

Quantifizierung der Winderosion auf einem
Sandstandort Brandenburgs unter
besonderer Berücksichtigung der
Vegetationswirkung. Müncheberg, 121 S. =
ZALF-Bericht **16**.

FURRER, G., GAMPER-SCHOLLENBERGER, B., &
J. SUTER (1980):

Zur Geschichte unserer Gletscher in der
Nacheiszeit. Methoden und Ergebnisse.
In: OESCHGER, H., MESSERLI, B., & M. SILVAR
[Hrsg.]: Das Klima. Analysen und Modelle,
Geschichte und Zukunft. Berlin, Heidelberg,
New York, 91 – 107.

G. (1778 a):

Schreiben an einen Freund zwischen
Braunschweig und dem Harze, über die Ein-
richtung des Ackerbaues. Hannoverisches
Magazin, 5tes Stück: 65 – 76.

G. (1778 b):

Von der Bestellung des Ackers zwischen
Braunschweig und dem Harze. Zweyter
Brief. Hannoverisches Magazin, 29tes Stück:
449 – 464.

GANZERT, C. (1995):

Bauern: Die Letzten von gestern oder die Ersten von morgen?. Jb. Ökologie 1995: 48 – 54.

GARNIER, M. (1974 a):

Longues séries de mesures de précipitations
en France. Zone 1 (Nord, Region parisienne
et Centre). Paris, 109 S. = Météorologie Nationale, Division de Climatologie, **53** (I).

GARNIER, M. (1974 b):

Longues séries de mesures de précipitations
en France. Zone 3 (Nord-Est, Est et Est du
Massif Central). Paris, 114 S. = Météorologie
Nationale, Division de Climatologie, **53** (III).

GERLACH, R. (1990):

Flußdynamik des Mains unter dem Einfluß
des Menschen seit dem Spätmittelalter.
Trier, 247 S. =
Forsch. z. dtsch. Landeskunde, **234**.

GEYH, M. A. (1980):
Einführung in die Methoden der physikalischen und chemischen Altersbestimmung. Darmstadt, 276 S.

GEYH, M. A. (1983):
Konfusion über quartäre Zeitskalen. Geol. Jahrb., **A71**: 311 – 321.

GIESSÜBEL, J. (1977):
Nutzungsbedingte Änderungen im Naturraum. Frankfurt/M., 203 S. = Rhein-Main. Forsch., **85**.

GLASER, R. (1991):
Klimarekonstruktion für Mainfranken, Bauland und Odenwald anhand direkter und indirekter Witterungsdaten seit 1500. Stuttgart, New York, 175 S. = Paläoklimaforschung, **5**.

GLASER, R. (1995):
Thermische Klimaentwicklung in Mitteleuropa seit dem Jahr 1000. Geowissenschaften, **13**: 302 – 312.

GLASER, R., & M. GUDD (1996):
Aussagepotentiale historischer Witterungstagebücher – Das Jahr 1700 im Spiegel der Aufzeichnungen von Friedrich Hoffmann aus Halle. Erdkunde, **50**: 328 – 340.

GLASER, R., & H. HAGEDORN (1990):
Die Überschwemmungskatastrophe von 1784 im Maintal. Eine Chronologie ihrer witterungsklimatischen Voraussetzungen und Auswirkungen. Die Erde, **121**: 1 – 14.

GOVERS, G. (1985):
Selectivity and transport capacity of thin flows in relation to rill erosion. Catena, **12**: 35 – 49.

GOVERS, G. (1987):
Spatial and temporal variability in rill development processes at the Huldenberg experimental site. Catena Suppl. **8**: 17 – 34.

GREGORY, K. J., STARKEL, L., & V. R. BAKER (1995): Global continental palaeohydrology. Chichester, 334 S.

GRINGMUTH-DALLMER, E. (1983):
Die Entwicklung der frühgeschichtlichen Kulturlandschaft auf dem Territorium der DDR unter besonderer Berücksichtigung der Siedlungsgebiete. Berlin, 166 S. = Schriften z. Ur- u. Frühgeschichte, **35**.

GRINGMUTH-DALLMER E. (1989):
Landwirtschaft und Landesausbau in den germanisch-deutschen Gebieten vom 8. – 13. Jh. In: HERRMANN, J. [Hrsg.]: Archäologie in der Deutschen Demokratischen Republik. Denkmale und Funde. 1: Archäologische Kulturen, geschichtliche Perioden und Volksstämme. Stuttgart, 238 – 248.

GRINGMUTH-DALLMER, E. (1996):
Das Forschungsprojekt „Mensch und Umwelt im Odergebiet in ur- und frühgeschichtlicher Zeit". In: Mensch und Umwelt im mittleren und unteren Odergebiet. Entstehung, Zielsetzung und Organisation. Wrocław, 13 – 16. = Beiträge zur ur- und frühgeschichtlichen Besiedlung, **2**.

GRINGMUTH-DALLMER (1997):
Bericht über die deutschen Aktivitäten im Rahmen des „Oderprojektes" 1995. Berlin, 3 – 6. = Beiträge zum Oder-Projekt, **2**.

GRINGMUTH-DALLMER, E., & M. ALTERMANN (1985):
Zum Boden als Standortfaktor ur- und frühgeschichtlicher Siedlungen. Jahresschr. f. mitteldeutsche Vorgeschichte: 339 – 355.

GROSSE, B. (1952):
Die Bodenerosion in Deutschland und ihre Kartierung als Grundlage für eine systematische Bekämpfung. Zeitschr. f. Raumforschung und Landesplanung, (1/2): 40 – 51.

GRUNERT, J., & U. HARDENBICKER (1993):
Gravitative Hangabtragung im Bonner Raum während des Holozäns. Ein Beitrag zur Paläoklimaforschung. Würzburger Geogr. Arb., **87**: 325 – 338.

GRUPE, G. (1986):
Umwelt und Bevölkerungsentwicklung im Mittelalter. In: HERRMANN, B. [Hrsg.]: Mensch und Umwelt im Mittelalter. Darmstadt, 24 – 34.

HABER, W. (1996):
   Bedeutung unterschiedlicher Land- und
   Forstbewirtschaftung für die Kulturland-
   schaft – einschließlich Biotop- und Artenviel-
   falt. In: LINCKH, G., SPRICH, H., FLAIG, H., &
   H. MOHR [Hrsg.]: Nachhaltige Land- und
   Forstwirtschaft. Expertisen.
   Berlin, Heidelberg, New York, 1 – 26.

HABER, W. (1997):
   Zur ökologischen Rolle der Landwirtschaft.
   Landwirtschaft im Konfliktfeld Ökologie –
   Ökonomie. Bayerische Akademie d. Wiss.,
   Rundgespräche der Kommission für Ökolo-
   gie, **13**: 101 – 110.

HABOVSTIAK, A. (1994):
   Der Beitrag der Archäologie zur Wüstungsforschung in der Slowakei. Siedlungsforschung: Archäologie – Geschichte –
   Geographie, **12**: 143 – 153.

HAMM, W. (1996[4]):
   Das Ganze der Landwirthschaft in Bildern.
   Ein Bilderbuch zur Belehrung und Unterhal-
   tung für Jung und Alt, Groß und Klein. Unveränderter Nachdruck der 2. Auflage aus
   dem Jahre 1872. Hannover, 320 S.

HARD, G. (1963):
   Die Mennoniten und die Agrarrevolution.
   Die Rolle der Wiedertäufer in der Agrarge-
   schichte des Westrichs.
   Saarbrücker Hefte, **18**: 28 – 46.

HARD, G. (1964 a):
   Kalktriften zwischen Westrich und Metzer
   Land. Heidelberg, 176 S. =
   Annales Universitatis Saraviensis,
   Phil. Fak., **2**.

HARD, G. (1964 b):
   Plangewannfluren aus der Zeit um 1700.
   Zur Flurformengenese in Westpfalz und
   Saargegend.
   Rhein. Vierteljahresbl., **29**: 293 – 314.

HARD, G. (1967):
   Lößschleier, Waldrandstufe und Delle –
   Pflanzensoziologische, bodenkundliche und
   morphologische Beobachtungen am Ober-
   hang der Hauptterrasse bei Bonn.
   Decheniana, **118**: 181 – 197.

HARD, G. (1976):
   Exzessive Bodenerosion um und nach 1800.
   In: RICHTER, G., [Hrsg.]: Bodenerosion in Mit-
   teleuropa. Darmstadt, 195 – 239. =
   Wege der Forschung, **430**.

HARTGE, K. H. (1978):
   Einführung in die Bodenphysik.
   Stuttgart, XVI + 364 S.

HÄSER, J., & J. KAHLER (1998):
   Aktuelles aus der Landesarchäologie. Brandenburg. 100 Jahre älter als in den Urkun-
   den. Archäologie in Deutschland, (1): 38.

HASSENPFLUG, W. (1992[2]):
   Winderosion. In: BLUME, H.-P. [Hrsg.]: Handbuch des Bodenschutzes. Landsberg/Lech,
   200 – 215.

HEINE, G. (1989):
   Umweltbezogenes Recht im Mittelalter.
   In: HERRMANN, B. [Hrsg.]: Umwelt in der Ge-
   schichte. Göttingen, 111 – 128.

HEMPEL, L. (1954):
   Tilken und Sieke – ein Vergleich.
   Erdkunde, **8**: 198 – 202.

HEMPEL, L. (1957):
   Das morphologische Landschaftsbild des
   Unter-Eichsfeldes unter besonderer Berück-
   sichtigung der Bodenerosion und ihrer
   Kleinformen. Remagen, 55 S. =
   Forsch. z. dtsch. Landeskunde, **98**.

HEMPEL, L. (1976):
   Flurzerstörungen durch Bodenerosion in
   früheren Jahrhunderten. In: RICHTER, G.
   [Hrsg.]: Bodenerosion in Mitteleuropa. Darmstadt, 181 – 194. = Wege der Forschung, **430**.

HENK, U. (1988):
   Aggregatstabilität und Erosion durch Regentropfen. Diss. TU Braunschweig.

HENNIG, R. (1904):
   Katalog bemerkenswerter Witterungsereignisse von den ältesten Zeiten bis zum Jahre
   1800. Berlin, 81 S. = Abh. d. kgl. Preussischen
   Meteorol. Inst., II/4.

HENNING, F.-W. (1985[2]):
   Landwirtschaft und ländliche Gesellschaft
   in Deutschland. Bd. 1: 800 bis 1750.
   Paderborn, 287 S.

HENNING, F.-W. (1988[2]):
Landwirtschaft und ländliche Gesellschaft in Deutschland. Bd 2: 1750 bis 1986. Paderborn, 315 S.

HENSEL, H. (1991):
Verfahren zur EDV-gestützten Abschätzung der Erosionsgefährdung von Hängen und Einzugsgebieten. Berlin, 113 S. = Bodenökologie und Bodengenese, **2**.

HERRMANN, B. [Hrsg.] (1986):
Mensch und Umwelt im Mittelalter. Darmstadt, 288 S.

HERRMANN, J. (1989 a):
Die Einwanderung slawischer Stämme seit dem Ende des 6. Jh. In: HERRMANN, J. [Hrsg.]: Archäologie in der Deutschen Demokratischen Republik. Stuttgart, 229 – 237. = Denkmale und Funde 1: Archäologische Kulturen, geschichtliche Perioden und Volksstämme.

HERRMANN, J. (1989 b):
Landwirtschaft und Landesausbau in den slawischen Stammesgebieten vom 8. – 13. Jh. In: HERRMANN, J. [Hrsg.]: Archäologie in der Deutschen Demokratischen Republik. Stuttgart, 249 – 256. = Denkmale und Funde 1: Archäologische Kulturen, geschichtliche Perioden und Volksstämme.

HEUSINGER, F. (1815):
Über das Abfließen der Aecker, und das Ausreißen der Grabenbetten. Hannoversches Magazin, 83tes bis 94tes Stück: 1313 – 1510.

HILLEBRECHT, M. L. (1986):
Eine mittelalterliche Energiekrise. In: HERRMANN, B., [Hrsg.]: Mensch und Umwelt im Mittelalter. Darmstadt, 275 – 283.

Historischer Führer (1987):
Stätten und Denkmale der Geschichte in den Bezirken Potsdam, Frankfurt/Oder. Leipzig, Jena, Berlin, 400 S.

HOFFMANN, H. (1981):
Das Braunschweiger Umland in der Agrarkrise des 14. Jahrhunderts. Deutsches Archiv für Erforschung des Mittelalters, **37**: 162 – 286.

HOFMAN, G., & F. APELMANS (1975):
Seasonal changes of the aggregate instability. Zeitschr. Pflanzenernähr., Düngung u. Bodenk., **138**: 209 – 216.

HOLZHAUSER, H. (1982):
Neuzeitliche Gletscherschwankungen. Geographica Helvetica, **2**: 115 – 126.

HÖNSCHEIDT, S. (1997):
Böden und Kolluvien im Umfeld einer bandkeramischen Siedlung bei Vaihingen/Enz. Stuttgarter Geogr. Studien, **126**: 51 – 64.

HORLACHER, H.-B. (1997):
Sommerhochwasser 1997 an der Oder. DVWK Nachrichten, **154**: 53 – 54.

HOUBEN, P. (1997):
Late-glacial and holocene fluvial sedimentation in a small upland catchment in Hesse (Germany). Zeitschr. f. Geomorphologie, N. F., **41**: 461 – 478.

HOYNINGEN-HUENE, J. V., & H. BRADEN (1978):
Bestimmung der aktuellen Evapotranspiration landwirtschaftlicher Kulturen mit Hilfe mikrometeorologischer Ansätze. Mitt. Dtsch. Bodenkundl. Gesellsch., **26**: 5 – 20.

IMESON, A. C., & P. D. JUNGERIUS (1977):
The widening of valley incisions by soil fall in a forested Keuper area, Luxembourg. Earth Surface Processes, **2**: 141 – 152.

IMESON, A. C., KWAAD, F. J. P. M., & H. J. MÜCHER (1980):
Hillslope processes and deposits in forested areas of Luxembourg. In: CULLINGFORD, R. A., DAVIDSON D. A., & J. LEWIN [Eds.]: Timescales in Geomorphology. Chichester, New York, Brisbane, Toronto, 31 – 42.

IMESON, A. C., & M. VIS (1984):
The output of sediments and solutes from forested and cultivated clayey drainage basins in Luxembourg. Earth Surface Processes, **9**: 585 – 594.

IMESON, A. C., & H. J. M. V. ZON (1979):
Erosion processes in small forested catchments in Luxembourg. In: PITTY, A. F. [Ed.]: Geographical approaches to fluvial processes. Norwich, 93 – 107.

JÄGER, H. (1951):
Die Entwicklung der Kulturlandschaft im
Kreise Hofgeismar. Göttingen, 114 S. =
Göttinger Geogr. Abh., **8**.

JÄGER, H. (1954):
Zur Entstehung der heutigen großen
Forsten in Deutschland.
Ber. z. dtsch. Landeskunde, **13**: 156 – 171.

JÄGER, H. (1958):
Entwicklungsperioden agrarer
Siedlungsgebiete im mittleren
Westdeutschland seit dem frühen
13. Jahrhundert. Würzburg, 136 S. =
Würzburger Geogr. Arb. **6**.

JÄGER, H. (1963 a):
Zur Geschichte der deutschen Kulturland-
schaften.
Geogr. Zeitschr., **51**: 90 – 143.

JÄGER, H. (1963 b):
Zur Methodik der genetischen Kulturland-
schaftsforschung, zugleich ein Bericht über
eine Exkursion zur Wüstung Leisenberg.
Ber. z. dtsch. Landeskunde, **30**: 158 – 196.

JÄGER, H. (1963 c):
Zur Erforschung der mittelalterlichen
Landesnatur.
Studi medievali, 3ᵃ Serie, IV, 1: 1 – 51.

JÄGER, H. [Hrsg.] (1964 a):
Historisch-Landeskundliche Exkursionskarte
von Niedersachsen. Blatt Duderstadt.
Hildesheim, 62 S. = Veröffentlichungen des
Instituts für Historische Landesforschung
der Univ. Göttingen, **2.1**.

JÄGER, H. (1964 b):
Einige Grundfragen der Wüstungsforschung
mit besonderer Berücksichtigung von Mainfranken.
Würzburger Geogr. Arb., **12**: 123 – 138.

JÄGER, H. (1968):
Wüstungstendenzen und Wüstungsursachen
im ehemaligen Hochstift Bamberg Anno 1348.
Ber. z. dtsch. Landeskunde, **41**: 251 – 260.

JÄGER, H. (1987):
Entwicklungsprobleme europäischer Kultur-
landschaften: eine Einführung.
Darmstadt, X + 280 S.

JÄGER, K.-D. (1962):
Über Alter und Ursachen der Auelehm-
ablagerung thüringischer Flüsse.
Prähist. Zeitschr., **40**: 1 – 59.

JAKSCH, T., BORK, H.-R., DALCHOW, C., &
D. DRÄGER [Hrsg.] (1996):
Landnutzung in Mittel- und Osteuropa.
Budapest, 303 S.

JUNG, L. (1953):
Zur Frage der Nomenklatur erodierter
Böden. Mitt. Inst. f. Raumforschung,
20: 61 – 72.

JUNG, L., & R. BRECHTEL (1980):
Messungen von Oberflächenabfluß und
Bodenabtrag auf verschiedenen Böden der
Bundesrepublik Deutschland.
Hamburg, Berlin, 139 S. = Schriftenr. Dt.
Verb. f. Wasserwirtschaft u. Kulturbau
DVWK, **48**.

JUNGERIUS, P. D., & H. J. M. V. ZON (1982):
The formation of the Lias cuesta (Luxembourg) in the light of the present-day erosion
processes operating on forest soils.
Geografiska Annaler, **64**: 127 – 140.

KAHNT, G. (1986): Biologischer Pflanzenbau.
Stuttgart, 228 S.

KAISER, K. F. (1993):
Beiträge zur Klimageschichte vom späten
Hochglazial bis ins frühe Holozän –
rekonstruiert mit Jahrringen und Molluskenschalen aus verschiedenen Vereisungsge-
bieten. Habilitationsschrift Eidgenössische
Forschungsanstalt f. Wald, Schnee u. Landschaft und Universität Zürich.
Winterthur, 199 S.

KÄUBLER, R. (1938):
Junggeschichtliche Veränderungen des
Landschaftsbildes im mittelsächsischen Löß-
gebiet. Wiss. Veröffentl. d. Dtsch. Museums f.
Länderkunde, N. F., **5**: 71 – 90.

KEIL, G. (1986):
Seuchenzüge des Mittelalters. In:
HERRMANN, B. [Hrsg.]: Mensch und Umwelt
im Mittelalter.
Darmstadt, 109 – 128.

KEMPE, S., MYCKE, B., & M. SEEGER (1981):
Flußfrachten und Erosionsraten in
Mitteleuropa, 1966 – 1973.
Wasser und Boden, **33**: 126 – 131.

KITTLER, G. A. (1963):
Das Problem der Hochäcker. Zeitschr. f.
Agrargesch. u. Agrarsoziol., **11**: 141 – 159.

KLEMM, V. (1997):
Anfänge einer akademischen landwirtschaft-
lichen Forschung und Lehre in Berlin / Bran-
denburg (Ende des 18. Jahrhunderts bis
1830). In: LUBINSKI, A., RUDERT, TH., &
M. SCHATTKOWSKY [Hrsg.]: Historie und Eigen-
Sinn. Festschrift für Jan Peters zum 65. Geb.
Weimar, 63 – 73.

KNAPPE, S., MORITZ, Ch., & U. KEESE (1994):
Grundwasserneubildung und N-Austrag
über Sickerwasser bei intensiver Landnut-
zung. Lysimeteruntersuchungen an acht
Bodenformen in der Anlage Brandis.
Arch. Acker, Pfl., Boden, **38**: 393 – 403.

KÖHNLEIN, H., & H. VETTER (1953):
Ernterückstände und Wurzelbild.
Berlin, Hamburg, 138 S.

KÖNNECKE, G. (1967):
Fruchtfolgen. Berlin, 335 S.

KÖRBER-GROHNE, U. (1994):
Nutzpflanzen in Deutschland.
Stuttgart, 480 S.

KOST, W. (1977): Das Landschaftsbild in amtli-
chen Karten Niedersachsens im Wandel der
Zeit. In: Niedersächsisches Landesverwal-
tungsamt – Landesvermessung [Hrsg.]:
Topographischer Atlas Niedersachsen und
Bremen. Neumünster, 248 – 257.

KOTYZA, O., CVRK, F., & V. PAŽOUREK (1995):
Historické povodně na dolním Labi a Vltave.
Děčín, 169 S.

KRAHE, P., & M. GLUGLA (1996):
Abfluß- und Wasserbilanz der Bundesrepublik Deutschland. Bundesanstalt für Gewässerkunde, Informationen, (1): 1 – 3.

KRENZLIN, A. (1952):
Dorf, Feld und Wirtschaft im Gebiet der
großen Täler und Platten östlich der Elbe.
Remagen, 144 S. = Forsch. z. dt. Landesk., **70**.

KRENZLIN, A. (1979):
Die naturräumlichen Grundlagen Branden-
burgs. Jb. f. d. Geschichte Mittel- und
Ostdeutschlands, **28**: 1 – 41.

KREUZ, A. (1988):
Die ersten Öko-Bauern? Archäobotanische
Untersuchung einer 7 500 Jahre alten Siedlung in der Wetterau. Forschung Frankfurt,
6: 35 – 41.

KRÜGEL, M. (1957):
Buckow im Lande Lebus. Berlin, 100 S.

KRÜGER, B. (1989):
Germanische Kulturen und Stämme des
3. – 6. Jh. und die Völkerwanderung. In:
HERRMANN, J. [Hrsg.]: Archäologie in der
Deutschen Demokratischen Republik.
Stuttgart, 209 – 219. = Denkmale und Funde 1:
Archäologische Kulturen, geschichtliche
Perioden und Volksstämme.

KRYSANOVA, V., MÜLLER-WOHLFEIL, D.-I.,
CRAMER, W., & A. BECKER (1996):
Identification of vulnerable subregions in
the Elbe drainage basin under global change
impact. Potsdam, 23 S. = PIK Report, **19**.

KÜHLHORN, E. (1964):
Orts- und Wüstungsnamen in
Niedersachsen. Northeim, 232 S.

KÜHLHORN, E. (1969):
Mittelalterliche Wüstungen im südwest-
lichen Harzvorland (II).
Harz-Zeitschr., **21**: 15 – 69.

KÜHLHORN, E. (1970):
Historisch-Landeskundliche Exkursionskarte
von Niedersachsen. Blatt Osterode am Harz.
Hildesheim, 125 S. = Veröffentlichungen des
Instituts für Historische Landesforschung
der Univ. Göttingen, **2.2**.

KÜHLHORN, E. (1994 – 1996):
Die mittelalterlichen Wüstungen in Südniedersachsen. 4 Bände. Bielefeld.

KULLMANN, A. (1963):
Über die Wasserbeständigkeit der Bodenkrü-
mel besonders in Abhängigkeit von Zeit und
Bodenfeuchtigkeit. I. Mitt.: Über die Veränderungen der Krümelanteile in Abhängigkeit
von der Zeit. Albr.-Thaer-Archiv, **8**: 741 – 759.

KÜNKEL, V. (1998):
   Dokumentation der Hochwasserabwehr
   beim Sommerhochwasser an der Oder 1997
   im Landkreis Märkisch Oderland.
   Eggersdorf, 41 S.

KUNTZE, H., NIEMANN, J., ROESCHMANN, G., &
   G. SCHWERDTFEGER (1981²):
   Bodenkunde. Stuttgart, 407 S.

KURON, H., & L. JUNG (1961):
   Untersuchungen über Bodenerosion und
   Bodenerhaltung im Mittelgebirge als Grundlage für Planungen bei Flurbereinigungsver-
   fahren. Zeitschr. f. Kulturtechn. u. Flurbereinigung, **2**: 129 – 145.

KURON, H., JUNG, L., & H. SCHREIBER (1956):
   Messungen von oberflächlichem Abfluß und
   Bodenabtrag auf verschiedenen Böden
   Deutschlands. Schriftenr. Kurat. f. Kulturbau-
   wesen, **5**: 19 – 24.

KÜSTER, H. (1989):
   Mittelalterliche Eingriffe in Naturräume
   des Voralpenlandes. In: HERRMANN, B. [Hrsg.]:
   Umwelt in der Geschichte.
   Göttingen, 63 – 76.

KÜSTER, H. (1996):
   Geschichte der Landschaft in Mitteleuropa.
   Von der Eiszeit bis zur Gegenwart.
   München, 424 S.

KÜSTER, H., & U. KÜSTER (1997):
   Garten und Wildnis. Landschaft im 18. Jahrhundert. München, 366 S.

LAMB, H. H. (1965):
   The biological significance of climatic
   changes in Britain. In: JOHNSON, C. G., &
   L. P. SMITH [Eds.]: The biological significance
   of climate changes in Britain. Proceedings of
   a symposium held at the Royal Geographical
   Society, London, on 29 and 30 October 1964.
   London, 222 S.

LAMB, H. H. (1977):
   Climate – present, past and future. 2: Climatic history and the future. London, 835 S.

LAMB, H. H. (1982):
   Climate, history and the modern world.
   London, New York, XIX + 387 S.

LAMB, H. H. (1984):
   Climate in the last thousand years: natural
   climatic fluctuations and change. In:
   FLOHN, H., & R. FANTECHI [Eds.]: The climate
   of Europe. Past, present and future. Natural
   and man-induced climatic changes. A european perspective.
   Dordrecht, Boston, Lancaster, 25 – 64.

LAMB, H. H. (1989):
   Klima und Kulturgeschichte. Der Einfluß
   des Wetters auf den Gang der Geschichte.
   Reinbek bei Hamburg, 448 S.

LANG, A. (1995):
   Lumineszenz-Datierungen holozän umgelagerter Sedimente im Kraichgau. Archäologische Informationen aus Baden-Württemberg.
   Anthropogene Landschaftsveränderungen
   im prähistorischen Südwestdeutschland,
   30: 23 – 25.

LANG, A. (1996):
   Die Infrarot-Stimulierte-Lumineszenz als
   Datierungsmethode für holozäne Lößderivate. Ein Beitrag zur Chronometrie kolluvialer,
   alluvialer und limnischer Sedimente in Südwestdeutschland. Heidelberg, 137 S. =
   Heidelberger Geogr. Arb., **103**.

LANGE, E. (1971):
   Botanische Beiträge zur mitteleuropäischen
   Siedlungsgeschichte. Berlin, 183 S. =
   Schriften z. Ur- und Frühgeschichte, **27**.

LANGE, E. (1986):
   Pollenanalytische Untersuchungen von
   Burggrabensedimenten aus der nordwestli-
   chen Niederlausitz – Ein Beitrag zu
   methodischen Fragen der Auswertung
   von Pollendiagrammen und zur slawischen
   Landwirtschaft. In: BEHRE, K.-E. [Ed.]:
   Anthropogenic indicators in pollen
   diagrams.
   Rotterdam, 153 – 166.

LANGE, E. (1989):
   Aussagen botanischer Quellen zur mittelal-
   terlichen Landnutzung im Gebiet der DDR.
   In: HERRMANN, B. [Hrsg.]: Umwelt in der Ge-
   schichte.
   Göttingen, 26 – 39.

LAST, M. (1985):
Aussagen schriftlicher Quellen zur mittelalterlichen Siedlungsgeschichte des Unteren
Eichsfeldes. Nachr. Nieders. Urgesch.,
54: 3 – 25.

LE GOFF (1996):
Das Hochmittelalter. Frankfurt/M., 350 S. =
Fischer Weltgeschichte, **11**.

LE ROY LADURIE, E. (1971):
Times of feast, times of famine. A history of
climate since the year 1000. London, 428 S.

LE ROY LADURIE, E. (1985):
Die Bauern des Languedoc. Darmstadt, 353 S.

LE ROY LADURIE, E., & J. P. DESAIVE (1972):
Le climat de la France (1776 – 1792): séries
thermiques. In: DESAIVE, J.-P., GAUBER, J. P.,
LE ROY LADURIE, E., MEYER, J., MULLER, O., &
J.-P. PETER [Eds.]: Médecins, climat et épidé-
mies a la fin du XVIIIe siècle. Ecole Practique
des Hautes Etudes Sorbonne, Civilisations et
Sociétés, **29**: 23 – 89.

LESER, H. (1997⁴):
Landschaftsökologie. Stuttgart, 644 S.

LEUBE, A. (1992):
Siedlungsintensität und Siedlungsmobilität
im 1. bis 5. / 6. Jh. unserer Zeitrechnung in
Nordostdeutschland. In: Mensch und
Umwelt. Berlin, 73 – 81.

LEUBE, A. (1996):
Die eisenzeitliche Besiedlung des westlichen
mittleren Odergebietes – Entstehung, Zielsetzung und Organisation. Mensch und Umwelt
im mittleren und unteren Odergebiet, Beiträge zur ur- und frühgeschichtlichen Besiedlung, **2**: 127 – 142. Wrocław.

LIEBEROTH, I. (1983):
Bodenkunde. Berlin, 431 S.

LINKE, M. (1963):
Ein Beitrag zur Erklärung des Kleinreliefs
unserer Kulturlandschaft. Wiss. Zeitschr. d.
Martin-Luther-Univ. Halle-Wittenberg,
Math.-Nat. Reihe **12** (10): 735 – 752.

LÖPMEIER, F. J. (1987):
Verdunstung und Energiehaushalt. Verh. d.
Deutschen Geographentages in Berlin 1985,
45: 434 – 438.

LOUGHRAN, R. J., CAMPBELL, B. L., &
D. E. WALLING (1987):
Soil erosion and sedimentation indicated by
caesium 137: Jackmoor Brook catchment,
Devon, England. Catena, **14**: 201 – 212.

LÜBBECKE, R., & B. ASMUS (1983):
Anthropogen bedingter Bodenabtrag – ein
aktuelles Thema, historisch betrachtet. Eine
Untersuchung am Beispiel der Wüstung Lei-
senberg, Kr. Northeim.
Gött. Jahrb., **31**: 47 – 64.

LÜNING, J. (1997):
Anfänge und frühe Entwicklung der Land-
wirtschaft im Neolithikum. In: LÜNING, J.,
JOCKENHÖVEL, A., BENDER, H., & T. CAPELLE
[Hrsg.]: Vor- und Frühgeschichte. Deutsche
Agrargeschichte. Stuttgart, 15 – 139.

LÜNING, J., JOCKENHÖVEL, A., BENDER H., &
T. CAPELLE [Hrsg.] (1997):
Vor- und Frühgeschichte. Deutsche Agrar-
geschichte. Stuttgart, 479 S.

LÜTTIG, G. (1960):
Zur Gliederung der Auelehme im Flußgebiet
der Weser. Eiszeitalter und Gegenwart,
11: 39 – 50.

MACAR, P. (1974):
Etude en Belgique de phénomènes d'érosion
et de sédimentation récents en terres
limoneuses. In: POSER, H. [Hrsg.]: Geomorphologische Prozesse und Prozeßkombinatio-
nen in der Gegenwart unter verschiedenen
Klimabedingungen. Göttingen, 354 – 371.

MACHANN, R., & A. SEMMEL (1970):
Historische Bodenerosion auf Wüstungs-
fluren deutscher Mittelgebirge.
Geogr. Zeitschr., **58**: 250 – 266.

MÄCKEL, R. (1969):
Untersuchungen zur jungquartären
Flußgeschichte der Lahn in der Gießener
Talweitung. Eiszeitalter und Gegenwart,
20: 138 – 174.

MAIER, J., & U. SCHWERTMANN (1981):
Das Ausmaß des Bodenabtrags in einer Löß-
landschaft Niederbayerns. Bayer. Landw.
Jahrb., **58**: 189 – 194.

MAKOWSKI, H., & B. BUDERATH (1983):
   Die Natur dem Menschen untertan. Ökologie
   im Spiegel der Landschaftsmalerei.
   München, 309 S.

MALITZ, G., & TH. SCHMIDT (1997):
   Hydrometeorologische Aspekte des Sommer-
   hochwassers der Oder 1997.
   Wasser und Boden, **49**: 9 – 12.

MANGELSDORF, G. (1994):
   Probleme der historisch-archäologischen
   Wüstungsforschung in Nordost-Deutschland.
   Siedlungsforschung: Archäologie –
   Geschichte - Geographie, **12**: 87 – 101.

MARTIN, L. (1979):
   Accelerated soil erosion from tractor wheel-
   ings. A case study in Mid-Bedfordshire, England. In: VOGT, H., & T. VOGT [Eds.]: Proceedings of the Seminar on Agricultural Soil
   Erosion in Temperate non Mediterranean
   Climate. Strasbourg, 157 – 161.

MARSCHNER, H. (1986):
   Mineral nutrition in higher plants.
   London, 674 S.

MARXEN, G. (1988):
   Untersuchungen zur jahreszeitlichen
   Dynamik von Bodenwasser und Bodenero-
   sion im Pflughorizont unter besonderer
   Berücksichtigung der Oberflächenverdich-
   tung. Diss. Naturwiss. Fak. d. Technischen
   Univ. Braunschweig.

MCINTYRE, D. S. (1958):
   Permeability measurements of soil crusts
   formed by raindrop impact. Soil Science,
   85: 185 – 189.

MENGEL, K., & E. A. KIRKBY (1982):
   Principles of Plant Nutrition.
   Worblaufen-Bern, 655 S.

MENSCHING, H. (1952):
   Die kulturgeographische Bedeutung der
   Auelehmbildung. In: Deutscher Geographen-
   tag Frankfurt/M., Tagungsber. u. wiss. Abh.
   Remagen, 219 – 225.

MENSCHING, H. (1957):
   Bodenerosion und Auelehmbildung in
   Deutschland. Dtsch. Gewässerkdl. Mitt.,
   1: 110 – 114.

MEYER, B., KALK, E., & H. FÖLSTER (1962):
   Parabraunerden aus primär carbonathaltigem
   Würm-Löß in Niedersachsen. Zeitschr. f. Pflan-
   zenern., Düngung, Bodenkunde, **99**: 37 – 54.

MEYER, W. B. (1996):
   Human Impact on the Earth.
   Cambridge, 253 S.

MIRSCHEL, W. (1995):
   Entwicklungsmöglichkeiten der aus der
   landwirtschaftlichen Nutzung fallenden
   Flächen – Vorrangig Aufforstung. In: BORK,
   H.-R., DALCHOW, C., KÄCHELE, H.,PIORR, H.-P., &
   K.-O. WENKEL: Agrarlandschaftswandel in
   Nordost-Deutschland. Berlin, 125 – 128.

MONTANARI, M. (1993):
   Der Hunger und der Überfluß. Kultur-
   geschichte der Ernährung in Europa.
   München, 251 S.

MORGAN, R. P. C. (1980):
   Soil erosion and conservation in Britain.
   Progress in Physical Geography, **4**: 24 – 47.

MORINEAU, M. (1970):
   Was there a agricultural revolution in 18th-cen-
   tury France? In: COMERON, R.: Essays in French
   Economic History. Homewood, 170 – 182.

MORTENSEN, H. (1958):
   Die mittelalterliche deutsche Kulturlandschaft und ihr Verhältnis zur Gegenwart. In:
   Tagungsber. u. wiss. Abh. d. Dtsch. Geographentages Würzburg. Wiesbaden, 361 – 374.

MOZ – Märkische Oderzeitung (1997):
   Die Flut. Hochwasser an der Oder 1997 –
   Eine Dokumentation in Texten und Bildern.
   Sonderveröffentlichung am 28. 8. 1997.
   Frankfurt / Oder, 48 S.

MÜCKENHAUSEN, E. (1975):
   Die Bodenkunde und ihre geologischen,
   geomorphologischen, mineralogischen und
   petrologischen Grundlagen.
   Frankfurt/M., 579 S.

MÜLLER, E. (1982):
   Die nacheiszeitliche Bodenentwicklung in
   den Trockengebieten Nordrhein-Westfalens
   und der Oberrheinischen Tiefebene und die
   Eigenschaften tiefhumoser, auch aufgefüllter
   Böden. Geol. Jahrb., **F11**: 9 – 31.

NEKUDA, V. (1994):

Ursachen und Folgen der mittelalterlichen Wüstungen, dargestellt am Beispiel Mährens. Siedlungsforschung: Archäologie – Geschichte – Geographie, **12**: 103 – 111.

NEUMANN, J. (1977):

Great historical events that were significantly affected by the weather: 2, the year leading to the revolution of 1789 in France. Americ. Meteorol. Soc. Bull., **58**: 163 – 168.

NITZ, H.-J. (1983):

Spätmittelalterliches Fehdewesen und regionale Wüstungsmassierung. Eine Untersuchung ihres Zusammenhangs am Beispiel der umstrittenen welfisch-kurmainzisch-landgräflich-hessischen Territorialgrenzzone im oberen Leinegebiet. Würzburger. Geogr. Arb., **60**: 135 – 154.

NOLTE, CH., & W. WERNER (1991):

Stickstoff- und Phosphateintrag über diffuse Quellen in Fließgewässer des Elbeeinzugsgebietes im Bereich der ehemaligen DDR. Frankfurt / Main, 118 S. = Agrarspectrum, **19**.

OBST, J. (1961):

„Descripciones bonorum nostrorum Arnspurgk" als Quelle zur Feldereinteilung und Flurform der Wetterau im 14. Jahrhundert. Rhein-Mainische Forschungen, **50**: 85 – 94.

OBST, J. (1963):

Zur Dreizelgenbrachwirtschaft im Kreis Marburg nach dem „registrum curiarum" des Deutschen Ordens aus dem Jahre 1358. Rhein-Mainische Forschungen, **54**: 9 – 23.

OELKERS, K.-H. (1970):

Die Böden des Leinetals, ihre Eigenschaften, Verbreitung, Entstehung und Gliederung, ein Beispiel für die Talböden im Mittelgebirge und dessen Vorland. Beih. Geol. Jahrb. Bodenkdl. Beitr., **99** (3): 71 – 152.

OTHMER, H. (1994):

Analyse und Simulation der Bodenwasserbewegung ackerbaulich intensiv genutzter Standorte Ostniedersachsens. Berlin, 261 S. (Diss. FB 14 Techn. Univ. Berlin).

PAN – Polska Akademia Nauk, Instytut Geografii (1973 – 1978):

Narodowy Atlas Polski. Wrocław, Warszawa, Kraków, Gdańsk, XL S. + 127 Karten.

PANABOKKE, C. R., & J. P. QUIRK (1957):

Effect of initial water content on stability of soil aggregates in water. Soil Science, **83**: 185 – 195.

PFADENHAUER, J. (1997):

Landwirtschaft und Naturschutz – Strategien zur Vermeidung eines Konflikts. In: Landwirtschaft im Konfliktfeld Ökologie – Ökonomie. München, 65 – 83. = Bayerische Akademie d. Wiss. Rundgespräche der Kommission für Ökologie, **13**.

PFISTER, C. (1975):

Agrarkonjunktur und Witterungsverlauf im westlichen Schweizer Mittelland 1755 – 1797. Bern, 229 S. = Geographica Bernensia, **G 2**.

PFISTER, C. (1980):

Klimaschwankungen und Witterungsverhältnisse im schweizerischen Mittelland und Alpenvorland zur Zeit des „Little Ice Age". In: OESCHGER, H., MESSERLI, B., & M. SILVAR [Hrsg.]: Das Klima. Analysen und Modelle, Geschichte und Zukunft. Berlin, Heidelberg, New York, 175 – 190.

PFISTER, C. (1985 a²):

Bevölkerung, Klima und Agrarmodernisierung 1525 – 1860. Das Klima der Schweiz von 1525 – 1860 und seine Bedeutung in der Geschichte von Bevölkerung und Landwirtschaft. Bern und Stuttgart, 184 S. = Academica helvetica, **6** (1).

PFISTER, C. (1985 b²):

Bevölkerung, Klima und Agrarmodernisierung 1525 – 1860. Das Klima der Schweiz von 1525 – 1860 und seine Bedeutung in der Geschichte von Bevölkerung und Landwirtschaft. Bern und Stuttgart, 163 S. = Academica helvetica, **6** (11).

PFISTER, C. (1985 c):

Veränderungen der Sommerwitterung im südlichen Mitteleuropa von 1270 – 1400 als Auftakt zum Gletscherhochstand der Neuzeit. Geographica Helvetica, **4**: 186 – 195.

POESEN, J. (1984):
  The influence of slope angle on infiltration
  rate and Hortonian overland flow volume.
  Zeitschr. Geomorph., N. F., Suppl.-Bd. **49**:
  117 – 131.
POESEN, J. (1985):
  An improved splash transport model.
  Zeitschr. Geomorph., N. F., **29** (2): 193 – 211.
POESEN, J. (1987):
  Transport of rock fragments by rill flow –
  a field study.
  Catena, Suppl. **8**: 35 – 54.
POTT, R. (1992):
  Geschichte der Wälder des westfälischen Berg-
  landes unter dem Einfluß des Menschen.
  Forstarchiv, **63**: 171 – 182.
PÖTZSCH, C. G. (1784):
  Chronologische Geschichte der großen
  Wasserfluthen des Elbstromes seit tausend
  und mehr Jahren.
  Dresden, 234 S.
PÖTZSCH, C. G. (1786):
  Nachtrag und Fortsetzung seiner Chronologi-
  schen Geschichte der großen Wasserfluthen
  des Elbstromes seit tausend und mehr Jah-
  ren. Dresden, 134 S.
PÖTZSCH, C. G. (1800):
  Zweyter Nachtrag und Fortsetzung seiner
  chronologischen Geschichte der großen Was-
  serfluthen des Elbstromes seit tausend und
  mehrern Jahren, von 1786 bis 1800, insbesondere der merkwürdigen Fluthen des Jahres
  1799, und anderer darauf Bezug habenden
  Ereignisse.
  Dresden, 224 S.
PREUSS, O. (1977):
  Über den Nährstoffab- und -austrag aus landwirtschaftlich genutzten Flächen. Dargestellt
  an einem definierten Wassereinzugsgebiet
  eines für die mitteldeutsche Gebirgsland-
  schaft typischen Fließgewässers 3. Ordnung.
  Diss. Univ. Göttingen, 168 S.

RADKAU, J., & I. SCHÄFER (1987):
  Holz. Ein Naturstoff in der Technikgeschichte.
  Reinbek, 313 S.

REISCH, E. (1983):
  Der Verbrauch an Reinnährstoffen und die
  Erträge ausgewählter Ackerfrüchte. In: Faust-
  zahlen für Landwirtschaft und Gartenbau.
  Münster, 233.
RENGER, M., GIESEL, W., STREBEL, O., &
  S. LORCH (1970):
  Erste Ergebnisse zur quantitativen Erfassung
  der Wasserhaushaltskomponenten in der un-
  gesättigten Bodenzone. Zeitschr. Pflanzen-
  ernähr. Bodenk., **126**: 15 – 35.
RESS (1778):
  Versuch einer Beantwortung der von der
  Königlichen Societät der Wissenschaften zu
  Göttingen augegebenen Preisfrage: das Ver-
  halten des Landmanns bey den verschiede-
  nen Wetterschäden betreffend. Eine gekrönte
  Preisschrift des Herrn Superintendenten
  und Archidiaconus Reß in Wolfenbüttel.
  Hannoverisches Magazin, 68tes, 69tes und
  70tes Stück: 1 073 – 1 120; 74tes, 75tes und
  76tes Stück: 1 169 – 1 204.
RICHTER, G. (1965):
  Bodenerosion. Schäden und gefährdete
  Gebiete in der Bundesrepublik Deutschland.
  Text- u. Kartenband. Bad Godesberg, 592 S. =
  Forsch. z. dtsch. Landeskunde, **152**.
RICHTER, G. [Hrsg.] (1976):
  Bodenerosion in Mitteleuropa.
  Darmstadt, X + 559 S. =
  Wege der Forschung, **430**.
RICHTER, G. (1979):
  Bodenerosion in Reblagen des Moselgebietes.
  Ergebnisse quantitativer Untersuchungen
  1974 – 1977. Trier, 62 S. = Forschungsstelle
  Bodenerosion der Univ. Trier, **3**.
RICHTER, G. (1980):
  Über das Bodenerosionsproblem in Mittel-
  europa.
  Ber. z. dtsch. Landeskunde, **54**: 1 – 37.
RICHTER, G. (1982):
  Quasinatürliche Hangformung in Rebsteil-
  hängen und ihre Quantifizierung: Das Bei-
  spiel Mertesdorfer Lorenzberg / Ruvertal.
  Zeitschr. Geomorph., N. F., Suppl.-Bd. **43**:
  41 – 54.

RICHTER, G. (1983 a):
Bodenerosionsmessungen und ihre geoökologische Auswertung. Geomethodica, **8**: 23 – 50.

RICHTER, G. (1983 b):
Aspects and problems of soil erosion hazard in the EEC countries. In: PRENDERGAST, A. G. [Ed.]: Soil erosion. Abridged proceedings of the workshop on 'Soil erosion and conservation: assessment of the problems and the state of the art in EEC countries'. Brussels, Luxembourg, 9 – 17.

RICHTER, G., & W. SPERLING (1967):
Anthropogen bedingte Dellen und Schluchten in der Lößlandschaft – Untersuchungen im nördlichen Odenwald. Mainzer Naturw. Arch., (5/6): 136 – 176.

RIESE, W. (1980):
Das Eichsfeld – Entwicklungsprobleme einer Landschaft. Beiträge zur Sozial- und Wirtschaftsgeschichte eines geistlichen Territoriums (von den Anfängen bis 1802). Heidelberg, 190 S.

RIJTEMA, P. E. (1965):
An analysis of actual evapotranspiration. Wageningen, 107 S. = Agr. Res. Departm., **659**.

RITCHIE, J. C., MCHENRY, J. R., & A. C. GILL (1973):
Daring recent reservoir sediments. Limnol. Oceanogr., **18**: 254 – 263.

RITTWEGER, H. (1997):
Spätquartäre Sedimente im Amöneburger Becken. Wiesbaden [im Druck]. = Materialien zur Ur- und Frühgeschichte in Hessen, **20**.

RODIER, J. A., & M. ROCHE (1984):
World catalogue of maximum observed floods. Wallingford, 354 S. = International Association of Hydrological Sciences, IAHS Publication **143**.

ROEHL, R. (1983):
Nachfrageverhalten und Nachfragestruktur 1000 – 1500. In: CIPOLLA, C. M., & K. BORCHARDT [Hrsg.]: Europäische Wirtschaftsgeschichte. Bd I: Mittelalter. Stuttgart, New York, 67 – 89.

ROGLER, H., & U. SCHWERTMANN (1981):
Erosivität der Niederschläge und Isoerodentkarte Bayerns. Zeitschr. Kulturtechn. Flurber., **22**: 99 – 112.

ROHDENBURG, H. (1969):
Hangpedimentation und Klimawechsel als wichtigste Faktoren der Flächen- und Stufenbildung in den wechselfeuchten Tropen an Beispielen aus Westafrika, besonders aus dem Schichtstufenland Südost-Nigerias. Giessener Geogr. Schr., **20**: 57 – 152.

ROHDENBURG, H. (1971):
Einführung in die Klimagenetische Geomorphologie. Gießen, XV + 352 S.

ROHDENBURG, H. (1977):
Beispiele für holozäne Flächenbildung in Nord- und Westafrika. Catena, **4**: 65 – 109.

ROHDENBURG, H., & B. MEYER (1968):
Zur Datierung und Bodengeschichte mitteleuropäischer Oberflächenböden (Schwarzerde, Parabraunerde, Kalksteinbraunlehm): Spätglazial oder Holozän? Göttinger Bodenkdl. Ber., **6**: 127 – 212.

ROHDENBURG, H., MEYER, B., WILLERDING, U., & H. JANKUHN (1962):
Quartärgeomorphologische, bodenkundliche, paläobotanische und archäologische Untersuchungen an einer Löß-Schwarzerde-Insel mit einer wahrscheinlich spätneolithischen Siedlung im Bereich der Göttinger Leineaue. Göttinger Jahrb. 1962: 36 – 56.

ROHDENBURG, H, SABELBERG, U., & G. HAVELBERG (1975):
Die geomorphologische und bodenkundliche Situation im Bereich des Eltersberges. Fundberichte aus Hessen, **15**: 205 – 212.

RÖHRIG, E., & N. BARTSCH (1992):
Der Wald als Vegetationsform und seine Bedeutung für den Menschen. In: DENGLER, A. [Hrsg.]: Waldbau auf ökologischer Grundlage. Bd. 1. Hamburg, Berlin, 350 S.

ROMANO, R., & A. TENENTI (1997):
Die Grundlegung der modernen Welt. Spätmittelalter, Renaissance, Reformation. Frankfurt/M., 364 S. = Fischer Weltgeschichte, **12**.

RÖSENER, W. (1985):
Bauern im Mittelalter. München, 335 S.

RÖSENER, W. (1992):
Agrarwirtschaft, Agrarverfassung und ländliche Gesellschaft im Mittelalter.
München, 144 S. = Enzyklopädie Deutscher Geschichte, **13**.

RÖSENER, W. (1993):
Die Bauern in der europäischen Geschichte. München, 296 S.

RÖSENER, W. (1997):
Einführung in die Agrargeschichte.
Darmstadt, 223 S.

ROTH, R. (1996):
Einige Bemerkungen zur Entstehung von Sommerhochwasser aus meteorologischer Sicht. Zeitschr. f. Kulturtechnik und Landentwicklung, **37**: 241 – 245.

RÖTHLISBERGER, F., HAAS, H., HOLZHAUSER, H., KELLER, W., BIRCHER, W., & F. RENNERT (1980):
Holocene climatic fluctuations – radiocarbon dating of fossil soils (fAh) and woods from moraines and glaciers in the Alps. In: MÜLLER, F., BRIDEL L., & E. SCHWABE: Geography in Switzerland. Geographica Helvetica, **35**: 21 – 52.

RÜCKERT, P. (1994):
Quantifizierende Methoden in der Wüstungsforschung. Siedlungsforschung: Archäologie – Geschichte – Geographie, **12**: 167 – 183.

RUDLOFF, H. V. (1967):
Die Schwankungen und Pendelungen des Klimas in Europa seit Beginn der regelmäßigen Instrumenten-Beobachtungen (1670). Braunschweig, 355 S.

RUSSELL, J. C. (1983):
Die Bevölkerung Europas 500 – 1500. In: CIPOLLA, C. M., & K. BORCHARDT [HRSG.]: Europäische Wirtschaftsgeschichte. Bd I: Mittelalter. Stuttgart, New York, 13 – 43.

SAILE, TH. (1993):
Holozäner Bodenabtrag im Bereich einer bandkeramischen Siedlung am Rande des Reinheimer Beckens bei Wembach (Hessen). Archäologisches Korrespondenzbl., **23**: 187 – 196.

SAVAT, J., & J. POESEN (1981):
Detachment and transportation of loose sediments by raindrop splash. Part I: The calculation of absolute date on detachability and transportability. Catena, **8**: 1 – 17.

SCHAMA, S. (1996):
Der Traum von der Wildnis. Natur als Imagination. München, 704 S.

SCHARLAU, K. (1957): Ergebnisse und Ausblicke der heutigen Wüstungsforschung.
Bl. f. dtsch. Landesgesch., **93**: 43 – 101.

SCHATZ, TH. (1998):
Untersuchungen zur holozänen Landschaftsentwicklung Nordostdeutschlands. In: SCHATZ, TH., BORK, H.-R., & C. DALCHOW [Hrsg.]: Nordostdeutsche Landschaften. Müncheberg, ca. 250 S. = ZALF-Bericht [in Vorbereitung].

SCHATZ, TH., BORK, H.-R., & C. DALCHOW (1997):
Bodenkundlich-landschaftsökologische Untersuchungen an einem Hangstandort im südlichen Vorpommern. Mitt. Dtsch. Bodenkundl. Gesellsch., **83**: 111 – 114.

SCHEFFER, F., & B. MEYER (1955):
Der Leinetalgraben. Exkursion A. In: Exkursionsführer zur Tagung d. Dtsch. Bodenkdl. Ges. Göttingen.

SCHEFFER, F., & P. SCHACHTSCHABEL (1976[9]):
Lehrbuch der Bodenkunde. Neubearb. von P. SCHACHTSCHABEL, H.-P. BLUME, K. H. HARTGE & U. SCHWERTMANN. Stuttgart, VI + 394 S.

SCHENK, W. (1996):
Waldnutzung, Waldzustand und regionale Entwicklung in vorindustrieller Zeit im mittleren Deutschland. Stuttgart, 326 S. = Erdkundl. Wissen, **117**.

SCHERZER, W. (1983):
Symptome der spätmittelalterlichen Wüstungsvorgänge. Würzburger Geogr. Arb., **60**: 107 – 121.

SCHEUCHZER, J. J. (1699 / 1997):
Einladungsbrief zu Erforschung natürlicher Wunderen, so sich im Schweizerland befinden. In: KÜSTER, H., & U. KÜSTER [Hrsg.]: (1997): Garten und Wildnis. Landschaft im 18. Jahrhundert. München, 14 – 31.

SCHIRMER, W. (1978):
Aufbau und Genese der Talaue.
Schr.-R. bayer. Landesamt Wasserwirtsch.,
7: 145 – 154.

SCHIRMER, W. (1981):
Holozäne Mainterrassen und ihr pleistozä-
ner Rahmen. Jber. Mitt. oberrhein. geol. Ver.,
N. F., **63**: 103 – 115.

SCHIRMER, W. (1983):
Die Talentwicklung an Main und Regnitz seit
dem Hochwürm. Geol. Jahrb., **A71**: 11 – 43.

SCHLAAK, N. (1993):
Studie zur Landschaftsgenese im Raum
Nordbarnim und Eberswalder Urstromtal.
Berlin, 161 S. = Berliner Geogr. Arb., **76**.

SCHLÜTZ, F. (1998):
Beiträge zur Vegetations- und Siedlungsgeschichte im Wesertal bei Höxter-Corvey.
In: STEPHAN, H.-G. [Hrsg.]: Corvey [in Vorbe-
reitung].

SCHMIDT, F. (1979):
Die Abschätzung des Bodenabtrages in Hop-
fengärten mit Hilfe der Kupferbilanz. Diss.
Technische Univ. München, 147 S.

SCHMIDT, R.-G. (1979):
Probleme der Erfassung und Quantifizierung von Ausmass und Prozessen der aktuellen Bodenerosion (Abspülung) auf Ackerflächen. Methoden und ihre Anwendung in
der Rheinschlinge zwischen Rheinfelden
und Wallbach (Schweiz). Basel, 240 S. =
Physiogeographica, Basler Beitr. zur
Physiogeographie, **1**.

SCHMIDT-WITTE, H., & G. EINSELE (1986):
Rezenter und holozäner Feststoffaustrag aus
den Keuper-Lias-Einzugsgebieten des Natur-
parks Schönbuch. In: ENSELE, G. [Hrsg.]: Das
landschaftsökologische Forschungsprojekt
Naturpark Schönbuch. Wasser- und
Stoffhaushalt, bio-, geo- und forstwirtschaftliche Studien in Südwestdeutschland. Weinheim, 369 – 391. = DFG Forschungsbericht.

SCHMITHÜSEN, J. (1958):
Bemerkungen zum Problem der Bodenabtra-
gung in der Kulturlandschaft. Angewandte
Pflanzensoziologie, **15**: 165 – 168.

SCHMOOK, R. (1997):
Historische Texte zur Geschichte des
Oderbruchs. In: „Ich habe eine Provinz
gewonnen“ – 250 Jahre Trockenlegung des
Oderbruchs. Frankfurt / Oder, 33 – 96.

SCHÖNFELDER, I. (1997):
Eine Phosphor-Diatomeen-Relation für alkali-
sche Seen und Flüsse Brandenburgs und
ihre Anwendung für die paläolimnologische
Analyse von Auensedimenten der unteren
Havel. Berlin, Stuttgart, 198 S. =
Dissertationes Botanicae, **283**.

SCHÖNWIESE, CH.-D. (1994):
Klimatologie. Stuttgart, 436 S.

SCHÖNWIESE, CH.-D. (1995):
Klimaänderungen. Daten, Analysen,
Prognosen.
Berlin, Heidelberg, 224 S.

SCHÖNHALS, E. (1996):
Ergebnisse bodenkundlicher Untersuchun-
gen in der Hessischen Lößprovinz mit
Beiträgen zur Genese des Würm-Lösses.
Gießen, 251 S. = Boden und Landschaft, **8**.

SCHOTTMÜLLER, H. (1961):
Der Löß als gestaltender Faktor in der Kulturlandschaft des Kraichgaus. Bad Godesberg,
96 S. = Forsch. z. dtsch. Landeskunde, **130**.

SCHRÖDER, D. (1983):
Beziehungen zwischen Stratigraphie und
Bodengenese bei Hochflutlehmen des
Niederrheins.
Geol. Jahrb., **A71**: 73 – 107.

SCHRÖDTER, H. (1985):
Verdunstung. Anwendungsorientierte Meßverfahren und Bestimmungsmethoden. Berlin, Heidelberg, New York [u. a.], X + 186 S.

SCHROEDER-LANZ, H. (1963):
Über die rezente Erosion im Dubbendahls-
grund bei Schneverdingen (Lüneburger
Heide). Zeitschrift für Geomorphologie,
N. F., **7**: 246 – 271.

SCHULTZ, M. (1984):
Vorläufige Ergebnisse einer Untersuchung
an den aus der Wüstung Drudevenshusen
geborgenen Skelettfunden.
Gött. Jahrb., **32**: 34 – 40.

SCHULZ, R. (1996):
Zur Bronzezeit im brandenburgisch-vorpom-
merschen Odergebiet. In: Mensch und Umwelt im mittleren und unteren Odergebiet.
Entstehung, Zielsetzung und Organisation.
Wrocław, 97 – 108. = Beiträge zur ur- und
frühgeschichtlichen Besiedlung, **2**.

SCHULTZE, E. (1996):
Grabfunde und Bestattungssitten der römischen Kaiserzeit im unteren Odergebiet –
zum Forschungsstand. In: Mensch und Umwelt im mittleren und unteren Odergebiet.
Entstehung, Zielsetzung und Organisation.
Wrocław, 143 – 150. = Beiträge zur ur- und
frühgeschichtlichen Besiedlung, **2**.

SCHULTZE, J. (1969):
Von 1648 bis zu ihrer Auflösung und dem
Ende ihrer Institutionen. Berlin, 186 S. =
Die Mark Brandenburg, **5**.

SCHULTZE, J. H. (1952):
Die Bodenerosion in Thüringen. Wesen, Stär-
ke und Abwehrmöglichkeiten. Gotha, 181 S. =
Peterm. Geogr. Mitt., Erg.-H. **247**.

SCHULTZE, J. H. (1965):
Bodenerosion im 18. und 19. Jahrhundert.
Grundsätzliche Möglichkeiten für die Feststellung der Rolle der Bodenerosion im 18.
und 19. Jahrhundert. Forschungs- und Sitzungsber. d. Akademie f. Raumforschung u.
Landesplanung, **XXX**; Historische Raumordnung, **5**; Raumordnung im 19. Jh., **1**: 1 – 16.

SCHULTZ-KLINKEN, K.-R. (1977):
9 000 Jahre Landwirtschaft. Bild der Wissen-
schaft, **11**: 130 – 144.

SCHULZE, H. K. (1979):
Die Besiedlung der Mark Brandenburg. Jb. f.
d. Geschichte Mittel- und Ostdeutschlands,
28: 42 – 178.

SCHWARZ, O. (1986):
Zum Abflußverhalten von Waldböden bei
künstlicher Beregnung. In: EINSELE, G. [Hrsg.]:
Das landschaftsökologische Forschungsprojekt Naturpark Schönbuch: Wasser- und Stoffhaushalt, bio-, geo- und forstwirtschaftliche
Studien in Südwestdeutschland. Weinheim,
161 – 180. = DFG-Forschungsbericht.

SCHWERDTFEGER, G. (1984):
Maßnahmen zur Grundwassererneuerung
und Erosionsbekämpfung. Mitt. Dtsch.
Bodenkundl. Ges., **39**: 153 – 156.

SCHWERTMANN, U. (1981):
Die Vorausschätzung des Bodenabtrags
durch Wasser in Bayern. München, 126 S.

SCHWERTMANN, U., AUERSWALD, K., &
M. BERNARD (1983):
Erfahrungen mit Methoden zur Abschätzung
des Bodenabtrags durch Wasser.
Geomethodica, **8**: 87 – 116.

SCHWERTMANN, U., & M. HUTH (1975):
Erosionsbedingte Stoffverteilung in zwei
hopfengenutzten Kleinlandschaften der
Hallertau (Bayern). Zeitschr. Pflanzenernähr.
Bodenk., **138**: 397 – 405.

SCHWERTMANN, U., & F. SCHMIDT (1980):
Estimation of long term soil loss using
copper as a tracer. In: Assessment of Erosion
in USA und Europe, Proc. Symp.
Gent 27. 2. – 3. 3. 1978. Gent, 403 – 406.

SCHWERZ, J. N. V. (1837a²):
Anleitung zum practischen Ackerbau. 1. Bd.
Stuttgart und Tübingen, 540 S.

SCHWERZ, J. N. V. (1837b²):
Anleitung zum practischen Ackerbau. 3. Bd.
Stuttgart und Tübingen, 334 S.

SEIDL, A. (1995):
Deutsche Agrargeschichte. Freising, 366 S. =
Schriftenreihe der FH Weihenstephan SFW, **3**.

SEILER, W. (1981):
Vergleich des Abflußverhaltens und der Erosi-
onserscheinungen in zwei kleinen Einzugsgebieten während einer Schneeschmelze mit zu-
sätzlichem Niederschlag bei gefrorenem Untergrund und einem spätwinterlichen Dauer-
regen (Oberlauf der Ergolz, südöstlich Basel).
Mitt. Dtsch. Bodenkundl. Ges., **30**: 229 – 246.

SEILER, W. (1983):
Bodenwasser- und Nährstoffhaushalt unter
Einfluß der rezenten Bodenerosion am Beispiel zweier Einzugsgebiete im Basler Tafel-
jura bei Rothenfluh und Anwil. Basel, 510 S. =
Physiogeographica, Basler Beitr. zur Physiogeographie, **5**.

SEMMEL, A. (1961):
  Beobachtungen zur Genese von Dellen
  und Kerbtälchen im Löß. Rhein-Mainische
  Forschungen, **50**: 135 – 140.
SEMMEL, A. (1989):
  Angewandte konventionelle Geomorpholo-
  gie. Beispiele aus Mitteleuropa und Afrika.
  Frankfurt / M., 114 S. =
  Frankfurter Geowiss. Arb., **D6**.
SEMMEL, A. (1993):
  Bodenerosionsschäden unter Wald – Beispiele
  aus dem Kristallinen Odenwald und dem
  Taunus. Jber. Wetterau, Ges. ges. Naturkunde,
  144/145: 5 – 15.
SEMMEL, A. (1995):
  Bodenkundliche Hinweise auf Ackernutzung
  und intensive Bodenerosion um 8000 B. P.
  im Rhein-Main-Gebiet.
  Archäolog. Korrespondenzbl., **25**: 157 – 163.
SIMON, A. (1992):
  Energy, time, and channel evolution in
  catastrophically disturbed fluvial systems.
  Geomorphology, **5**: 345 – 372.
SOKOLLEK, V. (1984):
  Der Einfluß der Bodennutzung auf den Was-
  serhaushalt kleiner Einzugsgebiete nördlich
  des Edersees. Ber. Ök. Forschungsst., **5**: 85 – 98.
SOMMER, C. (1983):
  Soil erosion in the Federal Republik of
  Germany. In: PRENDERGAST, A. G. [Ed.]:
  Soil erosion. Abridged proceedings of the
  workshop on 'Soil erosion and conservation:
  assessment of the problems and the state of
  the art in EEC countries'.
  Brussels, Luxembourg, 29 – 32.
SOMMERFELD, C. (1997):
  Vorbericht über die Ausgrabungen in
  Glasow, Uecker-Randow-Kreis, Fpl. 14/15.
  Beiträge zum Oder-Projekt, **2**: 7 – 14.
SPERLING, W. (1962):
  Über einige Kleinformen im vorderen
  Odenwald. Der Odenwald, **9**: 67 – 78.
SPONAGEL, H. (1980):
  Zur Bestimmung der realen Evapotranspira-
  tion landwirtschaftlicher Kulturpflanzen.
  Hannover, 87 S. = Geol. Jahrb., **F9**.

STARKEL, L. (1976):
  The role auf extreme (catastrophic) meteoro-
  logical events in contemporary evolution of
  slopes. In: DERBYSHIRE, E. [Ed.]:
  Geomorphology and climate. London,
  New York, Sydney, Toronto, 203 – 246.
STARKEL, L. (1983):
  Facial differentiation of the Holocene fill in
  the Wisloka River Valley.
  Geol. Jahrb. **A71**: 161 – 169.
STARKEL, L. (1995):
  Paleohydrology of the temperate zone.
  In: GREGORY, K. J., STARKEL, L., BAKER, L., &
  V. R. BAKER [Eds.]: Global continental palaeo-
  hydrology.
  Chichester, 233 – 257.
STEIDL, J., & R. DANNOWSKI (1998):
  Berechnung des Grundwasserstandes
  (Standrohrspiegelhöhe) für die Anströmung
  eines Flusses im Lockergesteinsbereich.
  Müncheberg (ZALF), 2 S. (frdl. schriftl. Mitt.
  vom 5. 1. 1998).
STEINBERG, K. (1944):
  Zur spät- und nacheiszeitlichen Vegetations-
  geschichte des Untereichsfeldes.
  Hercynia, **3**: 529 – 587.
STEPHAN, H.-G. (1978/79):
  Archäologische Beiträge zur Wüstungsfor-
  schung im südlichen Weserbergland, Teil I.
  Hildesheim, 293 S. = Münstersche Beitr. zur
  Ur- und Frühgeschichte, **10/11**.
STEPHAN, H.-G. (1984):
  Archäologische Forschungen im Eichsfeld.
  Göttinger Jahrb., **32**: 25 – 34.
STEPHAN, H.-G. (1985):
  Ergebnisse und Perspektiven archäologi-
  scher Forschung zur mittelalterlichen Besied-
  lungsgeschichte des Unteren Eichsfeldes.
  Nachr. Nieders. Urgesch., **54**: 31 – 57.
STEPHAN, H.-G. (1988):
  Ergebnisse, Perspektiven und Probleme
  interdisziplinärer Siedlungsforschung.
  Am Beispiel der Wüstung Drudevenshusen
  im Unteren Eichsfeld.
  Archäologisches Korrespondenzblatt,
  18: 75 – 88.

STEPHAN, H.-G. (1995 a):
Fundberichte. Geländeforschungen des
Seminars für Ur- und Frühgeschichte der
Univ. Göttingen im Jahre 1994.
Göttinger Jb., **43**: 159 – 162.

STEPHAN, H.-G. (1995 b):
Zur Siedlungs- und Baugeschichte von
Corvey – vornehmlich im frühen und hohen
Mittelalter.
Archaeologia historica, **20**: 447 – 467.

STEPHAN, H.-G. (1996):
Klosterarchäologie im Umfeld der Reichsab-
tei Corvey. Beitr. z. Mittelalterarchäologie in
Österreich, **12**: 65 – 78.

STEPHAN, H.-G. (1997):
Archäologische Ausgrabungen im Bereich
der Stadtwüstung Nienover 1996. Sollinger
Heimatblätter – Zeitschrift für Geschichte
und Kultur, (4): 7 – 14.

STEPHAN, H.-G., & W. SÜDEKUM (1995):
Corvey um 1200: Zur Bebauungsstruktur um
den Kernbereich der Stadtwüstung. Erste Ergebnisse und Perspektiven geophysikalischer
und archäologisch-historischer Untersuchungen. Ausgrabungen und Funde in Westfalen-
Lippe, **9B**: 179 – 199.

STRAUTZ, W. (1962):
Auelehmbildung und -gliederung im Weser-
und Leinetal mit vergleichenden Zeitbestim-
mungen aus dem Flußgebiet der Elbe. Ein
Beitrag zur Landschaftsgeschichte der nordwestdeutschen Flußauen.
Beitr. Landes-Pflege, **1**: 273 – 314.

STREIF, H. (1970):
Limnogeologische Untersuchung des Seebur-
ger Sees (Untereichsfeld). Hannover, 106 S. =
Beih. geol. Jahrb., **83**.

STREIF, H., & C. HINZE (1980):
Geologisch-bodenkundliche Aspekte zum holozänen Meeresspiegelanstieg im niedersächsischen Küstenraum. Geol. Jahrb., **F8**: 39 – 53.

SUKOPP, H. ,& A. BRANDE (1984/85):
Beiträge zur Landschaftsgeschichte des Ge-
bietes um den Tegeler See.
Sitzungsber. Naturforsch. Freunde Berlin,
N. F., **24/25**: 198 – 214.

SUTHERLAND, D. (1981):
Weather and the peasantry of Upper
Brittany, 1780 – 1789. In: WIGLEY, T. M. L.,
INGRAM, M. J., & G. FARMER [Eds.]: Climate
and history: Studies in past climate and
their impact on man.
Cambridge, 434 – 449.

THAER, A. D. (1798):
Einleitung zur Kenntniß der englischen
Landwirthschaft und ihrer neueren
practischen und theoretischen Fortschritte
in Rücksicht auf Vervollkommnung
deutscher Landwirtschaft für denkende
Landwirthe und Cameralisten.
Hannover, 814 S.

THIEMEYER, H. (1988):
Bodenerosion und holozäne Dellenentwick-
lung in hessischen Lößgebieten.
Frankfurt/M., 174 S. = Rhein-Mainische Forschungen, **105**.

THOMA, W. (1894):
Die colonisatorische Thätigkeit des Klosters
Leubus im 12. und 13. Jahrhundert. Inaugu-
ral-Dissertation der Hohen philosophischen
Fakultät der Univ. Leipzig zur Erlangung der
Doktorwürde. Leipzig, 155 S..

THOMANN, C. F. (1812):
Theodor Theuß theoretisch-praktisches
Handwörterbuch der gesammten Landwirth-
schaft. Zweyter Band. Gratz, 554 S.

THOMANN, C. F. (1813 a):
Theodor Theuß theoretisch-praktisches
Handwörterbuch der gesammten Landwirth-
schaft. Fünfter Band. Gratz, 428 S.

THOMANN, C. F. (1813 b):
Theodor Theuß theoretisch-praktisches
Handwörterbuch der gesammten Landwirth-
schaft. Sechster Band. Gratz, 468 S.

TROLL, C. (1958): Anmerkung des Herausgebers
[zum Beitrag „Zur Bodenerosion in Lippe"
von J. VOGT].
Erdkunde, **12** (2): 134 – 135.

TUCHMANN, B. (1984[4]):
Der ferne Spiegel. Das dramatische 14. Jahrhundert. München, 581 S.

TÜXEN, R. (1967):
Die Lüneburger Heide. Werden und Verge-
hen einer Landschaft.
Rotenburger Schriften, **26**: 3 – 52.

URLAND, K. (1987):
Untersuchungen zur Boden- und Grundwas-
serdynamik in einem landwirtschaftlich
genutzten Wassereinzugsgebiet als Voraussetzung für die Kalibrierung und Anwendung
deterministischer Modelle der Wasserflüsse.
Braunschweig, V + 162 S. = Landschaftsgenese
und Landschaftsökologie, **12**.

VANDERLINDEN, E. (1924):
Chronique des événements météorologiques
en Belgique jusqu'en 1834.
Bruxelles, 329 S. = Acad. royale de Belgique,
Classe des Sciences Mémoires in 4⁰, 2ᵉ série,
t. VI, fasc 1.

VOGT, H. (1970 a):
Un bel exemple d'érosion historique des sols
dans le Nord de la Plaine d'Alsace.
Bulletin de l'Association Philomathique
d'Alsace et de Lorraine, **14**: 54 – 55.

VOGT, J. (1953):
Erosion des sols et techniques de culture en
climat tempéré maritime de transition (France et Allemagne). Revue de Geomorphologie
Dynamique, **4**: 157 – 183.

VOGT, J. (1957 a):
La degradation des terroirs lorrains au
milieu du XVIIIe siecle. Bull. de la Section de
Geographie, Comité des Travaux Historiques
et Scientifiques, Actes du Congrès National
des Societes Savantes: 111 – 116.

VOGT, J. (1957 b):
Culture sur blulis et erosion des sols.
Bull. de la Section de Geographie, Comité
des Travaux Historiques et Scientifiques,
Actes du Congrès National des Societes
Savantes: 337 – 342.

VOGT, J. (1958 a):
Zur Bodenerosion in Lippe. Ein historischer
Beitrag zur Erforschung der Bodenerosion.
Erdkunde **12** (2): 132 – 134.

VOGT, J. (1958 b):
Zur historischen Bodenerosion in Mittel-
deutschland.
Peterm. Geogr. Mitt., **102**: 199 – 203.

VOGT, J. (1960):
Hardt et nord de Vosges au XVIIIe Siecle.
Le déclin d'une moyenne montagne. Bull. de
la Section de Geographie, Comité des
Travaux Historiques et Scientifiques, Actes
du Congrès National des Societes Savantes:
181 – 207.

VOGT, J. (1966 / 74):
Questions agraires alsaciennes
(XVIᵉ-XVIIIᵉ s.), IX. Témoignages sur l'érosion
historique des sols au Sundgau.
Revue d'Alsace, **104**: 70 – 73.

VOGT, J. (1970):
Aspects de l'érosion historique des sols en
Bourgogne et dans les régions voisines.
Annales de Bourgogne, 42: 30 – 50.

VOGT, J. (1972):
Un exemple d'érosion catastrophique des sols
en montagne (Grendelbruch en 1774).
Annuaire de la Société Historique et
Archéologique Molsheim: 11 – 13.

VOGT, J. (1975):
Un texte remarquable sur l'érosion
historique des sols en Beauvaisis au XVIIIᵉ
siècle, un des grands maux de l'Etat. Etudes
de la region Parisienne, NS, **45 – 46**: 27 – 29.

VOGT, J. (1977):
Archives et géologie appliquée: seismes, glis-
sements, éboulements, érosion anthropique.
La Gazette des Archives, NS, **98**: 131 – 136.

VOGT, J. (1982):
Exemples d'érosion catastrophique des sols
dans le vignoble alsacien au XVIIe siecle
(Marlenheim et Mutzig). Annuaire de la
Société Historique et Archéologique
Molsheim: 95 – 96.

WAGNER, G. (1961):
Die historische Entwicklung von Bodenab-
trag und Kleinformenschatz im Gebiet des
Taubertales.
Mitt. Geogr. Ges. München, **46**: 99 – 149.

WAGNER, G. A. (1995):
   Altersbestimmung von jungen Gesteinen
   und Artefakten. Stuttgart, 277 S.

WAHNSCHAFFE, F. (1894):
   Die Lagerungsverhältnisse des Tertiärs und
   Quartärs der Gegend von Buckow.
   Abhandl. d. Königl. Preuss. geolog.
   Landesanstalt, N.F., **20**: 1 – 32.

WARTENBERG, H. (1996):
   300 Jahre schwedische Landesmatrikel von
   Rügen. Garz, 17 S. = Garzer Museumsreden, **5**.

WATERS, M. R. (1996):
   Principles of geoarchaeology. Tucson, 399 S.

WEBER, R. (1927[4]):
   Die Bedeutung des Waldes und die Aufgaben
   der Forstwirtschaft (für die 4. Auflage neube-
   arbeitet von H. WEBER). In: WEBER, H. [Hrsg.]:
   Handbuch der Forstwissenschaft. 1. Bd.:
   Forstwissenschaft und Forstwirtschaft im
   Allgemeinen, Standortslehre, Forstzoologie
   und Forstbotanik. Tübingen, 43 – 187.

WEIKINN, C. (1958):
   Quellentexte zur Witterungsgeschichte
   Mitteleuropas von der Zeitwende bis zum
   Jahre 1850. I: Hydrographie, 1: Zeitwende bis
   1500. Berlin, 531 S.

WEIKINN, C. (1960):
   Quellentexte zur Witterungsgeschichte
   Mitteleuropas von der Zeitwende bis zum
   Jahre 1850. I: Hydrographie, 2: 1501 – 1600.
   Berlin, 486 S.

WEIKINN, C. (1961):
   Quellentexte zur Witterungsgeschichte
   Mitteleuropas von der Zeitwende bis zum
   Jahre 1850. I: Hydrographie, 3: 1601 – 1700.
   Berlin, 586 S.

WEIKINN, C. (1963):
   Quellentexte zur Witterungsgeschichte
   Mitteleuropas von der Zeitwende bis zum
   Jahre 1850. I: Hydrographie, 4: 1701 – 1750.
   Berlin, 381 S.

WENDLAND, F., ALBERT, H., BACH, M., &
   R. SCHMIDT [Hrsg.] (1993):
   Atlas zum Nitratstrom in der Bundesrepu-
   blik Deutschland.
   Berlin, Heidelberg, 96 S.

WESSOLEK, G. (1983):
   Empfindlichkeitsanalyse eines Bodenwasser-
   Simulationsmodells.
   Mitt. Dtsch. Bodenkundl. Ges., **38**: 165 – 171.

WHITE, L. (1983):
   Die Ausbreitung der Technik 500 – 1500.
   In: CIPOLLA, C. M., & K. BORCHARDT [Hrsg.]:
   Europäische Wirtschaftsgeschichte. Bd I:
   Mittelalter. Stuttgart, New York, 91 – 110.

WIDMOSER, P. (1992):
   Boden- und Landschafts-Wasserhaushalt.
   In: BLUME, H.-P. [Hrsg.]: Handbuch des
   Bodenschutzes.
   Landsberg / Lech, 29 – 46.

WIEGAND, J. (1771 / 1997):
   Die Beurbarung der Hutweiden.
   In: KÜSTER, H., & U. KÜSTER [Hrsg.] (1997):
   Garten und Wildnis. Landschaft im
   18. Jahrhundert.
   München, 141 – 146.

WILDERDING, U. (1986):
   Landwirtschaftliche Produktionsstrukturen
   im Mittelalter. In: HERRMANN, B. [Hrsg.]:
   Mensch und Umwelt im Mittelalter.
   Darmstadt, 244 – 256.

WILDHAGEN, H., & B. MEYER (1972a):
   Holozäne Boden-Entwicklung, Sediment-Bil-
   dung und Geomorphogenese im Flußauen-
   Bereich des Göttinger Leinetal-Grabens. 1:
   Spätglazial und Holozän bis zum Beginn der
   eisenzeitlichen Auenlehm-Ablagerung.
   Göttinger Bodenkundl. Ber., **21**: 1 – 75.

WILDHAGEN, H., & B. MEYER (1972b):
   Holozäne Boden-Entwicklung, Sediment-Bil-
   dung und Geomorphogenese im Flußauen-
   Bereich des Göttinger Leinetal-Grabens. 2:
   Die Auenlehm-Decken des Subatlantikums.
   Göttinger Bodenkundl. Ber., **21**: 77 – 158.

WINTZINGERODA-KNORR, L. V. (1903):
   Die Wüstungen des Eichsfeldes. Verzeichnis
   der Wüstungen, Bergwerke, Gerichtsstätten
   und Warten innerhalb der landrätlichen
   Kreise Duderstadt, Mühlhausen (Land und
   Stadt) und Worbis. Halle/Saale, 1280 S. =
   Geschichtsquellen der Provinz Sachsen und
   angrenzender Gebiete, **40**.

WISE, S. M. (1980):
Caesium-137 and Lead-210: A review of the techniques and some applications in geomorphology. In: CULLINGFORD, R. A., DAVIDSON, D. A., & J. LEWIN [Eds.]: Timescales in Geomorphology. Chichester, New York, Brisbane, Toronto, 109 – 127.

WOLTER, K.-D. (1990):
Paläoklimatologie des Tegeler Sees (Berlin). Ein Beitrag zur Analyse der postglazialen Entwicklung von Seen und Einzugsgebieten. Diss. Techn. Univ. Berlin, FB 14, 161 S.

WULF, M., & R. SCHMIDT (1996):
Die Entwicklung der Waldverteilung in Brandenburg in Beziehung zu den naturräumlichen Bedingungen. Beitr. für Forstwirtschaft und Landschaftsökologie, 30: 125 – 131.

WUNDERLICH, H. G. (1959):
Zur Abfolge und Altersstellung quartärer Bildungen im Stadtgebiet von Göttingen. Eiszeitalter und Gegenwart, 10: 41 – 55.

WURM, H. (1986):
Körpergröße und Ernährung der Deutschen im Mittelalter. In: HERRMANN, B. [Hrsg.]: Mensch und Umwelt im Mittelalter. Darmstadt, 101 – 108.

ZOLITSCHKA, B. (1992):
Human history recorded in the annually laminated sediments of Lake Holzmaar, Eifel mountains, Germany. In: SAARNISTO, M., & A. KAHRA [Eds.]: Laminated sediments. Geological Survey of Finland Special Paper 14: 17 – 24.

ZOLITSCHKA, B. (1996):
Paläoklimatische Bedeutung laminierter Sedimente. Habilitationsschrift, Math.-Nat. Fakultät Univ. Potsdam, 196 S.

ZOLITSCHKA, B., & J. F. W. NEGENDANK (1997a):
Quantitative Erfassung natürlicher und anthropogener Bodenerosion in einem Einzugsgebiet der Eifel. Trierer Geogr. Studien, 16: 61 – 78.

ZOLITSCHKA, B., & J. F. W. NEGENDANK (1997b):
Climate change at the end of the third millennium BC – evidence from varved lacustrine sediments. In: DALFES, H. N., KUKLA, G., & H. WEISS [Eds.]: Third millennium BC climate change and old world collapse. Berlin, Heidelberg, 679 – 690. = NATO ASI Series, I, 49.

Glossar

Das Glossar enthält vor allem solche Begriffe, die neu oder aufgrund der in diesem Buch mitgeteilten paläogeoökologischen Befunde (manchmal nur geringfügig) anders als in gängigen geo- und agrarwissenschaftlichen Nachschlagewerken definiert werden oder die in diesen nicht enthalten sind. Verweise sind durch Pfeile gekennzeichnet.

AD
Anno Domini; Zeitangabe in Jahren n. Chr.

Aggregatinstabilität
Neigung des Bodengefüges zu Veränderungen durch äußere Einwirkungen, wie z. B. Regentropfenaufprall, Abfluß auf der Bodenoberfläche, Betreten und Befahren (BRYANT 1948, PANABOKKE & QUIRK 1957, KULLMANN 1963, BRYAN 1971, HOFMAN & APELMANS 1975, HENK 1987, BORK 1988).

Abfluß auf der Bodenoberfläche
Zur Abgrenzung von der konventionellen hydrologischen Definition des „Oberflächenabflusses" verwenden wir hier den Begriff „Abfluß auf der Bodenoberfläche", unter dem wir nur den episodisch auftretenden Abfluß auf dem Boden, nicht jedoch den im Boden stattfindenden oberflächennahen Abfluß (der manchmal auch als Interflow oder Zwischenabfluß bezeichnet wird) verstehen. Daher sind die u. a. in Kap. 4 vorgestellten Werte des Abflusses auf der Bodenoberfläche weitaus geringer als die üblichen (z. B. im Rahmen der Separation von Abflußganglinien berechneten) Angaben zum Oberflächenabfluß oder Direktabfluß, der vor allem auch den oberflächennahen Zwischenabfluß integriert. Diese unkonventionelle Definition wurde vorgenommen, um die notwendige Prozeßdifferenzierung zu gewährleisten und um die Ablösung, den Transport und die Akkumulation von Feststoffen (d. h. die Wassererosion) mit dem Abfluß auf der Bodenoberfläche, d.h. die Bodenerosion durch Wasser, berechnen und bewerten zu können.

Ah-Horizont
Humushorizont. Von der Bodenoberfläche ausgehend gebildeter, oberster, durch Humusakkumulation und Bioturbation bestimmter Horizont vieler Böden (→ Parabraunerde).

Akkumulation
Anhäufung von Bodenmaterial an Lokalitäten, wo Bodentransportprozesse enden.

Al-Horizont
Tonverarmungs- bzw. Tonauswaschungshorizont mit Tonabfuhr durch Tonverlagerung; Oberbodenhorizont des Bodentyps Parabraunerde.

allochthon
Aus ortsfremdem Material gebildet.

Ap-Horizont → **Pflughorizont**

Aue(n)lehm, Auensediment → **Hochflutsediment**

Aufschluß
Öffnung eines Bodenprofils möglichst bis in die Tiefe des C-Horizontes durch eine Grube oder einen Graben. Die Wände der Grube bzw. des Grabens werden geglättet und beschrieben (Aufschlußaufnahme).

„Auskämmen" von Sediment

Vegetation, die vom Abfluß auf der Bodenoberfläche überströmt wird, verlangsamt die Fließgeschwindigkeit des Wassers und ermöglicht dadurch das Absinken und die Akkumulation von schwebenden Bodenpartikeln. Gröbere, durch das fließende Wasser rollend oder springend bewegte Partikel gelangen durch einen Wechsel von unbewachsener zu bewachsener Oberfläche ebenfalls zur Ablagerung (→ Sediment).

Auswaschung

Abtransport von kleinsten Bodenpartikeln (besonders Tonminerale) oder gelösten Stoffen (z.B. Eisenionen, Huminsäuren) innerhalb der Bodenporen mit dem Sickerwasser.

autochthon

Aus ortseigenem, nicht verlagertem Material gebildet.

Badlands

Starke linienhafte Bodenerosion kann zu einer derart engständigen Zerkerbung führen, daß sich Kerbe an Kerbe reiht und in dem zerkerbten Gelände kein Ackerbau mehr betrieben werden kann. Im 14. und im 18. Jh. wurden in Mitteleuropa vor allem → Wölbackerfluren zerkerbt und dadurch zu Badlands degradiert.

BC

Before Christ; Zeitangabe in Jahren v. Chr.

bearbeitungsbedingte Bodenumlagerung

Mit Bodenbearbeitungsgeräten wird Boden gelockert und bewegt. Auf geneigten Hängen kann durch eine Bearbeitung des Bodens in Gefällsrichtung → Bodenmaterial hangabwärts bewegt werden. Je tiefer die Bearbeitung erfolgt, um so weiter können Partikel bei wendenden Bearbeitungen mit einem Pflug bewegt werden.

Bearbeitungsbedingte Bodenumlagerungen waren, wie Bodenprofiluntersuchungen belegen, in den vergangenen Jahrhunderten jedoch im Vergleich zur → Bodererosion meist von geringer Bedeutung. Als Beleg können folgende Befunde herangezogen werden:

• Die stärkste Bodenverlagerung müßte immer in Wasserscheidennähe auftreten, da hier bearbeitungsbedingt Bodenmaterial nur abtransportiert wird. Der überwiegende Teil der von den Verfassern in Mitteleuropa untersuchten Hänge zeigt jedoch den stärksten Abtrag an den steilsten Hangabschnitten.

• Wurde ein Hang mittlerer Neigung in Gefällsrichtung, wie im Mittelalter und in der Frühneuzeit üblich, mit einer durchschnittlichen Pflugtiefe von etwa 10 bis 15 cm bearbeitet, bewegte sich Bodenmaterial in Abhängigkeit von der Pflugtechnik bei einem Bearbeitungsgang nur wenige Millimeter bis Zentimeter hangabwärts. Durch den Einsatz eines Beetpfluges würde im Verlauf von zusammen 600 Jahren Pflugtätigkeit (d.h. einer kontinuierlichen 900jährigen Dreifelderwirtschaft mit Grünbrache) damit ein Bodenpartikel bodenbearbeitungsbedingt durchschnittlich nur um etwa 2–25 m hangabwärts verlagert. Kolluvien aus jener Zeit befinden sich jedoch ganz überwiegend auf den Unterhängen und im Übergangsbereich zu den Talauen. Bodenmaterial wurde damit zumeist über weitaus größere Strecken transportiert, als dies durch Bodenbearbeitung erklärt werden kann.

- Heute übliche Techniken und Bearbeitungstiefen übertreffen allerdings die mittelalterlich-frühneuzeitlichen Mittelwerte der bearbeitungsbedingten Bodenverlagerung von wenigen Millimetern bis Zentimetern pro Jahr deutlich.
- Der hangabwärtigen bearbeitungsbedingten Bodenverlagerung wirkte zudem entgegen, daß oft zwei Jahre hangaufwärts und nur jedes dritte in Gefällsrichtung gepflügt wurde (W. BORK, frdl. mündl. Mitteilung 1986). So zeigen beispielsweise der „Pflüger" aus dem spätmittelalterlichen Stundenbuch „Heures de la Bienheureuse Vierge Marie" (abgebildet bei BRAUDEL 1985, S. 116 f.) und ein Holzschnitt aus VIRGIL VON BRANT (1504, wiedergegeben bei ABEL 1978, S. 97, Tafel VII-1) diese hangaufwärts gerichtete Bodenbearbeitung. In zeitgenössischen Darstellungen finden sich zudem oftmals Hinweise auf eine höhenlinienparallele, erosionsmindernde Bearbeitung (z. B. Brüder von Limburg: März aus den „Tres riches heures des Herzogs von Berry", um 1416, reproduziert bei MAKOWSKI & BURDERATH 1983, S. 43). Bei derartiger Bodenbearbeitung dürfte Bodenmaterial selbst über einen Zeitraum von einem Jahrtausend nur in sehr geringem Maße hangabwärts verlagert worden sein. Bedeutender dürfte hingegen in einigen mitteleuropäischen Landschaften zumindest im 17. und 18. Jh. der mühsame Rücktransport erodierten Bodens auf die Hänge gewesen sein (s. Kap. 3, 5.4 sowie V. SCHWERZ 1837a, S. 253–260).

Binnenentwässerungsgebiet
Bereich der Erdoberfläche, aus dem das Niederschlagswasser nicht oberflächlich ins Weltmeer fließt; damit (außerhalb von semiariden und ariden Räumen) stets eine allseits geschlossene Hohlform.

Bioturbation
Kleinräumige horizontale und vertikale Umlagerung von Bodenmaterial durch grabende und wühlende Bodentiere.

Bleichung
Aufhellung eines Bodenbereiches durch Auswaschung des farbgebenden Eisenoxids und ggf. der Tonminerale.

Boden
Dreidimensionaler Bereich des oberflächennahen Untergrundes, der in Abhängigkeit von den Faktoren Klima, Substrat (Ausgangsgestein), Vegetation, Bodenorganismen, Relief und menschlichen Einflüssen in verschieden langen Zeiträumen durch bodenbildende Prozesse verändert wurde. *Holozänboden, holozäner Boden:* Boden, der sich seit dem Altholozän unter Wald entwickelt hat. Die Hauptphase der Tiefenentwicklung holozäner Böden fällt in die kühle und feuchte Völkerwanderungszeit. An vielen Standorten wurden einige Bodenbildungsprozesse durch die Rodungen im frühen oder hohen Mittelalter und die seitdem andauernde Ackernutzung beendet. Diese Bildungen werden dann in der vorliegenden Arbeit als „alt- und mittelholozäner Boden", „prärodungszeitlicher holozäner Boden" oder verkürzt als „Holozänboden" (→ Parabraunerde) bezeichnet.

Bodenabtragung, Bodenabtrag → Bodenerosion

Bodenbildung
Bodenbildung im engeren Sinne als Ausprägung von Horizonten durch Stoffumbildung und -verlagerung bedeutet keine lokale Neubildung bzw. den Aufbau von Materie (mit Ausnahme der Tonneubildung und der Akkumulation von Humus und dessen Derivaten).

Bodenbildung im weiteren Sinne beschreibt die Verwitterung von festem bzw. grobem Ausgangsmaterial zu feinem mineralischen Material, womit seitens des Substrats die Voraussetzung für die Bodenbildung im engeren Sinne gegeben ist. Beide Prozesse der Bodenbildung können synchron verlaufen.

Ausgangsmaterialien für die Bodenbildung (Pedogenese) im engeren Sinne sind an der Oberfläche liegende Gesteine, häufig junge → Sedimente. Wesentliche *bodenbildende Prozesse* im gemäßigten Klima Mitteleuropas sind die Zersetzung und Humifizierung von organischer Substanz, die Lösung und der Abtransport von Kalziumkarbonat, die physikalische und chemische Verwitterung (besonders die Verbraunung und Tonneubildung), die Gefügebildung, die Tonverlagerung, die Podsolierung und die Hydromorphierung (s. MÜCKENHAUSEN 1975, S. 381–395; BLUME in SCHEFFER & SCHACHTSCHABEL 1976, S. 279–311). Die Tonverlagerung im Boden führt zur Auswaschung und Tonverarmung im Oberboden und zur Tonanreicherung im Unterboden. Die genannten Prozesse rufen am Standort eine vertikale Differenzierung des Ausgangsmaterials in verschiedene Bodenhorizonte hervor.

Der Oberboden wird durch *A-Horizont(e)* mit (zumeist) Humusakkumulation und (zumeist) Abführung anderer Substanzen (Tonminerale, Eisenoxide etc.), der Unterboden durch *B-Horizont(e)* mit (zumeist) Anreicherung der oberhalb abgeführten Substanzen gebildet. Der nach unten anschließende, durch Bodenbildung nicht beeinflußte → C-Horizont schließt das Bodenprofil ab.

Aufgrund der rezenten Bodenverbreitung und des heutigen Zustandes von Ökosystemen kann auf die Bildungsbedingungen älterer, rezent nicht mehr weiter gebildeter Böden, d. h. auf die paläogeoökologischen Gegebenheiten zur Entstehungszeit fossiler Böden geschlossen werden. Besondere Bedeutung hat dabei die Vegetationszusammensetzung während der Bodenbildungszeit. Erschwert wird die Rekonstruktion der Entstehungsbedingungen eines älteren Bodens häufig durch die → Bodenerosion, die nach der Bildung dieses Bodens nicht selten zur weitgehenden oder vollständigen Abtragung des Bodens führte. Vollständige, also nicht erodierte Böden sind außerordentlich selten. So sind zumeist der → Humushorizont und der → Tonverarmungshorizont der im Mittelholozän gebildeten → Parabraunerde erodiert. Das erodierte Bodenmaterial wurde auf Unterhängen und den diesen unmittelbar vorgelagerten Talauen als → Kolluvium bzw. in Talauen als → Hochflutsediment akkumuliert.

Bodendecke
Bezeichnung für Boden in seinem flächenhaften Aspekt.

Bodenentwicklung → Bodenbildung

Bodenerosion
Durch Eingriffe des Menschen ermöglichte und durch auf die Geländeoberfläche aufprallende Regentropfen, durch fließendes Wasser oder durch den Wind ausgelöste Prozesse der Ablösung, des Transportes und der Ablagerung von Bodenpartikeln (BORK 1988).

Natürliche, d. h. vom Menschen unbeeinflußte Erosion trat in den holozänen natürlichen Waldlandschaften Mitteleuropas außerhalb der Alpen nicht auf. Damit ist in Räumen, die vor den ersten Rodungen bewaldet waren bzw. die bei einer Nutzungsaufgabe wiederbewalden würden, die eindeutige Trennung von natürlicher Erosion und erst durch menschliche Eingriffe ermöglichter Bodenerosion durchführbar (BORK & FRIELINGHAUS 1997).

Eingriffe des Menschen können Bodenerosion (engl. soil erosion) nicht direkt auslösen, sondern nur ermöglichen, verstärken, vermindern oder verhindern. In Abhängigkeit von den dominierenden Prozessen sind vor allem zu unterscheiden: flächenhafte Bodenerosion und linienhafte Bodenerosion (MORGAN 1980). → bearbeitungsbedingte Bodenumlagerungen werden vollständig vom Menschen bestimmt. Wir bezeichnen sie daher nicht als Bodenerosion.

- **linienhafte Bodenerosion**
  Die Bodenoberfläche nur entlang linearer Bündelungspfade des Abflusses angreifende Bodenerosion (→ Kerbenerosion). Konzentrierter Abfluß auf der Bodenoberfläche verursacht linienhaften Abtrag. In Abhängigkeit vom Ausmaß unterscheiden wir zwei Typen des linienhaften Abtrags: → Rillenerosion und → Kerbenerosion (DE PLOEY 1983, BRYAN 1987).

- **flächenhafte Bodenerosion**
  Durch die auf die Bodenoberfläche aufschlagenden Regentropfen (→ Regentropfenerosion) oder durch das auf der Bodenoberfläche fließende Wasser entstandene Bodenerosion. Eine langfristig mehr oder weniger gleichmäßige Tieferlegung der Geländeoberfläche wird durch flächenhaften Abfluß auf der Bodenoberfläche und die resultierende flächenhafte Bodenerosion verursacht. Sie wird auch als schleichende Bodenerosion bezeichnet. Betrachtet man den Vorgang der flächenhaften Bodenerosion genauer, so wird deutlich, daß während jedes Abflusses auf der Bodenoberfläche eine Vielzahl von kleinsten Rillen (Mikrorillen) entsteht. Es tritt also schwache linienhafte Bodenerosion auf, die aber durch die Bodenbearbeitung stets wieder ausgeglichen und daher erst langfristig gesehen flächenwirksam wird (BRYAN 1976).

- **rückschreitende Bodenerosion**
  Aufwärtswandern eines besonders steilen Bereiches eines Hanges (Pedimentationsstufe) oder einer Tiefenlinie (Kerbensprung, Gullyhead) im Zuge fortschreitender Erosion.

- **schleichende Bodenerosion**
  Fortgesetzte Bodenerosion, die von den unmittelbar Betroffenen aufgrund ihrer kurzfristig jeweils geringen Beträge fälschlicherweise nicht als ertragsmindernd oder reliefverändernd wahrgenommen wird.

- **Bodenerosion durch Wasser, Wassererosion**
  Direkt durch Niederschlag (→ Regentropfenerosion) oder durch Abfluß auf der Bodenoberfläche ausgelöste Bodenerosion. Bei Starkregen, bei lang anhaltenden, mäßig starken bis extrem starken Niederschlägen oder bei Schneeschmelzen fließt der Anteil des Niederschlages, der die Bodenoberfläche erreicht hat und nicht in den Boden infiltrieren kann, bzw. das Schmelzwasser, das nicht infiltrieren kann, oberflächlich ab (FRIELINGHAUS 1997).

- **Bodenerosion durch Wind, Winderosion**
  Von Wind ausgelöste Bodenerosion (HASSENPFLUG 1992, FUNK 1995).

Bodenerosionsereignis

Ein Ereignis, das → Bodenerosionsprozesse auslöst (z.B. ein Niederschlagsereignis, eine Schneeschmelze oder starker Wind).

Bodenerosionsprozesse

Die durch Regentropfen, fließendes Wasser oder Wind verursachten Prozesse der Ablösung, des Transportes und der Ablagerung von Bodenpartikeln (→ Boden-erosion).

Bodenerosionssystem

Ausschnitt aus dem Ökosystem, der sämtliche für die Ablösung, den Transport und die Ablagerung von Bodenpartikeln relevanten Prozesse enthält. Von ent-scheidender Bedeutung für das aquatische Bodenerosionsgeschehen sind die Wasserflüsse in der bodennahen Atmosphäre, auf der Geländeoberfläche, in den ungesättigten und gesättigten Bodenbereichen sowie auf und in der Pflanze.

Bodenerosionstheorie

Theorie, die postuliert, daß die exzessiven Bodenerosionsereignisse vor allem in der ersten Hälfte des 14. Jh. das Wüstfallen von Fluren in (seitdem bis heute be-waldeten) Teilen Mitteleuropas mit auslösten.

Die Wüstungsliteratur bezeichnet Agrarkrisen, Seuchen, Kriege und Fehlsied-lungen als die bedeutendsten Ursachen für das Wüstfallen von Fluren und Orten im Spätmittelalter (Agrarkrisen-, Seuchen-, Kriegs- und Fehlsiedlungstheorie; vgl. ABEL 1976, S. 84ff.; MANGELSDORF 1994, S. 93). Nach eigenen Untersuchungen fielen im Spätmittelalter zahlreiche landwirtschaftlich genutzte Hänge durch die weit-gehende oder vollständige Abtragung der fruchtbaren Böden bzw. Lockersedi-mente wüst.

Bodenhomogenität

Horizontal bzw. lateral nur geringe Änderung der → Horizont- bzw. → Schichtbe-schaffenheit.

Bodenhorizont

Böden gliedern sich in der Vertikalen im Ergebnis von Prozessen der Bodenbil-dung in Bodenhorizonte.

Bodenkappung

Verkürzung des → Bodens bzw. des → Bodenprofils von oben durch → Bodenero-sion.

Bodenmaterial

Physische Bezeichnung für Bodensubstanz in situ (an Ort und Stelle gebildet oder erhalten geblieben) sowie in verlagertem Zustand.

Bodenprofil

Spezifische Abfolge von Bodenhorizonten, außerdem Bezeichnung für → Auf-schluß.

Bodenprofilanalyse

Die detaillierte Aufnahme und Interpretation von → Böden und → Sedimenten in → Aufschlüssen und an Bohrkernen.

Bodenrelikt

Aufgrund z.B. von Bodenerosion heute unvollständiges → Bodenprofil, oft als Indiz für vorangegangenen Landschaftszustand zu werten.

Bodenschadverdichtung

Bodendichte oberhalb der natürlichen standortspezifischen Grenzwerte; als Prozeß eine druckbedingte, z.B. für die Wasserbewegung und Stoffdynamik sowie für das Wachstum von Kulturpflanzen ungünstige Verringerung des Porenvolumens.

Bodensediment

Aus umgelagertem → Bodenmaterial bestehendes → Sediment. Am Hang durch flächenhafte Erosion abgetragenes und vorrangig am Hangfuß oder in der Talaue abgelagertes Bodenmaterial.

Sehr viele → Kolluvien sind Bodensedimente. Eine makroskopische Unterscheidung von autochthonen Böden und Bodensedimenten ist schwierig, wenn ein Bodensediment das Umlagerungsprodukt nur eines Bodenhorizontes ist und deshalb (fast) keine weiteren Beimengungen enthält. Eine Klärung der Genese kann dann nur eine detaillierte Untersuchung der Verbreitung von Böden bzw. Bodensedimenten auf dem gesamten Hang zusammen mit physikalischen und chemischen Bodenuntersuchungen erbringen.

Bodenumlagerung → Bodenerosion

Bodenverlagerung → Bodenerosion

Bodenverkürzung → Bodenkappung

Bodenzerstörung

Weitgehende Abtragung des fruchtbaren Oberbodens (→ Boden).

BP

Before Present; Zeitangabe in Jahren vor 1950 n. Chr.

Bt-Horizont

Tonanreicherungshorizont. → Bodenhorizont mit Anreicherung von Tonmineralen aus dem darüberliegenden → Al- bzw. → Tonverarmungshorizont (→ Parabraunerde).

^{14}C-Datierung

Kohlenstoff-14-Datierung; physikalisches Verfahren der Altersdatierung von Kohlenstoff-14 für die vergangenen ca. 50 000 Jahre (datierbare Materialien: u. a. Holzkohle, Holz, Humus, Knochen; s. GEYH 1980, 1983; BROWN 1997).

Catena

Regelhafte Abfolge von Böden und Sedimenten entlang eines Hanges.

C-Horizont

Von der → Bodenbildung im engeren Sinne nicht beeinflußter, unterhalb der A- und B-Horizonte beginnender Substratbereich, der die Eigenschaften des geologischen Ausgangsmaterials aufweist.

C_{org}

Organischer Kohlenstoff im Boden.

Degradierung

Veränderung in einen ungünstigeren Zustand; bei Böden zumeist Versauerung, Vergleyung, Verdichtung, Podsolierung und/oder Abtragung des fruchtbaren Bodenmaterials.

Delle

Kleiner, nicht wasserführender Talzug ohne seitliche Kanten mit flachem U-förmigen Querprofil; endet oft ohne offensichtliche Anbindung an das Tal- und Flußnetz.

Diskordanz

Unstetige, nicht parallele Abfolge in der Lagerung von Sedimenten; zeigt Unterbrechung der Akkumulation durch Abtragung an.

Dreifelderwirtschaft

Fruchtfolge mit zwei Jahren Getreideanbau und einem Jahr Brache. Eine anschauliche Beschreibung der in der 2. Hälfte des 18. Jh. praktizierten Dreifelderwirtschaft gibt G. im Hannoverischen Magazin: „Sie haben drey Felder, in denen die Saat und die Ernte und alle Arbeit [...] verrichtet werden muß [...]. In der Hochstift Hildesheimischen Policeyordnung [von 1661, § 96] ist dieses ausdrücklich verordnet, daß die ganze Flur eines jeden Ortes, oder eine Feldmark in drey Felder, in das Winter-, Sommer- und Brachfeld eingetheilt werden soll [...]. Das Winterfeld hat ohne Zweifel seinen Namen daher, weil es im Herbst bestellt wird, und durch den Winter mit seinen Früchten grünet; und die Früchte welche in dieses Feld kommen, sind Roggen, Weizen und Wintersaat, aus welcher das Rübeöl geschlagen wird. Das Sommerfeld wird mit dem Anfange des Sommers mit Gerste und Hafer bestellt [...]. Das Brachfeld hat daher seine Benennung, weil es durch den Sommer gebrochen, oder gepflügt, und zur Vorbereitung auf die Winterbestellung unbestellt liegen bleibt. Allein in unsern Gegenden kann es wirklich vortrefflich genutzt werden, ohne daß der Ertrag desselben an dem Roggen und Weizen, den es nachher tragen soll, sonderlich vermindert wird. Denn es trägt allhier Erbsen, Bohnen, Linsen, Wicken, Rüben, weißen Kohl, Sommersaat zu dem Rübeöl, und Flachs [...]. Nicht aller Orten in unserm Vaterlande ist der Acker so ergiebig [...]. In vielen andern Gegenden kann das Brachfeld gar nicht bestellt werden, wenn man das folgende Jahr Roggen und Weizen davon ziehen will; sondern es bleibt unbebauet liegen, außer daß es im Sommer etliche mal gepflügt, oder wie man es an etlichen Orten nennt, gebrochen wird. [...] Mit diesen drey Feldern die ich jetzt beschrieben habe, hat es nun die Bewandniß, daß sie alle Jahr nach der Ordnung

	1778.	1779.	1780.	1781.
A.	Winterfeld.	Sommerfeld.	Brach.	wie
B.	Sommerfeld.	Brach.	Winterfeld	Anno
C.	Brach.	Winterfeld.	Sommerfeld.	1778.

mit einander abwechseln [...]" (G. 1778a, S. 67 ff.).

Entkalkung

Lösung und vollständige Abführung des Kalziumkarbonats aus einem Bodenbereich.

Erodierbarkeit und Erosivität

Ablösung, Transport und Ablagerung von Körnern oder Bodenaggregaten an der Bodenoberfläche durch Wasser oder Wind hängen vom Verhältnis der beharrenden zu den verlagernden Kräften sowie der Art und Intensität dieser Kräfte ab (s. Hartge 1978, S. 322; Hudson 1979, S. 59). Die beharrenden Kräfte werden mit dem Begriff Erodierbarkeit, die verlagernden mit den Begriffen Erosivität, Erosionsvermögen und erodierende Wirkung umschrieben.

Die Erodierbarkeit eines Bodens wird wesentlich von der → Aggregatinstabilität bestimmt. Die Erosivität oder erodierende Wirkung des Wassers ist von der Energie der auf die Bodenoberfläche aufschlagenden Regentropfen sowie der Menge, Schichtdicke und Geschwindigkeit des Abflusses auf der Bodenoberfläche abhängig (s. Hartge 1978, S. 322–325; Hudson 1979, S. 59–84).

Erosion, natürliche → Bodenerosion

Erosionsbasis

Höhenniveau am unteren Auslaß eines Reliefsystems, bis zu dem hinab die Erosion innerhalb des Systems das Relief maximal tieferlegen kann.

Erosivität → Erodierbarkeit

Evaporation

Verdunstung von der Bodenoberfläche (inkl. freier festländischer Wasserflächen). Zur Messung und Modellierung s. Rijtema (1965), v. Hoyningen-Huene & Braden (1978), Sponagel (1980), Schrödter (1985), Löpmeier (1987).

Evapotranspiration

Verdunstung; Summe aus → Evaporation und → Transpiration.

Feststoffbilanz

Bilanz der Masse des durch Bodenerosionsprozesse abgetragenen und des abgelagerten Bodenmaterials für einen bestimmten Zeitraum.

FMA

Frühmittelalter (7. bis 10. Jh.).

FNZ

Frühneuzeit (16. bis 18. Jh.).

Geochronologie

Zeitliche und räumliche Systematisierung der Prozesse und Bildungen der Erdgeschichte.

Geomorphologie

Lehre von den Formen der Erdoberfläche.

Geschiebelehm

Im Zuge der Verwitterung entkalkter → Geschiebemergel.

Geschiebemergel

Steiniger, primär kalkhaltiger, oft sandreicher Lehm; geologische Substratbezeichnung des morphogenetisch als Gundmoräne benannten glazialen (aus Gletschern hervorgegangenen) Sediments.

Geosysteme

Erdbezogene Systeme in allen räumlichen Größenordnungen.

Gesamtabfluß

Differenz aus Niederschlag und aktueller Verdunstung.

Gewannverfassung

Flurorganisation in Verbänden paralleler schmaler Parzellen.

Grabenerosion → Kerbenerosion

GRKA

Gregorianischer Kalender.

gravitative Prozesse

Unmittelbar von der Schwerkraft verursachte Materialverlagerung; ohne Mitwirkung eines transportierenden Mediums.

Grundwasser

Wasser, welches den Bodenporenraum zusammenhängend füllt und nur der Schwerkraft (und dem hydrostatischen Druck) unterliegt.

Grundwasserneubildung

Zustrom von Sickerwasser zum Grundwasser; zumeist angegeben in mm a^{-1}.

Grundwassereinzugsgebiet

Fläche, aus der ein Brunnen oder ein spezifischer Grundwasserkörper gespeist wird (oft vom oberflächenmorphologischen Einzugsgebiet verschieden).

Grundwasserpfad

Fließweg von Wasser mit seinen Inhaltsstoffen über den Untergrund; im Gegensatz zum Wassertransport an der Oberfläche oder in der Atmosphäre.

Gullyerosion → **Kerbenerosion**

Hangkolluvium

Material, das durch flächenhafte Bodenerosion abgetragen und bereits nach kurzem Transportweg wieder am Hang abgelagert wurde.

Diese meist spätmittelalterlichen und neuzeitlichen, schwach bis mäßig stark humosen Sedimente ziehen häufig kontinuierlich von den Unterhängen in die Talauen. Zahlreiche Abschnitte von Hangkolluvien wurden überwiegend vergleichsweise langsam akkumuliert und konnten so durch die Bodenbearbeitung homogenisiert werden. Dagegen weisen die Hangkolluvien des 14. und 18. Jh. oft eine Schichtung auf. Der Humusgehalt wächst mit abnehmendem Alter.

Hangpediment

Kräftiger konzentrierter Abfluß führt häufig zu starker Tiefenerosion und vor allem nach dem Erreichen der Erosionsbasis zu Seitenerosion. Fortgesetzter, extrem starker Abfluß auf der Bodenoberfläche kann die hangwärtige Rückverlegung der Kerbenwände auslösen. Es entsteht eine Abtragungsfläche, die zum Hang hin leicht ansteigt und die im Sinne von ROHDENBURG (1971) als Hangpediment bezeichnet wird. Auf diesem Hangpediment befinden sich oftmals Reste des alten Niveaus, sog. Auslieger. Die hangaufwärts wandernde Stufe ist meist zerlappt.

HMA

Hochmittelalter (11. bis Ende 13. Jh.).

Hochflutsediment

Vorwiegend auf den Hängen erodiertes Feinmaterial, das durch großflächige Flußüberschwemmungen transportiert und in den Überschwemmungsbereichen beiderseits der Flußbetten durch die dort wachsende Vegetation „ausgekämmt" wurde (s. MENSCHING 1952, 1957; STRAUTZ 1962).

Im Gegensatz dazu wurden Rinnen in Flußtälern meist mit gröberen Sedimenten verfüllt. Hochflutsedimente werden auch als Auelehme bezeichnet. Da diese Sedimente neben Lehmen oft tonige, schluffige oder sandige Lagen enthalten können, verzichten wir auf die Verwendung des einschränkenden Begriffes Auelehm.

Holozän

Alth.

Zeitraum von der ersten vollständigen Waldbedeckung im beginnenden Holozän bis zu den frühesten Rodungen im Neolithikum (im Süden Deutschlands mehr als 7 000 J. v. h., im äußersten Norden und Osten Deutschlands mehr als 5 500 J. v. h.).

Jungh.

Mittelalter und Neuzeit.

Mittelh.

Zeitraum von den frühesten Rodungen im Neolithikum (in Süddeutschland mehr als 7 000 J. v. h., im äußersten Norden und Osten Deutschlands mehr als 5 500 J. v. h.) bis zur ausklingenden Völkerwanderungszeit.

Horizont, Horizontierung, Hor. → Bodenhorizont

Hüttenlehm

Durch Feuer zu längerer Haltbarkeit gesinterter Lehmbewurf zumeist einfacher Häuser.

Humifizierung

Zersetzung abgestorbener organischer Substanz.

Humushorizont → Ah-Horizont

Hydromorphie

Reduktive, vergesellschaftet mit oxidativer Bodenveränderung unter Sauerstoffmangel infolge von Luftabschluß durch Wassersättigung von Teilen des Bodens.

Infiltration

Einsickerung von Niederschlags- und Oberflächenwasser in den Boden.

Infrastrukturflächen

In Abweichung von den üblichen Definitionen werden unter Infrastrukturflächen nur versiegelte und stark verdichtete Flächen in Siedlungen und an Verkehrswegen verstanden. Erst diese Differenzierung in versiegelte Infrastrukturflächen sowie in Garten- und Grünland in Siedlungen und an Verkehrswegen ermöglicht die korrekte Berechnung der Wasserbilanzen von Landschaften.

in situ

An Ort und Stelle gebildet oder erhalten geblieben.

Interrillenbereich

Bereich zwischen Rillen, in dem → Regentropfenerosion und unkonzentrierter Dünnschichtabfluß dominieren. Eine als Interrillenbereich anzusprechende Fläche weist, verglichen mit den durch die Bodenbearbeitung verdichteten und dadurch zu linienhafter Bodenerosion neigenden Oberflächenausschnitten, hohe Permeabilitäten auf. Dadurch tritt bei schwach erosiven Niederschlägen zwischen den verdichteten Flächen (z. B. Fahrspuren) kein Abfluß auf der Bodenoberfläche und nur Regentropfenerosion auf, während sich in den Fahrspuren und anderen Bereichen mit konzentriertem Abfluß Rillen einschneiden.

Interzeption

Niederschlagsrückhalt durch den oberirdischen Teil der Vegetation.

IRSL

Infrarotstimulierte → Lumineszenz; neues physikalisches Verfahren der Altersdatierung von Sedimenten (s. AITKEN 1990, LANG 1995, 1996).

JNZ

Jüngere Neuzeit (19. und 20. Jh.).

J. v. h.

Jahre vor heute.

Kerbe

Meist V-förmige Hohlform. Durch episodischen, starken und konzentrierten Abfluß auf der Bodenoberfläche und resultierende linienhafte Bodenerosion (→ Kerbenerosion) entstanden. Kerben können weit mehr als 10 m tief, mehrere Zehner von Metern breit und mehrere Kilometer lang werden. Kerben weisen in der Aufsicht sehr verschiedene Formen auf. So können einzelne linienhafte Elemente oder verzweigte, dendritische Systeme entstehen.

Der Ort der Einschneidung, Verlauf und Form werden vor allem vom Substrat, von der Art der Nutzung (Vegetation, Art und Richtung der Bodenbearbeitung), der Flurstruktur, dem Mikro- und Mesorelief bestimmt. Kerben tieften sich während der Zerschneidungsphase des 14. und 18. Jh. häufig zwischen Wölbäckern oder an den Grenzen von Nutzungsparzellen ein.

Das weltweite Auftreten von Kerben äußert sich in einer Vielzahl von Namen. Im englischsprachigen Raum werden Kerben als „gullies", in Lateinamerika u. a. als „arroyos" und „carcavas", in französischsprachigen Ländern als „ravines", im deutschen Sprachraum auch als „Gräben", „Hohlen", „Kehlen", „Kerben", „Klingen", „Rummeln", „Runsen", „Schluchten", „Sieke" oder „Tilken" bezeichnet.

Kerbenerosion

Konzentrierter Abfluß, der durch Starkregen oder das rasche Abschmelzen wasserreicher Schneedecken entstehen kann, führt auf (nahezu) unbedeckten Oberflächen zu linienhafter Bodenerosion. Rückschreitend schneiden sich zunächst kleine → Rillen ein. Bei anhaltendem Abfluß auf der Bodenoberfläche werden diese Rillen vertieft, und es entstehen durch rückschreitende Erosion schließlich tiefe Kerben, die im Gegensatz zu Rillen nicht mehr durch normale Bodenbearbeitungsmaßnahmen beseitigt werden können.

Aufgrund des spektakulären Erscheinungsbildes wird die Bedeutung der Kerbenerosion im Vergleich zur flächenhaften → Bodenerosion allerdings im Hinblick auf das rezente landschaftsbezogene Ausmaß oftmals überbewertet (s. Hudson 1979, S. 211ff.).

Kerbenreißen → Kerbenerosion

Klimatische Wasserbilanz

Differenz der langjährigen Mittelwerte aus Niederschlag und aktueller Verdunstung.

Kolluvium

Das korrelate Sediment der → Bodenerosion. Material, das durch → Bodenerosionsprozesse auf landwirtschaftlich genutzten Hängen abgelöst und bei nachlassender Transportkraft auf den Unterhängen und den diesen unmittelbar vorgelagerten Talauen als → Kolluvium akkumuliert wurde.

Kolluvien bestehen ganz überwiegend aus umgelagertem Bodenmaterial (verlagerte holozäne Böden) und sind daher meist als → Bodensedimente anzusprechen. In Abhängigkeit vom Ausgangsmaterial können z.B. Kolluvien, die überwiegend aus umgelagertem Löß-Bt-Horizont bestehen, und Kolluvien, die sich überwiegend aus verlagerter Schwarzerde zusammensetzen, unterschieden werden. Die Humusgehalte der jungneuzeitlichen Kolluvien sind deutlich höher als diejenigen mittelalterlicher und frühneuzeitlicher Bodensedimente. Gefüge und Lagerungsdichte der primären, d.h. autochthonen Bodenhorizonte (des Ausgangssubstrates vor der Umlagerung) und der Kolluvien nach der Ablagerung unterscheiden sich zumeist deutlich.

Kolluvien können Dellen glätten und Kerben füllen. Hier abgelagerte Kolluvien sind – soweit keine spätere Bodenbearbeitung die ursprünglichen Lagerungsverhältnisse verändert hat – (oft gradiert) geschichtet. Im Gegensatz zu Hochflutsedimenten variiert die Körnung von fast reinem Ton, der in übertieften, geschlossenen Hohlformen akkumuliert wurde, bis zu Grobschottern.

Krotowine

Ehemaliger Tiergang, verfüllt mit → Bodenmaterial aus unmittelbarer Nähe.

Kulturlandschaft

Durch menschliche Tätigkeit dauerhaft beeinflußte und strukturierte Landschaft; Gegenstück zur in Mitteleuropa aufgrund anthropogener Einflüsse nicht mehr anzutreffenden Naturlandschaft.

Lessivierung → Tonverlagerung

Landnutzung

Form der Nutzung der Erdoberfläche durch den Menschen; bezogen auf im weitesten Sinne produktive Nutzungskategorien und Nutzungsintensität.

Landschaft

Physiognomisches Erscheinungsbild eines vergleichsweise einheitlichen Erdraumes (zu Entwicklung des Begriffes „Landschaft" und seiner Bedeutung s. Schama 1995, Leser 1997).

Landschaftsgeschichte → Landschaftsentwicklung

Landschaftsentwicklung

Veränderung von Struktur, Bewuchs und Nutzung, Klima und Relief, Bodenbildung und Bodenerosion in Landschaften über längere Zeit.

Landschaftshaushalt, Landschaftsstoffhaushalt

Landschaftsbezogener und damit auf größere Ausschnitte der Erdoberfläche bezogene Stoff- und Energieumsätze und -bilanzen.

Landschaftswasserbilanz

Differenz der langjährigen Mittelwerte aus Niederschlag und aktueller Verdunstung im Landschaftsmaßstab.

Löß

Äolisches, als Staub abgelagertes, vorwiegend schluffiges, quarzreiches kaltzeitliches Sediment; bevorzugt einige Zehner von Kilometern außerhalb von Eisrandlagen in Lößgürteln auftretend.

Lumineszenz, Lumineszenzverfahren

Der zeitabhängige Prozeß, der den Datierungen nach dem Lumineszenzverfahren zugrunde liegt, ist das Anwachsen des latenten Lumineszenzsignals durch die akkumulierende Wirkung ionisierender Strahlung, die sowohl von radioaktivem Zerfall in der Probe selbst und in ihrer Umgebung als auch von der kosmischen Höhenstrahlung verursacht wird. Durch Energiezufuhr in Form von Wärme, sichtbarem oder unsichtbarem Licht kann diese „innere Uhr" auf Null gestellt, d. h. das Signal gebleicht werden.

Der Prozeß wird physikalisch mit dem Energiebändermodell beschrieben (Aitken 1990, S. 146). Danach besteht in einem kristallin aufgebauten, idealen Isolator zwi-

schen innerem Energieband (Valenzband) und Leitungsband, in dem die Elektronen frei beweglich sind, eine sog. verbotene Zone, in der nur lokale Aufenthaltsmöglichkeiten für Elektronen bestehen (wie an Fehlstellen im Kristallgitter). Energiezufuhr durch ionisierende Strahlung kann Elektronen aus dem Valenzband in das Leitungsband anheben. Dabei können sowohl Elektronen als auch gleichzeitig erzeugte Löcher von den Fehlstellen der verbotenen Zone eingefangen und als metastabile Zustände gespeichert werden. Sie werden als Ladungsträgerfallen oder Rekombinationszentren bezeichnet. Bei ausreichender Energiezufuhr (Stimulation) werden die Elektronen aus ihren metastabilen Zuständen ausgetrieben und können unter Freisetzung von Photonen in einem Lumineszenzzentrum rekombinieren. Dies geschieht auch zur Messung des Lumineszenzsignals. Nach der Art der zugeführten Energie werden unterschieden:
- Thermolumineszenz (TL) mit Stimulanz durch Erhitzen,
- optisch stimulierte Lumineszenz (OSL) mit Stimulanz durch Bestrahlen mit Licht im sichtbaren Wellenlängenbereich sowie
- infrarotstimulierte Lumineszenz (IRSL) mit Stimulanz durch Bestrahlen mit Infrarotlicht.

Die Datierung umfaßt 2 Schritte: die Ermittlung der akkumulierten Dosis P und der Dosisleistung D. Die akkumulierte Dosis P ist definiert als diejenige Labordosis, die ein Lumineszenzsignal erzeugt, das dem natürlichen Signal äquivalent ist. Die Dosisleistung D umfaßt die ionisierende Strahlung pro Zeiteinheit, der die Probe seit der letztmaligen Erhitzung oder Belichtung ausgesetzt war (AITKEN 1990, S. 149 f.). D wird, sofern ein radioaktives Gleichgewicht vorhanden ist, aus den heutigen Gehalten an Uran, Thorium und Kalium in der Probe und der Umgebungsstrahlung, die als Ortsdosis am Standort gemessen werden kann, berechnet. Da die Bodenfeuchte einen Teil der radioaktiven Strahlung absorbiert, ist der mittlere Bodenwassergehalt des gesamten Probenalters in die Berechnungen einzubeziehen. Das Alter einer Probe berechnet sich als Quotient aus P und D.

TL: Mit dem Verfahren der Thermolumineszenz können Keramikfragmente, Feuerstellen oder Brennöfen datiert werden. Das TL-Signal wird in diesen Fällen durch die Erhitzung auf Temperaturen zwischen 600 und 1 000 °C gebleicht (AITKEN 1990). Eine optische Bleichung minerogener Sedimente tritt in den mittleren Breiten erst nach mehrtägiger Exposition am Tageslicht klarer Sonnentage ein (LANG 1996, S. 13). Zur Altersbestimmung nach dem Verfahren der TL wird die Probe auf 400 °C erhitzt und die Lichtemission in Abhängigkeit von der Temperaturerhöhung registriert.

IRSL: Im Unterschied zur TL wird die Bleichung des Lumineszenzsignals bei der IRSL durch Belichtung und Stimulierung während der Messung durch Bestrahlung mit Infrarotlicht erreicht. Die OSL ermöglicht die Datierung fluvialer, äolischer und kolluvialer Sedimente. Sie wurde bislang erfolgreich an der Feinkornfraktion von Lößderivaten eingesetzt (LANG 1996). Weltweit erstmals wurden OSL-Datierungen an Kolluvien vorgenommen, die A. LANG dem Schwemmfächer der Glasower Randowbucht entnommen hatte (Kap. 3). Zur Datierung wurde von A. LANG die Grobkorntechnik an Quarzen angewandt. Das IRSL-Signal wird bereits bei einer wenige Sekunden währenden Belichtung an der Bodenoberfläche gebleicht. Die Belichtung stellt die „innere Uhr" zurück auf Null; mit einer erneuten Abdunklung beginnt die Zählung von vorn. In ackerbaulich genutzten Einzugsgebieten ist eine Belichtung während des Sedimenttransportes durch Bodenerosion ebenso möglich wie durch die wendende Wirkung der Bodenbearbeitung. Letzteres bestätigen die Untersuchungen bei Glasow nachdrücklich (SCHATZ 1998).

M

Abkürzung für → Kolluvium.

$M_{BZ/EZ}$: bronze-eisenzeitliches Kolluvium.

$M_{MA/NZ}$: mittelalterlich-neuzeitliches Kolluvium.

$M_{Post 1910}$: nach 1910 abgelagertes Kolluvium.

mesotroph

Normal nährstoffversorgt.

Mikrorelief

Bodenoberflächenrelief mit Rauhigkeiten (Unebenheiten der Bodenoberfläche) im und unterhalb des Dezimeterbereiches.

Mitteleuropa

In der vorliegenden Abhandlung wird unter diesem Begriff vereinfachend der zentrale und westliche Teil Mitteleuropas verstanden, der die Staaten Polen, Tschechien, Bundesrepublik Deutschland sowie Österreich und Schweiz ohne die Alpen beinhaltet. Die Fläche dieses Raumes umfaßt etwa 750 000 km².

Mt

Megatonne.

Nordostdeutschland

Der Osten der Länder Brandenburg und Mecklenburg-Vorpommern; ein annähernd 10 000 km² großes Gebiet, das im Südwesten vom östlichen Rand Berlins bis zum Oderbruch im Südosten und zum Oderhaff im Norden reicht.

Oberboden → Boden

Oberflächenabfluß → Abfluß auf der Bodenoberfläche

Oberflächenverdichtung

Veränderung der ursprünglichen Lagerung von Bodenpartikeln

• an der Bodenoberfläche, z.B. durch aufprallende Regentropfen (→ Regentropfenerosion), Befeuchtungs- und Austrocknungszyklen,

• unterhalb des Pflughorizontes durch Bodenbearbeitung (→ Bodenschadverdichtung).

oligotroph

Nährstoffarm.

Paläogeoökologie

Lehre von der vorzeitlichen (hier vor allem mittelalterlich-neuzeitlichen) räumlichen Dynamik von Prozessen und Strukturen der Geosysteme.

Palynologie

Lehre von der Pollenforschung mit dem Ziel der Analyse vorzeitlicher Pollen zur Rekonstruktion früherer Bewuchs- und Ökosystemzustände.

Pandemie

Epidemie, die große Räume erfaßt; z.B. die Pestpandemie der Jahre 1347–1351, die nahezu alle europäischen Staaten heimsuchte.

Parabraunerde

Häufiger Bodentyp, der sich vor allem im ausklingenden Mittelholozän (d.h. in der kühlen und feuchten Völkerwanderungszeit) unter Wald bis zur (früh- oder hochmittelalterlichen) Rodung an nicht vernäßten mitteleuropäischen Standorten in Löß, Geschiebelehm sowie glazifluvialen Sanden in verschiedenen Subtypen entwickelt hat. Die wichtigsten Prozesse, die zur Entwicklung dieses Bodentyps geführt haben, sind Entkalkung, Verbraunung, Tonneubildung und Tonverlagerung (BLUME 1961, MEYER et al. 1962, ROHDENBURG & MEYER 1968, ROHDENBURG et al. 1975). Eine nicht erodierte, auf südniedersächsischen Hängen in Jungwürmlöß oder in sandüber- und -unterlagerten Geschiebemergeln in Nordostdeutschland entwickelte Parabraunerde hatte häufig folgende Horizontierung:

Ah: geringmächtiger Humushorizont (im Ackerland nie erhalten, dort Pflughorizont Ap),

Al: Tonverarmungshorizont,

Bt: Tonanreicherungshorizont, häufig zu gliedern in

Bt1: Horizont mit mäßig starker bis starker, relativ homogener Tonanreicherung im Mittel- und Grobporenraum,

Bt2: verbraunter Horizont mit zahlreichen, wenige Millimeter bis einige Zentimeter mächtigen und etwa oberflächen- bzw. schichtparallelen Toninfiltrationsbändern, die lokale laterale Bodenwasserbewegungen und mit diesen verbundenen Transport von Feinton belegen (ausgebildet vor allem in sandreichen Lössen und fluvialen bzw. äolischen Sanden),

Bv: meist homogener verbraunter Horizont,

Cv: unverwitterter kalkhaltiger Löß, kalkfreier Sand oder Geschiebemergel.

Der Humushorizont war vorwiegend nur wenige Zentimeter, der Tonauswaschungshorizont bis zu 50 cm mächtig. Die Gesamtmächtigkeit des gegliederten Bt-Horizontes schwankte von weniger als 100 cm (z.B. in den Lössen der Braunschweiger Lößbörde und Unterfrankens oder in Geschiebemergeln Norddeutschlands) bis über 300 cm (z.B. in den sandreichen Lössen am südwestlichen Harzrand). Die Mächtigkeit und die Bildung der Bt1-, Bt2-Subhorizonte wurde vor allem von den Substrateigenschaften (z.B. Kalkgehalt, Körnung, Lagerungsverhältnisse), dem Relief und von der vieljährigen Summe des in feuchten Witterungsperioden infiltrierenden Niederschlagsanteils bestimmt. Der Verbraunungshorizont war bis zu 60 cm mächtig. Im Liegenden des Verbraunungshorizontes folgte das durch die Bodenbildung nicht veränderte Ausgangsmaterial, beispielsweise unverwitterter kalkhaltiger Jungwürmlöß (zur holozänen Bodengenese s. BORK 1983c) oder kalkhaltige bzw. kalkfreie glazifluviale Sande.

→ Bodenerosion hat während Mittelalter und Neuzeit zur teilweisen bis vollständigen Abtragung der Parabraunerden geführt. Nahezu alle Standorte Mitteleuropas waren in den vergangenen eineinhalb Jahrtausenden zeitweise von Bodenerosion betroffen; damit sind fast keine Böden mehr in ursprünglicher Mächtigkeit erhalten. Die obigen mittleren Mächtigkeitsangaben sind daher rekonstruiert.

In mittelalterlichen schluffig-lehmigen oder sandigen Kolluvien, die seit dem ausklingenden Spätmittelalter unter Laubwald liegen, haben sich oft erneut Parabraunerden gebildet.

Pararendzina
  Boden mit → Ah-Horizont über carbonathaltigem C-Horizont.
Pedogenese → Bodenbildung
Pedologie
  Lehre von Gliederung und Entwicklung der Böden.
Pflughorizont
  Durch Pflügen homogenisierter oberster Bodenhorizont agrarischer Standorte.
Plaggen
  Ausgestochene humose Wurzelfilzstücke (Soden), die z. B. nach Nutzung als Streu
  im Stall in der Flur als Dünger ausgebracht wurden.
Plombierung (von → Kerben)
  Vollständige sedimentative Verfüllung von Kerben (zumeist im Zuge kolluvialer
  Akkumulation).

Regentropfenerosion
  Auf die Bodenoberfläche aufschlagende Regentropfen verursachen die Ablösung
  und den Transport von Bodenpartikeln. Die Ablösung von Bodenpartikeln durch
  aufprallende Regentropfen wird hauptsächlich von der Energie der Regentropfen,
  der → Aggregatinstabilität, dem → Mikrorelief und den Feuchteverhältnissen an
  und auf der Bodenoberfläche bestimmt. Tritt Abfluß auf der Bodenoberfläche
  auf, so wird das Ausmaß der Regentropfenerosion wesentlich von der Schichtdicke des Abflusses auf der Bodenoberfläche bestimmt. Die Bedeutung der Regentropfenerosion wird oft unterschätzt (MARXEN 1988). Der weit überwiegende
  Teil des durch Abfluß auf der Bodenoberfläche transportierten Materials wurde
  zuvor durch die aufprallenden Regentropfen aufbereitet (FARRES 1980). Unterschieden werden die Spritzwirkung (engl. splash) der Regentropfen auf trockenen
  und die Planschwirkung (engl. whirling) auf nassen Bodenoberflächen (HARTGE in
  SCHEFFER & SCHACHTSCHABEL 1976, S. 304f.).
Reliefelement
  Einzelform des Reliefs (Hang, Talboden, Stufe etc.).
Reliefenergie
  Relativer Höhenunterschied, bezogen auf die spezifische Flächengröße.
Rille, Rillenerosion
  Konzentrierter Abfluß auf der Bodenoberfläche infolge von Starkregen oder Schnee-
  schmelzen verursacht die Einschneidung von kleinen Rillen, die im Gegensatz zu
  Kerben durch die üblichen Bodenbearbeitungsmaßnahmen beseitigt werden.
Rinne
  Kleine, durch fließendes Wasser geschaffene linienhafte Hohlform (in der Größe
  zwischen Rille und Kerbe).
Rostränder
  Linienhafte Anreicherungszonen von Eisen-III-Oxid infolge des Einflusses be-
  nachbarter reduktiver Bodenzonen, aus denen mobiles Eisen-II-Oxid abwandert.

Schicht
  Im Gegensatz zu einem → Bodenhorizont, also dem Ergebnis der → Bodenbildung, die sich in situ vollzieht, verstehen wir unter einer Schicht eine Struktur,

die durch Sedimentationsprozesse entstand. Die Mächtigkeit einer einzelnen Schicht ist im Verhältnis zu ihrer flächenhaften Ausdehnung gering.

Schwarzerde

Boden mit einem durch→ Bioturbation über 40 cm mächtigen → Ah-Horizont unmittelbar über dem → C-Horizont (s. SCHEFFER & MEYER 1955, ROHDENBURG & MEYER 1968, OELKERS 1970, MÜCKENHAUSEN 1975, MÜLLER 1982, BORK 1983c).

Schwemmfächer

In der Aufsicht fächer- oder tropfenförmige, flache Sedimentbildung; entsteht, wenn sich linear zugeführtes Sediment vor allem aufgrund abnehmenden Gefälles und damit nachlassender Transportkraft ohne randliche Begrenzung ablagern kann. Im Querprofil ist die Schwemmfächeroberfläche insgesamt zumeist leicht gewölbt und durch kleine Rinnen (Fließbahnen der letzten Abflußereignisse) gegliedert; das der Hauptfließrichtung entsprechende Längsprofil ist meist gestreckt konkav ausgeprägt.

Schwemmlöß

Durch fließendes Wasser verlagerter → Löß (oft mit Lagen kleiner Steine).

Sediment

Material, das infolge nachlassender Transportkraft an einem Standort abgelagert wurde. Verschiedene Prozesse können das Material transportiert haben, ehe es zur Ablagerung kam. In Abhängigkeit von den Eigenschaften des umgelagerten Materials und der Art der → Transportprozesse werden unterschiedliche Sedimente abgelagert. So ist das Material, das im Verlauf vieler Jahre durch zahlreiche Überschwemmungen in einer Talaue abgelagert wurde, meist fein geschichtet und weist eine charakteristische Korngrößenzusammensetzung auf (→ Hochflutsediment). Eine einzelne Überschwemmung hat meist zur Ablagerung wenige Millimeter mächtiger Schichten geführt. Verwehtes Material, wie z.B. primärer Löß oder Flugsand, hat eine andere, ebenfalls eindeutig identifizierbare Schichtung. Diese Beispiele belegen, daß Sedimente über die Art, das Ausmaß und die Geschwindigkeit von Bodenumlagerungen berichten können. Oftmals hat aber die Tätigkeit des Menschen, namentlich die Bodenbearbeitung, die Sedimente so stark verändert, daß die ursprünglichen Ablagerungsbedingungen nicht mehr zweifelsfrei zu rekonstruieren sind.

SMA

Spätmittelalter (14. und 15. Jh.).

Soll

Wassergefüllte Senke (< 1 ha) in Jungmoränengebieten; entstanden durch Sackung von Sedimenten über austauendem Toteis.

Stratigraphie

Chronologisch-genetische, an Sedimentfolgen festgemachte erdgeschichtliche Gliederung.

Strukturelemente

Physische und biologische Gebilde der → Kulturlandschaft, die oft neben der Hauptnutzung gepflegt oder geduldet werden (z.B. Ackerterrasse, Baumgruppe, Hecke, Kerbtal, Soll).

Substrat

Allgemeiner physischer Begriff für bodenbürtige Substanz.

Sukzession
Regelhafte Entwicklung von Pflanzengesellschaften in einem Ökosystem.

Talbodenpediment
Starker konzentrierter Abfluß auf der Bodenoberfläche verursacht kräftige Tiefenerosion, Kerben entstehen. Wird die → Erosionsbasis erreicht, kann starke Seitenerosion im Verlauf dieses oder der nächsten heftigen Abflußereignisse zur Ausbildung eines breiten, flachen Talbodens führen, der im Sinne von ROHDEN- BURG (1971) als Talbodenpediment bezeichnet wird.

TK25
Topographische Karte im Maßstab 1 : 25 000.

TL
Thermolumineszenz; Verfahren der physikalischen Altersdatierung von Keramik- fragmenten (→ Lumineszenz).

TM
Trockenmasse.

Tonanreicherungsband
Dünner horizontaler, oft mehrfach auftretender Bereich mit Tonanreicherung; Tonanreicherungsbänder bilden den Bt2-Horizont in der Bänder- → Parabraun- erde.

Tonband
Geringmächtige, tonige, über längere Strecken durchgehende Sedimentlage.

Toninfiltrationsband → Tonanreicherungsband → Parabraunerde

Tonverlagerung
Verlagerung von Tonmineralen im Bodenraum mit dem Sickerwasser, bevorzugt zwischen pH 6.8 und 4.5 (→ Parabraunerde; BLUME 1961, MEYER et al. 1962).

Tonverarmungshorizont → Al-Horizont

Transpiration
Verdunstung durch lebende Pflanzen.

Transportprozesse
Verschiedene Prozesse können Bodenpartikel transportieren. Im Rahmen der hier diskutierten Thematik sind vor allem der Transport durch
- aufprallende Regentropfen,
- Abfluß auf der Bodenoberfläche, vor allem während Schneeschmelzen oder Ge- witterregen,
- Wind,
- Rutschungen an Steilhängen,
- langsam fließende Bodenbreie und durch
- die Bodenbearbeitung im Ackerland, z.B. durch Pflügen in Gefällsrichtung, zu nennen.

Für den Ablauf dieser Prozesse sind jeweils spezifische Umweltbedingungen Voraussetzung. So fördert eine geschlossene Vegetationsdecke die Versickerung, und es tritt normalerweise unter naturnahem Wald kein Abfluß auf der Boden- oberfläche auf. Erst teilweise oder vollständig von Pflanzen entblößte Boden- oberflächen ermöglichen die Verschlämmung der Bodenoberfläche durch auf- schlagende Regentropfen. Durch diesen Vorgang wird die Versickerung stark gehemmt und die Bildung von Abfluß auf der Bodenoberfläche ermöglicht und stark gefördert. Die auf die Oberfläche aufprallenden Regentropfen führen zur Ablösung und zum Transport von Bodenpartikeln. Diese können im Abfluß auf der Bodenoberfläche weiter transportiert und dann bei nachlassender Transportkraft abgelagert werden.

Trockental

Aktuell undurchflossenes, aber unzweifelhaft durch fließendes Wasser gebildetes Tal.

Urgeschichte

Hier definiert als der Zeitraum vom Neolithikum (dem Beginn des Ackerbaus in Mitteleuropa) über die Bronze- und Eisenzeit bis zur Völkerwanderungszeit; in der Archäologie oft als Vorgeschichte bezeichnet.

Verbraunung

Bräunliche Farbänderung infolge von Verwitterung mit Tonmineral- und Eisen-III-Oxidbildung, Ausbildung des Bv-Horizontes.

Versauerung

Verringerung des pH-Wertes in der Bodenlösung durch saures Sickerwasser, oft beginnend mit → Entkalkung, meist mit ungünstigen Veränderungen von Bodeneigenschaften.

Vorgeschichte → Urgeschichte

Wasserbilanz → Klimatische Wasserbilanz

Wassererosion → Bodenerosion

Wasserhaushalt

Umsetzungsvorgänge des Wassers (Zufuhr, Entzug, Vorratsänderung) in allen Aggregatzuständen.

Winderosion → Bodenerosion

Wölbacker

Ackerstreifen bis ca. 25 m Breite, in dem das Bodenmaterial zur Mitte bis auf 1 m relativer Höhe zusammengepflügt wurde; heute in Mitteleuropa nur noch als Relikte in Flurwüstungen.

Wüstung, wüstfallen

Aufgabe oder starke Verringerung der Nutzungswertigkeit von Siedlungen (Ortswüstung) oder landwirtschaftlich genutzten Fluren (Flurwüstung).

ZALF

Zentrum für Agrarlandschafts- und Landnutzungsforschung in Müncheberg, Brandenburg.

Zerschneidung

Erosive Einschneidung von Kerben.

Orts- und Sachregister